Die Geschichte des deutschen Konkursrechts, insbesondere die Entstehung der Reichskonkursordnung von 1877

Rechtshistorische Reihe

Band 268

Peter Lang
Frankfurt am Main · Berlin · Bern · Bruxelles · New York · Oxford · Wien

Anke Meier

Die Geschichte des deutschen Konkursrechts, insbesondere die Entstehung der Reichskonkursordnung von 1877

Peter Lang
Europäischer Verlag der Wissenschaften

Bibliografische Information Der Deutschen Bibliothek
Die Deutsche Bibliothek verzeichnet diese Publikation in der Deutschen Nationalbibliografie; detaillierte bibliografische Daten sind im Internet über <http://dnb.ddb.de> abrufbar.

Zugl.: Bochum, Univ., Diss., 2002

Die vorliegende Arbeit wurde von
Prof. Dr. Karlheinz Muscheler zur Aufnahme
in die Reihe empfohlen.

D 294
ISSN 0344-290X
ISBN 3-631-50506-X

www.peterlang.de

Vorwort

Diese Arbeit lag der Juristischen Fakultät der Ruhr-Universität Bochum als Dissertation vor. Sie entstand im wesentlichen während der Zeit meiner Förderung durch das Graduiertenföderungsprogramm der Ruhr-Universität; an dieser Stelle sei für die gewährte Unterstützung gedankt.

Herzlich bedanken möchte ich mich bei meinem Doktorvater Prof. Dr. Karlheinz Muscheler für die engagierte Betreuung der Arbeit. Seine Anregungen und Hilfestellungen haben einen wesentlichen Beitrag zu dem Gelingen dieser Arbeit geleistet. Mein Dank gilt auch Herrn Prof. Dr. Bernd Schildt für die Erstellung des Zweitgutachtens.

Die Dissertation basiert auf der Auswertung bislang unveröffentlichter Primärquellen zur Entstehung der Reichskonkursordnung von 1877. Bei dem Geheimen Staatsarchiv Preußischer Kulturbesitz, Berlin, und dem Bundesarchiv, Berlin, möchte ich mich für das Bereitstellen des Aktenmaterials und die kooperative Zusammenarbeit bedanken.

Mein Dank gilt schließlich allen, die mich während der Erstellung der Arbeit auf unterschiedliche Weise unterstützt haben.

Inhaltsverzeichnis

I. Gang der Untersuchung

Die am 1. Januar 1999 in Kraft getretene Insolvenzordnung stellt in Deutschland die Rechtseinheit wieder her, die durch das Nebeneinander von Konkurs- und Vergleichsordnung in den alten Bundesländern und der Gesamtvollstreckungsordnung in den neuen Bundesländern zeitweilig verloren gegangen war. Das Ziel der seit den siebziger Jahren diskutierten Reform, ein funktionsfähiges, den gewandelten wirtschaftlichen Verhältnissen entsprechendes Konkursrecht zu schaffen, scheint vorerst erreicht.

Die Insolvenzordnung ist aber keine für sich stehende Neuregelung des Konkursrechts, sondern fügt sich in einen Entwicklungsprozeß ein, der über Jahrhunderte währte. Die konkursrechtlichen Anfänge finden sich im römischen Recht, das ungeachtet aller Unterschiede bereits Grundzüge aufwies, die noch heute gültig sind. Darauf basierend wurde das Konkursrecht weiter entwickelt, um den sich ändernden Anforderungen gerecht zu werden. Das frühe deutsche Konkursrecht nahm in seinem Entwicklungsprozeß Rechtsgedanken aus dem europäischen Ausland auf. Die Schaffung der preußischen Konkursordnung, einer ersten modernen Regelung des Konkursrechts, im Jahre 1855 ist als erster Meilenstein in der Entwicklung des heutigen Konkursrechts anzusehen. Sie bildete die wichtigste Grundlage für die weiteren Gesetzgebungsaktivitäten. Die Reichskonkursordnung von 1877, die im Rahmen der Reichsjustizgesetze am 1. Oktober 1879 in Kraft trat, war der vorläufige Abschluß der Bestrebungen, eine moderne, einheitliche Regelung für Deutschland auf dem Gebiet des Konkursrechts zu schaffen. Seit dem ausgehenden 19. Jahrhundert haben sich die wirtschaftlichen Verhältnisse und damit die Anforderungen an das Konkursrecht stark geändert, so daß eine permanente Modernisierung unerläßlich scheint.

Die Entwicklung des deutschen Konkursrechts mit einem Schwerpunkt auf der Entstehung der Reichskonkursordnung von 1877 wird Gegenstand der nachfolgenden Untersuchung sein. Ich möchte damit den Entwicklungsprozeß der gesetzlichen Regelungen zum Konkursrecht aufzeigen und darstellen, wie sich Neuregelungen einerseits an historische Vorbilder anlehnten und andererseits bewußt von ihnen abkehrten. Dabei liegt der Schwerpunkt der Arbeit auf der Entstehung der Reichskonkursordnung von 1877, der „Perle der Reichsjustizgesetze“[1].

Der wissenschaftliche Forschungsstand ist dadurch gekennzeichnet, daß die Sekundärliteratur - mit Ausnahme des römischen Rechts - regelmäßig allgemein und meist nur in bezug auf Einzelfragen vertieft ist. Neuere umfangreiche Arbeiten zur deutschen Konkursrechtsgeschichte fehlen völlig. Insbesondere die Primärquellen zur Reichskonkursordnung sind nur im geringem Ausmaß erforscht. Umfangreiche Akten des preußischen Justizministeriums sowie des Reichskanzleramts zur

---

[1] Uhlenbruck, FS Konkursordnung, S. 3 (19).

Reichskonkursordnung sind bislang weder vollständig veröffentlicht noch in eine wissenschaftliche Arbeit eingeflossen. Ein Schwerpunkt der Arbeit ist die Durchsicht und Auswertung dieser Akten, die das Geheime Staatsarchiv und das Bundesarchiv in Berlin aufbewahren. Ziel ist es, die Entstehungsgeschichte der Reichskonkursordnung darzustellen sowie ihren Verlauf zu erklären und zu begründen.

II. Anfänge des Konkursrechts

1. Römisches Recht

"(Mehrere Gläubiger) sollen (den Schuldner) am dritten Markttag in Stücke schneiden, und wenn der einzelne mehr oder weniger schneidet (als ihm gebührt), soll es kein Unrecht sein"[2]. Dieses Zitat beschreibt die strengste Form der Personalexekution nach dem Zwölftafelgesetz aus dem Jahre 451 v. Chr. Trotz dieser archaischen Regeln stellt das römische Recht eine der Wurzeln des deutschen Konkursrechts dar und entwickelte Prinzipien, die auch dem gegenwärtigen Recht innewohnen[3]. Um die Bedeutung des römischen Rechts für das moderne Konkursrecht zu erschließen, bedarf es einer Betrachtung seiner Ursprünge und Entwicklungsphasen.

a. Übergang von der Personal- zur Realexekution

Im frühen römischen Recht galt das Prinzip der Personalexekution[4]. Demnach erfolgte die Zwangsvollstreckung von Verbindlichkeiten gegen die Person des Schuldners, dessen Ehre, Freiheit, Leib und Leben[5]. Insgesamt stand bei der Personalexekution die Ahndung des strafbaren Verhaltens des Schuldners vor der finanziellen Befriedigung des Gläubigers. Die Nichterfüllung einer Verbindlichkeit war nämlich ein strafbares Delikt[6]. Maßgebliche Vorschriften beinhaltete das Zwölftafelgesetz, dessen dritte Tafel sich mit dem zivilprozessualen Verfahren in Schuldsachen beschäftigte[7]. Erfüllte der Schuldner eine vertragliche Verpflichtung nicht, verurteilte ihn das Gericht vor der Vollstreckung in einem Legisaktionen-Verfahren. Wenn der Schuldner auch den Urteilsspruch nicht befolgte, konnte der Gläubiger mit dem Formularverfahren der *legis actio per manus iniectionem* die Vollstreckung vornehmen[8]. Das Verfahren setzte grundsätzlich eine rechtskräftige Verurteilung voraus, jedoch konnte es auch gegenüber einem ge-

---

[2] Übersetzung des Zitats überliefert von A. Gellius XX. 1.: „partes secanto, si plus minusve secuerunt se (sine) fraude esto", wiedergegeben unter anderem von Kaser, Römisches Privatrecht, S. 360.

[3] Seuffert, Konkursrecht, S. 2.

[4] Sohm, S. 718; von Bethmann-Hollweg I/1, S. 196; Kohler, Leitfaden, S. 7; Wengler, Concurs der Gläubiger, S. 221; Wenger, S. 221; Endemann, ZZP XII (1888), S. 24 (27).

[5] Hess/Weis/Wienberg (Weis), Vor § 1 Rn. 24; Kaser, Römisches Zivilprozeßrecht, S. 383; Uhlenbruck, FS Konkursordnung, S. 3 (6 f.); Jörs/Kunkel, S. 379; Kohler, Leitfaden, S. 7; Lass, S. 149.

[6] Jörs/Kunkel, S. 379; Sohm, S. 719.

[7] Reinhardt, S. 7.

[8] Wengler, Concurs der Gläubiger, S. 213; Jörs/Kunkel, S. 379; Kaser, Römisches Privatrecht, S. 378; Schwind, S. 124; Wenger, S. 222; Lass, S. 149.

ständigen Schuldner angewandt werden, der seine Verbindlichkeit anerkannt oder sich gegen eine Forderung nicht verteidigt hatte[9].

Das private Vollstreckungsverfahren entstand als Pendant zu staatlichen Zwangsmitteln. Der Staat konnte Verbindlichkeiten eines Schuldners mit verschiedenen Befugnissen begegnen, den Schuldner zu Haft- oder Geldstrafen verurteilen, sein Vermögen beschlagnahmen und verkaufen. Privatpersonen fehlten diese Instrumentarien staatlicher Macht. Gleichwohl sollte ihnen ermöglicht werden, unter staatlicher Kontrolle Maßnahmen gegen den Schuldner zu ergreifen. Dem Gläubiger wurde gestattet, sich der Person des Schuldners zu bemächtigen. Das relative Recht des Gläubigers aus dem Schuldverhältnis wandelte sich in ein absolutes Recht auf die Person des Schuldners[10]. Die Aufgabe des Staates beschränkte sich bei dieser Zwangsvollstreckung darauf, gewisse Regelungen für das Verfahren, unter anderem auch zum Schutz des Schuldners, aufzustellen[11].

Der Schuldner verlor seine bürgerliche Stellung, wenn er eine freiwillig eingegangene Verpflichtung nicht erfüllen konnte. Dies rechtfertigte, daß der Schuldner vorrangig mit seiner Person und nachfolgend mit seinem gesamten Hab und Gut dem Gläubiger zufiel[12]. Das Vermögen des Schuldners konnte der Gläubiger nicht direkt angreifen[13]. Lediglich mittelbar bewirkte die Androhung von drastischen Mitteln wie der Schuldknechtschaft, daß der Schuldner freiwillig noch vorhandenes Vermögen hergab[14]. Daher stand dem Schuldner gemäß dem Zwölftafelgesetz - viertes Gesetz der dritten Tafel - nach der gerichtlichen Verurteilung zunächst eine Frist von 30 Tagen zu, um die Schulden ohne Zwangsanwendung zu begleichen[15].

Das Vollstreckungsverfahren begann damit, daß der Gläubiger beim *Prätor* die Erteilung einer *actio iudicati* beantragte. Um das Recht des Gläubigers auf die Vollstreckung festzustellen, fand eine Prüfung der Rechtmäßigkeit des Titels statt[16]. Das Vollstreckungsverfahren konnte nur dann betrieben werden, wenn der Schuldner zu einer Geldleistung verpflichtet war. Ansonsten mußte die vom Schuldner zu erbringende Leistung erst in Geld geschätzt werden[17]. In diesem Stadium konnte erneut eine gerichtliche Auseinandersetzung mit dem Gläubiger aufkommen, sofern der Schuldner das Urteil bestritt. Dabei riskierte er allerdings,

---

[9] Treuherz, S. 5; Kaser, Römisches Privatrecht, S. 360.
[10] Von Bethmann-Hollweg I/1, S. 194.
[11] Söllner, S. 40 f.
[12] Von Bethmann-Hollweg I/1, S. 195.
[13] Endemann, ZZP XII (1888), S. 24 (27 f.).
[14] Jörs/Kunkel, S. 379; Lass, S. 149; Endemann, ZZP XII (1888), S. 24 (28).
[15] Von Bethmann-Hollweg I/1, S. 196; Kaser, Römisches Zivilprozeßrecht, S. 384; Jörs/Kunkel, S. 379; Dabelow, S. 24; Kori, S. 7 f.; Reinhardt, S. 7; Treuherz, S. 6; Schwind, S. 124.
[16] Kaser, Römisches Privatrecht, S. 378.
[17] Kaser, Römisches Privatrecht, S. 378.

bei einem Unterliegen das Doppelte von dem ursprünglich geschuldeten Betrag leisten zu müssen[18].

Nach Beginn der Personalexekution konnte der Gläubiger den Schuldner überall ergreifen (*manus iniectio*), ihm seine Schulden vorhalten und dem *Prätor* vorführen. Der *Prätor* war seit 367 v. Chr. der zuständige Magistrat für die ordentliche Zivilrechtspflege und Träger der Gerichtsbarkeit[19]. Danach bekam der Schuldner noch einmal die Möglichkeit, die Gläubigerforderung zu erfüllen und so dem weiteren Verfahren zu entgehen[20]. Wenn keine Zahlung erfolgte, gestattete der *Prätor* dem Gläubiger, den Schuldner nach Hause abzuführen[21]. Sodann setzten die Sicherungsmittel ein, die zunächst darin bestanden, daß der Schuldner 60 Tage lang gefesselt inhaftiert oder zur Arbeit gezwungen wurde. Der Gläubiger mußte während dieser Zeit verschiedene Regeln aus dem Zwölftafelgesetz beachten. Nach dem sechsten Gesetz der dritten Tafel durfte er den Schuldner mit einem Strick oder Fußfesseln mit einem maximalen Gewicht von 15 Pfund fesseln. Pro Tag mußte der Gläubiger dem Schuldner ein Pfund Brei zu Essen geben. Von diesen Vorschriften konnte der Gläubiger nur zugunsten des Schuldners abweichen[22]. Wenn der Schuldner für den Gläubiger arbeitete, minderte der Wert der Arbeitsleistung die Schulden. Insgesamt war der Schuldner eine Art Pfand für den Gläubiger. Während der 60-tägigen Inhaftierung führte der Gläubiger den Schuldner an drei aufeinanderfolgenden Markttagen dem *Prätor* vor, um die Höhe der Schulden öffentlich auszurufen und zu fragen, ob jemand bereit sei, sie zu begleichen[23]. Blieb diese Vorgehensweise erfolglos, fiel der Schuldner endgültig an den Gläubiger. Der Gläubiger konnte wählen, ob er ihn als Schuldknecht (*addictus*) für sich arbeiten ließ, als Sklave verkaufte oder tötete[24]. Bei der mildesten Variante der Schuldknechtschaft verlor der Schuldner seine römischen Bürgerrechte einschließlich der Rechtsfähigkeit. Auf diese Weise wurde zwar seine bürgerliche Existenz vernichtet, aber er behielt immerhin sein Leben[25]. Das Recht auf die Person des Schuldners umfaßte dem Zwölftafelgesetz zufolge zwangsläufig das Recht auf die Personen und Sachen, die zu dem Schuldner gehörten[26]. Daher fielen dem Gläubiger auch die Familienangehörigen und das gesamte Vermö-

---

[18] Kaser, Römisches Privatrecht, S. 379.

[19] Hausmaninger/Selb, S. 35; Kaser, Römische Rechtsgeschichte, S. 138.

[20] Von Bethmann-Hollweg I/1, S. 197; Kori, S. 7; Jörs/Kunkel, S. 379; Hausmaninger/Selb, S. 491.

[21] Kori, S. 7; Kaser, Römisches Zivilprozeßrecht, S. 387; Schwind, S. 124.

[22] Söllner, S. 41; von Bethmann-Hollweg I/1, S. 198; Dabelow, S. 28, 36 f.; Kaser, Römisches Privatrecht, S. 360; Kori, S. 7 f.; Reinhardt, S. 9.

[23] Reinhardt, S. 13; Dabelow, S. 41; Kori, S. 8; Schwind, S. 124.

[24] Von Bethmann-Hollweg I/1, S. 198; Jörs/Kunkel, S. 379; Kaser, Römisches Privatrecht, S. 360; Grimm, S. 166; Schwind, S. 124; Wenger, S. 221.

[25] Schueck, S. 2.

[26] Kaser, Eigentum und Besitz, S. 1; von Bethmann-Hollweg II/2, S. 668.

gen des Schuldners zu. Der Gläubiger war berechtigt, die Familie in die Sklaverei zu verkaufen und das Sachvermögen zu veräußern[27].

War anstelle eines einzigen Gläubigers eine Gläubigermehrheit vorhanden, wurden dieselben Befugnisse eines einzelnen Gläubigers als Anteilsrechte mehrerer Personen ausgestaltet. Die Mitgläubiger erhielten einen Anteil an der Person des Schuldners und die erbrachte Arbeitsleistung wurde unter ihnen aufgeteilt[28]. Sie konnten sich auch für den Verkauf des Schuldners oder die eingangs beschriebene Tötung entscheiden. Ein einzelner Gläubiger konnte auch unter Widerspruch der übrigen die Tötung des Schuldners verlangen[29]. Bei alledem ist nicht sicher belegt, daß es jemals in der römischen Geschichte zu einer Tötung eines Schuldners kam. Teilweise wird behauptet, das Tötungsrecht nach dem neunten und zehnten Gesetz der dritten Tafel sei auf Fehler in der Überlieferung zurückzuführen[30]. Anstelle der wörtlichen Übersetzung von der Tötung und Verteilung des Körpers könnte das Zitat symbolisch als Teilung der Sklavenarbeit zu verstehen sein[31].

Allmählich vollzog sich der Übergang von der Personal- zur Realexekution[32]. Zunächst sollte die Vermögensexekution Lücken der Personalexekution ausfüllen, wenn der Schuldner nicht greifbar war[33]. Der Zugriff des Gläubigers auf das Vermögen des Schuldners gewann an Bedeutung, ohne daß die Personalexekution abgeschafft wurde. Vielmehr trat die Realexekution neben die bisherige Vollstreckungsform und der Gläubiger konnte wählen, wie er gegen den Schuldner vorging[34]. Die Lex Poetelia aus dem Jahr 326 oder 313 v. Chr. schaffte das Tötungsrecht und den Verkauf des Schuldners in die Sklaverei ab[35]. Gleichwohl blieb die Schuldhaft als Mittel der Zwangsvollstreckung bestehen[36]. Bei der Personalexekution diente sie dazu, daß ein vermögensloser Schuldner seine Schuld beim Gläubiger abarbeitete oder eine andere Person die Schulden beglich. War

---

[27] Von Bethmann-Hollweg I/1, S. 198 f.

[28] Behrends, S. 145; Dabelow, S. 59; Schueck, S. 2; Kori, S. 8.

[29] Von Bethmann-Hollweg I/1, S. 199.

[30] Uhlenbruck, FS Konkursordnung, S. 3 (7); Behrends, S. 145; Reinhardt, S. 16; Treuherz, S. 5.

[31] Günther, S. 18; Treuherz, S. 5; Wagner, S. 21.

[32] Dabelow, S. 85; von Bethmann-Hollweg I/1, S. 201.

[33] Wenger, S. 223.

[34] Kaser, Römisches Zivilprozeßrecht, S. 386; Hellmann, Lehrbuch, S. 3; Koch, Preußischer Civil-Prozeß, S. 822.

[35] Sohm, S. 718; Jörs/Kunkel, S. 380; von Bethmann-Hollweg I/1, S. 200; Behrends, S. 158; Wengler, Concurs der Gläubiger, S. 215; Dabelow, S. 90; Schwind, S. 124; Lass, S. 149; Uhlenbruck, FS Konkursordnung, S. 3 (7).

[36] Sohm, S. 718; Jörs/Kunkel, S. 380; von Bethmann-Hollweg I/1, S. 200; Uhlenbruck, FS Konkursordnung, S. 3 (7).

der Gläubiger befriedigt, entließ er den Schuldner aus der Schuldhaft[37]. Als sich die Realexekution verbreitete, sollte die Schuldhaft verhindern, daß der Schuldner flüchtete oder auf sein Vermögen einwirkte. Außerdem übte sie Druck auf den Schuldner aus, sämtliche verfügbaren Zahlungsmittel zu beschaffen[38].

b. Missio in bona

Der Jurist und Konsul des Jahres 105 v. Chr., Rutilius Rufus, reformierte das Vollstreckungsverfahren, indem er den Gesamtverkauf des schuldnerischen Vermögens (*bonorum venditio*) einführte. Diese neue, von der Personalexekution unabhängige Vorgehensweise ist für das Jahr 111 v. Chr. erstmals sicher belegt[39]. Ein Edikt des *Prätors* ermöglichte einen unmittelbaren Zugriff auf das Gesamtvermögen des Schuldners. Der Zugriff auf einzelne Vermögensbestandteile galt lange Zeit als verwerflicher Eingriff in die Privateigentumssphäre[40]. Der Gesamtverkauf bot den Vorteil, mehrere Gläubiger gleichmäßig aus dem Erlös befriedigen zu können. Wurden ihnen Einzelgegenstände zum Verkauf zugeteilt, stritten die Gläubiger regelmäßig über deren geschätzten Wert. Auch konnte der Verkauf der ungeteilten Gesamtmasse meistens schneller erfolgen als eine Aufteilung unter den Gläubigern mit anschließender Verwertung[41]. Allmählich entwickelte sich das Rechtsinstitut der *missio in bona*. Das Verfahren lehnte sich grundsätzlich an die Vorgehensweise des Staates zur Durchsetzung von Forderungen (*bonorum sectio*) an. Bei staatlichen Vollstreckungen wies der *Prätor* den *Quästor* in das Vermögen des Schuldners ein. Dann fand eine öffentliche Versteigerung des Gesamtvermögens statt[42].

aa. Besitzeinweisung

Die *missio in bona* begann mit einem Antrag des Gläubigers (*postulatio*) an den *Prätor*, in der Provinz an den Statthalter[43]. Dabei mußte der Antragsteller nicht explizit den Bestand seiner Forderung beweisen[44]. Ein Schuldner konnte dem

---

[37] Kori, S. 10; von Bethmann-Hollweg II/2, S. 665.
[38] Von Bethmann-Hollweg II/2, S. 661.
[39] Behrends, S. 184 f.; Schwind, S. 125.
[40] Hess/Weis/Wienberg (Weis), Vor § 1 Rn. 30; Kaser, Römisches Zivilprozeßrecht, S. 388; Endemann, ZZP XII (1888), S. 24 (28).
[41] Behrends, S. 185.
[42] Behrends, S. 184; von Bethmann-Hollweg II/2, S. 671; Kaser, Römisches Zivilprozeßrecht, S. 389; Treuherz, S. 6.
[43] Von Bethmann-Hollweg II/2, S. 672 f.; Kaser, Römisches Zivilprozeßrecht, S. 391; Heffter, S. 564; Kaser, Römische Rechtsgeschichte, S. 135; Lass, S. 149.
[44] Von Bethmann-Hollweg II/2, S. 673.

Verfahren unterworfen werden, sofern er verurteilt (*iudicatus*) oder geständig (*confessus*) war oder sich nicht verteidigt hatte (*indefensus*), denn letzteres stand dem Geständnis gleich[45]. Nach Prüfung des Missionsantrages wies der *Prätor* den Gläubiger in das gesamte Schuldnervermögen ein (*missio in possesionem ex primo decreto*)[46]. Die Besitzeinweisung entsprach der Einweisung des *Quästors* im Verfahren zur zwangsweisen Durchsetzung staatlicher Forderungen. Der Gläubiger erlangte den Besitz und die Aufsicht über das Schuldnervermögen, ohne den Schuldner aus seiner Eigentümerposition zu verdrängen[47]. In der Praxis sah dies vermutlich so aus, daß der Gläubiger das Haus des Schuldners bezog, durch seine Anwesenheit über Hab und Gut wachte und gegebenenfalls schwer kontrollierbare Gegenstände in Sicherheit brachte. Statt des Gläubigers konnte auch ein Stellvertreter oder Sklave das Haus beziehen. Der Schuldner blieb derweil in seinem Haus wohnen[48].

Das Verfahren konnte ausschließlich für einen einzelnen Gläubiger angewendet werden[49]. Andere Gläubiger konnten sich jedoch anschließen mit der Wirkung, daß ihnen dieselben Rechte zukamen wie dem Gläubiger, der ursprünglich die Besitzeinweisung beim *Prätor* beantragt hatte[50]. Kenntnis von dem Vollstreckungsverfahren erlangten die übrigen Gläubiger durch einen öffentlichen Anschlag des prätorischen Einweisungsdekrets (*proscriptio*)[51]. Eine nachträgliche Teilnahme an dem Verfahren war solange möglich, bis das schuldnerische Vermögen verkauft und der Erlös komplett verteilt war[52]. Um an dem Verfahren teilzunehmen, mußten die Gläubiger ihre Forderungen zumindest anmelden. Ob sie ihre Ansprüche auch glaubhaft machen mußten, ist nicht sicher belegt. Streitigkeiten über das Bestehen der Forderung erledigte erst ein Prozeß zwischen den Gläubigern und dem späteren Erwerber des schuldnerischen Vermögens[53]. Daraus kann geschlossen werden, daß zunächst die angemeldeten Forderungen noch

---

[45] Hellmann, Lehrbuch, S. 3; von Bethmann-Hollweg II/2, S. 671; Heffter, S. 561; Schwind, S. 125; Kisch, S. 5.

[46] Wengler, Konkursordnung, S. 7; Sohm, S. 719; Jörs/Kunkel, S. 380; von Bethmann-Hollweg II/2, S, 673 f.; Kaser, Römisches Zivilprozeßrecht, S. 390; Kori, S. 10.

[47] Seuffert, Konkursrecht, S. 4; von Bayer, S. 19; von Bethmann-Hollweg II/2, S. 674; Schweppe, S. 4; Kori, S. 10; Schwind, S. 125.

[48] Seuffert, Konkursrecht, S. 5.

[49] Hellmann, Lehrbuch, S. 4; von Aufseß, S. 2.

[50] Gottwald (Gottwald), § 1 Rn. 1; Sohm, S. 719; von Bethmann-Hollweg II/2, S. 678; Kohler, Leitfaden, S. 8; von Wilmowski, S. 1; von Aufseß, S. 2; Uhlenbruck, FS Konkursordnung, S. 3 (7).

[51] Schwind, S. 125; Lass, S. 149.

[52] Kori, S. 16; Endemann, ZZP XII (1888), S. 24 (33).

[53] Kaser, Römisches Zivilprozeßrecht, S. 395.

nicht verbindlich geprüft wurden, sondern lediglich solche Ansprüche ausgeschlossen wurden, die offensichtlich nicht bestanden[54].

Nach der Besitzeinweisung waren die Gläubiger zunächst nur befugt, das Schuldnervermögen in dem erforderlichen Maß zu verwalten. Dabei stand ihnen das Recht zu, Erträge zu ziehen. Die Gläubiger waren deshalb insgesamt oder durch einen Einzelnen zum Abschluß von Verträgen berechtigt, durch die sie Grundstücke verpachteten oder Früchte verkauften[55]. Die erzielten Erlöse wurden gesammelt. Sofern ein Gläubiger es versäumte, mögliche Erträge aus dem besetzten Vermögen zu realisieren, war er den anderen ersatzpflichtig[56]. Andererseits konnte ein Gläubiger von dem Schuldner oder dem späteren Käufer des Vermögens den Ersatz von Aufwendungen im Rahmen der Vermögensverwaltung verlangen[57]. Die Substanz des Vermögens durften die Gläubiger nicht vermindern[58]. Während der Verwaltung war es dem Schuldner gestattet, durch die vollständige Befriedigung seiner Schulden den Alleinbesitz an seinem Vermögen zurückzuerlangen[59].

Die Gläubiger wachten über das Vermögen des Schuldners (*custodia*). Partizipierten mehrere Gläubiger, teilten sie sich vermutlich die Überwachung des Vermögens, so daß nicht alle Gläubiger das Haus des Schuldners bezogen. Die Bewachung diente dazu, Minderungen des Vermögens durch den Schuldner zu verhindern[60]. Die sogenannte *actio Pauliana* faßte verschiedene Schutzmittel vor betrügerischen Handlungen des Schuldners zusammen, um zu verhindern, daß der Schuldner Vermögensgegenstände zum Nachteil der Gläubiger beiseite schaffte[61]. Die Gläubiger waren berechtigt, schädigende Rechtsgeschäfte des Schuldners anzufechten. Das Anfechtungsrecht bestand für Geschäfte vor und nach der Besitzeinweisung. Der Schuldner behielt nämlich trotz der Besitzeinweisung die Dispositionsbefugnis über sein Eigentum, ihn traf kein Veräußerungsverbot[62].

---

[54] Kaser, Römisches Zivilprozeßrecht, S. 397.

[55] Heffter, S. 568; Kaser, Römisches Zivilprozeßrecht, S. 393.

[56] Seuffert, Konkursrecht, S. 8; Kaser, Römisches Zivilprozeßrecht, S. 393; von Bethmann-Hollweg II/2, S. 677.

[57] Seuffert, Konkursrecht, S. 11; von Bethmann-Hollweg II/2, S. 677; Kaser, Römisches Zivilprozeßrecht, S. 393.

[58] Seuffert, Konkursrecht, S. 8.

[59] Von Bethmann-Hollweg II/2, S. 679.

[60] Uhlenbruck, FS Konkursordnung, S. 3 (7).

[61] Jörs/Kunkel, S. 380; Schwind, S. 128.

[62] Seuffert, Konkursrecht, S. 20; Schweppe, S. 4.

Das Rechtsverhältnis in der Zeit zwischen Besitzeinweisung und Verkauf wurde mit einem Pfandrecht verglichen (*pignus praetorium*)[63]. Es bestanden mehrere Parallelen zwischen der *missio in bona* und dem „gewöhnlichen" Pfandrecht[64]: Die Besitzeinweisung hatte akzessorischen Charakter, weil sie zur Sicherung der Gläubigerforderungen diente. Die Gläubiger hatten durch den Mitbesitz ein tatsächliches Verhältnis zu den Vermögensgegenständen des Schuldners und ihre Veräußerungsbefugnis konnte die Rechte des Schuldners an dem Vermögen beenden. Betrachtete man die *missio in bona* als Pfandrecht, betonte dies die dingliche Wirkung der Gläubigerbefugnisse. Die Besitzergreifung, Verwaltung und Veräußerung berechtigten die Gläubiger nicht nur gegenüber dem Schuldner, sondern konnten auch gegenüber Dritten durchgesetzt werden.

bb. Gesamtverkauf des Schuldnervermögens

Vergingen seit der Besitzeinweisung 30 Tage ohne endgültige Befriedigung der Gläubiger, erteilte der *Prätor* die Erlaubnis, das Vermögen des Schuldners zu veräußern (*secundum decretum*). Unter der Kontrolle des *Prätors* wählten die Gläubiger aus ihren eigenen Reihen mit Mehrheitsbeschluß einen *magister*[65]. Ihm kam ausschließlich die Veräußerung des Schuldnervermögens in seiner Gesamtheit zu[66]. Dennoch regelten die Gläubiger gemeinsam die Verkaufsbedingungen. Sie vereinbarten die Aufteilung des Kaufpreises und bestimmten die Quoten, zu welchen der Erwerber ihre Forderungen befriedigen sollte. Außerdem verständigten sie sich auf Zahlungsmodalitäten und Sicherheitsleistungen. Der *magister* gab alle Verkaufsbedingungen als *lex venditionis* öffentlich bekannt[67]. Der Verkauf mußte grundsätzlich innerhalb weiterer 30 Tage erfolgen, so daß das Verfahren insgesamt 60 Tage dauerte. Das entsprach der Zeitspanne, die bei der Personalexekution verstrich, bis der Schuldner endgültig dem Gläubiger zufiel[68].

Konnte der *magister* ausnahmsweise das Vermögen nicht innerhalb dieser Zeit verkaufen, wurden zwangsläufig die erforderlichen Verwaltungsmaßnahmen umfangreicher und ein sogenannter *curator bonorum* wurde als Verwalter einge-

---

[63] Hess/Weis/Wienberg (Weis), Vor § 1 Rn. 31; Hellmann, Lehrbuch, S. 4; Seuffert, Konkursrecht, S. 20; von Bayer, S. 20; Kaser, Römisches Zivilprozeßrecht, S. 392; von Bethmann-Hollweg II/2, S. 676.

[64] Seuffert, Konkursrecht, S. 47.

[65] Seuffert, Konkursrecht, S. 13; von Bayer, S. 17; Sohm, S. 719; Kohler, Leitfaden, S. 9; von Bethmann-Hollweg II/2, S. 679; Kaser, Römisches Zivilprozeßrecht, S. 393; Behrends, S. 188; Degenkolb, S. 162; Kori, S. 10.

[66] Schueck, S. 3; Degenkolb, S. 162; Kori, S. 10; Kisch, S. 5; Lass, S. 149.

[67] Von Bethmann-Hollweg II/2, S. 680; Kaser, Römisches Zivilprozeßrecht, S. 396; Treuherz, S. 6.

[68] Von Bethmann-Hollweg II/2, S. 681.

setzt[69]. Er wurde nicht wie der *magister* von den Gläubigern gewählt, sondern durch den *Prätor* staatlich bestellt[70]. Dennoch konnten die Gläubiger eine Person vorschlagen, die der *Prätor* regelmäßig akzeptierte[71]. Der *curator* konnte aus dem Kreis der Gläubiger stammen oder ein unbeteiligter Dritter sein[72]. Ihm oblag die Vermögensverwaltung, wobei er weitergehende Befugnisse als die Gläubiger besaß[73]. Er konnte Forderungen des Schuldners einklagen, falls deren Verlust drohte[74]. Die Kompetenz zur Führung von Prozessen über das Schuldnervermögen umfaßte auch die Befugnis, außergerichtliche Dispositionen zu treffen[75].

Der Gesamtverkauf - nach den üblichen 30 Tagen oder zeitweiliger Verwaltung durch den *curator* - fand in Form einer öffentlichen Versteigerung statt[76]. Der Käufer erwarb nicht durch zivilrechtliche Verfügung Eigentum an dem schuldnerischen Vermögen, sondern aufgrund eines prätorischen Edikts (*interdictum possessorium*)[77]. Der *Prätor* übertrug das komplette Vermögen auf den Käufer, einschließlich der Forderungen und Verbindlichkeiten des Schuldners. Von dem Vermögensübergang ausgenommen blieben aber die Familienangehörigen des Schuldners[78]. Der Käufer (*emptor bonorum*) zahlte den Gläubigern sodann die vereinbarten Anteile ihrer Forderungen[79]. Reichte das Vermögen aus, wurden die Gläubiger vollständig befriedigt[80]. Gab es noch kein rechtskräftiges Urteil über die angemeldete Forderung, mußte der Gläubiger spätestens in diesem Stadium den Bestand seines Anspruchs gegenüber dem Käufer beweisen[81].

Dingliche Rechte und Privilegien bestimmter Gläubigergruppen begrenzten die gleichmäßige, anteilige Befriedigung der Gläubiger[82]. Der Eigentümer einer im Schuldnervermögen befindlichen Sache konnte die Herausgabe dieser Sache oder aber den vollständigen Wertersatz vorrangig beanspruchen. Pfandgläubiger konn-

---

[69] Von Bethmann-Hollweg II/2, S. 676; Degenkolb, S. 162.
[70] Fuchs, Concursproceß, S. 2; von Bethmann-Hollweg II/2, S. 676; Kohler, Leitfaden, S. 9; Endemann, ZZP XII (1888), S. 24 (31).
[71] Degenkolb, S. 162, 174.
[72] Seuffert, Konkursrecht, S. 14 f.
[73] Gottwald (Gottwald), § 1 Rn. 1; Seuffert, Konkursrecht, S. 12; Degenkolb, S. 162.
[74] Seuffert, Konkursrecht, S. 12.
[75] Seuffert, Konkursrecht, S. 15.
[76] Hellmann, Lehrbuch, S. 5; von Bethmann-Hollweg II/2, S. 682; Gottwald (Gottwald), § 1 Rn. 1; von Bayer, S. 17; Sohm, S. 719.
[77] Kaser, Römisches Zivilprozeßrecht, S. 398; Kori, S. 10.
[78] Von Bethmann-Hollweg II/2, S. 683.
[79] Wilmowski, S. 1; von Bayer, S. 17; Wengler, Konkursordnung, S. 7; Sohm, S. 719; Kohler, Leitfaden, S. 9; Behrends, S. 185; Kori, S. 10; Wenger, S. 227.
[80] Seuffert, Konkursrecht, S. 13; Kisch, S. 5.
[81] Hellmann, Lehrbuch, S. 5.
[82] Von Bayer, S. 21; von Bethmann-Hollweg II/2, S. 685; Kaser, Römisches Zivilprozeßrecht, S. 397.

ten die Herausgabe der verpfändeten Sache oder den vollen Wertersatz verlangen. Sie waren zum Verkauf des Pfandes berechtigt, ohne zuvor ein besonderes Verfahren anstrengen zu müssen[83]. Vorzugsrechte (*privilegium exigendi*), die vor den gewöhnlichen Gläubigerforderungen vollständig befriedigt wurden, existierten seit der Kaiserzeit[84]. Bereits bei Aufstellung der Verkaufsbedingungen mußten bevorzugte Forderungen besonders ausgewiesen werden[85]. In voller Höhe zu befriedigen waren die Forderungen des Fiskus, der Ehefrau auf Rückgabe der Mitgift und des Mündels auf Rückgabe von Mündelvermögen[86]. Sie minderten die Vermögensmasse, die unter den Gläubigern aufgeteilt werden konnte[87].

Blieben Forderungen nach Abschluß des Verfahrens teilweise unbefriedigt, konnten die Gläubiger wegen der offenen Beträge den Schuldner erneut der *missio in bona* unterwerfen. Bis die gesamten Schulden beglichen waren, konnte das Verfahren sogar mehrfach wiederholt werden, wenn der Schuldner wieder zu Vermögen gekommen war[88]. Die *missio in bona* hatte neben dem Vermögensverlust weitere einschneidende Folgen für den Schuldner, denn mit dem Verkauf des Vermögens traf ihn die Infamie, eine Beschränkung der bürgerlichen Ehrenrechte[89]. Ebenso bestand weiterhin die Möglichkeit, den Schuldner in Haft zu nehmen.

cc. Entwicklung des Einzelverkaufs

Prägendes Merkmal der *missio in bona* war ursprünglich, daß der *magister* das Vermögen des Schuldners ausschließlich in seiner Gesamtheit veräußerte. Gegen Ende der römischen Republik[90] trat verstärkt der Einzelverkauf (*distractio bonorum*) an die Stelle des Gesamtverkaufs, ohne daß eindeutig geklärt ist, wie es zu dieser Entwicklung kam. Die Gläubiger könnten von jeher ein Wahlrecht zwischen Gesamt- und Einzelverkauf gehabt haben[91]. Dafür spricht, daß ein Einzelverkauf durchaus im Interesse der Gläubiger lag und nicht auf widerstreitende Interessen des Schuldners stieß. Wahrscheinlicher ist, daß Ausgangspunkt ein

[83] Kori, S. 11.
[84] Schueck, S. 3.
[85] Von Bethmann-Hollweg II/2, S. 685.
[86] Baur/Stürner, § 3 Rn. 3.2; von Bethmann-Hollweg II/2, S. 685; Kaser, Römisches Zivilprozeßrecht, S. 401 ff.; Schwind, S. 125; Wenger, S. 228.
[87] Von Bethmann-Hollweg II/2, S. 685.
[88] Kori, S. 11; von Bethmann-Hollweg II/2, S. 686 f.; Kaser, Römisches Zivilprozeßrecht, S. 398.
[89] Jörs/Kunkel, S. 380; Sohm, S. 720; Kaser, Römisches Zivilprozeßrecht, S. 394; Endemann, ZZP XII (1888), S. 24 (29).
[90] Dabelow, S. 105.
[91] Von Bayer, S. 30.

Senatsbeschluß war, der die *missio in bona* gegenüber Senatoren dahingehend modifizierte, daß der Verkauf einzelner Vermögensgüter anstelle des Gesamtverkaufs gestattet wurde[92]. Was zunächst als Privileg für Senatoren galt, könnte allmählich zur allgemeinen Regelung geworden sein[93]. Fest steht, daß beide Verkaufsformen zunächst nebeneinander auftraten und die Gläubiger ein Wahlrecht zwischen dem Einzel- und dem Gesamtverkauf hatten[94]. Die einmal getroffene Entscheidung für eine Alternative war jedoch nicht rückgängig zu machen. Der Einzelverkauf entwickelte sich aber zur regelmäßigen Vorgehensweise entwickelte[95]. Die Gläubiger entschieden sich häufiger für den Einzelverkauf, weil es oft schwierig war, einen Käufer für das Gesamtvermögen zu finden[96].

Der Einzelverkauf unterschied sich nur wenig von dem Gesamtverkauf, wobei hier nicht der *magister*, sondern der *curator bonorum* den Einzelverkauf des Vermögens besorgte[97]. Durch die steigende Anzahl von Einzelverkäufen erweiterte sich die Bedeutung des *curators* beträchtlich. Er übernahm die Aufgabe des Vermögensverkaufs, wenn auch modifiziert, von dem *magister*. Er wurde nicht nur bei einer ausnahmsweise länger dauernden Verwaltungsperiode bestellt, sondern war zwingend bei jedem Verfahren mit Einzelverkauf beteiligt. Der *curator bonorum* löste den *magister* als zentrale Figur des Verfahrens ab. Er befriedigte die Gläubiger anteilig aus dem erzielten Erlös[98]. Die weiteren Konsequenzen des Verfahrens blieben gleich, so daß den Schuldner nach Verfahrensende auch Infamie und Schuldknechtschaft trafen.

c. Cessio bonorum

Die Stellung des Schuldners wurde durch die *Lex Julia* verbessert, die Julius Caesar oder Kaiser Augustus zugeschrieben wird[99]. Sie ermöglichte dem Schuldner, durch eine freiwillige Vermögensabtretung, die sogenannte *cessio bonorum*,

---

[92] Kaser, Römisches Zivilprozeßrecht, S. 384, 404; von Bethmann-Hollweg II/2, S. 690; Treuherz, S. 7; Degenkolb, S. 170; Hellmann, Lehrbuch, S. 6.

[93] Hess/Weis/Wienberg (Weis), Vor § 1 Rn. 42; Seuffert, Konkursrecht, S. 13 f.; Degenkolb, S. 170; Treuherz, S. 7; Kisch, S. 5.

[94] Seuffert, Konkursrecht, S. 14.

[95] Degenkolb, S. 191; Wengler, Konkursordnung, S. 7; Schwind, S. 127.

[96] Von Bayer, S. 29; Kaser, Römisches Zivilprozeßrecht, S. 627; Treuherz, S. 7.

[97] Seuffert, Konkursrecht, S. 15; von Bayer, S. 29, 31; Kohler, Leitfaden, S. 9; Schweppe, S. 5; Degenkolb, S. 185; Lass, S. 149.

[98] Gottwald (Gottwald), § 1 Rn. 1.

[99] Jörs/Kunkel, S. 380; Gottwald (Gottwald), § 1 Rn. 1; Wengler, Konkursordnung, S. 8; von Bayer, S. 26 f.; Sohm, S. 720; Kaser, Römisches Zivilprozeßrecht, S. 405; Dabelow, S. 112 f.; Kori, S. 12; Reinhardt, S. 27; Treuherz, S. 6.

den nachteiligen Folgen der *missio in bona* zu entgehen[100]. Mit der Vermögensabtretung kam der Schuldner dem Gläubigerantrag auf eine Besitzeinweisung zuvor oder entging nach einer bereits erfolgten Besitzeinweisung dem weiteren Verfahren der *missio in bona*[101].

Der Schuldner ermächtigte die Gläubiger durch die *cessio bonorum*, sein gesamtes gegenwärtiges Vermögen in Besitz zu nehmen und später zu verkaufen[102]. Dadurch verlor der Schuldner die Dispositionsbefugnis über sein Eigentum. Gleichwohl erlangten die Gläubiger vorerst auch bei der freiwilligen Vermögensabtretung kein Eigentum an dem Schuldnervermögen[103]. Zunächst prüfte der *Prätor* die Zulässigkeit der *cessio bonorum*, denn diese war nur statthaft, wenn der Schuldner verurteilt oder geständig war oder er seine Schuld außergerichtlich anerkannt hatte[104]. Ob die *cessio bonorum* außerdem stets davon abhängig war, daß der Schuldner die Zahlungsunfähigkeit nicht selbst verschuldet hatte[105], ist nicht sicher belegt[106]. Die Voraussetzung einer unverschuldeten Zahlungsunfähigkeit wird zuweilen daraus abgeleitet, daß die *cessio bonorum* neben der ursprünglichen *missio in bona* anzutreffen war und es sich um ein Differenzierungskriterium handelte. Diese Schlußfolgerung ist aber nicht zwingend, denn das Nebeneinander beider Verfahrensformen könnte auch andere Gründe gehabt haben. Beispielsweise wäre denkbar, daß Schuldner von der *missio in bona* überrascht wurden, weil sie ihre finanzielle Lage verkannten und deshalb die freiwillige Vermögensabtretung versäumten[107]. Nach Prüfung der Zessionserklärung bestellte der *Prätor* einen *curator bonorum*. Das weitere Vorgehen entsprach dem Verfahren der *missio in bona*[108]. Im Gegensatz zu der *missio in bona* fand der eigentliche Akt der Einweisung der Gläubiger in das schuldnerische Vermögen ohne Mitwirkung staatlicher Organe statt[109]. Somit ist lediglich die Art der Einleitung des Verfahrens eine andere. Der Schuldner konnte das Verfahren wiederum jederzeit

---

[100] Gottwald (Gottwald), § 1 Rn. 1; Hess/Weis/Wienberg (Weis), Vor § 1 Rn. 38; Wengler, Konkursordnung, S. 8; von Bayer, S. 26; Sohm, S. 720; von Bethmann-Hollweg II/2, S. 688; Wengler, Concurs der Gläubiger, S. 225 f.

[101] Kori, S. 14.

[102] Fuchs, Concursproceß, S. 1; Kaser, Römisches Zivilprozeßrecht, S. 406; Kori, S. 13; Endemann, ZZP XII (1888), S. 24 (29).

[103] Dabelow, S. 130, 132; von Bethmann-Hollweg II/2, S. 688.

[104] Von Bethmann-Hollweg II/2, S. 688.

[105] Von Bayer, S. 28; Kaser, Römisches Zivilprozeßrecht, S. 405.

[106] Von Bethmann-Hollweg II/2, S. 689.

[107] Von Bethmann-Hollweg II/2, S. 689 f.

[108] Gottwald (Gottwald), § 1 Rn. 1; Kohler, Leitfaden, S. 10; Endemann, ZZP XII (1888), S. 24 (31).

[109] Schweppe, S. 6.

durch die Zahlung seiner Schulden beenden. Ebenso konnten sich andere Gläubiger dem Verfahren anschließen[110].

Der Vorteil der freiwilligen Vermögensabtretung lag darin, daß dem Schuldner die mit der *missio in bona* verbundene Inhaftierung und die Infamie erspart blieben[111]. Der Schuldner genoß außerdem nach dem Vermögensverkauf eine gewisse Erholungsphase. Gläubiger, die nicht vollständig befriedigt wurden, mußten mit der erneuten Durchsetzung ihrer Ansprüche warten, bis der Schuldner wieder ein gewisses Vermögen erworben hatte, das über dem für den Lebensunterhalt Nötigsten lag[112].

d. Weitere Entwicklung

Allmählich entwickelten sich Formen der Spezialexekution. Die Pfändung, bei der ein einzelnes Vermögensstück beschlagnahmt und verkauft wurde, trat erstmals unter Antonius Pius (138 bis 161) auf[113]. Dabei entstand, wie bei der *missio in bona*, durch die Beschlagnahme zunächst ein Pfandrecht. Erst nach Ablauf einer Frist, in welcher der Schuldner den Gläubiger noch befriedigen konnte, erfolgte die Versteigerung. Sofern bei dem Verkauf ein höherer Erlös erzielt wurde als zur Begleichung der Schulden erforderlich war, stand dieser Überschuß dem Schuldner zu[114].

Die Gesamtvollstreckung verlor durch neue Formen der Einzelvollstreckung an Bedeutung[115]. Fortan konzentrierten sich sowohl die *missio in bona* als auch die *cessio bonorum* auf die Fälle, in denen dem Schuldner mehrere Gläubiger gegenüberstanden oder der Schuldner trotz Verurteilung oder Geständnis leistungsunfähig oder geflohen war[116]. Die Generalexekution infolge des Missionsantrages der Gläubiger wurde jedoch zunehmend verdrängt von der vorteilhaften, freiwilligen Zessionserklärung des Schuldners[117]. Auch entwickelte sich die Möglichkeit

---

[110] Von Bayer, S. 28.

[111] Gottwald (Gottwald), § 1 Rn. 1; Wengler, Konkursordnung, S. 8; von Bethmann-Hollweg II/2, S. 688 f.; Kohler, Leitfaden, S. 9; Lenel, S. 410; Kaser, Römisches Zivilprozeßrecht, S. 406; Kisch, S. 5; Lass, S. 150; Treuherz, S. 6; Uhlenbruck, FS Konkursordnung, S. 3 (8).

[112] Von Bayer, S. 27 f.; Wengler, Konkursordnung, S. 8; Kaser, Römisches Privatrecht, S. 380; Dabelow, S. 123; Kori, S. 13; Treuherz, S. 6; von Aufseß, S. 3; Lass, S. 150.

[113] Von Bethmann-Hollweg II/2, S. 693.

[114] Von Bethmann-Hollweg II/2, S. 696.

[115] Sohm, S. 722; Kohler, Leitfaden, S. 4.

[116] Baur/Stürner, § 3 Rn. 3.4; Fuchs, Concursproceß, S. 1; von Bayer, S. 33; von Aufseß, S. 3; Endemann, ZZP XII (1888), S. 24 (29 f.).

[117] Endemann, ZZP XII (1888), S. 24 (29).

eines freiwilligen, vom Magistrat bestätigten Gesamtvergleichs, bei dem die Gläubiger unter Kürzung ihrer Forderungen endgültig befriedigt wurden[118].

In der justinianischen Zeit war die *missio in bona* immer noch das prägende Verfahren, nunmehr jedoch stets mit einem Einzelverkauf des Schuldnervermögens[119]. Obwohl Bestrebungen dahin gingen, die staatliche Einflußnahme auf das Verfahren zu steigern, kam es nicht zu einer umfassenden gesetzlichen Regelung[120]. Eine Neuerung bestand darin, daß kraft einer Verordnung aus dem Jahre 532 bestimmte Präklusionsfristen für die Gläubiger galten[121]: Bei der *missio in bona* waren für die Forderungen Anmeldefristen von zwei Jahren für *praesentes* (in der Provinz Anwesende) und vier Jahre für *absentes* (Auswärtige) einzuhalten. Erst nach Ablauf dieser Zeit fand der Vermögensverkauf statt[122]. Das Verfahren verlief dadurch schleppender als zuvor. Auch zur justinianischen Zeit fanden die Zusammenstellung des schuldnerischen Vermögens, dessen Verwaltung und Verkauf sowie der Verteilung des Erlöses unter den Gläubigern nicht unter einer verstärkten Mitwirkung des Gerichts statt[123]. Die verschiedenen Prozesse der Gläubiger über das Bestehen und den Rang einzelner Forderungen standen ebenfalls weiterhin selbständig nebeneinander[124]. Weil Schuldner die freiwillige Vermögensabtretung besonders in Zeiten wirtschaftlicher Rezession zunehmend mißbrauchten, wurde die *cessio bonorum* strengeren Voraussetzungen unterworfen. Sie war fortan auf die Fälle beschränkt, in denen der Schuldner durch höhere Gewalt in finanzielle Schwierigkeiten geraten war[125].

e. Bewertung

Das römische Recht wies bereits Züge auf, die lange Zeit das Konkursrecht prägten und noch in heutigen Rechtsgrundsätzen enthalten sind. Es handelt sich dabei weniger um Detailregelungen als um Grundideen, die das Konkursverfahren charakterisierten. Das römische Recht entwickelte erste Grundzüge der Gläubiger-

---

[118] Baur/Stürner, § 3 Rn. 3.5; Heffter, S. 571.
[119] Von Wilmowski, S. 1; von Bayer, S. 32; Treuherz, S. 7.
[120] Wengler, Konkursordnung, S. 8; Kaser, Römisches Zivilprozeßrecht, S. 627; Fuchs, Concursverfahren, S. 5.
[121] Von Bayer, S. 34; von Wilmowski, S. 1; Fuchs, Concursproceß, S. 2; Wengler, Konkursordnung, S. 9; Seuffert, Konkursrecht, S. 18; Kaser, Römisches Zivilprozeßrecht, S. 629; Fuchs, Concursverfahren, S. 7; Uhlenbruck, FS Konkursordnung, S. 3 (8).
[122] Wengler, Konkursordnung, S. 9; Seuffert, Konkursrecht, S. 17; Kohler, Leitfaden, S. 10; Fuchs, Concursverfahren, S. 8; Wenger, S. 304.
[123] Fuchs, Concursverfahren, S. 7; von Wilmowski, S. 1.
[124] Fuchs, Concursverfahren, S. 9.
[125] Baur/Stürner, § 3 Rn. 3.5; Kaser, Römisches Zivilprozeßrecht, S. 629; Dabelow, S. 141; von Bethmann-Hollweg III/3, S. 317.

gemeinschaft, da sich Gläubiger mit gleichen Rechten dem Verfahren anschließen konnten, ohne das Verfahren selbst beim *Prätor* beantragt zu haben. Die Gläubiger hatten während des Verfahrens dieselben Befugnisse bei der Bewachung des Schuldnervermögens und partizipierten, abgesehen von wenigen Vorrechten, gleichmäßig an dem Verkaufserlös. Das römische Recht entwickelte die Idee einer Trennung der Person des Schuldners von seinem Vermögen, indem es seine Dispositionsbefugnis aufhob und die Gläubiger in den schuldnerischen Besitz einwies. Außerdem gab es bereits Bestimmungen zum Schutz der Gläubiger vor einer Verminderung der Vermögensmasse durch den Schuldner. Diese Ideen entwickelten sich kontinuierlich weiter bis zu Anfechtungsvorschriften im modernen Konkursrecht.

Das römische Recht kannte Herausgabeansprüche und privilegierte Ansprüche, die vor den gewöhnlichen Forderungen befriedigt wurden. Damit existierte die Grundlage für ein Vorrechtssystem, welches in den kommenden Jahrhunderten ausgebaut wurde. Die archaisch anmutende Inhaftierung des Schuldners blieb lange Zeit Bestandteil des Konkursverfahrens. Bis in die Neuzeit diente sie denselben Zielen wie im römischen Recht, nämlich Druck auf den Schuldner auszuüben, um Geld zu beschaffen und seine Flucht oder Einwirkungen auf die Masse zu vermeiden.

Um das Verfahren zügig durchzuführen und die Gläubiger möglichst schnell zu befriedigen, gab es kurze Fristen von 60 Tagen, innerhalb derer ein Verkauf des Vermögens gewöhnlich stattfinden mußte. Es war jedoch bereits die Tendenz erkennbar, daß sich das Verfahren zunehmend verzögerte. Wenn ein *curator* eingesetzt werden mußte, wurde die Verwaltung umfangreicher und es konnte kein Verkauf in der regelmäßigen Zeitspanne erfolgen. Die in justinianischer Zeit ausgedehnten Anmeldefristen von zwei und vier Jahren verzögerten die Gläubigerbefriedigung weiter.

Ein bedeutender prinzipieller Unterschied zu dem modernen Konkursrecht bestand darin, daß kein Konkursgrund als Verfahrensvoraussetzung erfüllt sein mußte. Obwohl der Bankrott des Schuldners regelmäßig der Grund für die *missio in bona* und die *cessio bonorum* war, wurde die Zahlungsunfähigkeit oder die Überschuldung nie als rechtliche Voraussetzung für das Verfahren aufgestellt[126]. Insgesamt war das Verfahren nur in geringem Maße organisiert. Die Gläubiger mußten nur wenige Grundregeln als Mindeststandards beachten. Ein Kennzeichen des römischen Rechts bildete die geringe Mitwirkung des Staates. Der *Prätor* war ausschließlich dafür zuständig, die Besitzeinweisung und den Vermögensverkauf per Dekret zu gestatten und die Wahl des *magisters* durch die Gläubiger zu überwachen. Nicht in den Aufgabenbereich des Staates fielen die Verwaltung

---

[126] Gottwald (Gottwald), § 1 Rn. 1; Hellmann, Lehrbuch, S. 3; von Bayer, S. 19, 46; Stein, S. 413; Kaser, Römisches Zivilprozeßrecht, S. 388; Endemann, ZZP XII (1888), S. 24 (31).

des Vermögens, die Anmeldung der Gläubigerforderungen, deren Zulassung und Rangbestimmung sowie der Vermögensverkauf mit anschließender Befriedigung der Gläubiger[127]. Der *magister* war ausschließlich Vertreter der Gläubiger und nicht mit staatlichen Befugnissen ausgestattet. Weiter reichten die Befugnisse des *curators*. Er war das erste staatlich bestellte Konkursorgan mit der Befugnis, das Vermögen des Schuldners zu verwalten und in einzelnen Bestandteilen zu verwerten. Es herrschte eine weitreichende Selbstverwaltung der Gläubiger. Zu den Aufgaben der Gläubiger gehörte insbesondere, Streitigkeiten über das Bestehen der geltend gemachten Forderung oder deren Rangbestimmung - gegebenenfalls durch einen besonderen Rechtsstreit - klären zu lassen. Ihre Befriedigung regelten sie durch die Verkaufsbedingungen direkt mit dem Erwerber des schuldnerischen Vermögens. Er zahlte die vereinbarten Anteile an die Gläubiger. Die Aufteilung des Schuldnervermögens stand nach der Einschätzung eines Juristen zu Beginn des 19. Jahrhunderts unter der Prämisse "... und wer bey dieser Theilung zu kurz kommt, hat es sich selbst zu verdanken, dass er nicht besser für sich gesorgt hat."[128].

Die geringe staatliche Einwirkung auf das Konkursverfahren führte dazu, daß es nahezu keine Versuche gab, ein umfassendes Verfahren durchzuführen mit einer kompletten Zusammenstellung der Vermögensmasse, einer Beteiligung aller Gläubiger und dadurch einer vollständigen Auseinandersetzung von Aktiven und Passiven. Nach der öffentlichen Bekanntmachung der *missio in bona* oder der *cessio bonorum* mußten sich andere Gläubiger aus eigener Initiative dem Verfahren anschließen. Es konnten mehrere Konkursverfahren parallel stattfinden, weil wahrscheinlich das Gericht ausschließlich für den Teil des schuldnerischen Vermögens zuständig war, der in seinem Bezirk lag[129]. Außerdem unterlag zwar das gesamte Schuldnervermögen dem Zugriff der Gläubiger, doch war es deren Aufgabe, das Vermögen zu erfassen[130]. Der *Prätor* trug nicht dazu bei, eine vollständige Inventarisierung vorzunehmen. Dies war ebensowenig eine Aufgabe des *curators bonorum*. Nur bei der *cessio bonorum* fand eine Auseinandersetzung über das gesamte schuldnerische Vermögen statt, weil der Schuldner zu einer vollständigen Vermögensabtretung verpflichtet war. Andernfalls konnten die Gläubiger die Vermögensübertragung ablehnen[131].

Die *missio in bona* wie die *cessio bonorum* führten nicht automatisch zu einer Überprüfung der Gläubigerforderungen. Der *Prätor* ließ jeden Gläubiger „hypothetisch" zu dem Verfahren zu, unter der Annahme, daß die Gläubigerforderung

---

[127] Von Wilmowski, S. 1; Fuchs, Concursproceß, S. 2; von Bayer, S. 49; Endemann, ZZP XII (1888), S. 24 (32).
[128] Dabelow, S. 62 f.
[129] Von Bayer, S. 49; Schweppe, S. 4; Goltdammer, S. 1; Oetker, Lehre vom Concurse, S. 12.
[130] Von Bethmann-Hollweg II/2, S. 679; Endemann, ZZP XII (1888), S. 24 (32).
[131] Endemann, ZZP XII (1888), S. 24 (33).

existierte[132]. In den meisten Fällen war dem Exekutionsverfahren jedoch ein Gerichtsverfahren vorausgegangen, so daß der Gläubiger den *Prätor* bereits mit einem Urteil aufsuchte[133]. Insofern wird der römische Konkurs auch als Urteilsvollstreckungsverfahren bezeichnet[134]. Streitigkeiten über den Bestand der Forderung mußte der Gläubiger mit dem späteren Erwerber endgültig gerichtlich klären.

2. Italienisches Statutarrecht

a. Entstehung

Auf der Basis des römischen Rechts erfuhr das Konkursrecht in den Statutarrechten der ober- und mittelitalienischen Handelsstädte seit dem 13. Jahrhundert eine eigenständige Ausprägung[135]. Die Terminologie Statutarrecht geht zurück auf das Wort *statuta,* das eine stadtrechtliche Rechtsquelle bezeichnet, die eine Stadt aufgrund ihrer Autonomie schuf. Die vielfältigen Rechtsquellen unterschieden sich aufgrund ihres engen örtlichen Geltungsbereichs von dem gemeinen Recht[136]. Die in ihrer Anzahl auf über 10.000 geschätzten italienischen Statuten lagen schon früh als gedruckte Gesetzesbücher vor, weshalb ihnen große Bedeutung für die europäische Rechtsentwicklung zukam[137]. Die ersten Statutarrechte waren Handschriften, die das geltende Gewohnheitsrecht und die Handelsbräuche beinhalteten. Die Bedürfnisse des Handelsstands prägten die Regelungen, die sich zumeist als zweckmäßig, flexibel und ohne belastenden Formalismus darstellten[138].

Das wirtschaftliche Leben in den italienischen Städten bildete ein tragendes Motiv für die Weiterentwicklung des Konkursrechts. Dort erlebte der Handel eine Blütezeit, so daß die wirtschaftlichen Aktivitäten und Beziehungen umfangreich und vielseitig waren. Der Handel benötigte auch ein konkursrechtliches Instrumentarium, um schnell auf Zahlungsunfähigkeiten reagieren zu können und den wirtschaftlichen Schaden zu begrenzen. Die Regelungen verstanden sich als eine Selbsthilfeeinrichtung der Kaufmannschaft gegen unzuverlässige und betrügerische Standesgenossen[139]. Die wesentliche Neuerung gegenüber dem römischen Recht bestand in einem Arrestverfahren, das bei einer Gefährdung der Gläubiger-

[132] Von Bethmann-Hollweg II/2, S. 684.
[133] Von Bethmann-Hollweg II/2, S. 672 f.
[134] Baur/Stürner, § 3 Rn. 3.6.
[135] Baur/Stürner, § 3 Rn. 3.7.
[136] Erler/Kaufmann, HRG IV, S. 1922 f.
[137] Coing (Wolf), Quellen I, S. 573, 575.
[138] Coing (Pohlmann), Quellen I, S. 810.
[139] Gottwald (Gottwald), § 1 Rn. 2.

forderung durchgeführt wurde und bei Bedarf in das Zwangsvollstreckungsverfahren überging.

Die Grundlage für das mittelalterliche italienische Konkursrecht bildete das römische Recht zu Zeiten Justinians, mit der *missio in bona* als dem prägenden Verfahren[140]. Dabei setzte sich die Tendenz fort, daß die Verfahrenseinleitung häufiger freiwillig durch die *cessio bonorum* erfolgte. Die *missio in bona* entwickelte sich zur Ausnahme für den Fall, daß der Schuldner flüchtig war. Die *cessio bonorum* wurde allerdings immer restriktiver angewandt um zu vermeiden, daß die Zugeständnisse an den Schuldner die Gläubiger schädigten[141]. Die Vermögensabtretung setzte voraus, daß die Zahlungsunfähigkeit unverschuldet eingetreten war. Sie galt als unehrenhaft und hatte ehrschädigende Wirkungen[142]. Nach manchen Stadtrechten wurde der Schuldner nach dem Verfahrensende aus der Stadt verwiesen[143]. Dadurch verlor die *cessio bonorum* für den Schuldner an Attraktivität, und das Verfahren kam zunehmend außer Gebrauch[144].

Das Arrestverfahren trat als neues Konzept zu den Grundzügen aus dem römischen Recht hinzu. Dabei ist nicht eindeutig geklärt, ob die Statutarrechte das Arrestverfahren eigenständig aus den römischen Rechtsgedanken entwickelten[145] oder Einflüsse aus dem germanisch-langobardischen Rechtskreis übernahmen[146]. Das germanisch-langobardische Recht kannte die gerichtliche Beschlagnahme der schuldnerischen Güter im Interesse der Gläubiger. Gleichwohl fehlen sichere Anhaltspunkte für eine Übernahme des fremden Rechts[147]. Daher wäre es ebenfalls möglich, daß sich das italienische Recht selbständig fortentwickelte. Die gerichtliche Beschlagnahme könnte eine Reaktion auf die gestiegenen Verkehrsbedürfnisse gewesen sein. Vermehrte Fälle von verschuldeter Zahlungsunfähigkeit oder ein verstärkter Mißbrauch der geltenden Vorschriften könnten effektivere Mittel zum Schutz der Gläubiger erfordert haben[148].

---

140 Gottwald (Gottwald), § 1 Rn. 2; Baur/Stürner, § 3 Rn. 3.7; Endemann, ZZP XII (1888), S. 24 (34).

141 Endemann, ZZP XII (1888), S. 24 (34).

142 Hellmann, Lehrbuch, S. 17; Fuchs, Concursproceß, S. 3; Fuchs, Concursverfahren, S. 12; Kisch, S. 6; Lass, S. 150; Wach, ZRG VII (1868), S. 439 (451).

143 Hellmann, Lehrbuch, S. 17.

144 Fuchs, Concursproceß, S. 3; Seuffert, Konkursrecht, S. 51.

145 Endemann, ZZP XII (1888), S. 24 (39).

146 Hess/Weis/Wienberg (Weis), Vor § 1 Rn. 57; Stein, S. 414; Seuffert, Konkursrecht, S. 49; Fuchs, Concursverfahren, S. 15; Wach, Arrestprocess, S. 1; Kisch, S. 5.

147 Endemann, ZZP XII (1888), S. 24 (39).

148 Endemann, ZZP XII (1888), S. 24 (39).

b. Überblick über das Verfahren

aa. Arrestierung

Das Verfahren begann, wenn ein Gläubiger bei Gericht ein Arrestmandat beantragte. Zuständig für die Arrestierung waren Konkurs- oder Handelsgerichte[149]. Der Richter prüfte zunächst, ob die Verfahrensvoraussetzungen vorlagen[150]. Das Arrestverfahren verlangte einen Arrestgrund (*causa arresti)*, der in der Gefährdung der Gläubigerforderung bestand[151]. Die Forderung galt nach den älteren Regelungen als gefährdet, wenn der Schuldner flüchtete. Die Flucht hielt man für die typische Reaktion des Schuldners auf seine finanziellen Schwierigkeiten[152]. Es war der Versuch, sich den unangenehmen Folgen der Insolvenz zu entziehen. Später akzeptierten die Statutarrechte die bloße Fluchtgefahr oder den Fluchtverdacht als Arrestgrund[153]. Im Laufe der Entwicklung konnte das Arrestverfahren schließlich direkt bei Zahlungsunfähigkeit durchgeführt werden. In manchen Städten war die Eröffnung des Arrestverfahrens davon abhängig, daß die Schulden ein bestimmtes Maß überstiegen[154]. In Venedig mußten die Schulden mindestens 100 Lire Venetianischer Denare und in Genua 1000 *librae* betragen[155]. Keine Verfahrensvoraussetzung war hingegen, daß es sich bei dem Schuldner um einen Kaufmann handelte[156].

Wenn der Gläubiger das Arrestmandat beantragte, mußte er dem Gericht seine Forderung und den Arrestgrund summarisch beweisen[157]. Er konnte den Beweis durch die Vorlage von Urkunden oder durch Zeugen führen. Zusätzlich mußte er einen Eid leisten, daß er weder die anderen Gläubiger benachteilige, noch den Schuldner begünstige[158]. In Ferrara mußten hierzu zwei Gläubiger die Zahlungsunfähigkeit beschwören und vier weitere Zeugen diese bestätigten[159]. Das Arrestverfahren setzte nicht eine vorherige gerichtliche Verurteilung des Schuldners voraus. Die Gläubiger konnten ihre Forderung also unabhängig von einem Gerichtsverfahren sichern lassen[160]. Das Gericht erklärte den Schuldner für bankrott, wenn er nicht zur Verhandlung erschien und auch keine andere Person eine Kau-

[149] Fuchs, Concursverfahren, S. 17, 19.
[150] Fuchs, Concursverfahren, S. 16.
[151] Wach, Arrestprocess, S. 87; von Aufseß, S. 3.
[152] Kohler, Leitfaden, S. 13.
[153] Kohler, Lehrbuch, S. 11; von Aufseß, S. 4.
[154] Hess/Weis/Wienberg (Weis), Vor § 1 Rn. 59; Kohler, Lehrbuch, S. 11.
[155] Hellmann, Lehrbuch, S. 37, 51; Fuchs, Concursverfahren, S. 17, 19.
[156] Kohler, Lehrbuch, S. 11.
[157] Baur/Stürner, § 3 Rn. 3.7; Wach, Arrestprocess, S. 131; Fuchs, Concursproceß, S. 5; von Aufseß, S. 3.
[158] Fuchs, Concursverfahren, S. 16.
[159] Kohler, Lehrbuch, S. 11.
[160] Baur/Stürner, § 3 Rn. 3.7.

tion für ihn hinterlegte[161]. Der Schuldner konnte arrestiert werden und mit ihm sein gesamtes Vermögen oder einzelne Vermögensgegenstände. Während der Generalarrest ursprünglich nur bei einem flüchtigen Schuldner verfügt wurde, entwickelte er sich allmählich zur allgemeinen Vorgehensweise[162].

In den Anfängen des Statutarrechts war der Gläubiger befugt, den Personal- und Vermögensarrest selbst zu vollziehen[163]. Seitdem sich das Verfahren nicht mehr auf flüchtige Schuldner beschränkte, nahm das Konkursgericht diese Aufgaben war. Die Gerichtsdiener ergriffen die beweglichen Vermögensgegenstände und gaben sie bei einem Dritten oder einer öffentlichen Pfandkammer in Verwahrung. Wenn der Schuldner Forderungen gegenüber Dritten besaß, belegte sie das Gericht mit einem Zahlungsverbot[164]. Wahrscheinlich erlangten die Gläubiger durch den Arrest ein dingliches Recht an dem arrestierten Vermögen. Eine pfandrechtliche Wirkung läßt sich angesichts der Nähe des Statutarrechts zu dem römischen Recht vermuten[165]. Der Schuldner behielt infolge des Arrests seine Eigentümerstellung, verlor aber die Dispositionsbefugnis über sein Vermögen[166]. Das Gericht konnte dem Schuldner die Verfügungsbefugnis auch rückwirkend für die Zeit vor dem Arrest entziehen. Dazu legte es einen bestimmten Zeitpunkt fest, etwa den Tag der Zahlungseinstellung[167]. In Genua waren generell die Verfügungen des Schuldners während der letzten 15 Tage vor seiner Flucht unwirksam[168].

bb. Verwaltung und Verwertung

Das Verfahren setzte sich mit einer öffentlichen Ladung fort, die dazu diente, weitere Gläubiger und andere Betroffene, wie die Inhaber dinglicher Rechte, in das Verfahren einzubeziehen. Die Gläubiger mußten ihre Forderungen innerhalb bestimmter Fristen anmelden. Wenn sie ihre Forderung falsch liquidierten, wurden sie bestraft, mancherorts mit dem völligen Verlust ihres Anspruchs[169]. Traten Streitigkeiten über den Rang von Forderungen auf, mußten der Schuldner und die

---

[161] Seuffert, Konkursrecht, S. 50; Fuchs, Concursverfahren, S. 16; Fuchs, Concursproceß, S. 5.
[162] Stein, S. 414.
[163] Kohler, Lehrbuch, S. 13.
[164] Seuffert, Konkursrecht, S. 50.
[165] Seuffert, Konkursrecht, S. 54.
[166] Stein, S. 114; Uhlenbruck, FS Konkursordnung, S. 3 (8).
[167] Kohler, Lehrbuch, S. 13.
[168] Fuchs, Concursverfahren, S. 18.
[169] Kohler, Lehrbuch, S. 23.

Gläubiger separate Prozesse führen[170]. Erschien der Schuldner nicht vor Gericht, ging das Arrestverfahren in die Zwangsvollstreckung über[171].

Durch die öffentliche Ladung suchte das Gericht nach Personen, die bereit waren, den Schuldner zu verteidigen. Fand sich niemand, setzte das Gericht zur Vertretung des flüchtigen Schuldners einen *curator bonorum* ein[172]. Die Gläubiger konnten einen Verwalter wählen. Mancherorts wirkte bei der Einsetzung des Verwalters ein Magistrat mit, der von den Gläubigern gewählt wurde und zumeist mit Personen aus den Reihen der Kaufmannschaft oder der Zünfte besetzt war[173]. Der *curator* führte den Arrest aus, verwaltete und verwertete das Schuldnervermögen. Dabei existierten aber starke örtliche Unterschiede. Gelegentlich führte der Konkursrichter die Vermögensverwaltung selbst durch oder beauftragte Personen - sogenannte *syndici* oder *officiales* -, die unter seiner Aufsicht arbeiteten[174]. Teilweise setzte das Gericht Personen ausschließlich für bestimmte Aufgaben ein, etwa der Prozeßführung oder der Prüfung der angemeldeten Ansprüche[175]. Die Gläubiger besaßen bei allen Varianten Einflußmöglichkeiten auf die Verwaltungsmaßnahmen.

Unter gerichtlicher Kontrolle wurde ein Inventar über das Vermögen des Schuldners aufgestellt[176]. Zu diesem Zweck konnte das Gericht die Geschäftsbücher des Schuldners beschlagnahmen[177]. Der Schuldner konnte gefoltert werden, um zutreffende Angaben über sein Vermögen zu erzwingen und zu verhindern, daß er Vermögensbestandteile verbarg[178]. Auch die Diener des Schuldners mußten bei der Inventarisierung mitwirken und hafteten für unvollständige Angaben[179]. Fremdes Eigentum sonderte das Gericht aus dem Schuldnervermögen aus[180]. Durch einen öffentlichen Ausruf versuchte das Gericht, Vermögensgegenstände des Schuldners zu ermitteln, die Dritte in Besitz hatten. Die Gläubiger konnten die Herausgabe von Schuldnereigentum einklagen, um die Vermögensmasse zu vervollständigen[181]. Die Statutarrechte kannten umfangreiche Schutzbestimmungen zugunsten der Gläubiger. Sie erweiterten die Regelungen zur Anfechtung und Nichtigkeit von Rechtsgeschäften aus dem römischen Recht. Schenkungen des

---

[170] Kohler, Lehrbuch, S. 12.
[171] Von Aufseß, S. 4; Fuchs, Concursproceß, S. 4.
[172] Fuchs, Concursproceß, S. 4; Lass, S. 150.
[173] Baur/Stürner, § 3 Rn. 3.7; Kohler, Lehrbuch, S. 12.
[174] Seuffert, Konkursrecht, S. 52 f.; von Aufseß, S. 4.
[175] Kohler, Lehrbuch, S. 12.
[176] Uhlenbruck, FS Konkursordnung, S. 3 (8).
[177] Kohler, Lehrbuch, S. 13; Fuchs, Concursverfahren, S. 18.
[178] Uhlenbruck, FS Konkursordnung, S. 3 (8).
[179] Kohler, Lehrbuch, S. 15.
[180] Baur/Stürner, § 3 Rn. 3.7; Fuchs, Concursverfahren, S. 17.
[181] Endemann, ZZP XII (1888), S. 24 (37).

Schuldners konnten die Vermögensmasse nicht beeinträchtigen[182]. Nahe Angehörige und Geschäftsteilhaber des Schuldners hafteten gegenüber den Gläubigern. Beispielsweise stand der männliche Erbe des Schuldners für dessen Verbindlichkeiten ein[183].

Vor der endgültigen Verwertung der Vermögensmasse besaß der Schuldner eine gewisse Zeit, um sich mit den Gläubigern gütlich zu einigen oder Zahlungsmittel zu beschaffen. In Genua standen ihm dazu acht Monate zur Verfügung[184]. Verstrich die Zeit ergebnislos, verwertete der *curator* die Massen, indem er einzelne Vermögensgegenstände verkaufte. Die Gläubiger partizipierten grundsätzlich anteilig an dem Verkaufserlös[185]. Es gab nur wenige privilegierte Forderungen, die der *curator* vorzugsweise befriedigte. Dazu gehörten Forderungen des Staats, der Ehefrau und des Mündels, nicht dagegen Pfandgläubiger. Manche Statutarrechte regelten ausdrücklich, daß die Gläubiger der letzten Wochen vor dem Konkurs nicht bevorzugt werden sollten[186]. Ebenso existierten Vorschriften für den Fall, daß vorrangige Gläubiger ihre Forderungen nachträglich geltend machten. In Genua mußte jeder befriedigte Gläubiger bürgen, daß er seinen Anteil zurückzahlt, wenn neue, bevorrechtigte Gläubiger auftraten. Diese Verpflichtung traf ihn bis zu drei Jahren nach Abschluß des Verfahrens[187]. Sofern Forderungen teilweise nicht befriedigt wurden, blieben sie auch nach Verfahrensende gegenüber dem Schuldner durchsetzbar[188]. Den Schuldner traf im Anschluß an das Verfahren ein Berufsverbot. Hatte er die Zahlungsunfähigkeit selbst verschuldet, drohten ihm harte Strafen[189]. Beispielsweise konnte der Schuldner inhaftiert oder gebannt werden[190].

Neben dem Konkursverfahren bei Zahlungsunfähigkeit konnte auch eine Gläubigermehrheit die Einzelvollstreckung in das Vermögen des Schuldners betreiben[191]. Dies verdeutlicht die Eigenständigkeit des Konkursverfahrens und seine Spezialisierung auf Fälle, in denen der Schuldner bankrott war. Das italienische Statutarrecht entwickelte die Vergleichsvorschriften weiter, die ansatzweise im justinianischen Recht vorhanden waren. Mit einer qualifizierten Mehrheit konnten die Gläubiger eine Stundung und ausnahmsweise einen Schuldenerlaß gewähren.

---

[182] Baur/Stürner, § 3 Rn. 3.7; Fuchs, Concursproceß, S. 5.
[183] Fuchs, Concursproceß, S. 5.
[184] Hellmann, Lehrbuch, S. 42; Fuchs, Concursverfahren, S. 18.
[185] Kohler, Lehrbuch, S. 14; Hellmann, Lehrbuch, S. 27; Fuchs, Concursverfahren, S. 17.
[186] Kohler, Lehrbuch, S. 14; Kisch, S. 6; Lass, S. 150.
[187] Kohler, Lehrbuch, S. 14.
[188] Fuchs, Concursproceß, S. 3; Endemann, ZZP XII (1888), S. 24 (36).
[189] Baur/Stürner, § 3 Rn. 3.7; Endemann, ZZP XII (1888), S. 24 (35).
[190] Fuchs, Concursproceß, S. 5; Kohler, Lehrbuch, S. 14.
[191] Kohler, Leitfaden, S. 13.

Der Magistrat bestätigt den Vergleich[192]. Außerdem wurde die Vergleichsregelung in öffentliche Register eingetragen[193].

c. Bewertung

Das italienische Statutarrecht basierte auf dem römischen Recht, entwickelte dessen Prinzipien weiter und fügte ihm neue Aspekte hinzu. Die Adaption von römischen Regelungen zeigte sich häufig in Detailregelungen wie den übereinstimmenden Vorrechten von Staat, Ehefrau und Mündel. Das italienische Recht erkannte die Gefahr eines zu umfangreichen Systems von Privilegien und beugte vor, indem verschiedene Ansprüche ausdrücklich als nicht privilegiert bezeichnet wurden. Der *curator bonorum* besaß im italienischen wie im römischen Recht die Aufgabe, das schuldnerische Vermögen zu verwalten und zu verwerten. Dabei prägten sich örtliche eigenständige Konzepte für die Verwaltung aus, indem beispielsweise das Gericht eine Person ausschließlich für die Prozeßführung und Prüfung der angemeldeten Forderungen bestellte. Auch die römisch-rechtlichen Anfechtungsvorschriften übernahm das italienische Konkursrecht und verbesserte sie.

Wie im römischen Recht war der Einfluß des Staates auf das Verfahren gering, so daß die Gläubiger auf ihre Eigeninitiative angewiesen waren. Gleichwohl ist eine Tendenz zu einer stärkeren gerichtlichen Organisation unverkennbar. Das Gericht prüfte eingangs, ob ein Arrestgrund bestand, und die Gläubiger mußten vor Gericht ihre Forderungen beweisen. Auch die öffentliche Ladung spiegelte eine gesteigerte Organisation wider. Das Gericht bemühte sich, möglichst viele betroffene Personen von dem Bankrott zu informieren, um sie am Verfahren zu beteiligen. Auch die Inventarisierung des Schuldnervermögens überwachte das Gericht und trug infolgedessen dazu bei, die Masse vollständig zu ermitteln. Dennoch herrschte eine weitreichende Selbstverwaltung der Gläubiger, denn das Gericht kontrollierte und unterstützte den *curator* lediglich. Streitigkeiten über die Forderungen zog das Konkursgericht nicht an sich, so daß die Gläubiger und der Schuldner separate Prozesse führen mußten.

Ein wesentlicher Unterschied zu dem römischen Recht bestand darin, daß ein Arrestgrund als Verfahrensvoraussetzung bestehen mußte. Das römische Recht setzte nur praktisch die Zahlungsunfähigkeit des Schuldners voraus, nicht aber theoretisch. Im italienischen Recht mußten die Gläubiger anfangs die Flucht des Schuldners oder die Fluchtgefahr als Indikatoren für seine Zahlungsunfähigkeit bewiesen. Allmählich galt jedoch die Zahlungsunfähigkeit unmittelbar als *causa*

---

[192] Baur/Stürner, § 3 Rn. 3.7; Gottwald (Gottwald), § 1 Rn. 2; Kisch, S. 6; Lass, S. 150.
[193] Kohler, Lehrbuch, S. 14.

arresti. Damit entwickelte das italienische Statutarrecht ein bislang fehlendes Charakteristikum des Konkursverfahrens. Eine weitere Neuerung bestand darin, daß es ein Arrestverfahren ohne vorherige gerichtliche Verurteilung des Schuldners gab. Damit wich das italienische Statutarrecht von der römischen Praxis ab, die das Konkursverfahren als Urteilsvollstreckungsverfahren verstand. Das italienische Recht bot den Gläubigern ein vorsorgliches Sicherungsmittel, das ihnen ermöglichte, schnell und unbürokratisch auf die finanziellen Schwierigkeiten des Schuldners zu reagieren. Damit war das italienische Konkursverfahren auf die Anforderungen des Handelsverkehrs abgestimmt. Die Gläubiger konnten durch ein zügiges Einschreiten ihren finanziellen Schaden begrenzen. Es entwickelte sich außerdem die Möglichkeit, die Vollstreckung im Einzelfall durch einen Vergleich oder einen Erlaß abzuwenden. Mit dem Konzept, das römische Recht auszubauen und zu erweitern, stellt das italienische Statutarrecht den eigentlichen Beginn des modernen Konkursrechts dar[194]. Die italienischen Regelungen verbreiteten sich mit dem zunehmenden Handelsverkehr. Sie dehnten sich zuerst auf die französischen Handelsplätze aus, gefolgt von den Niederlanden, den deutschen Hansestädten sowie Süddeutschland[195].

3. Spanisches Konkursrecht

Das spanische Konkursrecht des 17. Jahrhunderts beeinflußte die europäische Rechtsentwicklung in besonderer Weise. Träger der Entwicklung waren zwei umfassende literarischen Darstellungen über das Konkursrecht von Amador Rodriguez und Francisco Salgado de Samoza. Obwohl beide Bücher auf die nationale Praxis zugeschnitten waren und sich an spanische Richter und Advokaten wandten, führten sie in Europa als erste umfassende konkursrechtliche Abhandlungen zu großer Resonanz[196]. Das 1616 in Madrid erschienene Werk von Rodriguez führte den Titel „*Tractatus de concursu et privilegiis creditorum in bonis debitoris et de praelationibus eorum atque de ordine et gradu, quo solutio fieri debet, cum debitor solvendo non est, et bona eius publice venduntur*“. Noch bedeutender war das Buch von Salgado de Samoza, der königlicher Rat in Valladolid war. Unter dem Titel „*Labyrinthus creditorum concurrentium ad litem per debitorem communem inter illos causatam*” behandelte er das Konkursrecht detailliert und

---

194 Gottwald (Gottwald), § 1 Rn. 2.

195 Gottwald (Gottwald), § 1 Rn. 2; Baur/Stürner, § 3 Rn. 3.8; Uhlenbruck, FS Konkursordnung, S. 3 (8).

196 Gottwald (Gottwald), § 1 Rn. 4; Coing (Scherner), Quellen II/1, S. 856 f.

praxisbezogen in drei Bänden[197]. Das Buch erschien 1646 in Valladolid, 1653 in Antwerpen und Venedig, 1663 in Frankfurt und 1665 in Lyon[198].

a. Ausgangslage in Spanien

Das römische Recht bildete die Basis für das spanische Recht, und die freiwillige Vermögensabtretung *cessio bonorum* stellte die wesentliche Grundlage auf dem Gebiet des Konkursrechts dar. Wie auch in Italien entwickelte das örtliche Recht das römische Recht weiter und konzipierte zahlreiche Eigenarten. In Spanien etablierte sich ein Konkursverfahren, welches sich aber trotz der gemeinsamen, römisch-rechtlichen Grundlage erheblich von den Rechtsgrundsätzen in Italien unterschied. Eine prinzipielle Abweichung bestand darin, daß die spanischen Gerichte sämtliche während des Konkursverfahrens anfallenden Aufgaben an sich zogen[199]. Es entstand ein obrigkeitliches Verfahren, welches im Gegensatz zu der weitreichenden Gläubigerautonomie im italienischen Verfahren stand[200].

Das Prinzip der Selbsthilfe der Gläubiger im Konkursverfahren war dem spanischen Recht fremd. Dies zeigen gesetzliche Regelungen aus dem 15. Jahrhundert[201]: Bei der Verfolgung eines Rechts sollte keine Selbsthilfe vorgenommen werden. Derjenige, der dies dennoch tat, wurde bestraft. Ihm wurde alles, was er durch die Selbsthilfe erlangt hatte, wieder abgenommen. Statt sich selbst zu helfen sollte der Gläubiger die Realisierung seiner Rechte dem Gericht überlassen. Nur ausnahmsweise, wenn kein Richter zur Verfügung stand, konnte der Gläubiger seine Forderung dadurch befriedigen, daß er den flüchtigen Schuldner ergriff und ihm sein Vermögen insoweit wegnahm, als es zur Begleichung der Schulden erforderlich war. Insofern sollten die Anstrengungen des Gläubigers prämiert werden.

Durch die umfassende Zuständigkeit des Gerichts wurde bereits die *cessio bonorum* modifiziert[202]: Die freiwillige Vermögensabtretung begann mit einer Erklärung vor dem Richter. Für das katalonische Gewohnheitsrecht des 13. Jahrhunderts ist überliefert, daß der Schuldner vor dem Richter einen Manifestationseid ablegen und schwören mußte, daß er sein zukünftig neu erworbenes Vermögen zur Befriedigung der Gläubiger verwenden werde. Im Anschluß daran inventarisierte das Gericht das schuldnerische Vermögen. Es war ebenfalls zuständig

---

[197] Coing (Scherner), Quellen II/1, S. 857.
[198] Uhlenbruck, FS Konkursordnung, S. 3 (8).
[199] Gottwald (Gottwald), § 1 Rn. 4; Kohler, Lehrbuch, S. 24.
[200] Uhlenbruck, FS Konkursordnung, S. 3 (8).
[201] Hess/Weis/Wienberg (Weis), Vor § 1 Rn. 70 ff.; Kohler, Lehrbuch, S. 24.
[202] Kohler, Lehrbuch, S. 25.

für den nachfolgenden Verkauf des Vermögens und die Verteilung des Erlöses an die Gläubiger.

Ursprünglich diente die *cessio bonorum* nach römischem Recht dazu, den Schuldner vor den Wirkungen der *missio in bona* zu beschützen. Auch in Spanien konnte ein Schuldner ursprünglich durch die freiwillige Vermögensabtretung der Personalhaft entgehen. Die Rechtspraxis änderte sich jedoch, und von einem Schuldner konnte die Abtretungserklärung durch Inhaftierung im Gefängnis erzwungen werden. Der Schuldner blieb so lange in Haft, bis er sein Vermögen abtrat. Diese Vorgehensweise dehnte sich aus. Ein Gesetz von 1590 ordnete an, daß jeder Schuldner, der von der *cessio bonorum* Gebrauch machte, bis zur Klärung der Sachlage inhaftiert wurde[203]. Die *cessio bonorum* war gegen Ende des 16. Jahrhunderts also stets und unabwendbar mit einem Gefängnisaufenthalt des Schuldners verbunden.

Zu Beginn des 17. Jahrhunderts setzten Bemühungen ein, die harte Vorgehensweise gegen den Schuldner zu mildern. Dieses Ziel wurde aber nicht durch eine Änderung des oben erwähnten Gesetzes erreicht. Vielmehr entstand neben der *cessio bonorum* ein neues Rechtsinstitut, welches dem strengen Gesetz nicht unterlag. Das neue Verfahren hatte mit der *cessio bonorum* gemeinsam, daß es eine Abtretung des Vermögens beinhaltete. Es nahm auch weitere Ideen der *cessio bonorum* auf, die in Spanien entwickelt worden waren. Neben vielen Ähnlichkeiten bestanden aber auch deutliche Abweichungen[204]. Das neue Verfahren kam immer dann zur Anwendung, wenn mehrere Gläubiger bei der Auseinandersetzung um das Schuldnervermögen konkurrierten. Salgado de Samoza beschrieb in seinem Buch umfassend das neue Verfahren.

b. Konkursverfahren nach Salgado

Das Verfahren begann mit einer Zessionserklärung des Schuldners vor dem Konkursgericht[205]. Eine Verfahrenseinleitung durch eine *missio in bona* war nicht mehr gebräuchlich[206]. Der Schuldner übergab dadurch sein Vermögen an das Gericht, wobei die Vermögensübergabe zum Nutzen der Gläubiger stattfand[207]. Flüchtete ein Schuldner, so galt seine Flucht als Zessionserklärung[208]. Mit der Abtretungserklärung mußte der Schuldner an das Gericht ein Verzeichnis überge-

---

203 Kohler, Lehrbuch, S. 26.
204 Kohler, Lehrbuch, S. 27.
205 Koch, Preußischer Civil-Prozeß, S. 833; Endemann, ZZP XII (1888), S. 24 (41).
206 Koch, Preußischer Civil-Prozeß, S. 832.
207 Hess/Weis/Wienberg (Weis), Vor § 1 Rn. 77; Kohler, Lehrbuch, S. 28.
208 Hellmann, Lehrbuch, S. 85; Koch, Preußischer Civil-Prozeß, S. 833; Endemann, ZZP XII (1888), S. 24 (43).

ben, das sämtliche Gläubiger mit ihren geltend gemachten Forderungen aufführte. Die Richtigkeit seiner Angaben hatte der Schuldner zu beschwören. Die Auskünfte über die Gläubiger und ihre Forderungen dienten ausschließlich zur Information des Gerichts und wirkten nicht als Anerkenntnis gegenüber den Gläubigern[209]. Das Verzeichnis diente auch dazu, festzustellen, ob der Schuldner tatsächlich zahlungsunfähig war[210].

Mit Hilfe des Verzeichnisses konnte das Gericht im weiteren Verfahrenslauf die potentiellen Gläubiger laden. Das Zusammenrufen der Gläubiger unterlag zwar örtlichen Unterschieden, stellte aber als solches ein wesentliches Element des Verfahrens dar[211]. Das Gericht lud die Gläubiger, die ihm bereits bekannt waren, durch eine konkrete, speziell an sie gerichtete Ladung. Es forderte sie darin auf, vor Gericht zu erscheinen und die Ansprüche innerhalb bestimmter Fristen geltend zu machen. Versäumte ein Gläubiger die fristgerechte Anmeldung, nahm seine Forderung im weiteren Verfahren nicht oder nur ausnahmsweise teil[212]. Die bislang unbekannten Gläubiger versuchte man durch eine öffentliche Ladung, einer sogenannten Ediktalladung, zu erreichen[213]. Ob auch hier die Ansprüche bei einer nicht fristgerechten Anmeldung präkludierten, ist eher zweifelhaft. Die Ladungen richteten sich auch an Vindikanten und die Inhaber bedingter und befristeter Forderungen, denn das Verfahren zielte darauf, die Vermögensverhältnisse des Schuldners vollständig zu klären[214].

Das Gericht prüfte zunächst die Verfahrensvoraussetzungen. Zwingend mußte das Gericht mit mindestens drei der vom Schuldner benannten Gläubiger über die Einleitung des Verfahrens verhandeln. Es war nicht erforderlich, daß die Gläubiger vor der Zessionserklärung bereits versucht hatten, ihre Ansprüche gegenüber dem Schuldner zwangsweise durchzusetzen. Nach der einleitenden Verhandlung ging das Gericht direkt zu dem weiteren Verfahren über, ohne daß es einen Eröffnungsbeschluß gab[215].

Indem der Schuldner sein Vermögen an das Gericht übergab, übertrug er gleichzeitig seine Verwaltungsbefugnisse. Das Gericht verwaltete das Schuldnervermögen. Um zu vermeiden, daß Gläubiger an der Verwaltung teilnahmen, deren Forderungen noch nicht zweifelsfrei feststanden, schloß man sämtliche Gläubiger

---

209 Kohler, Lehrbuch, S. 28; Hellmann, Lehrbuch, S. 85 f.; Endemann, ZZP XII (1888), S. 24 (42).

210 Endemann, ZZP XII (1888), S. 24 (42).

211 Gottwald (Gottwald), § 1 Rn. 4.

212 Oetker, Lehre vom Concurse, S. 31.

213 Oetker, Lehre vom Concurse, S. 31.

214 Kohler, Lehrbuch, S. 28; Endemann, ZZP XII (1888), S. 24 (42); Koch, Preußischer Civil-Prozeß, S. 833.

215 Endemann, ZZP XII (1888), S. 24 (43).

von dieser Aufgabe aus[216]. Außerdem galt die Verwaltung als nur vorübergehende Phase, gerichtet auf das eigentliche Ziel der Verwertung[217]. Das Gericht untersuchte, welche Mobilien, Immobilien, Forderungen und Rechte dem Schuldner gehörten und damit der Masse hinzuzurechnen waren[218]. Für diese Aufgaben ernannte das Gericht einen Verwalter. Die Gläubiger konnten - gegebenenfalls auch aus ihren eigenen Reihen - eine Person als Verwalter wählen. Das Gericht folgte regelmäßig dem Vorschlag und bestimmte nur ausnahmsweise eigenständig eine Person, etwa wenn die Gläubiger niemanden gewählt hatten oder sich uneinig waren. Ungeachtet dieses Vorschlagsrechts der Gläubiger handelte es sich bei dem Verwalter um ein Organ des Gerichts[219]. Der Verwalter mußte nur den Anweisungen des Gerichts Folge leisten, ohne daß die Gläubiger seine Tätigkeit beeinflussen konnten.

Trotz der gerichtlichen Vermögensverwaltung blieb der Schuldner Eigentümer seines Vermögens und behielt auch seine Dispositionsbefugnis. Er konnte weiterhin Rechtsstreitigkeiten über sein Vermögen führen, und andere Personen mußten Klagen direkt gegen den Schuldner anstrengen. Zum Schutz der Gläubiger vor einer Verringerung der Konkursmasse zog das Gericht diese zu den Prozessen hinzu[220].

Für Klagen über das Vermögen und die Verpflichtungen des Schuldners war das Konkursgericht ausschließlich zuständig. Diese Zuständigkeitsregelung war notwendig, um alle am Konkursverfahren beteiligten Gläubiger hinzuziehen zu können. Das Konkursgericht übernahm auch die bereits anhängigen Rechtsstreitigkeiten gegen den Schuldner und setzte sie im Rahmen des Konkursverfahrens fort[221]. In den Prozessen waren die Gläubiger berechtigt, gegenüber dem Kläger alle Rechte geltend zu machen, die auch dem Schuldner zustanden. Sie konnten beispielsweise Einwendungen gegen eine Forderung erheben, unabhängig davon, ob der Schuldner seinerseits auf die Einwendungen verzichtet hatte[222]. Die Gläubiger wirkten auf diese Weise aktiv mit, die Konkursmasse zu schützen und zu verteidigen. Gerichtsverfahren, die der Schuldner als Kläger betrieb, sollten zum Nutzen der Gläubiger fortgeführt werden. Sie dienten dazu, die verwertbare Masse

[216] Kohler, Lehrbuch, S. 31.
[217] Endemann, ZZP XII (1888), S. 24 (45 f.).
[218] Endemann, ZZP XII (1888), S. 24 (43).
[219] Stein, S. 414; Kohler, Lehrbuch, S. 28; Hellmann, Lehrbuch, S. 86; Endemann, ZZP XII (1888), S. 24 (45).
[220] Stein, S. 414; Kohler, Lehrbuch, S. 29; Endemann, ZZP XII (1888), S. 24 (46).
[221] Koch, Preußischer Civil-Prozeß, S. 833.
[222] Stein, S. 414; Kohler, Lehrbuch, S. 29; Endemann, ZZP XII (1888), S. 24 (46).

zu vergrößern[223]. Die Urteile für und gegen den Schuldner wirkten ebenfalls für und gegen die Gläubiger[224].

Die Gläubiger erhielten durch die Abtretungserklärung des Schuldners ein Recht auf Befriedigung aus dem Vermögen[225]. Das Verhältnis zwischen Gläubiger und Schuldner wurde wie ein Vertrag angesehen, den der Schuldner durch die Vermögensabtretung einging. Darin verpflichtete sich der Schuldner zugunsten der Gläubiger, die Vermögensmasse nachträglich nicht zu verändern. Gelegentlich verglich man das Verhältnis zwischen den Gläubigern und dem Schuldner mit einem Prozeßverhältnis. Vor dem Konkursgericht galten die Gläubiger als Kläger und der Schuldner als Beklagter. Eigene Bezeichnungen für das Verfahren existieren jedoch nicht[226].

Das Gericht entschied alle Fragen über den Bestand der angemeldeten Forderungen und deren Rangverhältnis untereinander. Ausgehend von einer grundsätzlich gleichmäßigen Aufteilung der Masse berücksichtigte das Gericht die Höhe der jeweiligen Forderung, deren Rang und etwaige Vorrechte. Gab es Streitigkeiten über die Priorität einer Forderung, führten die betroffenen Gläubiger untereinander Prozesse, an denen der Schuldner nicht beteiligt war[227]. Erst wenn das Gericht über alle Klagen entschieden hatte, konnten die Gläubiger befriedigt werden[228].

Das Verfahren endete mit einem abschließenden Urteil, welches die Grundlage für die Befriedigung der Gläubiger bildete[229]. Das Urteil wurde innerhalb von zehn Tagen rechtskräftig, sofern keiner der Beteiligten Rechtsmittel einlegte[230]. Die Vollstreckung begann regelmäßig schon vor Eintritt der Rechtskraft, wenn die Gläubiger Sicherheit leisteten für den Fall, daß eine Befriedigung revidiert werden mußte[231]. Zusätzlich bestand die Besonderheit, daß auch nach Eintritt der Rechtskraft Einwendungen erhoben werden konnten[232]. Auf Anordnung des Gerichts begann der Verwalter, das schuldnerische Vermögen in einzelnen Bestandteilen zu verkaufen. Den Erlös kehrte er unter richterlicher Kontrolle an die Gläubiger aus. Verblieb nach der vollständigen Befriedigung der Forderungen ein

223 Endemann, ZZP XII (1888), S. 24 (45).
224 Endemann, ZZP XII (1888), S. 24 (46).
225 Gottwald (Gottwald), § 1 Rn. 4.
226 Endemann, ZZP XII (1888), S. 24 (45).
227 Koch, Preußischer Civil-Prozeß, S. 833.
228 Oetker, Lehre vom Concurse, S. 39.
229 Kohler, Lehrbuch, S. 30.
230 Koch, Preußischer Civil-Prozeß, S. 834.
231 Kohler, Lehrbuch, S. 30.
232 Endemann, ZZP XII (1888), S. 24 (47).

Überschuß, erhielt ihn der Schuldner[233]. Damit endete die Arbeit des Verwalters ebenso wie das gesamte Konkursverfahren[234].

c. Bewertung

Das römische Recht bildete zwar die Basis für das spanische Konkursrecht, aber sehr früh modifizierte das einheimische Recht sowohl dessen Prinzipien als auch Detailregelungen. Das spanische Konkursverfahren nach der Darstellung von Salgado unterschied sich wesentlich von den römischen Grundgedanken, indem es die gerichtliche Kontrolle und die Universalität des Verfahrens als Leitlinien verfolgte.

Das Gericht dominierte das Verfahren in jedem Stadium, während die Eigeninitiative der Gläubiger zurückgedrängt war. Selbsthilfe durften die Gläubiger zur Sicherung ihrer Forderung nur ausnahmsweise ausüben, wenn keine staatliche Hilfe erreichbar war. Zu Verfahrensbeginn erließ das Gericht umfangreiche Ladungen, um alle bekannten und unbekannten Gläubiger zu informieren und zu beteiligen. Darin kommt eine im römischen und italienischen Recht nicht gekannte gerichtliche Fürsorge zum Ausdruck, die eigene Bemühungen der Gläubiger überflüssig machte. Bei der Verwaltung des schuldnerischen Vermögens hatten die Gläubiger nur die untergeordnete Aufgabe, dem Gericht einen Verwalter vorzuschlagen. Während im römischen Recht die Gläubiger die Art ihrer Befriedigung selbst mit dem Erwerber der Masse regelten und ihre Anteile direkt von diesem ausgezahlt bekamen, verteilten die spanischen Gerichte nach dem Endurteil den Erlös.

Das hohe Maß gerichtlichen Einflusses bedeutete für die Gläubiger zunächst eine weitreichende Fürsorge. Sie liefen nicht Gefahr, ihren Anspruch wegen mangelnder Eigeninitiative zu verlieren. Ein tragendes Motiv für die erweiterte gerichtliche Kontrolle wird der Schutz sämtlicher, aber vor allem der schwächeren Gläubiger gewesen sein. Demgegenüber ist nachteilig, daß durch die Herrschaft des Gerichts eine flexible und schnelle finanzielle Befriedigung der Gläubiger kaum möglich war. Wie das italienische Statutarrecht zeigte, bestand ein wesentliches Bedürfnis der Gläubiger in einem zügigen Verfahren, um den finanziellen Schaden zu begrenzen. Im spanischen Recht konnten die Gläubiger nicht auf individuelle Situationen reagieren und angemessene Maßnahmen gegen den Schuldner ergreifen, weil sie sich in ein starres gerichtliches Verfahren einfügen mußten, das mit allen denkbaren Streitigkeiten überfrachtet war.

Die zweite prinzipielle Neuerung bestand in der umfassenden Klärung aller anfallenden Streitigkeiten durch das Gericht. Im Gegensatz zum römischen Recht be-

---

[233] Koch, Preußischer Civil-Prozeß, S. 834.
[234] Endemann, ZZP XII (1888), S. 24 (47).

sorgte das Gericht eine umfassende Entscheidung über das Vermögen und die Verbindlichkeiten des Schuldners und erreichte damit eine komplette Ordnung seiner Vermögensverhältnisse. Weitreichende Ladungen zu Verfahrensbeginn sollten nicht nur sämtliche Gläubiger in das Verfahren einbeziehen, sondern auch andere Personen ermitteln, die beispielsweise Eigentum des Schuldners besaßen. Während das Gericht die Masse verwaltete, führte es Untersuchungen durch, um das Vermögen vollständig auszuspüren. Alle schwebenden Rechtsstreitigkeiten des Schuldners zog das Konkursgericht an sich um entschied alle Fragen über den Bestand und den Rang der angemeldeten Forderungen. Die Gläubiger konnten erst befriedigt werden, nachdem das Endurteil ergangen war. Das Konkursgericht war durch seine umfassenden Aufgaben oftmals überlastet, was sich negativ auf die Verfahrensdauer auswirkte und zu hohen Verfahrenskosten führte[235].

Das spanische Konkursrecht entwickelte neben den beiden neuen Grundprinzipien auch abweichende Regelungen in bezug auf Details. Der Schuldner verlor anders als im römischen und italienischen Recht nicht die Dispositionsbefugnis über sein Vermögen. Infolgedessen war der Schuldner Kläger und Beklagter von Rechtsstreiten, und die Gläubiger nahmen ebenfalls an dem Prozeß teil, um zusätzlich die Rechte des Schuldners ausüben zu können. Diese Konstruktion war umständlich und behinderte die rasche Befriedigung der Gläubiger. Eine Abweichung bestand auch in der Art der Verfahrenseröffnung, die nicht mehr durch die *missio in bona* möglich war, sondern ausschließlich durch die Zessionserklärung des Schuldners.

Die Entwicklung des spanischen und italienischen Konkursrechts war unterschiedlich, obwohl in beiden Fällen das römische Recht die Grundlage darstellte. Dies hatte wahrscheinlich verschiedene Gründe. Zunächst muß Berücksichtigung finden, daß in Italien das Konkursrecht als Statutarrecht ausgebildet war und sich deshalb der räumliche Geltungsbereich auf eine Stadt begrenzte. Daher waren die Regelungen speziell zugeschnitten auf die städtische Gesellschaft und Wirtschaft. Das spanische Konkursrecht hingegen mußte neben einem größeren räumlichen Gebiet auch vielfältige Bedürfnisse abdecken. Nicht nur der Handelsstand war Adressat für das Konkursrecht. Außerdem könnte der ausgedehnte Handelsverkehr in Italien Bedürfnisse nach einem besonders flexiblen Konkursrecht geweckt haben, die in Spanien wegen der dortigen Wirtschaftsverhältnisse nicht bestanden. Insofern können andere wirtschaftliche Begebenheiten in Spanien - vielleicht weniger Handel und mehr Agrarwirtschaft - zu der gegensätzlichen Entwicklung des Konkursrechts geführt haben. Schließlich war für das einige Jahrhunderte später entstandene spanische Konkursrecht nach Salgado das allgemeinpolitische Umfeld ein anderes als in den italienischen Städten. Staatliche Macht und Ordnung, die sich in Spanien durch die Herrschaft des Gerichts und strenge formale

---

[235] Gottwald (Gottwald), § 1 Rn. 4; Uhlenbruck, FS Konkursordnung, S. 3 (9).

Abläufe des Konkursverfahrens ausdrückten, fehlten dem italienischen Statutarrecht als Impulse. Dort dominierten Selbstverwaltung und Liberalismus, was sich in Gläubigerautonomie und Eigeninitiative im Konkursverfahren niederschlug. Die Unterschiede zwischen dem spanischen und italienischen Konkursrecht verdeutlichen wegen ihrer gemeinsamen Grundlage, daß das Konkursrecht stets Resultat und Spiegel der wirtschaftlichen und auch der allgemeinpolitischen Verhältnisse seines Geltungsgebiets war.

III. Konkursrecht in Deutschland vor 1855

Die Entwicklung des Vollstreckungsrechts in Deutschland erfolgte zunächst weitgehend unabhängig von Einflüssen anderer Rechtskreise[236]. Erst allmählich nahm man in Deutschland fremde Rechtsgedanken auf, neben dem römischen Recht vornehmlich Grundzüge des italienischen und spanischen Konkursrechts.

Das ältere Vollstreckungsrecht in Deutschland, bei dem mehrere Gläubiger einem Schuldner gegenüberstanden, stellte noch kein Konkursverfahren in dem Sinne dar, daß die Gläubiger um die unzureichende Vermögensmasse konkurrierten. Prägend für das Verfahren war nahezu allerorts das Prioritätsprinzip. Der Gläubiger, der zuerst gerichtlich gegen den Schuldner vorging und Vollstreckungsmaßnahmen einleitete, wurde ohne Rücksicht auf andere Gläubiger vorrangig befriedigt[237]. Dieser Grundgedanke galt allgemein bis zum 15. und 16. Jahrhundert, in manchen Gebieten Deutschlands, darunter Sachsen, bis zum 17. Jahrhundert[238]. Nur wenn mehrere Gläubiger von vornherein gemeinsam gerichtlich gegen den Schuldner vorgingen, folgte eine Auseinandersetzung, bei der sich die Gläubiger über die Aufteilung des Vermögens zu einigen hatten[239]. Außerdem konnte jeder Gläubiger bestimmte, einzelne Vermögensgegenstände des Schuldners zu seiner Befriedigung anvisieren. Dann fanden unabhängig voneinander mehrere Prozesse statt[240].

1. Altes deutsches Vollstreckungsrecht

Die Rechtsbücher des Mittelalters, vor allem der Sachsenspiegel und der Schwabenspiegel, sowie die Stadtrechte stellten das geltende Vollstreckungsverfahren dar[241]. Neben einem Verfahren gegen verurteilte oder geständige Schuldner, gab es bei einer Gefährdung der Gläubigerforderung die Möglichkeit, vorsorglichen Zwang auszuüben[242]. Die Sicherstellung zielte darauf, daß der Schuldner vor Gericht erschien und seine Verbindlichkeiten erfüllte[243].

---

[236] Hellmann, Lehrbuch, S. 53.

[237] Kohler, Lehrbuch, S. 32; Kori, S. 18 f.; Schweppe, S. 21; Schorr, S. 48; Seuffert, Konkursrecht, S. 58; Stobbe, S. 5; Planck, S. 400; Hellmann, Lehrbuch, S. 58; Oetker, Lehre vom Concurse, S. 13; Planitz, Arrestprozeß, S. 52; Wesener, FS Baltl, S. 535 (536); Uhlenbruck, FS Konkursordnung, S. 3 (9); Planitz, ZRG 34 (1913), S. 49 (102).

[238] Baur/Stürner, § 3 Rn. 3.9; von Aufseß, S. 1; Kohler, Lehrbuch, S. 32; Uhlenbruck, FS Konkursordnung, S. 3 (9).

[239] Kori, S. 19; Dabelow, S. 491; Wengler, Konkursordnung, S. 13.

[240] Stobbe, S. 5; Orthey, S. 16.

[241] Dabelow, S. 487.

[242] Planck, S. 130; von Aufseß, S. 4.

[243] Planck, S. 380.

a. Arrestverfahren

Das Arrestverfahren diente der Sicherung von Forderungen und setzte eine Gefährdung des Anspruchs voraus. Unter Einheimischen galten Forderungen als gefährdet, wenn der Schuldner flüchtig oder fluchtverdächtig war, denn dies signalisierte regelmäßig seine Zahlungsunfähigkeit[244]. Nicht mit Grundbesitz ausgestattete Personen, Fremde und Gäste hielt man häufig per se für unsichere Schuldner. Damit ein Gläubiger nicht voreilig vorging, waren Strafen vorgesehen, wenn er seine Befugnisse mißbrauchte[245].

Aufgrund einer gerichtlichen Erlaubnis konnte der Gläubiger gemeinsamen mit einem Fronboten des Gerichts die Person des Schuldners sicherstellen[246]. Er führte den festgehaltenen Schuldner dem Richter vor, der eventuell in einem vereinfachten Verfahren über die Sache verhandelte. Der Schuldner mußte bis zum nächsten Gerichtstag in Haft bleiben, sofern sein Erscheinen vor Gericht gefährdet erschien[247]. Nach dem Recht der Stadt Hamburg konnte der Schuldner durch die Stellung von Bürgen der Inhaftierung entgehen[248].

Wenn der Schuldner nicht greifbar war, konnte der Gläubiger aufgrund einer Anordnung des Gerichts auch dessen gesamtes Vermögen beschlagnahmen[249]. Dazu mußte er dem Richter die Höhe seiner Forderung mitteilen und Fronboten um Mithilfe bei der anstehenden Sicherstellung bitten. Bewegliche Vermögensgegenstände, die sich im Besitz des Schuldners befanden, nahm der Fronbote in gerichtliche Verwahrung[250]. Mobilien, die ein Dritter in Besitz hatte, belegte das Gericht mit dem Verbot der Herausgabe an den Schuldner. Der Dritte konnte den Vermögensgegenstand selbst verwahren oder an das Gericht übergeben[251]. Dritte durften Forderungen des Schuldners nicht mehr begleichen[252]. Über Immobilien sprach das Gericht ein Verfügungsverbot aus[253]. Verfügungen, die unter Mißachtung die-

---

[244] Fuchs, Concursverfahren, S. 6; Seuffert, Konkursrecht, S. 55; Planck, S. 372; von Aufseß, S. 4; Planitz, ZRG 34 (1913), S. 49 (61 f.).
[245] Seuffert, Konkursrecht, S. 55; Planck, S. 376; Fuchs, Concursverfahren, S. 6.
[246] Planck, S. 377.
[247] Seuffert, Konkursrecht, S. 55 f.; Planck, S. 378.
[248] Planck, S. 379.
[249] Planck, S. 379; Orthey, S. 15; Seuffert, Konkursrecht, S. 54 f.; Planitz, ZRG 34 (1913), S. 49 (93).
[250] Seuffert, Konkursrecht, S. 56; Fuchs, Concursverfahren, S. 22; Fuchs, Concursproceß, S. 6; Stobbe, S. 4; Orthey, S. 15; Grimm, S. 504.
[251] Seuffert, Konkursrecht, S. 56; Planck, S. 380 f.
[252] Seuffert, Konkursrecht, S. 56; Planck, S. 383; Orthey, S. 15.
[253] Planck, S. 384; Orthey, S. 15; von Aufseß, S. 4.

ses Verbots erfolgten, waren unwirksam[254]. Als stärkstes Eingriffsmittel konnte der Gläubiger das gesamte Vermögen des Schuldners sicherstellen[255].

b. Zwangsvollstreckung

Auf die Sicherstellung folgte im Regelfall ein Gerichtsverfahren über die gefährdete Forderung, denn die Beschlagnahme wurde wirkungslos, wenn der Gläubiger das Verfahren nicht fortführte[256]. Wiederum war zwischen einem Vorgehen gegen die Person und der Schuldklage gegen das Vermögen des Schuldners zu unterscheiden. Eine erfolgreiche Klage gegen die Person endete damit, daß der Schuldner in die Schuldknechtschaft fiel, sofern er seine Schuld nicht begleichen konnte[257].

Bei der Schuldklage gegen das Vermögen bot das Gericht den Vermögensgegenstand auf, damit sich der Schuldner verteidigen und Dritte ihre Rechte geltend machen konnten. Letztlich sprach das Gericht das besetzte Gut dem Gläubiger zur Befriedigung zu[258]. Bei der Sicherstellung des Gesamtvermögens betrachtete man das Vermögen nicht als Einheit, so daß das Gericht alle einzelnen Vermögensgegenstände an den Gläubiger überwies[259]. Der Gläubiger konnte mit den Gegenständen nach seinem Willen verfahren. Entschied er sich für einen Verkauf, mußte er einen etwaigen Überschuß des erzielten Kaufpreises über die Forderung an den Schuldner zurückgeben[260]. Das Hamburger Stadtrecht sah ein Vorkaufsrecht für den Schuldner vor[261].

Genügten die Vermögensgegenstände nicht zur Erfüllung der Verbindlichkeiten, übergab das Gericht den Schuldner in die Schuldknechtschaft[262]. Als regelmäßiges Verfahren sahen der Sachsen- und der Schwabenspiegel für einen zahlungsunfähigen Schuldner vor, daß er samt seiner Familie in die Leibeigenschaft des Gläubigers fiel[263]. Davon zu unterscheiden war die sogenannte "Übergabe zu Hand und Halfter", bei der sich der Schuldner freiwillig dem Gläubiger über-

---

254 Seuffert, Konkursrecht, S. 56.

255 Dabelow, S. 491; Seuffert, Konkursrecht, S. 56; Planck, S. 384.

256 Fuchs, Concursverfahren, S. 6; Seuffert, Konkursrecht, S. 56; Planck, S. 389; Orthey, S. 15.

257 Planck, S. 389.

258 Seuffert, Konkursrecht, S. 57; Planck, S. 390; Orthey, S. 15; Fuchs, Concursproceß, S. 22.

259 Planck, S. 399.

260 Stobbe, S. 4; Planck, S. 394.

261 Seuffert, Konkursrecht, S. 57; Planck, S. 394.

262 Stobbe, S. 4.

263 Kori, S. 17; Dabelow, S. 487; Stobbe, S. 99; Schueck, S. 4.

gab[264]. Der Schuldner arbeitete als Gesinde des Gläubigers seine Schulden ab, während der Gläubiger für seinen erforderlichen Unterhalt sorgte, ihm beispielsweise notwendige Kleidungsstücke gab[265]. Nach einigen Gesetzen mußte der Gläubiger aber noch nicht einmal die übliche Gesindekost für den Schuldner bereithalten, sondern durfte ihn mit Wasser und Brot verpflegen[266]. Der Gläubiger konnte den Schuldner aus der Knechtschaft entlassen, wenn er schwor, sein zukünftiges Vermögen zur weiteren Schuldentilgung zu verwenden[267]. In solchen Fällen konnte der Gläubiger seinen Schuldner zweimal pro Jahr zur Zahlung der Restschuld auffordern und ihm erneut den Schwur abverlangen, daß er sein überschüssiges Vermögen an den Gläubiger zahlen werde[268].

Den Schuldner trafen neben den finanziellen Folgen Ehrlosigkeit und allgemeine Verachtung. Nach älterem deutschen Recht konnte sich der Schuldner selbst verpflichten, im Fall seiner Zahlungsunfähigkeit entehrende Verfahren zu tolerieren, wie dem Schelmschelten und Schandgemälde[269]. Diese Praxis verboten später die Reichs- und Provinzialgesetze, so daß nur das Gericht weitere Strafmaßnahmen anordnen konnte. Wenn die Zahlungsunfähigkeit selbstverschuldet war, konnte das Gericht den Schuldner beispielsweise zum Hunde- und Steinetragen verurteilen. Auch ist belegt, daß sich Schuldner auf den "Lasterstein (Pranger) an öffentlichen Plätzen zu jedermanns Verspottung am hellen Mittage" setzen mußten[270].

c. Konkurrenz mehrerer Gläubiger

Trafen mehrere Gläubiger aufeinander, fand wegen des Prioritätsprinzips kein Konkursverfahren mit einer Auseinandersetzung der Gläubiger statt. War der zuerst vor Gericht erschienene Gläubiger befriedigt, folgten die weiteren Gläubiger wiederum entsprechend der zeitlichen Reihenfolge ihrer Vorgehensweise gegen den Schuldner[271]. Jeder Gläubiger konnte nur für sich selbst und nicht als Stellvertreter eines anderen eine wirksame Sicherstellung vornehmen[272]. Zudem mußte er verschiedene prozessualen Vorschriften und Fristen beachten[273].

---

[264] Eckhardt, Sachsenspiegel, III 39; Kori, S. 17; Dabelow, S. 489; Schweppe, S. 21; Stobbe, S. 99; Koch, Preußischer Civil-Prozeß, S. 835; Puchta, S. 27; Grimm, S. 164 f.; Schueck, S. 4.

[265] Dabelow, S. 489; Kori, S. 18.

[266] Stobbe, S. 99; Baumeister, Blicke auf hamburgisches Recht, S. 236.

[267] Kori, S. 18; Koch, Preußischer Civil-Prozeß, S. 835.

[268] Dabelow, S. 490.

[269] Kori, S. 19; Dabelow, S. 493 f.; Schueck, S. 4.

[270] Kori, S. 19; Dabelow, S. 493; Schueck, S. 4.

[271] Hellmann, Lehrbuch, S. 58; Stobbe, S. 5; Seuffert, Konkursrecht, S. 58.

[272] Stobbe, S. 6.

[273] Stobbe, S. 7.

Das Prinzip des Vorrangs des ersten Zugriffs wurde konsequent eingehalten. Nach dem Recht der Stadt Magdeburg wurden auch die Gläubiger, die in demselben Gerichtstermin ihre Forderungen geltend machten, nach der exakten zeitlichen Reihenfolge ihrer Beschlagnahmehandlung berücksichtigt. Auch in dieser Situation schloß das Stadtrecht eine anteilige Befriedigung explizit aus. Wenn ein Gläubiger bei dieser Vorgehensweise überhaupt nicht berücksichtigt werden konnte, gab es ansatzweise ein Verfahren zwischen den Gläubigern. Derjenige mit der ausgefallenen Forderung hatte die Möglichkeit, gerichtlich von dem vorrangigen Gläubiger einen Eid zu erzwingen, aufgrund dessen er den Bestand der befriedigten Forderung belegen mußte[274].

d. Bewertung

Wie im römischen Recht gab es ein geteiltes Vorgehen gegen Person und Vermögen des Schuldners. Den Maßnahmen gegenüber der Person kam eine besondere Bedeutung zu, denn der Zugriff auf das Vermögen bildete die Ausnahme, wenn der Schuldner nicht greifbar war. Nach einer unergiebigen Vermögensverwertung konnte das Gericht zusätzlich die Schuldknechtschaft anordnen, in der die Schulden abgearbeitet werden mußten. Neben dem Verfahren zur zwangsweisen Durchsetzung von Urteilen existierte ähnlich wie im italienischen Recht ein Sicherungsverfahren für gefährdete Forderungen.

Prägendes Merkmal des älteren deutschen Vollstreckungsrechts war jedoch die strikte Einhaltung des Prioritätsprinzips. Der Gedanke einer Gläubigergemeinschaft mit einer anteiligen Befriedigung war dem deutschen Recht fremd. Diese Grundentscheidung stand selbst zu dem ältesten römischen Recht im Gegensatz und verhinderte schon Ansätze eines Konkursverfahrens. Automatisch entfielen alle weiterführenden Fragestellungen wie die Art der Verwaltung des Schuldnervermögens, der Schutz vor betrügerischen Rechtshandlungen des Schuldners oder die Privilegierung von Forderungen. Das Prioritätsprinzip verdeutlichte auch die Parallelen der Zwangsvollstreckung zu Pfandrechten, die ebenfalls in der strikten zeitlichen Reihenfolge ihrer Entstehung befriedigt wurden[275].

2. Abkehr vom Prioritätsprinzip

Ein Konkursverfahren konnte sich erst entwickeln, als das deutsche Recht das Prinzip vom Vorrang des ersten Zugriffs aufgab. Die Abkehr vom Prioritätsprinzip fand in kleinen Schritten statt und verbreitete sich nur langsam flächendek-

---

[274] Stobbe, S. 8.
[275] Stobbe, S. 5 f.

kend. Die Entwicklung begann im 13. Jahrhundert und ging insbesondere von den Hansestädten aus, den Hochburgen des deutschen Handels[276].

Das Recht der Stadt Lübeck aus dem Jahr 1294 sah die Gleichbehandlung der Gläubiger vor, die binnen vier Wochen nach der Flucht oder dem Tod des insolventen Schuldners dessen Vermögen besetzten. Nach Ablauf dieser Zeit, bei Beschlagnahme des Vermögens eines anwesenden Schuldners oder zu einem Zeitpunkt vor der Flucht blieb es bei dem Vorrang des ersten Gläubigers[277]. Insoweit erfolgte keine generelle Gleichbehandlung der Gläubiger. Lediglich der Zugriff binnen eines bestimmten Zeitraums führte in gewissen Fällen zu einer gleichmäßigen Befriedigung[278]. Die Differenzierung wurde damit begründet, daß durch die Flucht das Vermögen des Schuldners friedlos wurde und die Gläubiger keine unterschiedlichen Rechte daran entfalten konnten[279]. Zudem könnte es bei einem anwesenden Schuldner für die Gläubiger praktikabler gewesen sein, einzelne Gegenstände anstelle des Gesamtvermögens anzuvisieren[280]. Später wurde die Frist, in der eine Gleichbehandlung erfolgte, auf ein Jahr verlängert. Ein Gläubiger konnte gleichwohl eine Vorrangstellung beanspruchen, wenn er den flüchtigen Schuldner außerhalb des Stadtbereichs verfolgte. Alle übrigen Gläubiger wurden wieder gleichmäßig befriedigt[281].

Im Stadtrecht von Bremen war eine anteilsmäßige Befriedigung zunächst ebenfalls nur bei Flucht oder Tod des Schuldners vorgesehen. Es erfolgte eine Befriedigung der Gläubiger entsprechend dem Verhältnis ihrer Forderungssummen, „nach Markzahl“[282]. Das Hamburger Stadtrecht enthielt die Regelung, daß nach dem Tod des Schuldners alle Gläubiger, die ihre Ansprüche binnen eines Jahres geltend machten, gleichmäßig befriedigt wurden[283]. Erst später begrenzten die Stadtrechte die Gleichbehandlung nicht mehr auf die beiden Fallgruppen des flüchtigen oder verstorbenen Schuldners, so daß auch die Gläubiger eines anwesenden Schuldners anteilig befriedigt wurden[284]. Eine Gleichbehandlung von ein-

---

276 Seuffert, Konkursrecht, S. 58; Fuchs, Concursverfahren, S. 7; Kohler, Lehrbuch, S. 33; Dernburg II, S. 271; Planitz, Arrestprozeß, S. 52; Planck, S. 401; von Meibom, S. 457; Planitz, ZRG 34 (1913), S. 49 (103); Wesener, FS Baltl, S. 535 (536).

277 Kohler, Lehrbuch, S. 33; Hellmann, Lehrbuch, S. 56; Planck, S. 401; Stobbe, S. 13; von Meibom, S. 458; Planitz, Arrestprozeß, S. 52; Planitz, ZRG 34 (1913), S. 49 (104).

278 Hess/Weis/Wienberg (Weis), Vor § 1 Rn. 54; Baur/Stürner, § 3 Rn. 3.9; Kisch, S. 6.

279 Planitz, Arrestprozeß, S. 53; Planitz, ZRG 34 (1913), S. 49 (105).

280 Stobbe, S. 13.

281 Planck, S. 401.

282 Conrad I, S. 389; Dernburg II, S. 272; Wesener, FS Baltl, S. 535 (536).

283 Planck, S. 401.

284 Orthey, S. 16; Baumeister, Privatrecht Hamburg, S. 310; Wesener, FS Baltl, S. 535 (537).

heimischen und auswärtigen Gläubigern sahen zuerst die größeren Städte Lübeck, Hamburg und Köln vor[285].

Das Nürnberger Stadtrecht wandte sich schrittweise vom Prioritätsprinzip ab, indem es die Zeiträume ausdehnte, innerhalb derer Beschlagnahmehandlungen zu einer Gläubigergleichheit führten. Ein Ratserlaß aus dem Jahre 1431 und gleichzeitig Bestandteil der Gerichtsordnung regelte, daß alle Gläubiger, die an dem gleichen Tag durch einen Fronboten ein „Verbot“ auf das Schuldnervermögen legten, gleichmäßig berücksichtigt wurden[286]. In der folgenden Zeit verlängerte man wiederholt die Frist, innerhalb derer die Beschlagnahmehandlungen zu einer anteiligen Befriedigung führten. Die Reformation aus dem Jahre 1479 führte die Gleichbehandlung sämtlicher Gläubiger ein. Voraussetzung war lediglich, daß sich die Gläubiger innerhalb eines Monats nach der gerichtlichen Besetzung dem Antrag des ersten Gläubigers anschlossen[287].

Die stückweise Abkehr von dem alten Rechtsprinzip belegt auch ein Gesetz der Stadt Augsburg von 1439. Danach hatten sämtliche Gläubiger, die im Laufe desselben Tages gerichtlich gegen den Schuldner vorgingen, ein Recht auf verhältnismäßige Befriedigung[288]. Auch wenn das Prioritätsprinzip dadurch nur eingeschränkt und nicht aufgegeben wurde, ist dies der Ausgangspunkt für eine konkursrechtliche Entwicklung. Gegen Ende des 15. Jahrhunderts galt in Augsburg, daß der Schuldner alle Gläubiger an dem eingeleiteten Vollstreckungsverfahren beteiligen konnte. Der Stadtvogt forderte sämtliche Gläubiger öffentlich auf, sich dem Verfahren anzuschließen, das mit der Befriedigung der Gläubiger nach dem Verhältnis der Forderungen endete[289]. Seit dem Ende des 16. Jahrhunderts leitete das Gericht die Auseinandersetzung bei einer Insolvenz des Schuldners von Amts wegen ein[290].

Die Motive für die Abkehr von dem Prioritätsprinzip sind nicht eindeutig zu belegen, auch weil die Stadtrechte selbst diesbezüglich zumeist keine Hinweise enthalten[291]. In der rechtswissenschaftlichen Literatur stehen sich zwei Erklärungsansätze gegenüber[292]. Die Aufgabe des Prioritätsprinzips könnte eine eigenständige Entwicklung der deutschen Städte gewesen sein[293] oder auf Einflüsse der

---

285 Stobbe, S. 89.
286 Schorr, S. 50.
287 Hellmann, Lehrbuch, S. 56; Schorr, S. 51.
288 Hellmann, Lehrbuch, S. 55; Hellmann, Konkursrecht Augsburg, S. 42 f.
289 Hellmann, Konkursrecht Augsburg, S. 66.
290 Hellmann, Lehrbuch, S. 55.
291 Oetker, Lehre vom Concurse, S. 16; Schorr, S. 51.
292 Wesener, FS Baltl, S. 535 (538).
293 Von Meibom, S. 457; Planitz, Arrestprozeß, S. 53; Schorr, S. 51; Planitz, ZRG 34 (1913), S. 49 (105).

italienischen Handelsstädte zurückgehen[294]. Ausgeschlossen werden kann eine umfassende Rezeption der Gläubigergleichheit aus dem römischen Recht. Die Entwicklung in den deutschen Städten begann bereits im 13. Jahrhundert, also zu einer Zeit, in der das römische Recht noch nicht umfassend in den deutschen Rechtsraum eindrang[295].

Bei der Abkehr von dem Prioritätsprinzip könnte es sich um eine autonome Entwicklung gehandelt haben, die auf der Erkenntnis der Städte basierte, daß das alte Rechtsprinzip den Interessen des Handelsstands nicht mehr entsprach[296]. Ein entwickeltes Rechtssystem stellte häufig die Begleiterscheinung der entwickelten Verkehrsverhältnisse dar[297]. Die eigene Einsicht der Unzulänglichkeit des bisherigen Rechts war in den Städten durchaus vorhanden[298]. In Freiburg wurde die Abkehr von dem Prinzip des Vorrangs der ersten Besetzung damit kommentiert, daß nunmehr eine für alle Gläubiger gerechtere Vorgehensweise gelte[299]. Für Augsburg ist belegt, daß die Gleichbehandlung der Gläubiger die zahlreichen Streitigkeiten darüber beseitigte, welcher Gläubiger zuerst bei Gericht die Vollstreckung beantragt hatte[300]. Die Unzufriedenheit mit dem alten Rechtszustand hat sicherlich Änderungen veranlaßt und neuen Ideen Gehör verschafft. Doch erklärt sie nicht, auf welchem Wege die Weiterentwicklungen stattfanden. Die Schlußfolgerung, daß die Unzufriedenheit dazu führte, daß die Städte eigene Lösungsmöglichkeiten konzipierten, anstatt italienischen Vorbildern zu folgen, ist nicht zwingend.

Ein weiteres Argument für eine eigenständige Hinwendung zur Gläubigergemeinschaft bildete der Entwicklungsgang[301]: Die Abkehr vom Prioritätsprinzip begann in der Fallkonstellation, daß der Schuldner flüchtig und dadurch sein Vermögen friedlos war. Die Friedlosigkeit als rechtliche Wirkung der Flucht, die im deutschen Recht verankert war, ermöglichte die Entstehung einer Gläubigergleichheit. Zudem war in den deutschen Städten die Idee einer Gläubigergemeinschaft geläufig, denn im Seerecht gab es eine Verlustgemeinschaft bei einem Seewurf. Insbesondere die Seestädte kannten den aus der Lex Rhodia des römischen Rechts entstandenen Rechtsgedanken und könnten ihn auf die Situation des zahlungsunfähigen Schuldners übertragen haben[302].

---

[294] Kohler, Lehrbuch, S. 33; Stobbe, S. 21; Oetker, Lehre vom Concurse, S. 16; Baur/Stürner, § 3 Rn. 3.9; Hellmann, Lehrbuch, S. 56; Lass, S. 150; Wesener, FS Baltl, S. 535 (539).
[295] Schorr, S. 51; Stobbe, S. 20.
[296] Von Meibom, S. 457; Schorr, S. 51.
[297] Hellmann, Konkursrecht Augsburg, S. 1; Oetker, Lehre vom Concurse, S. 16.
[298] Baur/Stürner, § 3 Rn. 3.9; Hellmann, Lehrbuch, S. 57; Kohler, Lehrbuch, S. 33.
[299] Hellmann, Lehrbuch, S. 57.
[300] Hellmann, Lehrbuch, S. 57; Hellmann, Konkursrecht Augsburg, S. 71.
[301] Planitz, Arrestprozeß, S. 53; Wesener, FS Baltl, S. 535 (538).
[302] Wesener, FS Baltl, S. 535 (539).

Dieser Auffassung steht die These gegenüber, daß die Abkehr von dem Prioritätsprinzip auf Einflüsse aus Italien zurückging. Mit dem Handelsverkehr kamen deutsche Kaufleute in Berührung mit dem italienischen Statutarrecht. Sie empfanden vermutlich das italienische Konkursrecht als vorbildliche Regelung, die auf ihre spezifischen Bedürfnisse abgestimmt war[303]. Groß war auch das Interesse der Gelehrten an den Universitäten Oberitaliens, was auf eine Rezeption des italienischen Statutarrechts hindeutet[304].

Viele Übereinstimmungen zwischen den deutschen Stadtrechten und dem italienischen Recht stützen diesen Standpunkt[305]: Im Lübecker Recht gab es einen *curator*, der umfassende Verwaltungs- und Veräußerungsbefugnisse besaß. Seine Position war den italienischen Statutarrechten ähnlich ausgestaltet. Die Bezeichnung der Verwalter als *procuratores* oder *capitanei creditorum* weist auch auf italienische Einflüsse hin. Das Recht von Lübeck enthielt außerdem ein konkursabwendendes Vergleichsverfahren, das mit italienischen Statutarrechten übereinstimmte. Die Vorgehensweise bei einem flüchtigen Schuldner in Nürnberg entsprach vollständig dem Stadtrecht von Florenz[306].

Ein weiterer Anhaltspunkt für die Beurteilung kann aus der Natur der Stadtrechte und deren Entwicklungsprozeß gewonnen werden. Gewohnheitsrecht und Handelsbräuche bildeten die Grundlage der deutschen Stadtrechte. Bis ein Brauch unter Handelsleuten entstand, flossen zahlreiche Erfahrungen der Kaufleute aus ihrem täglichen Geschäftsleben ein. Während einer langen Entwicklungs- und Erprobungsphase waren Impulse aus anderen Rechtsräumen oder Geschäftszweigen naheliegend. Daher erscheint es durchaus möglich, daß aus dem Bereich des Seerechts der Gedanke einer Verlustgemeinschaft bei der Abkehr von dem Prioritätsprinzip herangezogen wurde. Wahrscheinlich beeinflußten aber schwerpunktmäßig die italienischen Statutarrechte das deutsche Recht. Geschäftliche Berührungspunkte der deutschen und italienischen Händler vermittelten einen Einblick in das jeweilige Handelsrecht. Gerade der Handel basiert auf überregionaler Tätigkeit und einem starken Austauschgedanken, so daß die Kaufleute aufgeschlossen gegenüber fremden Gewohnheiten waren. Die Abkehr von dem Prioritätsprinzip war daher keine autonome deutsche Schöpfung. Andererseits gab es keine komplette Übernahme von italienischen Statuten in Form einer deutschen Übersetzung. Die deutschen Stadtrechte zielten nicht auf eine vollständige Regelung eines Rechtsgebiets, sondern beabsichtigten, die örtlichen Gewohnheiten zusam-

---

303 Stobbe, S. 21.

304 Oetker, Lehre vom Concurse, S. 16; Baur/Stürner, § 3 Rn. 3.9; Hellmann, Lehrbuch, S. 56; Kohler, Lehrbuch, S. 33.

305 Kohler, Leitfaden, S. 33 ff.; Dabelow, S. 494; Oetker, Lehre vom Concurse, S. 17; Fuchs, Concursproceß, S. 8; Wesener, FS Baltl, S. 535 (538); Endemann, ZZP XII (1888), S. 24 (51).

306 Fuchs, Concursverfahren, S. 28.

menzufassen. Daher drang das italienische Konkursrecht vermutlich über Bräuche allmählich in die deutschen Städte vor und regte dazu an, von dem Prioritätsprinzip abzuweichen. Daß die Entwicklung in Deutschland langsam und schrittweise stattfand, schließt den italienischen Einfluß mithin nicht aus.

3. Frühes deutsches Konkursrecht

a. Rechtsquellen

Nachdem sich das deutsche Recht von dem Prioritätsprinzip gelöst hatte, konnte sich ein Konkursverfahren entwickeln, bei dem der wirtschaftliche Verlust infolge der Zahlungsunfähigkeit des Schuldners gleichmäßig auf alle Gläubiger verteilt wurde. Das frühe deutsche Konkursverfahren entstand zunächst in den Städten, die als erste von dem Prioritätsprinzip abgewichen waren. Stadtrechte kamen mit dem Aufleben des Städtewesens seit Mitte des 12. Jahrhunderts auf. Die selbständigen politischen Körperschaften schufen durch Einzelgesetzgebung oder umfassende Satzungen städtisches Recht, so daß sich neue Rechtsformen im Bereich des Verfassungsrechts sowie des materiellen und prozessualen Rechts bildeten[307]. Dabei fehlten umfassende Kodifikationen. Vielmehr regelten die Stadtrechte anfänglich nur Einzelfälle, die besonders wichtig erschienen. Sie zielten darauf, vorhandene Bräuche zu fixieren und zu ordnen, und ließen zumeist die subsidiäre Geltung von ungeschriebenem Gewohnheitsrecht oder dem gemeinen Recht zu[308]. Die wesentlichen Grundlagen des Stadtrechts bildeten das Kaufmannsrecht sowie das Gewohnheitsrecht[309]. Das Großbürgertum, welches die Rechtsentwicklung vorantrieb, hatte ein besonderes Interesse an dem Handelsrecht[310]. Die Städte entwickelten eine Rechtsordnung eigener Art mit jeweils örtlich begrenztem Geltungsbereich[311]. Das Konkursverfahren der deutschen Stadtrechte war in den Grundzügen einheitlich, wies aber teilweise örtliche Unterschiede auf[312]. Übereinstimmungen der Stadtrechte resultierten daraus, daß nicht jede Stadt ihr eigenes Stadtrecht entwickelte, sondern das Recht einer anderen Stadt übernahm. Diese Bewidmung führte teilweise zu wörtlichen Adaptionen des Rechts einer anderen, nicht notwendigerweise benachbarten Stadt. Beispielsweise nahmen Freiburg und Soest das Recht Kölns auf. Lübeck übernahm das Recht der Stadt Soest und damit mittelbar Kölner Recht[313]. Die Übereinstimmungen lassen aber nicht den Schluß zu, daß die Stadtrechte insgesamt einheitliche Regelungen her-

---

[307] Mitteis/Lieberich, S. 296; Conrad I, S. 355.
[308] Wieacker, S. 198.
[309] Erler/Kaufmann, HRG IV, S. 1868; Eichhorn, S. 302.
[310] Mitteis/Lieberich, S. 297.
[311] Erler/Kaufmann, HRG IV, S. 1868.
[312] Planitz, Arrestprozeß, S. 60; Wesener, FS Baltl, S. 535 (536).
[313] Mitteis/Lieberich, S. 284; Conrad II, S. 368.

vorbrachten. Es gab stets örtliche Unterschiede und Besonderheiten, weil die Städte jeweils autonom entschieden, ob und wie sie eine Materie regelten. Obwohl das italienische Konkursverfahren für alle deutschen Städte die Grundzüge lieferte, herrschte keine Rechtseinheit im deutschen Raum[314].

Nachdem die Städte bereits ein frühes Konkursverfahren entwickelt hatten, setzte die Rezeption des römischen Rechts ein. Das römische Recht hielt zunächst im Stadium der Frührezeption des 13. bis 14. Jahrhunderts vereinzelt Einzug in die Aufzeichnungen der Stadtrechte. Die studierten Juristen brachten bei ihrer Rückkehr aus Italien „Begrifflichkeit, Denkweise und Systematik des gelehrten Rechts“ nach Deutschland[315]. Anfänglich fanden sich einzelne Zitate, inhaltliche Übereinstimmungen und ähnliche systematische Darstellungen der Rechtsmaterie. Es gab eine Wechselbeziehung zwischen dem städtischen und römischen Recht, die dadurch begünstigt wurde, daß die zugrunde gelegten wirtschaftlichen Verhältnisse in ihrer Struktur vergleichbar waren[316].

Im 15. Jahrhundert begann die Vollrezeption des römischen Rechts. Viele Stadtrechte wurden überarbeitet und neu zusammengefaßt. Diese Neuaufzeichnungen, welche häufig den Namen *Reformation* trugen, verbanden das römische Recht mit den Stadtrechten[317]. In dieser Phase schlug sich bereits das gestiegene Interesse an städteübergreifenden Regelungen nieder, vor allem seitens des überregionalen Handels und Verkehrs[318]. Das römische Recht beeinflußte die Stadtrechte, wobei die *missio in bona* und die *cessio bonorum* die prägenden Verfahren bildeten. In den Hansestädten drang das römische Recht auch durch die neu eingerichteten Kaiserlichen Gerichte ein. In Bremen führte Karl V. im Jahre 1541 Nieder- und Gastgerichte ein. Fortan waren Appellationen an das Reichskammergericht möglich. Dieses urteilte gemäß der Reichskammergerichtsordnung von 1495 nach dem „Reichs gemeinen Rechte“, was in der Praxis bedeutete, daß das rezipierte römische Recht maßgeblich war. In Anbetracht der Appellationsmöglichkeit berücksichtigte der Rat bei seiner eigenen Rechtsprechung stärker das römische Recht[319].

Im Gegensatz zu den Stadtrechten standen die Landrechte, die auf agrarische Verhältnisse zugeschnitten und weitgehend als Gewohnheitsrecht überliefert waren[320]. Die Regelungen, die sich jeweils auf ein Land bezogenen, beinhalteten neben umfangreichen strafrechtlichen Vorschriften vornehmlich das Privatrecht,

---

[314] Mitteis/Lieberich, S. 284.
[315] Eichhorn, S. 305.
[316] Eichhorn, S. 305; Erler/Kaufmann, HRG IV, S. 1870.
[317] Erler/Kaufmann, HRG IV, S. 1871.
[318] Erler/Kaufmann, HRG IV, S. 1870.
[319] Orthey, S. 34.
[320] Erler/Kaufmann, HRG IV, S. 1868.

das Gerichtsverfassungs- und Zivilprozeßrecht sowie einige Sonderbereiche[321]. Die umfassende Kodifikation eines Rechtsgebiets strebten die Landrechte nicht an. In ihnen sollten die in der Praxis wichtigsten und häufigsten Regelungen niedergeschrieben werden, um Rechtssicherheit und territoriale Rechtseinheit zu gewährleisten. Fast alle Landrechte sahen die subsidiäre Anwendung des gemeinen Rechts vor[322]. Im 14. und 15. Jahrhundert kam es verstärkt zu einer Annäherung von Stadt- und Landrechten, indem die Landrechte das Recht von benachbarten Städten aufnahmen. Zurückzuführen war diese Entwicklung auf die Ausbreitung des Rechtsverkehrs sowie Einflüsse der städtischen Wirtschaft auf die benachbarten ländlichen Gebiete[323]. Maßgeblichen Einfluß übte auch das römische Recht auf die Landrechte aus. Die Rezeption erfolgte bei den Landrechten im Vergleich zu den Stadtrechten schneller. Stärker zersplittertes und weniger entwickeltes örtliches Recht adaptierte häufig das gelehrte römische Recht leichter[324].

b. Stadtrechte

Angesichts der örtlichen Unterschiede, ist es nicht möglich, „das" Konkursverfahren der Stadtrechte zu skizzieren. Daher folgt ein Überblick über generelle Rechtsgedanken und örtliche Eigenarten, der einen Eindruck des Rechtszustandes auf dem Gebiet des Konkursrechts vermitteln soll.

Anfänglich unterschieden die Stadtrechte mehrere Fallgruppen, in denen das Konkursverfahren zur Anwendung kam. Die Stadt Lübeck differenzierte zwischen der überschuldeten Erbschaft, der Flucht des Schuldners und der *cessio bonorum*[325]. Bereits früh behandelten die Stadtrechte die Flucht und die überschuldete Erbschaft gleich. Schlug jemand ein Erbe aus, um nicht mit dem eigenen Vermögen für die Schulden einstehen zu müssen, betrachtete das Dortmunder Stadtrecht das Verhalten des Erben wie die Flucht des Schuldners als ein „Entweichen"[326]. Es bestanden weitgehende Parallelen im Verfahren, so daß im folgenden auf die separate Darstellung der überschuldeten Erbschaft verzichtet wird. Die Vorschriften, die ursprünglich für einen „entwichenen" Schuldner galten, übertrugen die Stadtrechte später auf einen anwesenden, zahlungsunfähigen Schuldner[327].

---

321 Erler/Kaufmann, HRG II, S. 1532.
322 Erler/Kaufmann, HRG II, S. 1533.
323 Erler/Kaufmann, HRG IV, S. 1869 f.; Wieacker, S. 195.
324 Wieacker, S. 195.
325 Hellmann, Lehrbuch, S. 64; Stobbe, S. 12.
326 Stobbe, S. 13; Frensdorff, S. 51.
327 Orthey, S. 16; Baumeister, Privatrecht Hamburg, S. 310; Wesener, FS Baltl, S. 535 (537).

Die *cessio bonorum* aus dem römischen Recht übernahmen die meisten Stadtrechte, darunter die Städte Freiburg, Augsburg, Lübeck, Hamburg und Frankfurt, verstärkt seit dem 16. Jahrhundert[328]. Gelegentlich beschränkte sich der Anwendungsbereich auf unverschuldete Insolvenzen, so daß beispielsweise das Hamburger Recht sie nur für „unglückliche" Schuldner zuließ[329]. Der Schuldner erklärte die Vermögensabtretung vor den Organen der Stadt, beispielsweise in Lübeck vor dem Rat. Gleichzeitig legte er ein Vermögensverzeichnis, eine Aufstellung seiner Gläubiger sowie der Forderungen vor[330]. Damit verlor er wie bei einem Arrest die Verfügungsbefugnis über sein komplettes Vermögen[331]. Durch die *cessio bonorum* vermied der Schuldner nachteilige Folgen des Konkursverfahrens, insbesondere einen Ehrverlust[332].

aa. Ediktalladung

Sofern der Schuldner flüchtig war, mußten die Gläubiger nach der Nürnberger Reformation von 1564 dem Bürgermeister die Flucht anzeigen und eine Bescheinigung ihrer Forderung vorlegen. Mindestens zwei Personen mußten die Flucht oder das Fluchtgerücht bestätigen und mindestens ein Gläubiger mußte schwören, daß seine Forderung gefährdet sei. Sodann erklärte der Bürgermeister den Schuldner für „trünnig", was seine Zahlungsunfähigkeit ausdrückte[333].

Ein Verfahren gegen einen anwesenden Schuldner konnte sowohl ein Gläubiger als auch der Schuldner selbst beantragen[334]. Standen dem Schuldner mehrere Gläubiger gegenüber, waren zwei Vorgehensweisen möglich. Ging anfänglich nur ein Gläubiger gegen den Schuldner vor, konnten die übrigen bei dem Gericht ihre Forderungen anmelden und sich so dem Verfahren anschließen. Mehrere Gläubiger konnten aber auch bereits von Beginn an gemeinschaftlich einen Arrest über das Schuldnervermögen erwirken[335]. Wollte der Schuldner das Verfahren einleiten, mußte er sich nach Augsburger Recht an das Gericht wenden und um die Vorladung aller Gläubiger zu einem gemeinsamen Termin bitten. Unter Einstellung der anhängigen Verfahren setzte das Gericht einen neuen Termin fest, an dem es das gemeinschaftliche Verfahren fortführte[336]. Die Gerichtsbücher wiesen

---

[328] Kohler, Leitfaden, S. 38.
[329] Baumeister, Privatrecht Hamburg, S. 338.
[330] Orthey, S. 39.
[331] Hellmann, Lehrbuch, S. 65.
[332] Hellmann, Lehrbuch, S. 61.
[333] Kohler, Leitfaden, S. 36; Hellmann, Lehrbuch, S. 62; Fuchs, Concursverfahren, S. 29.
[334] Baur/Stürner, § 3 Rn. 3.10; Hellmann, Konkursrecht Augsburg, S. 120.
[335] Hellmann, Lehrbuch, S. 58; Fuchs, Concursverfahren, S. 23; Hellmann, Konkursrecht Augsburg, S. 120.
[336] Hellmann, Lehrbuch, S. 58; Schorr, S. 51.

die entstehende Gemeinschaft der Gläubiger häufig als Streitgenossenschaft aus[337]. Die Auseinandersetzung galt nämlich als eine Klage der Gläubiger gegen den Schuldner auf Befriedigung der Forderungen[338].

Das Verfahren begann mit der Veröffentlichung eines Edikts, in dem das Gericht die Zahlungsunfähigkeit des Schuldners bekanntgab und alle Gläubiger aufforderte, ihre Forderungen in dem anberaumten Termin anzumelden[339]. Die Gläubiger meldeten ihre Forderungen an und bewiesen sie gleichzeitig mittels Urkunden, präsenter Zeugen oder eidesstattlicher Versicherungen[340]. Alle Forderungen mußten rechtskräftig entschieden oder zumindest bescheinigt sein, denn das Konkursverfahren selbst sah keine verbindliche Feststellung der Forderungen vor[341].

Es galten örtlich unterschiedliche Präklusionsfristen, innerhalb derer die Gläubiger sich melden und ihre Forderungen belegen mußten[342]. Nach dem Augsburger Recht war ein Gläubiger, der in dem ersten Termin nicht erschien, von dem weiteren Verfahren ausgeschlossen, es sei denn, er schwor, keine Kenntnis von dem Termin gehabt zu haben[343]. Innerhalb von drei weiteren Tagen mußte der Gläubiger die angemeldete Forderung beweisen[344]. Teilweise mußte jeder Gläubiger unter Eid schwören, daß die Schuld tatsächlich bestand, noch nicht beglichen war und er weder zum Nachteil der übrigen Gläubiger noch zum Vorteil des flüchtigen Schuldners handelte[345]. Bei Streitigkeiten über die angemeldete Forderung kam es zu einer Verhandlung mit einer abschließenden gerichtlichen Entscheidung[346].

Das Edikt richtete sich auch an Personen, die Gegenstände des Schuldners in Besitz hatten. Schuldnereigene Sachen sollten sie binnen einer festgelegten Frist - in Nürnberg betrug diese acht Tage - abgeben. Zudem forderte das Edikt Personen mit Verbindlichkeiten gegenüber dem Schuldner auf, ihre ausstehende Leistung alsbald zu erbringen[347].

---

337 Hellmann, Konkursrecht Augsburg, S. 121; Schorr, S. 53.
338 Hellmann, Konkursrecht Augsburg, S. 83.
339 Hellmann, Konkursrecht Augsburg, S. 71, 99.
340 Hellmann, Konkursrecht Augsburg, S. 71.
341 Baumeister, Blicke auf hamburgisches Recht, S. 275.
342 Kohler, Leitfaden, S. 37; Hellmann, Lehrbuch, S. 67; Schweppe, S. 11.
343 Hellmann, Konkursrecht Augsburg, S. 72.
344 Hellmann, Konkursrecht Augsburg, S. 73.
345 Kohler, Leitfaden, S. 37; Hellmann, Lehrbuch, S. 67.
346 Stobbe, S. 51.
347 Fuchs, Concursverfahren, S. 29.

bb. Vermögensverwaltung und Verwertung

Nach der Einleitung des Verfahrens mußte der Umfang des schuldnerischen Vermögens ermittelt werden. In Nürnberg und Hamburg gaben Angehörige und Diener unter Eid Auskunft über die Vermögensverhältnisse des Schuldners. Es stand unter Strafe, Vermögen zu verheimlichen oder zu entziehen. Wenn die Ehefrau dem Schuldner zur Flucht verholfen hatte, mußte sie für die Schulden einstehen[348]. Seitdem Verfahren gegen anwesende Schuldner häufiger vorkamen, ging die Praxis dazu über, daß auch der anwesende Schuldner einen Manifestationseid ablegte. Er mußte schwören, daß er keine Gegenstände fortgeschafft, das gesamte Vermögen angezeigt und seine Bücher und Papiere übergeben hat. Außerdem mußte er versichern, im weiteren Verfahren umfassende Auskünfte zu erteilen[349].

Städtische Organe, beispielsweise Vogt oder Bürgermeister, belegten das Vermögen des Schuldners mit einem Arrest[350]. Sie beschlagnahmten das gesamte Vermögen, weshalb die Bezeichnung „Universalarrest“ geläufig war[351]. Damit verlor der Schuldner die Dispositionsbefugnis über sein Vermögen. Verfügungen des Schuldners nach der Arrestierung und auch bereits nach seiner Flucht galten den Gläubigern gegenüber als unwirksam[352]. In bestimmten Fällen waren Rechtsgeschäfte des Schuldners vor der Bekanntmachung des Edikts anfechtbar, beispielsweise, wenn der Schuldner Gegenstände unter Wert verkauft hatte. Die Gläubiger wiesen den ungünstigen Verkauf nach, indem sie einen anderen Käufer ermittelten, der einen höheren Preis für den konkreten Gegenstand anbot[353]. Die Gläubiger besaßen Anfechtungsrechte bezüglich weiterer benachteiligender Rechtsgeschäfte des Schuldners[354]. Das Hamburger Stadtrecht von 1603 drohte den Gläubigern den Verlust ihrer Forderungen an, wenn sie nach der Verfahrenseröffnung zum Nachteil der übrigen Gläubiger Gegenstände aus dem Schuldnervermögen an sich nahmen[355].

---

[348] Kohler, Leitfaden, S. 36 f.; Hellmann, Lehrbuch, S. 63; Stobbe, S. 53; Fuchs, Concursverfahren, S. 29; Baumeister, Blicke auf hamburgisches Recht, S. 279.

[349] Baumeister, Privatrecht Hamburg, S. 311; Baumeister, Blicke auf hamburgisches Recht, S. 280; Stobbe, S. 53.

[350] Baur/Stürner, § 3 Rn. 3.10; Kohler, Leitfaden, S. 37; Hellmann, Lehrbuch, S. 62; Fuchs, Concursverfahren, S. 22; Baumeister, Privatrecht Hamburg, S. 310; Schorr, S. 52; Stobbe, S. 40.

[351] Baumeister, Privatrecht Hamburg, S. 310; Baumeister, Blicke auf hamburgisches Recht, S. 273.

[352] Hellmann, Lehrbuch, S. 65, 67; Frensdorff, S. 50.

[353] Hellmann, Konkursrecht Augsburg, S. 90.

[354] Stobbe, S. 58; Hellmann, Konkursrecht Augsburg, S. 91.

[355] Baumeister, Blicke auf hamburgisches Recht, S. 481.

Gerichtsbeamte inventarisierten das Vermögen des Schuldners und der Stadtrichter nahm es in Verwahrung[356]. In Augsburg brachte man Mobilien zum Vogt[357]. Nach der Nürnberger Reformation von 1564 bestand auch die Möglichkeit, daß ein Gläubiger gegen Sicherheitsleistung das Vermögen aufbewahrte[358]. Vermuteten die Beteiligten, daß der Schuldner weitere Vermögensgegenstände verbarg, war seine Inhaftierung zulässig[359]. Dann verbrachte der Schuldner auf Kosten der Gläubiger eine regelmäßig kurze Zeit in einem öffentlichen Schuldturm[360]. Die Haft bezweckte nicht, den Schuldner zu bestrafen oder ihn seine Schulden abarbeiten zu lassen. Sie war ein Druckmittel der Gläubiger, um den Schuldner zu veranlassen, verstecktes Vermögen bekannt zu geben oder eine Person zu finden, die seine Schulden beglich[361].

Grundsätzlich verhandelten die Gläubiger und der Schuldner über Maßnahmen zur Abwendung des Konkursverfahrens durch ein Moratorium, einen Erlaß oder eine Stundung der Forderungen. Das Stadtrecht von Köln empfahl dem Schuldner, bei einer unverschuldeten Insolvenz keinesfalls zu fliehen. Er sollte den Rat vielmehr bitten, bei Vergleichsverhandlungen mit den Gläubigern zu vermitteln[362]. Dennoch blieb die Flucht des Schuldners die häufigste Reaktion auf die Zahlungsunfähigkeit[363]. In Nürnberg gewährte das Stadtrecht einem trünnigen Schuldner bis 14 Tage nach dem Edikt „freies Geleit", um den Rat der Stadt um einen Vergleichsversuch mit den Gläubigern zu bitten. Einigten sich die Beteiligten und konnte der Schuldner beweisen, daß er seine Zahlungsunfähigkeit nicht verschuldet hatte, durfte er ohne Minderung seiner Ehre endgültig in die Stadt zurückkehren[364]. Auch das Hamburger Stadtrecht kannte eine ähnliche Regelung, um einen Vergleich zu ermöglichen[365].

Seit dem Ende des 13. Jahrhunderts setzte sich die Möglichkeit eines Zwangsvergleichs durch, bei dem sich alle Beteiligten einem Majoritätsbeschluß der Gläubiger fügen mußten[366]. In Hamburg verbreitete sich ein Akkordverfahren, welches allmählich das Konkursverfahren verdrängte[367]. Die Gläubiger gewährten dem

---

[356] Stobbe, S. 52; Hellmann, Konkursrecht Augsburg, S. 81.
[357] Hellmann, Konkursrecht Augsburg, S. 121.
[358] Kohler, Leitfaden, S. 37; Hellmann, Lehrbuch, S. 63.
[359] Stobbe, S. 55.
[360] Stobbe, S. 99.
[361] Stobbe, S. 55.
[362] Stobbe, S. 75 f.
[363] Stobbe, S. 76.
[364] Hellmann, Lehrbuch, S. 63, 69; Kohler, Leitfaden, S. 37; Fuchs, Concursverfahren, S. 29; Stobbe, S. 78.
[365] Baumeister, Privatrecht Hamburg, S. 309; Baumeister, Blicke auf hamburgisches Recht, S. 268; Stobbe, S. 77.
[366] Stobbe, S. 78; Conrad I, S. 389.
[367] Baumeister, Blicke auf hamburgisches Recht, S. 381.

Schuldner einen Zahlungsaufschub von fünf Jahren oder akzeptierten eine anteilige, sofortige Befriedigung. Die Vereinbarung setzte keine Einstimmigkeit unter den Gläubigern voraus. Es genügte ein Mehrheitsbeschluß, wobei nicht die Kopfzahl maßgeblich war, sondern die Höhe der Forderungen[368]. Die überstimmte Minderheit war an den Vergleich gebunden, jedoch leisteten ihr die anderen Gläubiger Sicherheiten[369]. Auch im weiteren Verfahrensgang gab es Gelegenheiten, das Konkursverfahren zu beenden. Nach Augsburger Recht ermächtigte das Gericht die Gläubiger, dem Schuldner das inventarisierte Vermögen zur Auslösung anzubieten[370].

Die Gläubiger waren befugt, einen *curator* als Selbstverwaltungsorgan zu wählen. Die städtischen Organe bestätigten seine Einsetzung[371]. Allerorts oblag dem *curator* hauptsächlich die Verwaltung des schuldnerischen Vermögens im Interesse und als Vertreter der Gläubiger[372]. Seine Funktion und seine Kompetenz variierten, wobei zunächst verallgemeinernde Regelungen fehlten. Seine Befugnisse definierten sich nämlich durch einen im Einzelfall erteilten Auftrag seitens des Gerichts und der Gläubiger[373]. Ziel seiner Tätigkeit war, das Vermögen vollständig zusammenzustellen. Dazu durfte er die notwendigen Klagen und Prozesse führen. Wurden die Gegner zu einer Leistung verurteilt, mußten sie diese nicht an den *curator*, sondern an den Vogt erbringen[374]. Nach dem Recht der Stadt Lübeck, das den Gläubigervertreter als *procurator* bezeichnete, oblag ihm auch die Anfechtung von Rechtsgeschäften des Schuldners. Er verteidigte die Interessen des Schuldners, indem er gerichtlich gegen unbegründete Forderungen vorging[375]. Seit dem 16. Jahrhundert ersetzte in Augsburg ein Gläubigerausschuß den *curator* bei der Verwaltung der Masse[376]. In Hamburg verwalteten die Gläubiger das schuldnerische Vermögen selbständig. Erst die Neue Falliten-Ordnung von 1753 führte *curatores bonorum* ein[377].

Neben den Gläubigerforderungen waren Ansprüche auf die Aussonderung von Gegenständen, die nicht im Eigentum des Schuldners standen, anzumelden[378]. Von der Masse wurden schuldnerfremde Gegenstände - geliehene, beim Schuld-

---

[368] Baumeister, Blicke auf hamburgisches Recht, S. 382.

[369] Baur/Stürner, § 3 Rn. 3.10; Kohler, Leitfaden, S. 37; Hellmann, Lehrbuch, S. 62; Hellmann, Konkursrecht Augsburg, S. 100.

[370] Hellmann, Lehrbuch, S. 58 f.; Hellmann, Konkursrecht Augsburg, S. 122.

[371] Baur/Stürner, § 3 Rn. 3.10; Hellmann, Lehrbuch, S. 60.

[372] Kohler, Leitfaden, S. 38; Schorr, S. 54.

[373] Stobbe, S. 45.

[374] Hellmann, Konkursrecht Augsburg, S. 85.

[375] Hellmann, Lehrbuch, S. 65; Hach, S. 149; Stobbe, S. 48.

[376] Hellmann, Konkursrecht Augsburg, S. 82.

[377] Hahn, Materialien IV, S. 465; Baumeister, Privatrecht Hamburg, S. 313; Baumeister, Blicke auf hamburgisches Recht, S. 288.

[378] Baur/Stürner, § 3 Rn. 3.10; Hellmann, Lehrbuch, S. 59.

ner deponierte Sachen und Kommissionsgut - ausgesondert[379]. Die Vindikanten befriedigte der *curator*, ohne die Beendigung des Konkursverfahrens abzuwarten[380].

Obwohl grundsätzlich alle Gläubigerforderungen gleichberechtigt um die Vermögensmasse konkurrierten, kannten die Stadtrechte eine Vielzahl von privilegierten Forderungen, deren Einordnung allerdings örtlich sehr unterschiedlich war. Zu einer Gruppe von vorrangigen Forderungen zählten häufig Rückforderungsansprüche der Ehefrau bezüglich ihrer Mitgift, Miet-, Dienstlohn- und Rentenforderungen, Forderungen des Fiskus, Mündelforderungen und Forderungen aus einem schriftlichen Pfand[381]. Daneben existierten fakultativ privilegierte Forderungen, wie Wechsel- und Handelsschulden, über deren Vorrang das Gericht nach Ermessen entschied[382]. Das Recht der Stadt Lübeck enthielt eine spezielle Rangregelung, die den Gedanken des alten Prioritätsprinzips weiterleben ließ. Brachte ein Gläubiger einen Gegenstand zurück, den der Schuldner aus der Stadt geschafft hatte, um ihn den Gläubigern zu entziehen, wurde er aus dem konkreten Gegenstand befriedigt[383]. Nach den Vorrechten wurden die gewöhnlichen Forderungen anteilig befriedigt[384].

Konnte der Schuldner während des gesamten Verfahrensgangs sein Eigentum nicht auslösen, wurde es in einer öffentlichen Versteigerung verwertet[385]. In Augsburg wurde der Erlös beim Stadtvogt hinterlegt, bis das Gericht endgültig über die Verteilung der Masse entschieden hatte[386]. Ob und in welcher Höhe ein Gläubiger an dem Erlös zu beteiligen war, klärte keinesfalls der *curator*[387]. Das abschließende Urteil entfaltete Wirkung gegenüber dem Schuldner und sämtlichen Gläubigern. Nur bei Einigkeit aller Beteiligten, konnte ein Urteil entbehrlich sein[388]. Der Stadtvogt zahlte sodann die entsprechenden Beträge an die Gläubiger und das Verfahren endete[389]. Gläubiger, die ihre Forderung nicht vollständig rea-

---

379 Hellmann, Konkursrecht Augsburg, S. 86; Baumeister, Privatrecht Hamburg, S. 319; Stobbe, S. 62 ff.

380 Baumeister, Blicke auf hamburgisches Recht, S. 338.

381 Baur/Stürner, § 3 Rn. 3.10; Hellmann, Lehrbuch, S. 68; Stobbe, S. 91; Baumeister, Blicke auf hamburgisches Recht, S. 321 ff.

382 Baur/Stürner, § 3 Rn. 3.10; Hellmann, Lehrbuch, S. 68.

383 Hellmann, Lehrbuch, S. 68.

384 Kohler, Leitfaden, S. 37.

385 Baur/Stürner, § 3 Rn. 3.10; Hellmann, Lehrbuch, S. 59, 63; Fuchs, Concursverfahren, S. 23; Hellmann, Konkursrecht Augsburg, S. 122; Schorr, S. 54.

386 Hellmann, Lehrbuch, S. 59, 63; Schorr, S. 55.

387 Hellmann, Konkursrecht Augsburg, S. 82.

388 Hellmann, Konkursrecht Augsburg, S. 125.

389 Hellmann, Konkursrecht Augsburg, S. 83.

lisieren konnten, mußten zu einem späteren Zeitpunkt erneut gegen den Schuldner vorgehen[390].

cc. Bewertung

Das Konkursrecht der Städte erwies sich regelmäßig als zweckmäßig und zielte auf die Sicherung und Befriedigung der Gläubigerforderungen[391]. Obwohl gewisse Grundzüge in allen Stadtrechten anzutreffen waren, gab es starke örtliche Besonderheiten. Besonders in Hamburg wurde schon früh eine eigene Entwicklung erkennbar. Die Gläubigerautonomie bildete hier einen zentralen Gedanken des Konkursverfahrens, so daß die Gläubiger das Schuldnervermögen selbständig, anstelle eines *curators*, verwalteten. Außerdem gab es als Hamburger Besonderheit ein Akkordverfahren, das gegenüber dem Konkursverfahren immer größere Bedeutung gewann.

Zunächst prägte das italienische Statutarrecht die deutschen Stadtrechte. Der Verfahrensgang lehnte sich an das italienische Vorbild an. Das im deutschen Vollstreckungsrecht bekannte Arrestverfahren wurde nach italienischer Art der eigentlichen Auseinandersetzung zur Sicherung der Forderung vorgeschaltet. Die Rezeption des römischen Rechts veränderte die Stadtrechte, indem sie Rechtsinstitute wie die *cessio bonorum* und die *actio Pauliana* einführte. Dennoch blieben eigenständige Merkmale erhalten. Neben der Verfahrenseinleitung durch die freiwillige Vermögensabtretung behielten die Stadtrechte die Beschlagnahme des Vermögens als andere Variante bei. Eine komplette Rezeption einschließlich der *missio in bona* fand mithin nicht statt.

Deutlich anders als im römischen Recht handelte es sich hier um ein vom Gericht geleitetes Verfahren, denn trotz gewisser Gläubigerautonomie übernahm das Gericht die zentralen Aufgaben und überließ sie nicht ganz den Gläubigern. Der *curator* verwaltete beispielsweise das Schuldnervermögen, doch war er nicht befugt, den Versteigerungserlös an die Gläubiger zu verteilen. Das Gericht regelte die Befriedigung der Gläubiger durch ein Urteil und zahlte den hinterlegten Erlös aus. Insofern war der *curator* von geringerer Bedeutung als im römischen Recht[392]. Das Gericht war außerdem stärker an einer umfassenden Auseinandersetzung über das Vermögen des Schuldners interessiert. Die Ediktalladung indizierte das Streben nach einer möglichst weitreichenden Beteiligung von betroffenen Personen.

---

[390] Baumeister, Blicke auf hamburgisches Recht, S. 442.
[391] Kohler, Leitfaden, S. 39; Fuchs, Concursverfahren, S. 22.
[392] Dabelow, S. 496.

Gegen Ende des 16. Jahrhunderts war die Entwicklung des Konkursrechts im wesentlichen abgeschlossen. In den folgenden Jahren gestalteten die Stadtrechte die Grundlagen weiter aus, veränderten aber nur noch Einzelheiten[393]. Wenig später entwickelten sich die Stadtrechte unter dem Einfluß des gemeinen Rechts fort[394].

c. Frühe Landrechte

Neben den Stadtrechten entwickelten sich, ebenfalls unter Rezeption des römischen Rechts, die Landrechte des 16. und 17. Jahrhunderts. Dabei entstanden, der allgemeinen Rechtsentwicklung entsprechend, noch keine umfassenden Kodifikationen. Das Vollstreckungsrecht dominierte die Einzelvollstreckung, wobei in manchen Landrechten eine klare Abgrenzung zwischen Einzel- und Gesamtvollstreckung fehlte[395]. Die Gesetze behandelten das Konkursrecht fragmentarisch[396]. Diesem Phänomen entspricht, daß es bis zu dem Werk des Spaniers Salgado im 17. Jahrhundert kaum Literatur eines deutschen Autors gab, welche das Konkursrecht insgesamt behandelte[397].

Eine zu den Stadtrechten kontrastierende Entwicklung lag darin, daß die Landrechte teilweise überhaupt nicht oder zumindest sehr zögerlich von dem Prioritätsprinzip abwichen. Noch lange Zeit schloß die Befriedigung nach der Reihenfolge der Anmeldung eine Gleichberechtigung der Gläubiger aus[398]. Dies galt beispielsweise für das Bayerische Landrecht in Gestalt des Rechtsbuchs Ludwigs und der Reformation des bayerischen Landrechts von 1518[399]. Der Gläubiger, der den flüchtigen Schuldner zuerst ergriff oder dessen Eigentum gerichtlich mit einem Arrest belegen ließ, sollte vor den übrigen Gläubigern Vorrang genießen[400]. Zwar sahen das Landrecht und die Ordnung des Gantprozesses jeweils aus dem Jahr 1616 eine Gleichberechtigung aller Gläubiger vor, doch gab es ein Gesamtvollstreckungsverfahren nur im Fall der *cessio bonorum*[401]. Die Möglichkeit einer freiwilligen Vermögensabtretung stand unter der Voraussetzung, daß der Schuldner aus unvermeidlicher Not, unvorhersehbaren Unglücksfällen oder ohne sonstigem eigenen Verschulden in den finanziellen Ruin gelangt war. Leichtsinnigen Schuldnern hingegen drohten Gefängnisstrafen und die Verweisung des Lan-

---

[393] Hellmann, Konkursrecht Augsburg, S. 138.
[394] Orthey, S. 75.
[395] Hellmann, Lehrbuch, S. 75.
[396] Baur/Stürner, § 3 Rn. 3.11; Puchta, S. 38.
[397] Endemann, ZZP XII (1888), S. 24 (52).
[398] Baur/Stürner, § 3 Rn. 3.11; Hellmann, Lehrbuch, S. 75.
[399] Baur/Stürner, § 3 Rn. 3.11.
[400] Hellmann, Lehrbuch, S. 76.
[401] Hellmann, Lehrbuch, S. 77.

des[402]. Neben der *cessio bonorum* beinhalten die Regelungen aus dem Jahr 1616 lediglich Verfahren zur Einzelvollstreckung in das bewegliche und unbewegliche Vermögen. Gleichwohl existierte bereits eine Ediktalladung der Gläubiger unter Androhung der Präklusion[403].

Das württembergische Landrecht von 1555 gab das Prioritätsprinzip hingegen ausdrücklich auf[404]. Die einzige geregelte Form der Gesamtvollstreckung war die *cessio bonorum*. Der Schuldner mußte mit seinem Gesuch um eine freiwillige Vermögensabtretung ein Verzeichnis seiner Gläubiger bei Gericht abgeben. Das Gericht lud die Gläubiger zu einem Termin, in dem der Schuldner einen Offenbarungseid über seinen Vermögensbestand und seine Schulden abgab. Daraufhin nahm das Gericht das Vermögen des Schuldners vollständig in Gewahrsam. Nur gewisse elementare Gegenstände, wie notwendige Kleidung und das Werkzeug zur Berufsausübung, blieben dem Schuldner. Das Gericht versteigerte die Masse und verteilte den Erlös anteilig unter den Gläubigern. Die Ehefrau des Schuldners hatte ein Aussonderungsrecht bezüglich ihrer Mitgift, sofern sie nicht zur Zahlungsunfähigkeit ihres Ehemannes beigetragen hatte. Hatte der Schuldner seine finanzielle Not leichtsinnig herbeigeführt, konnte er zwar eine *cessio bonorum* vornehmen, sollte aber dennoch angemessen bestraft werden[405]. Neben diesen Regelungen enthielt das württembergische Landrecht von 1555 keine weiteren konkursrechtlichen Vorschriften. Auch das württembergische Landrecht von 1610 beschränkte sich in seinem 76. Titel des ersten Teils auf die Regelungen über die *cessio bonorum*[406].

Auch das brandenburgische Landrecht wies bis zur Hypotheken- und Konkursprozeßordnung im Jahre 1722 nur vereinzelte Regelungen auf. Ausdrücklich fixierte es lediglich, daß der Gläubiger, der den Arrest über das schuldnerische Vermögen erwirkt hatte, im weiteren Verfahren nicht bevorrechtigt werden sollte[407].

Umfangreiche konkursrechtliche Regelungen beinhaltete das kursächsische Recht. Der Schwerpunkt lag nicht auf dem Verfahren, sondern auf der Festlegung von Vorrechten. Die Prozeß- und Gerichtsordnung von 1622, die auf die Verordnungen und Konstitutionen des rechtlichen Prozesses von 1572 aufbaute, entwikkelte ein Fünfklassensystem zur Einordnung der Gläubiger im Konkursverfahren, das vorbildlich für das gemeine Recht und die nachfolgende Partikulargesetzge-

---

[402] Kohler, Leitfaden, S. 39; Hellmann, Lehrbuch, S. 77.
[403] Puchta, S. 35 f.
[404] Baur/Stürner, § 3 Rn. 3.11; Kohler, Leitfaden, S. 40; Hellmann, Lehrbuch, S. 80.
[405] Fecht, S. 5 f.; Hellmann, Lehrbuch, S. 80.
[406] Oetker, Lehre vom Concurse, S. 15.
[407] Hellmann, Lehrbuch, S. 83 f.

bung wurde[408]: Absolut privilegierte Gläubiger gingen privilegierten Pfandgläubigern, nichtprivilegierten Pfandgläubigern, persönlich privilegierten Gläubigern und nichtprivilegierten, chirographarischen Gläubigern vor. Ähnlich wie im württembergischen Recht wurden Gläubiger, die zuerst das Vermögen des Schuldners beschlagnahmten, bevorzugt. Sie bildeten eine Gruppe mit den nicht privilegierten Pfandgläubigern. Insofern vollzog sich die Abkehr vom Prioritätsprinzip erneut nur zögerlich[409].

Eine detaillierte Regelung des Konkursverfahrens enthielt die Gerichts- und Prozeßordnung von Sachsen-Gotha aus dem Jahr 1670[410]: Durch Edikt wurden Gläubiger und Schuldner zu dem Verfahren geladen. In einem Termin verhandelten sie vor Gericht über die Priorität der Forderungen. Der Schuldner wurde aufgefordert, die angemeldeten Forderungen entweder anzuerkennen oder zu bestreiten. Forderungen galten als anerkannt, wenn der Schuldner nicht zu dem Termin erschien. Sofern ein Gläubiger auch in einem zweiten Termin nicht erschien, waren seine Forderungen präkludiert. Vor der Befriedigung der Gläubiger reduzierte das Gericht die Konkursmasse um Forderungen von Aussonderungsberechtigten. Vorab befriedigt wurden Pfandrechtsgläubiger, die ihr Pfandrecht erworben hatten, bevor die Pfandsache ins Eigentum des Schuldners gelangt war. Sodann kam das oben dargestellte Fünfklassensystem zur Anwendung.

Insgesamt standen die frühen Landrechte unter dem Einfluß des römischen Rechts, denn die *cessio bonorum* bildete häufig das einzige konkursrechtliche Rechtsinstitut. Wie in den Stadtrechten war die Arrestierung des schuldnerischen Vermögens ein wichtiger Bestandteil. Der Gedanke weitreichender Gläubigerautonomie aus dem italienischen Recht fand sich in den Landrechten wieder. So ist für das bayerische Landrecht von 1616 belegt, daß es jedem Gläubiger gestattet war, einen flüchtigen Schuldner mit seiner Habe festzuhalten[411]. Andererseits sind alte germanische Elemente in den Landrechten vorhanden, was sich nicht deutlicher zeigen könnte als an dem Festhalten am Prioritätsprinzip in Bayern. Ein Indiz für die Selbständigkeit des deutschen Rechts war die Stellung des Gerichts, die sich gegenüber dem römischen Recht stark gefestigt hat. Die Landrechte wurden seit dem 17. Jahrhundert von dem gemeinen deutschen Konkursrecht geprägt[412].

---

[408] Baur/Stürner, § 3 Rn. 3.11; Schueck, S. 5; Hellmann, Lehrbuch, S. 81; Wengler, Concurs der Gläubiger, S. 15.
[409] Hellmann, Lehrbuch, S. 81.
[410] Baur/Stürner, § 3 Rn. 3.11; Puchta, S. 33 f.; Hellmann, Lehrbuch, S. 82.
[411] Kohler, Leitfaden, S. 39.
[412] Hellmann, Lehrbuch, S. 75.

4. Gemeines Konkursrecht

Gegen Ende des 16. Jahrhunderts entstand das gemeinrechtliche Konkursverfahren in Deutschland. Die Entwicklung fand im 17. Jahrhundert ihren Abschluß, als das gemeine Recht in allen Gebieten Deutschlands verbreitet war[413]. Unter dem Begriff des gemeinen Rechts wird ein gemeinsames Recht für die Bevölkerung eines Territoriums gefaßt. Damit grenzt es sich ab zu Sonder- oder Partikularrechten, die sich an räumlich, ständisch oder anderweitig abgrenzbare Bevölkerungsteile richteten[414].

Das Recht bestand hauptsächlich aus richterlichem Gewohnheitsrecht, ohne daß umfassende gemeinrechtliche Kodifikationen existierten. Die Regelungen waren bruchstückhaft oder fehlten völlig. Dies wurde teilweise damit zu erklären versucht, daß es an einem Motor für eine derartige Weiterentwicklung fehlte, beispielsweise einem umfangreicheren Wirtschaftsverkehr[415]. Das vorhandene Instrumentarium an Maßregeln gegenüber dem Schuldner - Gefängnishaft und das Setzen in den Schuldturm - genügte für den Umgang mit zahlungsunfähigen Schuldnern[416].

Geschriebene Quellen zum Konkursrecht für das gesamte Reich gab es wenige. Die Reichspolizeiordnung von 1577 und der Reichsabschied aus dem Jahr 1671 besaßen Vorschriften über das Konkursverfahren nach dem gemeinen Recht[417]. Die Regelungen der Reichspolizeiordnung beschränkten sich jedoch darauf, im 23. Titel das Vorgehen gegen flüchtige bankrotte Kaufleute unter der Überschrift „Von verdorbenen Kaufleuten" zu behandeln[418].

Regelungen auf dem Gebiet des Konkursrechts gewannen nicht zuletzt durch die Folgen des 30jährigen Krieges an Bedeutung[419]. Die Rechtsverhältnisse änderten sich zu dieser Zeit stark. Das entsprach dem Phänomen, daß große Rechtsumgestaltungen häufig mit starken politischen Veränderungen zusammentreffen[420]. Der 30jährige Krieg brachte nicht nur Tod und Zerstörung über Deutschland, er verschlechterte auch die Vermögensverhältnisse der Bevölkerung erheblich. Es gab zahlreiche Überschuldungen, so daß Konkursverfahren häufiger auftraten und

---

[413] Treuherz, S. 8.
[414] Erler/Kaufmann, HRG I, S. 1506.
[415] Wengler, Concurs der Gläubiger, S. 14.
[416] Wengler, Concurs der Gläubiger, S. 15.
[417] Treuherz, S. 8; Coing (Lammel), Quellen II/2, S. 703.
[418] Coing (Lammel), Quellen II/2, S. 703.
[419] Hess/Weis/Wienberg (Weis), Vor § 1 Rn. 81; Gottwald (Gottwald), § 1 Rn. 4; Puchta, S. 39; Wengler, Konkursordnung, S. 9; Schweppe, S. 11; Wengler, Concurs der Gläubiger, S. 14; Kohler, Lehrbuch, S. 40.
[420] Stölzel, S. 81, 83.

wichtiger wurden[421]. Auch die Funktionsfähigkeit der Justiz litt unter den Kriegsfolgen[422]. Diese Mißstände und die gestiegenen Bedürfnisse nach konkursrechtlichen Regelungen führten zu einer umfassenden Rechtsänderung[423]. Die Gerichte empfanden das bisherige Konkursrecht als unzulänglich und entwickelten ein Verfahren mit dem prägenden Merkmal umfangreicher gerichtlicher Kontrolle[424]. Der Gerichtsgebrauch prägte das gemeine Recht, das auf den bereits vorhandenen Regelungen aus dem römischen Recht, den Landes- und Stadtrechten sowie den Theorien Rechtsgelehrter basierte[425]. Die Wissenschaft bemühte sich darum, das vorhandene Material zusammenzustellen, dogmatisch zu ordnen und Lücken zu schließen[426]. Stärker als bisher war das Konkursrecht Gegenstand wissenschaftlicher Auseinandersetzung.

Das gemeine Recht führte den Begriff „Concurs der Gläubiger" oder abgekürzt „Concurs" ein[427]. Die Bezeichnung stammte von dem lateinischen Ausdruck *concursus creditorum*, was wörtlich übersetzt das Zusammenlaufen der Gläubiger bedeutet[428]. Im Gegensatz zu der gemeinrechtlichen Terminologie spricht man im modernen Konkursrecht jedoch nicht von dem Konkurs der Gläubiger, sondern dem Konkurs des Schuldners. Juristische Abhandlungen begannen meistens mit einer Begriffsdefinition, wie z. B. Konkurs wird die Situation genannt, „wenn wider einen Schuldner sich mehrere Gläubiger, von verschiedenen Forderungen, alle auf einmahl, oder kurz hinter einander melden, auf ihre Befriedigung dringen, gleichwohl aber der Schuldner nicht so viel im Vermögen hat, daß er seine Gläubiger vollkommen befriedigen kann, sondern diese wegen Erlangung ihrer Forderungen miteinander über den Vorzug streiten müssen"[429]. Im süddeutschen Raum waren zudem die Begriffe Gant und Gantverfahren gebräuchlich. Sie leiteten sich ab von dem altdeutschen Wort „gan", was soviel bedeutet wie gemein, oder dem Wort „verganten", öffentlich verkaufen[430].

Eine theoretische Weiterentwicklung bestand darin, daß die Juristen das Konkursverfahren als eine selbständige Verfahrensart ansahen und nicht mehr als einen Sonderfall der Zwangsvollstreckung[431]. Bei dem Konkursprozeß handelte es sich um ein summarisches Verfahren, das als eigene Prozeßart neben dem ordent-

---

[421] Kohler, Leitfaden, S. 40; Puchta, S. 39.
[422] Stölzel, S. 85.
[423] Puchta, S. 39.
[424] Jaeger, Lehrbuch Konkursrecht, S. 9; Oetker, Lehre vom Concurse, S. 15.
[425] Puchta, S. 38; Treuherz, S. 8.
[426] Puchta, S. 39.
[427] Dabelow, S. 499.
[428] Von Völderndorff, S. 5.
[429] Krafft, S. 1.
[430] Dabelow, S. 770; Koch, Preußischer Civil-Prozeß, S. 819; Gmelin, S. 10.
[431] Endemann, ZZP XII (1888), S. 24 (66).

lichen Prozeßverfahren existierte. Formvorschriften für den ordentlichen Prozeß fanden teilweise nur beschränkt Anwendung und wurden durch eigene Regeln ersetzt[432]. Eine Besonderheit im Vergleich zu anderen summarischen Prozessen lag in der erweiterten richterlichen Tätigkeit. Der Untersuchungsgrundsatz war daher stärker ausgeprägt als die Verhandlungsmaxime[433]. Der Richter nahm in dem Konkursverfahren gleichzeitig Aufgaben der streitigen und nicht streitigen Gerichtsbarkeit wahr, denn das Verfahren zerfiel in einen prozessualen und einen administrativen Teil[434].

Die Theorie differenzierte zwischen verschiedenen „Arten" des Konkursverfahrens, dem „materiellen Konkurs" und dem „formellen Konkurs"[435]. Tatsächlich handelte es sich nur um aufeinanderfolgende Phasen desselben Verfahrens. Der „materielle Konkurs" war der Zustand, in dem mehrere Gläubiger dem insolventen Schuldner gegenüberstanden, ohne daß ein Verfahren begonnen hatte. Der „formelle Konkurs" bildete sodann das eigentliche Verfahren, in welchem das Gericht dem Schuldner als Folge seiner Zahlungsunfähigkeit das Vermögen entzog und zur Befriedigung der Gläubiger verwertete[436]. Diese im einzelnen oft eigenartige Unterscheidung sollte dazu dienen, die rechtlichen Auswirkungen des jeweiligen Verfahrensabschnitts zu definieren und war Gegenstand eines ausgiebig geführten Theorienstreits. Es herrschte bereits Uneinigkeit darüber, durch welchen Akt der „materielle Konkurs" in den „formellen Konkurs" überging[437]. Bereits zeitgenössische Juristen kritisierten, daß es sich bei den beiden Stadien keinesfalls um „Arten" oder „verschiedene Gattungen" des Konkursverfahrens handele und die Unterscheidung ohne praktischen Wert sei[438].

a. Einfluß Salgados

Das gemeine Recht baute zwar auf dem römischen Recht auf, entwickelte seine Besonderheiten aber unter dem Einfluß der Literatur des 17. Jahrhunderts. Dabei ragte insbesondere das Buch des Spaniers Salgado de Samoza heraus. Die deut-

---

432 Osterloh, S. 10; Schweppe, S. 181; Martin, S. 583; Puchta, S. 54; von Grolmann, S. 434; Ludovici, S. 18; Claproth, S. 2.
433 Puchta, S. 54.
434 Puchta, S. 55.
435 Günther, S. 1; Krafft, S. 9; Wengler, Concurs der Gläubiger, S. 3; Endemann, Zivilprozeßrecht, S. 1105; Dabelow, S. 498; Schweppe, S. 54; Claproth, S. 430; Schueck, S. 8.
436 Claproth, S. 430; Günther, S. 1; Krafft, S. 9 f.; Wengler, Concurs der Gläubiger, S. 3; von Bayer, S. 54; Endemann, Zivilprozeßrecht, S. 1106; Martin, S. 585; Dabelow, S. 765; Gmelin, S. 16.
437 Gmelin, S. 11 f.; von Bayer, S. 56.
438 Dabelow, S. 769; Endemann, Zivilprozeßrecht, S. 1106; von Bayer, S. 55; Schweppe, S. 55; Gmelin, S. 120; Barth, S. 346; von Völderndorff, S. 7.

schen Praktiker und Wissenschaftler griffen seine Darstellung des spanischen Konkursrechts auf[439]. Durch richterliches Gewohnheitsrecht sowie die Doktrin entwickelten sich Regelungen, die sich deutlich von dem römischen und italienischen Recht unterschieden[440]. Das Fehlen wirtschaftlicher Impulse begünstigte die Übernahme des unpraktischen spanischen Verfahrens[441]. Zusätzlich begünstigten die Folgen des 30jährigen Krieges das Eindringen des spanischen Rechts in den deutschen Rechtsraum[442]. Fremde Konzepte konnten sich seit jeher um so besser durchsetzen, je weniger gefestigt der gegenwärtige Rechtszustand war.

Nach dem Vorbild des spanischen Rechts übernahm das Gericht die Herrschaft über das gesamte Verfahren. Es handelte sich um ein Offizialsystem mit der Untersuchungsmaxime als prägendem Verfahrensgrundsatz[443]. Ein Konkursverfahren mit weitreichender Gläubigerinitiative wurde als unzureichend angesehen und eine Auseinandersetzung unter den Gläubigern als hinderlich[444]. Zwangsläufig folgte daraus die Notwendigkeit, den Richter zu sämtlichen Fragen, welche die Gläubigergesamtheit betrafen, hinzuzuziehen[445]. Der Gedanke von einer richterlichen Pflicht zur Fürsorge für alle Beteiligten dominierte das Verfahren. Es war die Auffassung weit verbreitet, der Staat sei verpflichtet, für das Wohlergehen seiner Bürger zu sorgen[446]. Daher entsprach der spanische Grundgedanke von der Herrschaft des Gerichts dem Zeitgeist des aufgeklärten Absolutismus mit seinem Wohlfahrtsstaatsdenken entsprach

Die Übernahme von Ideen aus dem Buch Salgados zeigte sich bereits an systematischen Übereinstimmungen. Die Dogmatiker unterschieden nach dem spanischen Vorbild zwischen dem *concursus universalis* und dem *concursus particularis*[447]. Dieser Einteilung folgte auch die Partikulargesetzgebung, wie der Codex Juris Bavarici Judiciarii aus dem Jahr 1753. Das Universalkonkursverfahren fand statt, wenn das gesamte Vermögen des Schuldners zur anteiligen Befriedigung der Gläubiger zur Verfügung stand, was regelmäßig der Fall war[448]. Im Gegensatz dazu handelte es sich um ein Partikularkonkursverfahren, wenn einzelne Gläubi-

---

439 Baur/Stürner, § 3 Rn. 3.12; Gottwald (Gottwald), § 1 Rn. 4; von Wilmowski, S. 2; Hellmann, Lehrbuch, S. 84; Kohler, Lehrbuch, S. 40; Uhlenbruck, FS Konkursordnung, S. 3 (8).

440 Gottwald (Gottwald), § 1 Rn. 4; Baur/Stürner, § 3 Rn. 3.12; Stein, S. 414; Jaeger, Lehrbuch Konkursrecht, S. 9.

441 Kohler, Lehrbuch, S. 41.

442 Kohler, Lehrbuch, S. 41.

443 Baur/Stürner, § 3 Rn. 3.13; von Wilmowski, S. 2; Endemann, Zivilprozeßrecht, S. 1102; Schweppe, S. 182.

444 Puchta, S. 44.

445 Puchta, S. 45.

446 Puchta, S. 40, 44; Oetker, Lehre vom Concurse, S. 33.

447 Kohler, Lehrbuch, S. 41; Dabelow, S. 498.

448 Endemann, Zivilprozeßrecht, S. 1107; Dabelow, S. 498.

ger Separationsrechte ausübten. Sie konkurrierten danach um die vorrangige Befriedigung aus einem abgrenzbaren Teil des Schuldnervermögens[449]. Ein Separationsrecht bestand, wenn ein Teil des Schuldnervermögens eine überschuldete Erbschaft war. Die Gläubiger, deren Forderungen sich gegen die Erbmasse richteten, konnten die Abtrennung der Erbschaft von der allgemeinen Konkursmasse verlangen[450]. Auch Lehengläubiger konnten die Absonderung des Lehens und der Leheneinkünfte von der Konkursmasse erwirken, so daß es zu einem separaten Konkursverfahren in bezug auf das Lehen kam[451]. Für dieses „Partikularkonkursverfahren" galten dieselben Vorschriften wie für das gewöhnliche Universalkonkursverfahren[452].

Die deutsche Literatur des gemeinen Rechts lehnte sich ausdrücklich an das Werk Salgados an, das sie als Ursprung der gemeinrechtlichen Wissenschaft ansah[453]. Die Verfasser gaben bei der Darstellung einzelner Aspekte des Konkursrechts häufig Salgados Ansichten wieder. Sie bezeichneten sein Werk als wichtige Literatur und charakterisierten es als „sehr bedeutungsvolle und reichhaltige Quelle" nicht nur für die spanische Gerichtspraxis, sondern generell für die Entstehung des gegenwärtigen Konkursrechts[454].

Lobten die Juristen zunächst noch die Zweckmäßigkeit des gemeinen Konkursrechts und verwiesen auf die Verbesserungen gegenüber dem römischen Recht, bewerteten sie später den spanischen Einfluß durchweg negativ[455]. Das Verfahren wurde als ein „bedauernswerter Niedergang der Rechtspflege" beschrieben mit der „Langwierigkeit und Ergebnislosigkeit" als besonderes Merkmal[456]. Dabei ist nicht klar, ob dem spanischen Recht tatsächlich der herausragende Einfluß zukam, der ihm nachgesagt wurde. Das Buch Salgados war zugeschnitten auf das spanische Recht und somit nicht uneingeschränkt auf Deutschland übertragbar[457]. Gleichwohl trug es maßgeblich dazu bei, dem deutschen Verfahren neue Leitlinien zu verleihen. Die Abkehr von den italienischen Grundprinzipien in den deutschen Stadt- und frühen Landrechten war zu strikt für eine eigene, kontinuierliche Weiterentwicklung. In Frankreich kam der Darstellung Salgados kein großer Ein-

---

[449] Stieglitz, Einl. XXI; von Bayer, S. 58; Endemann, Zivilprozeßrecht, S. 1107; Dabelow, S. 498; von Grolmann, S. 439; Heffter, S. 575; von Völderndorff, S. 8; Gönner, S. 568.
[450] Stieglitz, Einl. XXI; Ludovici, S. 162; von Bayer, S. 58 f.
[451] Stieglitz, Einl. XXI; Heffter, S. 575; von Bayer, S. 60.
[452] Endemann, Zivilprozeßrecht, S. 1109.
[453] Gmelin, S. 1 f.
[454] Oetker, Lehre vom Concurse, S. 8.
[455] Oetker, Lehre vom Concurse, S. 28.
[456] Kohler, Lehrbuch, S. 40.
[457] Fuchs, Concursverfahren, S. 23.

fluß zu und das Konkursrecht entwickelte sich unbeeinflußt in der Tradition des italienischen Liberalismus und der Gläubigerautonomie weiter[458].

Andererseits kann das Buch Salgados nicht der ausschließliche Anlaß für eine Änderung des Konkursrechts gewesen sein. Salgados Werk füllte eine Lücke im Konkursrecht aus. Als erste umfassende und systematische Darstellung erschien das Buch, als sich in Deutschland das Recht im Umbruch befand. Es konnte daher für Theorie und Praxis eine willkommene Vorbildfunktion einnehmen[459].

b. Verfahrensabschnitte

Das Konkursverfahren des gemeinen Rechts begann auf einen Antrag des Schuldners oder eines Gläubigers oder auf Initiative mehrerer Gläubiger. Wenn ein Gläubiger die Verfahrenseröffnung begehrte, mußte er seine Forderung bereits mit der Antragstellung beweisen[460]. Bei dem Antrag des Schuldners handelte es sich auch nach dem gemeinen Recht um das Verfahren der *cessio bonorum*, das die häufigste Variante der Verfahrenseröffnung darstellte[461]. Wenn der Schuldner sein komplettes Vermögen abtrat, gelangte er in den Genuß von rechtlichen Vorteilen. Dazu mußte er bei Gericht eine Vermögensliste einreichen, die Gründe für die Insolvenz darlegen und den Bestand einer gewissen Vermögensmasse nachweisen[462]. Die Vorzüge bestanden abweichend von dem römischen Recht primär darin, daß das Konkursverfahren nur das gegenwärtige Vermögen des Schuldners erfaßte. Der Neuerwerb während des Verfahrens blieb dem Schuldner erhalten. Zudem verwehrte die *cessio bonorum* jegliche Rechte der Gläubiger auf die Person des Schuldners, Infamie und Gefängnisaufenthalte waren ausgeschlossen[463]. Neben der ausdrücklich erklärten Vermögensabtretung galten bestimmte Verhaltensweisen, wie die Flucht des Schuldners oder das Ausschlagen einer überschuldeten Erbschaft, als *cessio bonorum*[464].

Daneben hielt die Praxis eine Verfahrenseinleitung von Amts wegen für zulässig[465]. Sie kam in Betracht, wenn das Gericht amtliche Kenntnis davon erlangt

---

[458] Baur/Stürner, § 3 Rn. 3.12.
[459] Baur/Stürner, § 3 Rn. 3.12; Stein, S. 414; Endemann, ZZP XII (1888), S. 24 (68).
[460] Gspan III/1, S. 5.
[461] Endemann, Zivilprozeßrecht, S. 1104; Kisch, S. 6.
[462] Krafft, S. 30 f.; Schweppe, S. 55; Günther, S. 20 f.; Gönner, S. 566; Hellmann, Lehrbuch, S. 89.
[463] Dabelow, S. 516; Krafft, S. 16 f.; Claproth, S. 443.
[464] Puchta, S. 13; Krafft, S. 11.
[465] Gspan III/1, S. 12; Günther, S. 19; Hellmann, Lehrbuch, S. 89; Claproth, S. 439; Krafft, S. 63; Koch, Preußischer Civil-Prozeß, S. 837; Lass, S. 150; Heffter, S. 574; Endemann, ZZP XII (1888), S. 24 (68).

hatte, daß das Vermögen eines Schuldners zur vollen Befriedigung der Gläubiger nicht ausreichte[466]. Gerechtfertigt wurde der Verfahrensbeginn von Amts wegen damit, daß der Richter eine „polizeiliche Aufsichtspflicht" besaß. Er sollte achtgeben, daß „der öffentliche Zweck des Concurses als eines Mittels zu (indirecter) Förderung des Gemeinwohls erreicht werde"[467]. Zuständig für das Konkursverfahren war das Gericht des allgemeinen Gerichtsstandes des Schuldners, der sich grundsätzlich nach dem Wohnsitz richtete[468].

aa. Präparatorisches Verfahren

In einem präparatorischen Verfahren prüfte das Gericht von Amts wegen die Voraussetzungen für das Konkursverfahren. Eine genaue Untersuchung erschien wichtig, weil die Verfahrenseröffnung weitreichende Folgen für alle Beteiligten nach sich zog[469]. Das Gericht ermittelte von Amts wegen, ob der Schuldner überschuldet war und mehrere Gläubiger um sein unzureichendes Vermögen konkurrierten[470]. Das Gericht konnte den Schuldner auffordern, unter Eid zu schwören, daß er nichts besaß außer dem angegebenen Vermögen und seinen Gläubigern nichts entzogen hatte[471]. Eine Vernehmung des Schuldners über seine Vermögensverhältnisse war obligatorisch[472]. Der Umfang der notwendigen, richterlichen Untersuchungen variierte, je nach dem ob der Schuldner seine Zahlungsunfähigkeit eingestand[473]. Gleichwohl waren auch in letzteren Fällen weitere Ermittlungen nicht per se entbehrlich[474]. Sofern sich die Vermögenslage kompliziert darstellte, fand eine Verhandlung mit den bekannten Gläubigern statt und Sachverständige erstellten Gutachten[475].

Bereits während des präparatorischen Verfahrens konnte das Gericht Sicherungsmaßnahmen verfügen, wie Veräußerungsverbote, Zahlungsverbote oder Ar-

---

[466] Günther, S. 19; Krafft, S. 63.
[467] Schmid, S. 248; Günther, S. 80 f.
[468] Gönner, S. 569; Endemann, Zivilprozeßrecht, S. 1112; von Grolmann, S. 439; Claproth, S. 436; Schweppe, S. 185; Oetker, Lehre vom Concurse, S. 20; Kori, S. 34; Puchta, S. 53; Krafft, S. 2.
[469] Fuchs, Concursverfahren, S. 97; von Aufseß, S. 5.
[470] Baur/Stürner, § 3 Rn. 3.13; Stein, S. 414; Gönner, S. 593; Schmid, S. 281; Hellmann, Lehrbuch, S. 89; Fuchs, Concursproceß, S. 8; Endemann, Zivilprozeßrecht, S. 1113; von Bayer, S. 127.
[471] Dabelow, S. 518; Krafft, S. 36 f.; Hellmann, Lehrbuch, S. 89; Martin, S. 591; von Grolmann, S. 443; Endemann, ZZP XII (1888), S. 24 (72).
[472] Gönner, S. 599 f.; Fuchs, Concursverfahren, S. 97.
[473] Endemann, Zivilprozeßrecht, S. 1114; Gönner, S. 598.
[474] Von Bayer, S. 131; Endemann, Zivilprozeßrecht, S. 1115; von Aufseß, S. 5.
[475] Schmid, S. 281.

reste[476]. Um besonders dringende Geschäfte des Schuldners zu besorgen, konnte das Gericht einen provisorischen Güterpfleger bestellen. Im weiteren Verfahren löste ihn ein von den Gläubigern gewählter Verwalter ab[477].

Bevor das Gericht das Konkursverfahren eröffnete, sollten die Beteiligten prüfen, ob Möglichkeiten existierten, das Verfahren abzuwenden. In Betracht kamen freiwillige oder zwangsweise Stundungs- und Erlaßverträge zwischen dem Schuldner und den Gläubigern, die das Gericht bestätigte[478]. Als Gnadenmittel waren außerdem die sogenannten Moratorien weit verbreitet. Damit gewährte der Landesherr oder ein Gläubiger dem Schuldner für einen bestimmten Zeitraum einen Aufschub für die Erfüllung fälliger Verbindlichkeiten[479]. Bis zum Ablauf des Moratoriums konnte niemand die Zahlungsverpflichtungen des Schuldners gerichtlich durchsetzen. Zwischenzeitlich sollte sich der Schuldner finanziell erholen und neues Vermögen für die Gläubigerbefriedigung erwerben[480]. Während des Moratoriums stand der Schuldner unter der Kontrolle der Gläubiger, um Vermögensminderungen oder Handlungen zu ihrem Nachteil auszuschließen[481].

Konnte das Konkursverfahren nicht abgewendet werden, entschied das Gericht in einem *decretum de aperiundo concursu* über die Eröffnung des Verfahrens[482]. Mit der Verfahrenseröffnung verlor der Schuldner die Dispositionsbefugnis über sein gesamtes Vermögen, welches das Gericht versiegelte[483]. Der Schuldner blieb Eigentümer seines Vermögens[484]. Rechtsgeschäfte des Schuldners nach dem Erlaß des Dekrets waren nichtig, Verfügungen vor diesem Zeitpunkt unter den

---

476 Baur/Stürner, § 3 Rn. 3.13; von Bayer, S. 69; Hellmann, Lehrbuch, S. 90; Endemann, Zivilprozeßrecht, S. 1116; Martin, S. 597; Fuchs, Concursverfahren, S. 102; Oetker, Lehre vom Concurse, S. 20 f.

477 Baur/Stürner, § 3 Rn. 3.13; Endemann, Zivilprozeßrecht, S. 1117; Gspan III/1, S. 50; Martin, S. 597; von Grolmann, S. 456.

478 Baur/Stürner, § 3 Rn. 3.13; Claproth, S. 449; Günther, S. 13; Schmid, S. 248; Schweppe, S. 203; Martin, S. 595; von Grolmann, S. 444; Endemann, ZZP XII (1888), S. 24 (72).

479 Dabelow, S. 504; Claproth, S. 451; Endemann, Zivilprozeßrecht, S. 1118; Orthey, S. 46; Günther, S. 13; Schmid, S. 259; von Bayer, S. 99; Schweppe, S. 30; Puchta, S. 221.

480 Endemann, Zivilprozeßrecht, S. 1118; Orthey, S. 46; Günther, S. 13; Schmid, S. 259; von Bayer, S. 99; Schweppe, S. 30.

481 Orthey, S. 46.

482 Baur/Stürner, § 3 Rn. 3.13; Schweppe, S. 52; Gönner, S. 594; Schmid, S. 231. Schmid, S. 48; Hellmann, Lehrbuch, S. 89 f.; von Bayer, S. 126; Fuchs, Concursverfahren, S. 101; Puchta, S. 15; Kisch, S. 6; Lass, S. 151; von Aufseß, S. 5; Krafft, S. 91; Endemann, ZZP XII (1888), S. 24 (72).

483 Gönner, S. 607; Gspan III/1, S. 20; Hellmann, Lehrbuch, S. 90; von Bayer, S. 66; Endemann, Zivilprozeßrecht, S. 1123; Puchta, S. 16; Martin, S. 586; von Grolmann, S. 437; Claproth, S. 454; Reinhardt, S. 115.

484 Gspan III/1, S. 27; von Bayer, S. 66; Endemann, Zivilprozeßrecht, S. 1124; Fuchs, Concursverfahren, S. 49; Gmelin, S. 21.

Voraussetzungen der römisch-rechtlichen *actio Pauliana* anfechtbar[485]. Gemeinschaftlich erhielten die Gläubiger die Verfügungs- und Verwertungsbefugnis über das schuldnerische Vermögen, so daß sie ein gemeinschaftliches, allgemeines Pfandrecht besaßen[486].

Infolge der Verfahrenseröffnung legte das Gericht alle schwebenden Prozesse gegen den Schuldner zusammen. Gläubiger konnten ihre Ansprüche grundsätzlich nicht mehr außerhalb des Konkursverfahrens gerichtlich verfolgen[487]. Neben dem Konkursverfahren wurden jedoch Streitigkeiten, die der Schuldner als Kläger betrieb, und Prozesse, in denen es um persönliche Leistungen ging, fortgeführt[488].

Den Eröffnungsbeschluß konnte der Schuldner mit dem Rechtsmittel der Berufung anfechten. Erst mit Eintritt der Rechtskraft begann das Hauptverfahren[489]. Zwischenzeitlich war der Richter befugt, Sicherungsmaßnahmen zum Schutz der Gläubiger zu verfügen[490]. Auf das präparatorische Verfahren folgte das Hauptverfahren. Darin prüfte das Gericht die angemeldeten Forderungen (Liquidationsverfahren), ermittelte deren Rangfolge (Prioritätsverfahren) und befriedigte die Gläubiger (Distributionsverfahren)[491].

bb. Liquidationsverfahren

Das Hauptverfahren begann damit, daß das Gericht eine Ediktalladung erließ[492]. Sie diente dazu, die Konkurseröffnung bekannt zu machen, und wurde am Gerichtsbrett angeschlagen sowie zusätzlich mehrmals in Zeitungen veröffentlicht[493]. Die öffentliche Ladung sollte besonders die bislang unbekannten Gläubiger informieren und ihnen eine Teilnahme an dem Verfahren ermöglichen[494]. In dem Edikt forderte das Gericht die Gläubiger auf, ihre Forderungen an einem festgelegten Termin anzumelden. Gleichzeitig drohte es Gläubigern, die nicht zu dem

---

485 Von Bayer, S. 70; Schweppe, S. 64.

486 Baur/Stürner, § 3 Rn. 3.13; Endemann, Zivilprozeßrecht, S. 1123; Gmelin, S. 28; Puchta, S. 17; Reinhardt, S. 116.

487 Endemann, Zivilprozeßrecht, S. 1129; Günther, S. 51.

488 Heffter, S. 573 f.; Dabelow, S. 720; Günther, S. 44; Claproth, S. 455 f.; Gmelin, S. 67.

489 Reinhardt, S. 114; von Aufseß, S. 5.

490 Heffter, S. 574.

491 Gönner, S. 593.

492 Gottwald (Gottwald), § 1 Rn. 4; Krafft, S. 98; Endemann, Zivilprozeßrecht, S. 1150; Günther, S. 83; Gönner, S. 607; Schmid, S. 248; Martin, S. 598; von Grolmann, S. 449; Dabelow, S. 519.

493 Schmid, S. 297; Krafft, S. 120, 123; Fuchs, Concursverfahren, S. 104 f.; Claproth, S. 528; Reinhardt, S. 123.

494 Gönner, S. 619; Schmid, S. 248; Dabelow, S. 522.

Termin erschienen, die Präklusion ihrer Forderungen an[495]. Personen, die ihrerseits Verbindlichkeiten gegenüber dem Schuldner hatten, sollten von der öffentlichen Bekanntmachung angehalten werden, ihre Leistung an das Gericht zu erbringen[496]. In manchen Gebieten Süddeutschlands und in Kur-Sachsen mußte das Gericht zusätzlich zu der öffentlichen Ladung eine persönliche Ladung an die bekannten Gläubiger richten[497].

Spätestens nach der Ediktalladung stellte das Gericht das Vermögen des Schuldners sicher, indem es Siegel anbrachte oder Gegenstände in Verwahrung nahm[498]. Es stellte ein Vermögensverzeichnis zusammen, das die Vermögensgegenstände aufführte und detailliert beschrieb. Außerdem leitete das Gericht provisorische Verwaltungsmaßnahmen ein[499]. Zu der Konkursmasse gehörten alle Vermögensgegenstände, Rechte und Forderungen des Schuldners, deren Rechtsgrund zum Zeitpunkt der Eröffnung bestand[500].

Es folgte der in der Ladung angekündigte erste Liquidationstermin. Die Gläubiger erschienen und meldeten ihre Forderung schriftlich oder zu Protokoll des Gerichts an, indem sie den Betrag, Gegenstand und Grund ihres Anspruchs allgemein darlegten[501]. Machte jemand sein Eigentum an einem Gegenstand, der zu der Konkursmasse genommen worden war, geltend, mußte er ebenfalls seine Forderung anmelden[502]. Lediglich Forderungen, die sich auf eine persönliche Leistung des Schuldners richteten, bedurften keiner Anmeldung, weil sie nicht in einem Konkursverfahren befriedigt werden konnten[503]. Der erste Liquidationstermin diente dazu, die Ansprüche zu ermitteln. Der Richter verschaffte sich einen Überblick über die Höhe der angemeldeten Forderungen und verglich sie mit dem Umfang der Masse. Er erörterte die Sachlage mit den Gläubigern und wirkte erneut auf den Abschluß eines Vergleichs hin[504].

---

495 Baur/Stürner, § 3 Rn. 3.14; von Wilmowski, S. 2; Günther, S. 83; Schmid, S. 293; Gspan III/1, S. 16; Hellmann, Lehrbuch, S. 91; Endemann, Zivilprozeßrecht, S. 1151; von Bayer, S. 142; Puchta, S. 15; Krafft, S. 110.

496 Puchta, S. 16; Schweppe, S. 212; Martin, S. 596; Hellmann, Lehrbuch, S. 91.

497 Heffter, S. 577; Ludovici, S. 25; Fuchs, Concursverfahren, S. 27.

498 Hellmann, Lehrbuch, S. 91; Krafft, S. 147; Puchta, S. 15; Martin, S. 597; von Grolmann, S. 452; von Bayer, S. 141; Schweppe, S. 212; Endemann, ZZP XII (1888), S. 24 (73).

499 Krafft, S. 152; Schmid, S. 290; Gönner, S. 638; Endemann, ZZP XII (1888), S. 24 (73).

500 Schmid, S. 253; Günther, S. 64; Gönner, S. 565.

501 Gönner, S. 638 f.; Martin, S. 600; Schmid, S. 307; Hellmann, Lehrbuch, S. 91; von Bayer, S. 152; Schweppe, S. 220; Krafft, S. 349.

502 Gspan III/1, S. 94; von Bayer, S. 148; Schweppe, S. 90; Reinhardt, S. 122.

503 Schweppe, S. 227; Gspan III/1, S. 94; Fuchs, Concursverfahren, S. 33.

504 Claproth, S. 547; Günther, S. 89; Gönner, S. 639; Schmid, S. 310; von Bayer, S. 155; Martin, S. 600; Reinhardt, S. 140.

Nach der ersten Anmeldung der Gläubigerforderungen erließ das Gericht ein Präklusivdekret. Durch diesen öffentlichen Beschluß erklärte das Gericht den Ausschluß aller Gläubiger, die ihre Forderungen nicht rechtzeitig angemeldet hatten[505]. Hatte ein Gläubiger seine Forderung nicht innerhalb der Präklusionsfrist angemeldet, konnte er nur über einen Wiedereinsetzungsantrag an dem weiteren Verfahren teilhaben[506]. Kein Ausschluß drohte den Gläubigern, deren Ansprüche bereits vor Eröffnung des Verfahrens rechtshängig waren[507].

Das Konkursverfahren setzte sich fort, indem der Richter weitere Liquidationstermine festlegte, in denen die Gläubiger über ihre Forderungen Beweis führten[508]. Für die Begründung der angemeldeten Ansprüche galten praktisch dieselben Anforderungen wie an eine Klage[509]. Die Gläubiger konnten bei der Beweisaufnahme gelegentlich auch den gewünschten Rang für ihre Forderung beantragen. Dadurch bereitete das Gericht bereits das nachfolgende Prioritätsverfahren vor[510].

In den Liquidationsterminen betreute ein gerichtlich ernannter *contradictor* die Rechtssachen des Schuldners[511]. Der *contradictor* unterstützte das Gericht bei der Prüfung der angemeldeten Forderungen[512]. Er hielt den Ansprüchen Einwendungen, Einreden oder eventuell Gegenforderungen entgegen, die der Schuldner nach dem Verlust seiner Dispositionsbefugnis nicht mehr erheben konnte[513].

Seit dem 30jährigen Krieg war die Bestellung eines *contradictors* üblich[514]. Der *contradictor*, der teilweise auch *curator litis* genannt wurde, galt auch als ein Vertreter der Gläubigergesamtheit, weil er die Vermögensmasse vor unberechtigten Forderungen verteidigte[515]. Gleichwohl konnte keine Person aus den Reihen

---

505 Günther, S. 90; Schweppe, S. 225; Claproth, S. 588; Hellmann, Lehrbuch, S. 91; Martin, S. 600; Reinhardt, S. 145; Endemann, ZZP XII (1888), S. 24 (74).

506 Baur/Stürner, § 3 Rn. 3.14; von Wilmowski, S. 2; Gönner, S. 624; Endemann, Zivilprozeßrecht, S. 1152; von Bayer, S. 159; Dabelow, S. 546.

507 Claproth, S. 564.

508 Dabelow, S. 583; Gönner, S. 640; Krafft, S. 364; Schmid, S. 309; Fuchs, Concursproceß, S. 9; von Bayer, S. 164; Schweppe, S. 193.

509 Baur/Stürner, § 3 Rn. 3.14; Endemann, Zivilprozeßrecht, S. 1151; Gönner, S. 640; Fuchs, Concursverfahren, S. 105; Claproth, S. 565; Reinhardt, S. 138.

510 Dabelow, S. 586 f.; Claproth, S. 558; Schmid, S. 309; Krafft, S. 478.

511 Schweppe, S. 193; Martin, S. 598; von Grolmann, S. 463; Krafft, S. 282; Fuchs, Concursverfahren, S. 65; Endemann, ZZP XII (1888), S. 24 (73).

512 Dabelow, S. 577; Wengler, Konkursordnung, S. 9; Günther, S. 26; Wengler, Concurs der Gläubiger, S. 14; Schmid, S. 231; Hellmann, Lehrbuch, S. 91; Martin, S. 599; von Bayer, S. 119; Reinhardt, S. 121; Krafft, S. 282; Lass, S. 151.

513 Schmid, S. 231; Claproth, S. 532.

514 Schweppe, S. 193; Wengler, Concurs der Gläubiger, S. 14; Dabelow, S. 497.

515 Günther, S. 27; Gönner, S. 610; Hellmann, Lehrbuch, S. 91; Endemann, Zivilprozeßrecht, S. 1148; Martin, S. 588; Dabelow, S. 496 f.; von Bayer, S. 119.

der Gläubiger seine Aufgabe wahrnehmen[516]. Die Gläubiger besaßen kein Wahl- oder Vorschlagsrecht für den *contradictor*[517]. Angesichts des Aufgabenfeldes war der *contradictor* regelmäßig ein rechtskundiger Advokat[518].

In den Liquidationsterminen akzeptierte der *contradictor* die begründeten Forderungen und bestritt die unbegründeten. Über streitige Forderungen fand ein separater Liquidationsprozeß vor dem Konkursgericht statt. Die Gläubiger mit streitigen Forderungen traten darin als Kläger und der *contradictor* als Beklagter auf[519]. Der Rechtsstreit fand in einem beschleunigten Verfahren statt, so daß der *contradictor* seine Einwendungen grundsätzlich in einem einzigen Termin vorbrachte und nur ausnahmsweise Replikations- und Duplikationstermine folgten[520]. Nach einer ordentlichen Beweisaufnahme entschied das Gericht, ob die Forderung für das Konkursverfahren zugelassen oder abgewiesen wurde[521]. Es erging ein Urteil, das die Gläubiger und der *contradictor* mit den Rechtsmitteln der Appellation und der Nullitätsbeschwerde angreifen konnten[522]. Erst wenn das Konkursgericht alle Liquidationsprozesse über streitige Forderungen rechtskräftig entschieden hatte, konnte es diesen Verfahrensabschnitt abschließen und den *contradictor* seines Amtes entlassen[523].

Sobald endgültig feststand, welche Gläubiger an dem Konkursverfahren teilnahmen, wählten sie zur Verwaltung und Veräußerung des Schuldnervermögens eine *curator bonorum* als Güterpfleger[524]. Das Gericht bestellte den *curator* und vereidigte ihn. Zur Sicherheit mußte er häufig eine Kaution hinterlegen, entweder durch ein Pfand oder die Beibringung von Zeugen[525]. Nachdem das Gericht die ersten Vorbereitungen getroffen hatte, oblag es dem *curator*, das Schuldnerver-

---

516 Martin, S. 599; von Bayer, S. 124; Claproth, S. 533; Krafft, S. 290; Endemann, Zivilprozeßrecht, S. 1148; Schweppe, S. 201.

517 Dabelow, S. 579; Endemann, Zivilprozeßrecht, S. 1148; von Bayer, S. 123; Claproth, S. 533; Schweppe, S. 201; Fuchs, Concursverfahren, S. 65.

518 Claproth, S. 533; Dabelow, S. 577; Krafft, S. 289; von Bayer, S. 124; Schweppe, S. 200; Puchta, S. 54.

519 Schmid, S. 310; Stein, S. 414; Fuchs, Concursproceß, S. 9; Endemann, Zivilprozeßrecht, S. 1153; von Grolmann, S. 465; von Bayer, S. 166; Schweppe, S. 239; Claproth, S. 581.

520 Baur/Stürner, § 3 Rn. 3.14; Hellmann, Lehrbuch, S. 92.

521 Baur/Stürner, § 3 Rn. 3.14; Dabelow, S. 585; von Wilmowski, S. 2; Stein, S. 414; Hellmann, Lehrbuch, S. 92.

522 Gspan III/1, S. 138; Dabelow, S. 585 f.

523 Schmid, S. 320; Gspan III/1, S. 94; von Bayer, S. 176; Hellmann, Lehrbuch, S. 92; Martin, S. 606; Fuchs, Concursverfahren, S. 68.

524 Baur/Stürner, § 3 Rn. 3.13; Günther, S. 29; Gspan III/1, S. 52; Schmid, S. 237; Endemann, Zivilprozeßrecht, S. 1138; von Grolmann, S. 453; Schweppe, S. 194; Dabelow, S. 579; Krafft, S. 168.

525 Günther, S. 29; Schmid, S. 237; Hellmann, Lehrbuch, S. 86; Martin, S. 601; von Bayer, S. 110; Krafft, S. 170.

mögen zu inventarisieren, die Vermögensmasse zusammenzustellen und ausstehende Forderungen des Schuldners einzutreiben. Er verteidigte das schuldnerische Vermögen, wenn jemand eine unberechtigte Forderung geltend machte. Zudem war er befugt, benachteiligende Rechtsgeschäfte des Schuldners vor der Verfahrenseröffnung anzufechten[526]. Mit einer Nichtigkeitsklage konnte der *curator* nachteilige Verfügungen des Schuldners nach der förmlichen Verfahrenseröffnung angreifen und so deren Widerruf erreichen[527]. Er mußte insgesamt das Vermögen ordentlich verwalten und schließlich öffentlich versteigern[528]. Den erzielten Erlös hinterlegte der *curator* bei der Gerichtskasse, denn er war nicht befugt, ihn an die Gläubiger auszuzahlen[529].

Der *curator* vertrat die Interessen der Gläubiger und war zugleich ein Gehilfe des Gerichts, dessen Anordnungen er befolgen mußte[530]. Alle wesentlichen Verwaltungs- und Verwertungsmaßnahmen unterlagen der Kontrolle des Gerichts, das die wichtigsten Handlungen genehmigen mußte[531]. Angesichts der vielfältigen Aufgaben war der *curator* häufig ein Rechtskundiger. In Sachsen mußte er zwingend ein Advokat sein[532]. In größeren Verfahren konnten zusätzlich Nebenkuratoren eingesetzt werden[533]. Sie stammten regelmäßig aus den Reihen der Gläubiger und wurden in Sachsen *curatores massae* genannt. Der *curator* übertrug ihnen einzelne Geschäfte aus seinem Aufgabenbereich[534]. War das schuldnerische Vermögen besonders gering, konnte das Gericht darauf verzichten, einen *curator* zu bestellen, und selbst das Schuldnervermögen verwalten[535].

---

526 Martin, S. 601 f.; Endemann, Zivilprozeßrecht, S. 1140 f.; Hellmann, Lehrbuch, S. 90; von Bayer, S. 111 f.; Claproth, S. 477; Gmelin, S. 49.

527 Claproth, S. 497.

528 Schmid, S. 241 f.; Hellmann, Lehrbuch, S. 90; Martin, S. 602; von Grolmann, S. 459; Schweppe, S. 231; Claproth, S. 477; Gspan III/2, S. 85; Stein, S. 415; Dabelow, S. 589; Krafft, S. 183.

529 Martin, S. 603; Hellmann, Lehrbuch, S. 90; Günther, S. 26.

530 Baur/Stürner, § 3 Rn. 3.13; Endemann, Zivilprozeßrecht, S. 1138; von Wilmowski, S. 2; Endemann, ZZP XII (1888), S. 24 (69).

531 Baur/Stürner, § 3 Rn. 3.13; Gspan III/1, S. 70; Hellmann, Lehrbuch, S. 90; von Bayer, S. 114; Schweppe, S. 197; Dabelow, S. 582; Köbler, S. 176; Günther, S. 80.

532 Dabelow, S. 581; Endemann, Zivilprozeßrecht, S. 1139; Günther, S. 29; Schmid, S. 239.

533 Claproth, S. 475; Günther, S. 28; Schmid, S. 238.

534 Günther, S. 30.

535 Endemann, Zivilprozeßrecht, S. 1139; Hellmann, Lehrbuch, S. 90; von Bayer, S. 117; Krafft, S. 162.

cc. Prioritätsverfahren

An das Liquidationsverfahren schloß sich das Prioritätsverfahren an, das dazu diente, die Rangordnung der Forderungen festzulegen[536]. Das Gericht lud die Gläubiger mit anerkannten Forderungen zu einem gemeinsamen Termin. Sie stellten und begründeten ihre Lokationsanträge, sofern dies nicht schon parallel zu dem Liquidationsverfahren geschehen war[537]. Jeder Gläubiger legte dar, welche Klasse er für seine Forderung beanspruchte. Bestritten die anderen Gläubiger sein Vorbringen, mußten die Beteiligten einen separaten Prioritätsstreit führen. Andernfalls fand keine weitere Verhandlung statt[538].

Nach Anmeldung und Prüfung des begehrten Rangs fertigte das Gericht einen vorläufigen Kollokationsentwurf an, der die Gläubiger nach Klassen und Nummern ordnete[539]. Zunächst sonderte es schuldnerfremdes Eigentum aus, obwohl es sich dabei streng genommen nicht um eine Rangfrage handelte, sondern um die Definition der Konkursmasse[540]. Auf die Eigentumsansprüche folgten Masseforderungen. Sie waren erst nach Eröffnung des Konkursverfahrens entstanden und richteten sich nicht gegen den Schuldner, sondern die Gesamtheit der Gläubiger[541]. Danach berücksichtigte das Gericht die eigentlichen Konkursgläubiger[542]. Ihre Forderungen wurden eingestuft in ein Fünfklassensystem, das sich grundsätzlich an die sächsische Prozeß- und Gerichtsordnung von 1622 anlehnte, aber örtlich starke Unterschiede aufwies[543].

Die absolut privilegierten Forderungen führten die fünf Klassen an und wurden zuerst befriedigt. Dazu gehörten die Kosten für die Beerdigung und die letzte Krankheit des Schuldners. Außerdem zählten Abgabenforderungen, die vor der Verfahrenseröffnung entstanden waren, und rückständiger Dienstbotenlohn für eine gewisse Zeit, „Liedlohn" genannt, zu der ersten Klasse. Teilweise wurden

---

536 Baur/Stürner, § 3 Rn. 3.15; von Wilmowski, S. 2; Wengler, Konkursordnung, S. 10; Stein, S. 414; Günther, S. 91; Fuchs, Concursproceß, S. 9; Dabelow, S. 499; von Bayer, S. 176.

537 Dabelow, S. 588; Gspan III/2, S. 7; Krafft, S. 482; Schmid, S. 324; von Grolmann, S. 466.

538 Schmid, S. 324.

539 Baur/Stürner, § 3 Rn. 3.15; Fuchs, Concursproceß, S. 10; Endemann, Zivilprozeßrecht, S. 1159; von Grolmann, S. 467; von Bayer, S. 183; Fuchs, Concursverfahren, S. 115.

540 Gspan III/2, S. 9; Martin, S. 607; von Grolmann, S. 468; Schweppe, S. 79.

541 Von Bayer, S. 146; Fuchs, Concursverfahren, S. 33.

542 Schmid, S. 325; Gspan III/2, S. 9; von Grolmann, S. 468; von Bayer, S. 190; Schweppe, S. 79; Dabelow, S. 591.

543 Martin, S. 609; von Wilmowski, S. 2; von Bayer, S. 192; Schweppe, S. 124; Dabelow, S. 595; Fuchs, Concursverfahren, S. 117; Kisch, S. 7; Endemann, ZZP XII (1888), S. 24 (74).

auch die Honorare von *curator* und *contradictor* zu den absolut privilegierten Forderungen gerechnet, obwohl sie Masseschulden waren[544].

In der zweiten Klasse folgten privilegierte Pfandforderungen[545]. Dazu gehörten alle Pfandgläubiger, deren Pfandrecht nachweislich mit einem Privilegium versehen war, das ihnen Vorrang vor allen übrigen Pfandrechten verlieh[546]. Der Fiskus war mit Forderungen aus einem Vertrag, aufgrund dessen der Schuldner Güter erworben hatte, ein privilegierter Pfandgläubiger[547]. Regelmäßig wurde zu der zweiten Gruppe die Ehefrau des Schuldners in bezug auf ihre Mitgift gerechnet. Nach anderen Einteilungsschemen galt sie als privilegierter Gläubiger der vierten Klasse[548].

Sodann kamen die einfachen Pfandforderungen in der dritten Klasse. Diese Gruppe umfaßte sämtliche, nicht bevorrechtigten Pfandgläubiger. Die Pfandrechte reichten von Rechten, die ein Richter bestellt oder bestätigt hatte, bis zu hin zu Pfandrechten, deren Entstehungszeitpunkt nicht durch öffentliche Urkunden oder in sonstiger Weise belegt war[549]. Innerhalb dieser Gruppe entschied allein der Zeitpunkt der Bestellung des Pfandrechts über den Rang der Forderung[550].

Der vierte Rang bestand aus den Forderungen privilegierter Konkursgläubiger. Sie waren gesetzlich mit Vorzügen ausgestattet und beinhalteten beispielsweise Ansprüche des Fiskus[551]. Es schloß sich die fünfte Klasse mit den Forderungen der nicht privilegierten, sogenannten chirographarischen, Konkursgläubigern an[552]. An letzter Stelle, und deshalb teilweise auch als sechste Klasse bezeichnet, folgten die ausstehenden Strafgelder des Schuldners[553].

Jede nachfolgende Klasse wurde erst nach vollständiger Befriedigung der vorherigen berücksichtigt. Daher konnte das Gericht die übrigen Gläubiger erst nach den Pfandgläubigern am Erlös beteiligen[554]. Innerhalb der fünften Rangstufe wurden die einfachen Konkursgläubiger gleichberechtigt, entsprechend dem Verhält-

---

[544] Günther, S. 67; Schmid, S. 326; Gspan III/2, S.15; Endemann, Zivilprozeßrecht, S. 1157; Martin, S. 607, 610; Schweppe, S. 124 ff.; Dabelow, S. 596 ff.; Claproth, S. 609, 614, 616; Reinhardt, S. 157 f.; Lass, S. 151.

[545] Martin, S. 611; von Bayer, S. 192.

[546] Dabelow, S. 616.

[547] Claproth, S. 623; Dabelow, S. 641; Lass, S. 151 f.; Martin, S. 612; Reinhardt, S. 159.

[548] Claproth, S. 620; Dabelow, S. 641; Martin, S. 611; Reinhardt, S. 160; Lass, S. 152.

[549] Claproth, S. 628; Dabelow, S. 641; Martin, S. 613; Reinhardt, S. 162.

[550] Claproth, S. 630.

[551] Schweppe, S. 153; Günther, S. 70; Gspan III/2, S. 68.

[552] Baur/Stürner, § 3 Rn. 3.15; Günther, S. 70; von Wilmowski, S. 2; Hellmann, Lehrbuch, S. 92; Endemann, Zivilprozeßrecht, S. 1158.

[553] Günther, S. 73; Schmid, S. 329; Gspan III/2, S. 70; Schweppe, S. 157; Claproth, S. 650.

[554] Dabelow, S. 595; von Wilmowski, S. 2; Wengler, Konkursordnung, S. 10; Stein, S. 414.

nis ihrer Forderung befriedigt[555]. Die Unterscheidung war im Detail schwierig, weil die Generalhypotheken, Einzelhypotheken und Pfandrechte verschiedene privilegierende Wirkungen haben konnten. Zudem konnten Forderungen mit einem Befriedigungsprivileg ausgestaltet sein, ohne daß eine dingliche Sicherung gewährt wurde[556].

Führte der Kollokationsentwurf des Gerichts zu neuerlichem Streit zwischen den Gläubigern, wurde wieder ein separater Prozeß vor dem Konkursgericht erforderlich. Der Gläubiger, der nicht den gewünschten Rang erhalten hatte, klagte gegen alle Gläubiger, denen er gleich- oder vorgestellt werden wollte. Mithin nahmen alle Gläubiger an dem Rechtsstreit teil, deren Interessen von der begehrten Änderung betroffen waren[557]. Das Gericht entschied durch ein Prioritätsurteil, das auch Klassifikations- oder Lokationsurteil genannt wurde[558]. Die Streitigkeiten waren angesichts des komplizierten Rangsystems zahlreich. Häufig verursachte ein Prioritätsurteil neue Streitigkeiten, wenn Folgeänderungen andere Forderungen betrafen. Erst wenn alle Prioritätsstreitigkeiten beendet waren, konnte das definitive Kollokationserkenntnis (*sententia collocatoria*) als abschließendes Urteil ergehen[559]. Diese Entscheidung schloß das Prioritätsverfahren ab, konnte aber wiederum angefochten werden. Rechtsmittel waren nur dann nicht statthaft, wenn die konkrete Streitfrage bereits Gegenstand eines rechtskräftigen Prioritätsurteils war[560]. Bis zur Rechtskraft aller Urteile konnten mehrere Jahre vergehen, in denen die Gläubiger nicht befriedigt werden konnten[561].

dd. Distributionsverfahren

An das Prioritätsverfahren schloß sich das Distributionsverfahren an, dessen Ziel die Befriedigung der Gläubiger war. Wenn die Masse verwertet und alle separaten Prozesse endgültig beendet waren, erließ das Gericht Distributionsbescheide, die den Anteil der einzelnen Gläubiger an dem Erlös ziffernmäßig auswiesen[562]. Sie führten alle beteiligten Gläubiger mit ihren Forderungen auf und gaben detail-

---

555 Claproth, S. 648; Günther, S. 73.
556 Baur/Stürner, § 3 Rn. 3.15.
557 Gspan III/2, S. 78; Reinhardt, S. 175.
558 Baur/Stürner, § 3 Rn. 3.15; Stein, S. 415; Günther, S. 93; von Wilmowski, S. 2; Fuchs, Concursproceß, S. 10; Schweppe, S. 252; Richter, S. 1.
559 Baur/Stürner, § 3 Rn. 3.15; Stein, S. 414; Endemann, Zivilprozeßrecht, S. 1161; Fuchs, Concursverfahren, S. 116.
560 Kori, S. 182; Endemann, Zivilprozeßrecht, S. 1161; von Grolmann, S. 469.
561 Stein, S. 415; Gspan III/2, S. 84; von Grolmann, S. 460; von Aufseß, S. 6.
562 Von Wilmowski, S. 2; Günther, S. 94; Gönner, S. 643; Martin, S. 616; Hellmann, Lehrbuch, S. 93; Fuchs, Concursproceß, S. 10; Endemann, Zivilprozeßrecht, S. 1161; Schweppe, S. 262; Dabelow, S. 643; Krafft, S. 508.

liert Auskunft über den Bestand der Konkursmasse und die Verfahrenskosten[563]. Zudem teilte der Bescheid den Gläubigern einen Distributionstermin mit, an dem sie ihren Anteil erhielten und etwaige Beschwerden gegen die Verteilung vorbringen konnten[564]. Erschien ein Gläubiger bei diesem Termin nicht, schloß ihn das Gericht nicht von der Befriedigung aus, sondern verwahrte sein Geld[565]. Das Verfahren fand seinen Abschluß, wenn das Gericht die Gläubiger vollständig befriedigt hatte oder die Masse erschöpft war[566]. Inwiefern die Gläubiger die Distributionsbescheide mit Rechtsmitteln angreifen konnten, war umstritten[567]. Teilweise galt die Appellation als statthaft, wenn der Gerichtsbeamte das Kollokationserkenntnis falsch umgesetzt hatte[568].

Zusätzlich zu der konkursrechtlichen Auseinandersetzung konnte dem Schuldner auch bei einer *cessio bonorum* ein Strafverfahren drohen[569]. Die Straftat des betrügerischen Bankrotts, bei dem der Schuldner die Zahlungsunfähigkeit vorsätzlich oder durch sonstiges Verschulden verursacht hatte, wurde vor den Kriminalgerichten verhandelt[570]. Das Gericht konnte den Schuldner zur Haft in dem Schuldturm verurteilen oder ihm die Fähigkeit entziehen, Ämter zu bekleiden[571].

c. Bewertung

Das deutsche Konkursrecht entwickelte sich im 17. Jahrhundert weiter und folgte teilweise neuen Leitgedanken. Das gemeine Recht brachte vor allem zwei Unterschiede zu dem bisherigen deutschen Konkursrecht hervor. Bei diesen Maximen handelte es sich einerseits um die umfassende Herrschaft des Gerichts und andererseits um das Universalitätsprinzip. Diese beiden Grundsätze dominierten das gesamte Konkursverfahren, und ihnen ordneten sich alle Detailregelungen unter.

Die richterliche Macht und das Streben nach Universalität waren Elemente, die das deutsche Recht von der spanischen Rechtslehre übernommen hatte. Sie waren dem römischen Recht ebenso fremd wie dem italienischen Statutarrecht. Die Rechtskundigen des gemeinen Rechts hielten das römische Recht für unzurei-

---

[563] Martin, S. 616; Schmid, S. 332 f., Gspan III/2, S. 93 f.; von Bayer, S. 200; Schweppe, S. 262; Claproth, S. 666.
[564] Endemann, Zivilprozeßrecht, S. 1162; Schmid, S. 332 f.; Hellmann, Lehrbuch, S. 93; Martin, S. 616; von Grolmann, S. 472; von Bayer, S. 200; Krafft, S. 513; Schweppe, S. 263; Dabelow, S. 643; Goltdammer, S. 4.
[565] Claproth, S. 667; Schweppe, S. 263; Fuchs, Concursverfahren, S. 121.
[566] Günther, S. 99; Schmid, S. 334.
[567] Dabelow, S. 643; von Aufseß, S. 5; Krafft, S. 514.
[568] Krafft, S. 514.
[569] Dabelow, S. 516.
[570] Hellmann, Lehrbuch, S. 93; von Bayer, S. 65; Günther, S. 100; Claproth, S. 453.
[571] Schweppe, S. 59; Kori, S. 53; von Bayer, S. 65.

chend. Ein Jurist urteilte, das „römische Concursverfahren entsprach nicht den Anforderungen der Vernunft und dem Zwecke der richterlichen Gewalt im Staate“[572]. Diese Äußerung verdeutlicht, daß die Staatsauffassung zur Zeit des gemeinen Rechts in Deutschland einen bedeutenden Impuls für die Rechtsentwicklung darstellte. Die richterliche Fürsorgepflicht war ein weitverbreiteter Grundsatz, der zum Ausschluß jeglicher Eigeninitiative der Gläubiger führte.

Dennoch enthielt das gemeine Konkursrecht Regelungen, die im römischen und italienischen Recht ihren Ursprung hatten, beispielsweise die Anfechtung von Rechtsgeschäften des Schuldners nach der *actio Pauliana*, die Priorität von Forderungen und die Wiedereinsetzung in den vorigen Stand. Diese Elemente wiesen die Gemeinsamkeit auf, daß sie nicht im Widerspruch zu den beiden beherrschenden Maximen des gemeinen Rechts standen, sondern Fragen betrafen, die davon unberührt waren. Daher konnten diese römischen und italienischen Aspekte neben den Neuerungen bestehen bleiben[573].

aa. Herrschaft des Gerichts

Kennzeichnend für das Verfahren war die weitreichende Kontrolle durch das Gericht. Den prozessualen Ablauf des Konkursverfahrens prägte das Offizialprinzip. Das Gericht nahm die allgemeine Leitung des gesamten Verfahrens wahr und konnte bereits das präparatorische Verfahren von Amts wegen einleiten. Es entschied über die Eröffnung, die Zulassung der Forderung und deren Rang. Dem Gericht oblag die Sicherstellung des schuldnerischen Vermögens, seine Inventarisierung, Verwaltung und Veräußerung. Auch wenn der *curator* die Vermögensverwaltung wahrnahm, beaufsichtigte ihn das Gericht. In jedem Verfahrensabschnitt war das Gericht zumindest als Kontrollorgan beteiligt. Dementsprechend wurde in der zeitgenössischen Literatur der Konkursrichter neben dem Schuldner und den Gläubigern als eine Hauptperson des Verfahrens bezeichnet[574].

Der wesentliche Grund für die Dominanz des Gerichts war die Auffassung, sie sei erforderlich zum Schutz der Beteiligten. Nur eine objektive, staatliche Instanz sollte fähig sein, die einseitige Durchsetzung von Interessen Einzelner zum Nachteil von schwächeren Beteiligten zu verhindern[575]. Das gemeine Konkursrecht zielte darauf, höchstmögliche Sicherheit für alle Beteiligten zu garantieren[576]. Die

---

[572] Oetker, Lehre vom Concurse, S. 33.
[573] Treuherz, S. 9; Oetker, Lehre vom Concurse, S. 34.
[574] Günther, S. 22.
[575] Puchta, S. 14; Wentzel/Klose, S. 8; Goltdammer, S. 3.
[576] Hahn, Materialien IV, S. 472.

Herrschaft des Gerichts führte gleichzeitig dazu, daß sich die Befriedigung der Gläubiger umständlich und formalistisch gestaltete[577].

Der Formalismus prägte das gesamte Verfahren. Bereits zu Beginn des Verfahrens mußten bei der gerichtlichen Versiegelung des Vermögens ein Beisitzer und ein Gerichtsschreiber ein umfassendes Versiegelungsprotokoll anfertigen. Es begann mit detaillierten Angaben über den Vermögensbestand und endete mit der Anweisung an den Schuldner, die angebrachten Siegel nicht zu brechen[578]. Ein wichtiges Thema für die zeitgenössische Literatur waren die Einrichtung und Ordnung der Konkursakten sowie ihre Unterteilung in General- und Spezialakten[579]. Dies zeigt, daß der Formalismus sowohl die gerichtliche Praxis als auch die Theorie beherrschte. Das höchst bürokratische Verfahren unter weitgehendem Ausschluß von Gläubigerinitiative entsprach dem Wohlfahrtsstaatsdenken des aufgeklärten Absolutismus und damit der Denkweise dieser Zeit[580]. Das Gericht war mit Aufgaben betraut, die nicht zu dem typischen Bereich der Rechtspflege gehörten. Der Richter wurde beispielsweise für die Anmeldung der Gläubigerforderungen und die Vermögensverwaltung beansprucht. Eine Trennung von Rechtsprechung und Exekutive war noch nicht vorhanden, so daß sich die jeweiligen Tätigkeitsbereiche nicht scharf voneinander abgrenzen ließen[581]. Die Kombination von streitigem und nicht streitigem Verfahren begrenzte aber die Effektivität des Konkursverfahrens.

Die durch die Dominanz des Gerichts entstandenen Nachteile sollte der Vorteil eines umfassenden Schutzes der Beteiligten ausgleichen. Dieser Ansatz setzte aber voraus, daß die Herrschaft des Gerichts überhaupt ein geeignetes Instrumentarium war, um die widerstreitenden Interessen auszugleichen und die Schwächeren zu schützen. Es ist daher zu ermitteln, ob die Macht des Gerichts dazu führte, die Interessen der schwächeren Gläubiger zu verteidigen. Der stärkere Einfluß des Gerichts manifestierte sich insbesondere im Bereich der Vermögensverwaltung und -verwertung. Dieser Einfluß wirkte sich indes besonders negativ auf die Befriedigung der Gläubiger aus, die das wichtigste Ziel aller Beteiligten war. Das Verfahren dauerte unverhältnismäßig lange. Die Verfahrenskosten waren hoch, so daß die Konkursquote häufig sehr gering ausfiel. Die Interessen der Gläubiger wurden also nur ungenügen vertreten[582].

Ein wesentlicher Grund für die Mißstände war, daß nicht die Gläubiger die Masse verwalteten. Den Richtern fehlten häufig die nötige Kenntnis und Erfah-

---

577 Gottwald (Gottwald), § 1 Rn. 4; von Wilmowski, S. 2; Wengler, Konkursordnung, S. 10.
578 Claproth, S. 469 ff.
579 Claproth, S. 537 ff.; Krafft, S. 316 ff.; Schweppe, S. 265.
580 Baur/Stürner, § 3 Rn. 3.12; Stein, S. 414; Endemann, ZZP XII (1888), S. 24 (68).
581 Endemann, ZZP XII (1888), S. 24 (68).
582 Baur/Stürner, § 3 Rn. 3.17; Koch, Preußische Konkursordnung, S. 22.

rung für die Verwaltungsaufgaben, weil sie abseits ihres eigentlichen Arbeitsgebiets lagen. Sofern das Gericht überhaupt die richtigen Maßnahmen traf, ordnete es sie oft zu spät an. Verstärkend trat der langwierige Geschäftsgang des Gerichts hinzu. Die erforderlichen Handlungen konnten erst nach Einhaltung aller Formalien verfügt werden und damit deutlich später als bei einer direkten, unbürokratischen Verwaltung durch die Gläubiger[583]. Wie im spanischen Konkursrecht konnte in dieser Hinsicht die Herrschaft des Gerichts nicht den gewünschten Schutz der Beteiligten erfüllen.

bb. Universalität

Das zweite wichtige Element des gemeinen Konkursrechts war das Universalitätsprinzip. Es handelte sich um ein Universalverfahren, weil es das Vermögen des Schuldners in seiner Gesamtheit umfaßte und auf eine komplette Abwicklung der Forderungen und Verbindlichkeiten des Schuldners gerichtet war[584]. Das Gericht bemühte sich, alle Vermögensgegenstände des Schuldners zusammenzutragen und alle Anspruchsberechtigten in das Verfahren einzubeziehen. Die Universalität sollte dazu dienen, die Rechte sämtlicher Beteiligten zu berücksichtigen und zu ordnen[585].

Infolge der Attraktivkraft des Konkursverfahrens übernahm das Gericht alle schwebenden Rechtsstreitigkeiten, unabhängig von ihrem jeweiligen Verfahrensstand. Das Konkursgericht und die anderen neu einbezogenen Personen führten die Prozesse in ihrem jeweiligen Stadium weiter, so daß sie sich auch in das umfangreiche Material eines kurz vor der Entscheidung stehenden Verfahrens einarbeiten mußten[586]. Mit dem Prinzip der Universalität stand das Verfahren im Gegensatz zu dem römischen Recht. Die Unterschiede begannen bereits damit, daß das römische Recht mehrere Konkursverfahren zuließ, wenn das schuldnerische Vermögen auf verschiedene Gerichtsbezirke verteilt lag. Die Ediktalladung mit Präklusionsandrohung zur umfassenden Beteiligung der betroffenen Gläubiger fehlte im römischen Verfahren. Schließlich nahmen auch die Pfand- und Hypothekengläubiger an der Verteilung des Erlöses teil. Im römischen Recht hingegen konnten sie während des Verfahrens die Herausgabe der verpfändeten Objekte oder die Befriedigung daraus verlangen[587].

---

[583] Treuherz, S. 17; Wentzel/Klose, S. 63.
[584] Günther, S. 75; Endemann, Zivilprozeßrecht, S. 1110; Schweppe, S. 187; Wengler, Konkursordnung, S. 10; Endemann, ZZP XII (1888), S. 24 (66).
[585] Goltdammer, S. 4; Heffter, S. 575; Endemann, Zivilprozeßrecht, S. 1110.
[586] Claproth, S. 456.
[587] Goltdammer, S. 2; Treuherz, S. 8; Stein, S. 414; Wengler, Konkursordnung, S. 10.

Das Bemühen nach Universalität entsprach den geltenden gesellschaftlichen und politischen Auffassungen. Auch das ordentliche Erkenntnisverfahren des gemeinen Prozesses war von diesem Gedanken beherrscht[588]. Aber die Einbeziehung sämtlicher Vermögenspositionen des Schuldners und zahlreicher zusätzlicher Einzelprozesse verschleppte das Verfahren zusätzlich[589]. Sie waren häufig kostspielig und wenig effektiv[590]. Dies steigerte sich mit der Anzahl der involvierten Personen und Forderungen.

cc. Auswirkungen auf den Verfahrensablauf

Den Verfahrensgang charakterisierte, daß eigenständige Abschnitte aufeinanderfolgten, die jeweils durch Richterspruch beendet werden mußten, bevor das nächste Stadium beginnen konnte[591]. Alle einzelnen Rechtsstreitigkeiten wurden in das Konkursverfahren einbezogen und von dem Konkursgericht bearbeitet. Rechtsmittel gegen die zahlreichen Urteile verzögerten den Verfahrenslauf zusätzlich. Allein mit dem Abwarten der streitigen Verfahren über die Rangfolge verging eine lange Zeit, manchmal mehrere Jahre, bis zur Befriedigung der Gläubiger[592]. Die starre Folge von präparatorischem Verfahren, Liquidations-, Prioritäts- und Distributionsverfahren behinderte den flüssigen Ablauf des Verfahrens. Zahlreiche formale Schwierigkeiten und die vielen Prioritätsstreitigkeiten behinderten eine rasche Befriedigung der Gläubiger[593]. Die Verteilung des Erlöses fand erst sehr spät statt, so daß sich der wirtschaftliche Verlust der Gläubiger vergrößerte. In der Regel konnten ohnehin nur die Gläubiger bis zur zweiten Rangklasse berücksichtigt werden. Die später folgenden Klassen erlangten nur ausnahmsweise Befriedigung[594].

Der formalistische Ablauf galt für kleine und große Verfahren. Auch wenn der Umfang der Konkursmasse äußerst gering war, konnte das Gericht nicht von dem gewöhnlichen Verfahren abweichen. Dies führte besonders bei kleineren, überschaubaren Verfahren zu unnötigen Verzögerungen[595]. Bereits zeitgenössische Wissenschaftler bezeichneten das Konkursverfahren als „verworren“[596]. Insge-

---

588 Baur/Stürner, § 3 Rn. 3.12; Stein, S. 414.
589 Gottwald (Gottwald), § 1 Rn. 4; Endemann, Zivilprozeßrecht, S. 1111; Hullmann, S. 5; Uhlenbruck, FS Konkursordnung, S. 3 (9).
590 Gottwald (Gottwald), § 1 Rn. 4; Schweppe, S. 182; Kohler, Lehrbuch, S. 44; Fuchs, Concursproceß, S. 11; Hullmann, S. 5.
591 Wengler, Konkursordnung, S. 11.
592 Baur/Stürner, § 3 Rn. 3.17; Kohler, Lehrbuch, S. 44; Treuherz, S. 18.
593 Gottwald (Gottwald), § 1 Rn. 4; Treuherz, S. 18.
594 Treuherz, S. 19.
595 Puchta, S. 21.
596 Claproth, S. 459.

samt erschien der Verfahrensabschnitt zur Gläubigerbefriedigung als „wenig beachtetes Anhängsel“[597].

Ein erheblicher Nachteil des gemeinen Konkursrechts lag in dem materiellen Rechtssystem, das mit seinen verschiedenen Sicherungsmittel zu unübersichtlich war[598]. Besonders im Prioritätsverfahrens war die Rechtslage häufig unklar, weil die Forderungen nicht eindeutig und systematisch klassifiziert werden konnten. Die Generalhypotheken waren schwierig zu behandeln, weil sie auch demjenigen entgegenstanden, der etwas aus der Konkursmasse erwarb. Dies führte dazu, daß die Konkursmasse unveräußerlich war, solange nicht über die Generalhypotheken entschieden war[599].

Das Konkursrecht war trotz grundlegender Gemeinsamkeiten stark zersplittert und einzelne Regelungen waren innerhalb Deutschlands unterschiedlich ausgestaltet[600]. Trotz grundlegender Gemeinsamkeiten herrschte eine Rechtszersplitterung, die einer Verkehrseinheit zwischen den einzelnen Staaten entgegenstand[601]. Besonders in den Handelszentren bestand großer Bedarf an konkursrechtlichen Regelungen, die eine schnelle und effektive Reaktion auf die Zahlungsunfähigkeit eines Schuldners ermöglichten[602]. Insofern wuchs permanent das Bedürfnis nach verbesserten, modernen Konkursgesetzen[603].

d. Bedeutung für die nachfolgende Partikulargesetzgebung

Das gemeine Recht war in ganz Deutschland verbreitet. Einzelne Territorien nahmen es in ihre Gesetzgebung oder durch den Gerichtsgebrauch auf. Überall galt es zumindest subsidiär[604]. Ungeachtet seiner Mängel ging das gemeinrechtliche Konkursverfahren in zahlreiche Partikulargesetze ein und prägte die preußische Hypothec- und Concursordnung von 1722, den Codex Juris Bavarici Judiciari von 1753 und die preußische Allgemeine Gerichtsordnung von 1793. Das Konkursverfahren nach dem gemeinen Recht beeinflußte in Österreich die Allgemeine Konkursordnung von 1781 und die westgalizische Gerichtsordnung aus dem Jahr 1796[605].

---

597 Stein, S. 414.
598 Baur/Stürner, § 3 Rn. 3.17.
599 Stein, S. 414.
600 Wengler, Konkursordnung, S. 11.
601 Jaeger, Konkursordnung, Einl. I Rn. 1; Wengler, Konkursordnung, S. 12.
602 Fuchs, Concursproceß, S. 11.
603 Wengler, Concurs der Gläubiger, S. 15.
604 Puchta, S. 39.
605 Gottwald (Gottwald), § 1 Rn. 4.

Die Nachteile des gemeinrechtlichen Verfahrens waren bekannt, eine preußische Verordnung vom 13. September 1718 bemerkte beispielsweise, daß „die Konkursprozesse fast unsterblich seien“[606]. Seit der zweiten Hälfte des 18. Jahrhunderts veranlaßten die offenkundigen Mißstände die Partikulargesetzgebung zu Reformen[607]. Gesetze und Verordnungen vereinfachten beispielsweise die Rangordnung der Gläubiger oder regelten die Anfechtung von Rechtsgeschäften des Schuldners zur Zeit vor der Verfahrenseröffnung. Eine grundlegende, strukturelle Änderung des gemeinen Konkursrechts blieb aus[608]. Durch die Modifikationen vergrößerten sich die örtlichen Unterschiede und während des 19. Jahrhunderts ging die Einheit des gemeinen Rechts zunehmend verloren[609].

aa. Partikulargesetzgebung außerhalb Preußens

Innerhalb der Partikulargesetzgebung ließen sich grundsätzlich drei verschiedene Systeme bezüglich der Gesetzgebungstechnik unterscheiden. Es gab Staaten ohne eine eigene Konkursordnung, Staaten mit einer gemeinrechtlich geprägten Konkursordnung und Staaten, deren Konkursrecht von dem gemeinen Recht unabhängig war.

In Württemberg, dem Königreich Sachsen und dem Großherzogtum Hessen fehlten eigenständige Konkursordnungen. Das Konkursrecht wurde entweder innerhalb eines mehrere Rechtsmaterien umfassenden Gesetzbuches behandelt oder in Einzelfragen durch Gesetze und Verordnungen geregelt. Subsidiär galt stets das gemeine Recht als Gewohnheitsrecht[610].

Das Württembergische Landrecht von 1610 enthielt einige konkursrechtliche Regelungen in dem 76. Titel seines ersten Teils[611]. Die Vorschriften über die Konkursmasse und die *cessio bonorum* wiesen die charakteristischen Eigenschaften des gemeinen Rechts auf, wie die Herrschaft des Gerichts und die Ediktalladung. Die Zivilprozeßordnung von 1868 behandelte separat die Liquidations- und Prioritätsstreitigkeiten[612].

In Staaten mit einer vollständigen gesetzlichen Regelung zum Konkursrecht gab es entweder separate Konkursordnungen oder Zivilprozeßordnungen mit konkurs-

---

[606] Kohler, Lehrbuch, S. 42.
[607] Fuchs, Concursproceß, S. 11.
[608] Wentzel/Klose, S. 5; Fuchs, Concursproceß, S. 12; Reinhardt, S. 179; Endemann, Zivilprozeßrecht, S. 1104.
[609] Coing, Privatrechtswissenschaft, S. 7.
[610] Von Sarwey/Boßert, S. 2; Hullmann, S. 4.
[611] Hahn, Materialien IV, S. 448; Treuherz, S. 9.
[612] Hahn, Materialien IV, S. 448.

rechtlichen Abschnitten. Zu diesen Gesetzen zählten die Prozeßordnung von Sachsen-Gotha von 1776, die Konkursordnung von Lippe-Detmold von 1779, die Hypotheken- Konkurs- und Vergantungsordnung von Oldenburg von 1814, die Untergerichtsordnung von Waldeck und Pyrmont von 1836, die Zivilprozeßordnung von Braunschweig von 1850, die Konkursordnung der Stadt Lübeck von 1862 und die badische Zivilprozeßordnung von 1864[613].

Diese Partikulargesetze verliehen dem Konkursrecht einen spezifischen landrechtlichen Charakter, indem sie beispielsweise den Gang des Prioritätsverfahren beschleunigten. Es fand häufig parallel zu dem Liquidationsverfahren statt. Es erging ein bedingtes Prioritätsurteil, welches erst nach Rechtskraft aller Prozesse über den Bestand der Forderungen abgeändert und endgültig wurde[614]. Dadurch wurde das Verfahren aber weiter kompliziert[615].

Als dritte Gruppe gab es Staaten, deren Konkursordnungen von dem gemeinen Recht abwichen. Die Hansestädte Bremen und Hamburg entwickelten ihr eigenes Konkursrecht weiter, ohne das gemeine Recht umfassend zu adaptieren. Die Hamburger Fallitenordnung von 1753 war unbeeinflußt von dem gemeinen Recht[616]. Diese Entwicklung hat seine Ursache wahrscheinlich darin, daß die Hansestädte ein ausgereiftes, sehr effektives Verfahren besaßen, das die örtlichen wirtschaftlichen Bedürfnisse befriedigte. Deshalb gab es anders als in weiten Teilen Deutschlands keinen Anlaß, die spanischen Einflüsse aufzunehmen. Insbesondere die Vorschriften über einen Zwangsvergleich waren sehr weit entwikkelt[617].

bb. Frühes preußisches Konkursrecht

(1) Entwicklung der Gesetzgebung

Eine besondere Bedeutung für die Rechtsentwicklung in Deutschland kam der Partikulargesetzgebung Preußens im 18. Jahrhundert zu, weil sie den Vorläufer für die modernen Kodifikationen, darunter die Preußische Konkursordnung von 1855, bildete. Diese wiederum war eine wesentliche Grundlage für die Reichs-

---

613 Von Sarwey/Boßert, S. 2; Hahn, Materialien IV, S. 456 ff.; Coing (Bergfeld), Quellen III/3, S. 2967; Hullmann, S. 4; Kohler, Lehrbuch, S. 43; Fuchs, Concursproceß, S. 12 ff.

614 Fuchs, Concursproceß, S. 13 f.

615 Baur/Stürner, § 3 Rn. 3.16; Fuchs, Concursverfahren, S. 113 f.

616 Hess/Weis/Wienberg (Weis), Vor § 1 Rn. 85; von Sarwey/Boßert, S. 2; Kohler, Lehrbuch, S. 38; Hullmann, S. 6 ff.

617 Von Sarwey/Boßert, S. 2; Hess/Weis/Wienberg (Weis), Vor § 1 Rn. 85; Hahn, Materialien IV, S. 436; Coing (Lammel), Quellen II/2, S. 707; von Wilmowski, S. 4.

konkursordnung von 1877. Verschiedene Impulse wirkten auf die preußische Gesetzgebung ein:

Die Legislative war einerseits geprägt von den politischen Bestrebungen, einen einheitlichen preußischen Staat zu schaffen[618]. Die Gesetze dienten der Rechtseinheit und mittelbar der staatlichen Einheit. Ein weiterer Impuls für die Rechtsentwicklung übte der Bedarf nach einem klaren, verständlichen, einheimischen Recht aus[619]. Der Prozeßgang war dringend reformbedürftig[620]. Rechtskundige hatten Schwierigkeiten bei der Rechtsanwendung und Laien konnten gerichtliche Entscheidungen nicht nachvollziehen. Das Rechtssystem war verworren, es herrschte Rechtsunsicherheit. Die Situation, die beispielsweise als ein „in Theorie und Praxis erkennbarer Verfall der Rechtswissenschaft“[621] beschrieben wurde, bot mithin Anlaß zu einer umfassenden Reform.

Hinzu trat ein generelles Streben nach Vollkommenheit und Neuerung in der Epoche des Naturrechts, die im ausgehenden 17. Jahrhundert einsetzte[622]. Sie kritisierte nicht primär die Inhalte des gemeinen Rechts, sondern dessen äußere Gestalt. Es fehlte eine systematische Ordnung des Rechts, die durch umfassende Kodifikationen erreicht werden sollte[623]. Die Gesetzeswerke des 18. Jahrhunderts setzten nicht an einer grundlegenden inhaltlichen Veränderung des gemeinen Rechts an, sondern stellten die bisherige Rechtsmaterie systematisch zusammen und veränderte dadurch primär die Gestalt der Gesetze[624]. Friedrich der Große begann vor diesem Hintergrund eine Justizreform, deren Ergebnis nach vielen Jahrzehnten die Kodifikationen des Allgemeinen Preußischen Landrechts von 1794 und der Allgemeinen Gerichtsordnung von 1793/95 waren.

Die unter Friedrich Wilhelm I. in Kraft getretene preußische Hypotheken- und Konkursordnung von 1722 nahm das vorherrschende gemeine Recht auf. Die prägenden Merkmale des Verfahrens fanden sich wieder, wie die Ediktalladung, der Ausschluß nicht erschienener Gläubiger oder das separate Prioritätsurteil. Daneben gab es einzelne Modifikationen. Die Gläubiger wählten einen *curator*, der zugleich die Aufgaben des *contradictors* wahrnahm[625]. Die Abweichungen von dem gemeinen Recht beschränkten sich jedoch auf Details und änderten den gemeinrechtlichen Charakter des Konkursverfahrens nur unwesentlich.

---

[618] Dernburg I, S. 3 f.; Koch, Lehrbuch I, S. 34.
[619] Vierhaus, S. 1; Koch, Lehrbuch I, S. 34.
[620] Koch, Lehrbuch I, S. 34.
[621] Koch, Lehrbuch I, S. 33.
[622] Koch, Lehrbuch I, S. 34.
[623] Dernburg I, S. 3 f.
[624] Dernburg I, S. 6.
[625] Kohler, Lehrbuch, S. 42; Goltdammer, S. 5.

Die Allgemeine Gerichtsordnung von 1793/95[626] ergänzte das Allgemeine Preußische Landrecht[627]. Sie basierte auf dem Corpus Iuris Fridericianum von 1781, der als Teil der Justizreform Friedrichs des Großen in Kraft trat[628]. Die Allgemeine Gerichtsordnung erlangte 1795 zunächst Gesetzeskraft in Preußen, Brandenburg und Teilen Pommerns, nachfolgend auch in den von Preußen neu erworbenen Gebieten[629]. Sie blieb zumindest in Teilbereichen bis zum Inkrafttreten der Reichsjustizgesetze gültig[630]. Die Allgemeine Gerichtsordnung bestand aus drei Teilen, wovon nur der erste im Jahr 1793 veröffentlicht wurde. Teil II, die Gerichtsordnung, und Teil III über die Justizorganisation folgten erst im Jahre 1795, mithin nach der Veröffentlichung des Allgemeinen Landrechts.

Der erste Teil, die Prozeßordnung, lieferte eine Zusammenfassung des materiellen und formellen Prozeßrechts mit allgemeinen und besonderen Prozeßarten[631]. Der 50. Titel dieses Teils trug die Überschrift: „Von Konkursen, und wie dabei zu verfahren". Vorschriften aus den Titeln 47 bis 49 sowie den Titeln 51 und 52 befaßten sich mit Randthemen des Konkursrechts. Besonders die konkursrechtlichen Vorschriften enthielten einzelne neue Bestimmungen[632]. Gleichwohl knüpfte das Konkursverfahren der Allgemeinen Gerichtsordnung generell an das gemeine Recht an.

(2) Verfahrensgang nach der Allgemeinen Gerichtsordnung

Die prägenden Elemente des gemeinen Konkursrechts fanden sich in der Allgemeinen Gerichtsordnung (AGO) wieder[633]. Einleitend gab es ein präparatorisches Verfahren, in dem das Gericht die Verfahrensvoraussetzungen gemäß I. 50, §§ 1, 2 AGO prüfte. Voraussetzung war der Nachweis des materiellen Konkurses, also der begründeten Wahrscheinlichkeit, daß der Gemeinschuldner nicht in der Lage war, sämtliche Gläubiger zu befriedigen[634]. Nach einer eventuell erforderlichen Beweiserhebung entschied das Gericht über die Eröffnung[635]. Darauf erging die

[626] Abgedruckt bei Basch, S. 1 ff.
[627] Koch, Lehrbuch I, S. 53.
[628] Schubert/Regge, Quellen zur preußischen Gesetzgebung II/10, S. XIV; Treuherz, S. 11; Goltdammer, S. 7; Schmidt, Rechtsentwicklung, S. 17.
[629] Seuffert, Konkursrecht, S. 76; Fürstenthal, S. 1 f.; Koch, Lehrbuch I, S. 54.
[630] Vierhaus, S. 6.
[631] Koch, Lehrbuch I, S. 53.
[632] Koch, Lehrbuch, 1. Aufl., S. 54.
[633] Goltdammer, S. 8; Dernburg II, S. 273; Koch, Preußischer Civil-Prozeß, S. 838; Richter, S. 1; Rintelen, S. 56.
[634] Treuherz, S. 11.
[635] Wentzel/Klose, S. 6; Treuherz, S. 12.

Ediktalladung gemäß § 98 AGO, mit der das Gericht die Gläubiger aufforderte, ihre Forderungen anzumelden, und ihnen gleichzeitig die Präklusion androhte[636].

Nur bei äußerst kleinen Verfahren konnte der *curator* gleichzeitig die Funktion des *contradictors* wahrnehmen (§ 69 AGO). Die Allgemeine Gerichtsordnung führte mithin die Trennung der beiden Aufgabenkreise wieder ein[637]. Gemäß § 72 AGO war der *contradictor* zuständig für die „Ausmittelung und Festsetzung" der Passivmasse, der *curator* als Hilfsperson des Gerichts gemäß § 73 AGO für die „Ausmittelung und Herbeischaffung" der Aktivmasse. Obwohl der *curator* als Vertreter der Gläubiger angesehen wurde, arbeitete er unter der Kontrolle des Gerichts (§ 77 AGO)[638]. Er stand unter der Aufsicht des Gerichts und mußte bei wichtigen Maßnahmen eine Genehmigung einholen[639].

Der Verfahrensgang folgte dem gemeinen Recht und sah dementsprechend eine Unterteilung in Liquidations- und Prioritätsverfahren vor, die jeweils durch richterliche Entscheidung abschlossen. Die Ordnung der Gläubiger regelte die Allgemeine Gerichtsordnung umfassend in den §§ 267 bis 488 AGO. Als Konsequenz der Universalität und der Attraktivkraft des Konkursverfahrens gab es sieben Klassen von Gläubigern, die sich weiter in 67 Nummern aufteilten[640]. Damit erweiterte die Allgemeine Gerichtsordnung das Vorrechtssystem um eine große Zahl von privilegierten Forderungen. Die Prioritätsfragen waren detailliert und weitläufig geregelt. Beispielsweise genossen die Geldforderungen von Fabrikunternehmern wegen der Lieferungen von vorgeschossenen Waren eine Vorrangstellung, die sie zu Gläubigern der ersten Klasse machte (§§ 337, 338 AGO)[641]. Nachdem das Gericht alle Streitigkeiten entschieden hatte und auch die Rechtsmittel erledigt waren, endete das Verfahren mit der Distribution gemäß § 560 AGO[642].

(3) Bewertung

Die Allgemeine Gerichtsordnung war die erste umfassende konkursrechtliche Kodifikation in Preußen und daher ein wichtiger Schritt für die weitere Rechtsentwicklung. Sie stand in der Tradition des gemeinen Rechts und zielte auf eine umfassende Auseinandersetzung über das Schuldnervermögen. Die Forderungen der Gläubiger wurden genau von dem Gericht geprüft und nötigenfalls in eigenen

---

[636] Grävell, S. 60; Treuherz, S. 12.
[637] Kohler, Lehrbuch, S. 43; Treuherz, S. 12; Richter, S. 1.
[638] Wentzel/Klose, S. 63; Treuherz, S. 12; Grävell, S. 48.
[639] Wentzel/Klose, S. 63; Treuherz, S. 17.
[640] Goltdammer, S. 11; Wentzel/Klose, S. 12; Grävell, S. 158; Treuherz, S. 15.
[641] Wentzel/Klose, S. 16; Schueck, S. 141.
[642] Treuherz, S. 13.

Rechtsstreiten festgestellt. Der Gedanke von Gläubigerautonomie, die es in das Geschick des Einzelnen legte, seine Rechte effektiv zu realisieren, fehlte[643]. Die Stellung des Gerichts wurde weiter gestärkt, indem anstelle des *curators* der Richter die Masse verkaufte. Er zog auch die ausstehenden Forderungen des Schuldners ein[644].

Die Prioritätsvorschriften erwiesen sich als nachteilig für das Konkursverfahren der Allgemeinen Gerichtsordnung. Die Rangordnung der Gläubiger mit ihrer großen Zahl von Vorrechten war ebenso detailliert wie kompliziert geregelt in I. 50, §§ 267 ff. AGO. Sie boten viele Ansatzpunkte für Manipulationen des Schuldners. Insbesondere das Vorrecht der Ehefrau auf Rückgabe ihres Vermögens ermöglichte es, Vermögensgegenstände der Konkursmasse zu entziehen[645].

Als besonders unpraktisch stellte sich das gerichtliche Vergleichsverfahren dar. Die Vorschriften über die Rangordnung der Forderungen führten zu derart unterschiedlichen Interessen zwischen den Gläubigern, daß häufig jegliche Basis für einen gerichtlichen Vergleich fehlte. Vergleichsabschlüsse waren selten und das außergerichtliche Vergleichsverfahren verdrängte zunehmend das gerichtliche[646]. Kaufleute versuchten angesichts der vielen Mißstände, das gerichtliche Verfahren zu vermeiden. Es entwickelte sich die Gewohnheit, daß kaufmännische Korporationen die Insolvenzen von Kaufleuten außergerichtlich regelten. Dabei fehlte es aber an einem geordneten Verfahren, so daß letztlich keine effektive Alternative zu dem gerichtlichen Verfahren existierte[647].

Die Allgemeine Gerichtsordnung wurde bereits einige Jahrzehnte nach ihrem Erlaß in der rechtswissenschaftlichen Literatur stark kritisiert. Viele Juristen urteilten, sie habe ihre Ziele nicht erreicht und ihr konkursrechtlicher Teil sei eine unbrauchbare Grundlage für Verbesserungsversuche[648]. Gleichwohl war die Allgemeine Gerichtsordnung eine moderne Kodifikation. Als zeitgemäßes Gesetz wurde sie im Jahre 1855 mit folgenden Worten beschrieben: „Auch die AGO wollte, daß die Konkurse möglichst schnell beendet werden sollten, aber freilich legte man damals einen anderen Maßstab an, wenn man von Schnelligkeit sprach als jetzt, wo Eisenbahnen und Dampfschiffe die Länder durchziehen und durchkreuzen“[649]. Diese Formulierung bat nicht nur um Verständnis für die Unzulänglichkeit der AGO, sondern wies gleichfalls auf die starken industriellen Veränderungen hin. Sie führten zu einem wirtschaftlichen Wandel, der die Anforderungen an

643 Wentzel/Klose, S. 8.
644 Koch, Preußischer Civil-Prozeß, S. 838.
645 Goltdammer, S. 14; Wentzel/Klose, S. 9.
646 Wentzel/Klose, S. 7; Treuherz, S. 20.
647 Wentzel/Klose, S. 40; Treuherz, S. 19.
648 Wentzel/Klose, S. 10.
649 Wentzel/Klose, S. 8.

das Konkursrecht sehr erhöhte und damit nach einer Neuregelung verlangte. Daß sich die wirtschaftlichen Bedingungen seit dem Inkrafttreten der Allgemeinen Gerichtsordnung wesentlich geändert hatten, zeigte sich deutlich in einzelnen Vorschriften. Eine Verfahrenseröffnung von Amts wegen nach § 4 AGO war davon abhängig, daß der Schuldner Geschäftsverbindungen mit auswärtigen Gläubigern außerhalb seines Wohnsitzes pflegte. Diese Differenzierung erwies sich bald als unzeitgemäß, weil es nahezu keinen Kaufmann mit einem derart begrenzten Tätigkeitsfeld gab[650].

[650] Wentzel/Klose, S. 38.

IV. Preußische Konkursordnung von 1855

Einen neuen Impuls für das Konkursrecht in Deutschland brachte die preußische Konkursordnung aus dem Jahr 1855[651], die als erstes bedeutendes Partikularrecht das gemeinrechtliche Konkursverfahren aufgab. Sie wich bereits in der Zielsetzung und grundsätzlichen Konzeption erheblich von den früheren Rechtssystemen ab, insbesondere von ihrem unmittelbaren Vorläufer, der Allgemeinen Gerichtsordnung[652]. Die preußische Konkursordnung regelte das Konkursrecht umfassend und reagierte auf die geänderten wirtschaftlichen Verhältnisse[653]. Zu Beginn des Industriezeitalters nahmen viele Staaten Modernisierungen ihrer Gesetzgebung vor[654]. Das treibende Motiv für den Erlaß der Konkursordnung lag in den in der Praxis aufgetretenen Nachteilen des gemeinrechtlichen Konkursverfahrens, vor allem der Schwerfälligkeit und Unwirtschaftlichkeit[655]. Anläßlich zahlreicher Beschwerden über das bestehende Recht forderten Behörden und der Handelsstand eine umfassende Gesetzrevision[656]. Ziel war es, ein einfaches und klares Konkursrecht zu entwickeln, das den modernen Wirtschaftsverkehrsverhältnissen entsprach[657]. Um eine schnelle Befriedigung der Gläubiger zu erreichen, sollte die Gläubigerautonomie betont und das Gericht nur für Entscheidungen über Streitpunkte eingeschaltet werden[658]. Das französische Konkursrecht wies die beklagten Mängel des gemeinen deutschen Rechts nicht auf und empfahl sich deshalb als Vorbild für die angestrebte Modernisierung[659].

Der Code de commerce übte einen maßgeblichen Einfluß auf die preußische Konkursordnung aus, die viele seiner Rechtsprinzipien übernahm. Teilweise lehnte sich die preußische Konkursordnung so stark an den Code de commerce an, daß sie Passagen in wörtlicher Übersetzung übernahm[660]. Das französische Recht war für die deutsche Rechtsentwicklung infolge der Herrschaft Napoleons über Rheinpreußen, Rheinhessen und der Rheinpfalz ohnehin bedeutend[661]. In der gesamten Rheinprovinz mit Ausnahme des ostrheinischen Koblenz galten der Code

---

651 Abgedruckt in der Gesetz-Sammlung für die königlichen Preußischen Staaten 1855, S. 321 ff.
652 Treuherz, S. 5.
653 Von Sarwey, Konkurs nach den Entwürfen, S. 3.
654 Gottwald (Gottwald), § 1 Rn. 5.
655 Goltdammer, S. 8; Stein, S. 415.
656 Wentzel/Klose, S. 8; Treuherz, S. 1.
657 Treuherz, S. 1.
658 Wentzel/Klose, S. 12.
659 Baur/Stürner, § 3 Rn. 3.21; Koch, Preußische Konkursordnung, S. 23.
660 Baur/Stürner, § 3 Rn. 3.21; Hellmann, Lehrbuch, S. 107; Uhlenbruck, FS Konkursordnung, S. 3 (12).
661 Von Wilmowski, S. 2.

civil und der Code de commerce. Daher beeinflußten diese Gesetze die deutsche Rechtsentwicklung[662].

1. Code de commerce als Vorbild

a. Entstehung und Verfahrensgrundsätze

In Frankreich prägte das italienische Statutarrecht die mittelalterliche Rechtsentwicklung ebenso wie in Deutschland. Von den großen Handelsstädten verbreitete sich im 14. Jahrhundert der Grundsatz einer anteiligen Befriedigung der Gläubiger bei Zahlungsunfähigkeit des Schuldners[663]. Das französische Recht rezipierte auch die Grundzüge des römischen Konkursrechts. Die *cessio bonorum* zur Vermeidung der Personalhaft war bis in das 19. Jahrhundert als *cessio de biens* Bestandteil des französischen Rechts[664].

Ungeachtet der gemeinsamen Ausgangssituation verlief die Entwicklung in Frankreich anders als in Deutschland. Obwohl das Werk Salgados 1665 auch in Lyon erschien, beeinflußte es das französische Konkursrecht nicht. Statt dessen entwickelte man in Frankreich die italienischen Prinzipien kontinuierlich weiter, so daß liberale Grundzüge und eine umfassende Gläubigerautonomie dominierten[665]. Die Grande Ordonnace de commerce von 1673 folgte dem italienischen Konkursrecht und stellte das Vorbild für den Code de commerce von 1807 dar[666].

Der Code de commerce beinhaltete erstmalig in der Rechtsentwicklung ein Konkursverfahren ausschließlich für Kaufleute. Für Privatpersonen bot das französische Zivilprozeßrecht bei Überschuldung ein Verfahren mit einer gleichmäßigen Befriedigung der Gläubiger. War der Schuldner kein Kaufmann, konnten mehrere Gläubiger eine Einzelvollstreckung nach dem Code de procedure civile von 1806 durchführen. Andere Gläubiger konnten demjenigen beitreten, der das Verfahren zuerst begonnen hatte, und somit eine anteilige Befriedigung erreichen[667]. Insofern bestand kein dringendes Bedürfnis, das Konkursrecht auf Nichtkaufleute anzuwenden. Der Code de commerce differenzierte zwischen der Zahlungseinstel-

[662] Treuherz, S. 14.
[663] Baur/Stürner, § 3 Rn. 3.19; Kohler, Lehrbuch, S. 16.
[664] Hellmann, Lehrbuch, S. 105 f.
[665] Stein, S. 415.
[666] Gottwald (Gottwald), § 1 Rn. 5; Stein, S. 415.
[667] Baur/Stürner, § 3 Rn. 3.20; Stieglitz, Einl. XII; Goltdammer, S. 19; von Wilmowski, S. 2; Kohler, Lehrbuch, S. 22; Hellmann, Lehrbuch, S. 98; Stein, S. 415; Fuchs, Concursproceß, S. 19; Treuherz, S. 13; Koch, Preußische Konkursordnung, S. 23; Hullmann, S. 10.

lung, *faillite* genannt, und dem strafbaren *banqueroute* als einem grob verschuldeten oder betrügerischen Verhalten des Schuldners[668].

b. Verfahrensgang

Das Verfahren begann auf Antrag des Schuldners, eines Gläubigers oder von Amts wegen[669]. Wenn das Handelsgericht das Verfahren für eröffnet erklärte, legte es genau den Zeitpunkt fest, in dem der Konkursfall eingetreten war. Von diesem Termin an war dem Schuldner die Dispositions- und Verwaltungsbefugnis über sein Vermögen entzogen[670]. Maßgebliche Zeitpunkte konnten die Flucht des Schuldners, die Zahlungseinstellung oder die Schließung der Warenlager sein[671]. Das Gericht ordnete gleichzeitig die Verhaftung oder zumindest Bewachung des Schuldners und die Versiegelung seines Vermögens an[672].

Das französische Recht regelte umfassend die Nichtigkeit von massemindernden Rechtsgeschäften des Schuldners vor der Verfahrenseröffnung[673]. Rechtsgeschäfte, die der Schuldner zur Benachteiligung der Gläubiger innerhalb der letzten zehn Tage vor dem festgelegten Termin eingegangen war, waren entweder von Rechtswegen nichtig oder konnten auf einen entsprechenden Antrag der Gläubiger für nichtig erklärt werden[674]. In derselben Zeit konnte der Schuldner auch keine wirksame Hypothek bestellen. Diejenigen, die der Schuldner innerhalb der zehn Tage befriedigt hatte, mußten die empfangene Leistung zurückgeben[675].

Prägend für das gesamte Verfahren war die weitreichende Gläubigerautonomie. Das Gericht nahm lediglich eine Aufsichtsfunktion war und agierte im wesentlichen durch einen *commissaire*, bei dem es sich um ein Mitglied des Gerichts handelte[676]. Der *juge commissaire* leitete und beaufsichtigte das Verfahren eigenständig mit Ausnahme der Angelegenheiten, die einer separaten, streitigen Verhandlung mit einer abschließenden richterlichen Entscheidung bedurften[677]. Der

---

668 Baur/Stürner, § 3 Rn. 3.20; Hellmann, Lehrbuch, S. 98.
669 Baur/Stürner, § 3 Rn. 3.20; von Wilmowski, S. 3; Kisch, S. 7.
670 Treuherz, S. 13; Hellmann, Lehrbuch, S. 99; Kisch, S. 7.
671 Hellmann, Lehrbuch, S. 99.
672 Goltdammer, S. 322; Hellmann, Lehrbuch, S. 99; Fuchs, Concursproceß, S. 20; Treuherz, S. 13.
673 Baur/Stürner, § 3 Rn. 3.20; Hellmann, Lehrbuch, S. 97.
674 Hellmann, Lehrbuch, S. 100; Treuherz, S. 13; Kisch, S. 7.
675 Hellmann, Lehrbuch, S. 99.
676 Baur/Stürner, § 3 Rn. 3.20; von Wilmowski, S. 3; Wengler, Konkursordnung, S. 13; Kohler, Lehrbuch, S. 22; Fuchs, Concursproceß, S. 20; Treuherz, S. 13; Koch, Preußische Konkursordnung, S. 23; Richter, S. 2.
677 Hahn, Materialien IV, S. 471; Wengler, Konkursordnung, S. 13; Koch, Preußische Konkursordnung, S. 23; Hullmann, S. 11; Kisch, S. 7; Lass, S. 152.

juge commissaire ernannte einen Agenten, der das Schuldnervermögen ermittelte, sicherstellte und eine Bilanz anfertigte[678]. Der Agent entwarf ein Verzeichnis der Gläubiger, aufgrund dessen der *juge commissaire* die bereits bekannten Gläubiger zu einer Versammlung lud. In dem einberufenen Termin besprachen die Beteiligten die Sachlage und die Gläubiger wählten die provisorischen Syndiken[679].

Die provisorischen Syndiken setzen die Arbeit des Agenten fort, sobald das Gericht sie ernannt hatte. Um die Aktiv- und Passivmasse zusammenzustellen, inventarisierten sie das Schuldnervermögen. Sie waren befugt, Forderungen des Schuldners geltend zu machen und schwebende Rechtsstreitigkeiten fortzusetzen[680]. Wollte jemand nach Eröffnung des Verfahrens einen neuen Prozeß gegen den Schuldner beginnen, mußte er Klage gegen die provisorischen Syndiken erheben. Schließlich waren die provisorischen Syndiken für die Verwertung der Mobilien zuständig, die sie einzeln oder in einer öffentlichen Versteigerung verkauften. Der *commissaire* überwachte die Arbeit der Syndiken und nahm den erzielten Verkaufserlös zur öffentlichen Hinterlegung entgegen[681].

Die provisorischen Syndiken forderten alle Gläubiger durch öffentliche und spezielle Ladungen auf, ihre Forderungen innerhalb von 40 Tagen anzumelden und zu begründen[682]. Pfandgläubiger, Vindikanten und Massegläubiger wurden außerhalb des Konkursverfahrens befriedigt[683]. An dem Verfahren nahmen nur die eigentlichen Konkursgläubiger teil, von denen einige Vorrechte besaßen[684]. Über die angemeldeten Forderungen fand eine mündliche Verhandlung zwischen den Gläubigern und den Syndiken vor dem *commissaire* statt. Gläubigern mit unbestrittenen Forderungen erteilten die Syndiken eine Bescheinigung. Sie mußten innerhalb der nächsten acht Tage ihre Forderung vor dem *commissaire* eidesstattlich versichern[685]. Zweifelte ein Gläubiger an dem Bestand einer angemeldeten Forderung, oblag es ihm, sie zu bestreiten und Einwendungen zu erheben[686]. Über bestrittene Forderungen entschied das Handelsgericht in einem summarischen

---

678 Goltdammer, S. 310; von Wilmowski, S. 3; Hellmann, Lehrbuch, S. 99; Fuchs, Concursproceß, S. 20; Treuherz, S. 13; Hullmann, S. 11; Richter, S. 2.

679 Hahn, Materialien IV, S. 471; Hellmann, Lehrbuch, S. 101; Treuherz, S. 13; Hullmann, S. 11; Kisch, S. 7.

680 Treuherz, S. 13.

681 Hellmann, Lehrbuch, S. 101.

682 Hahn, Materialien IV, S. 471; von Wilmowski, S. 3; Fuchs, Concursproceß, S. 20; Hellmann, Lehrbuch, S. 102; Treuherz, S. 14; Hullmann, S. 11.

683 Wengler, Konkursordnung, S. 13; Lass, S. 152.

684 Baur/Stürner, § 3 Rn. 3.20.

685 Hahn, Materialien IV, S. 471; Fuchs, Concursproceß, S. 21; von Wilmowski, S. 3.

686 Hellmann, Lehrbuch, S. 102; Fuchs, Concursproceß, S. 21; von Wilmowski, S. 3.

Verfahren[687]. Versäumte ein Gläubiger die Anmeldung seiner Forderung, konnte er lediglich an den noch ausstehenden Auskehrungen partizipieren[688].

c. Erledigung des Verfahrens

Der letzte Verfahrensabschnitt beschäftigte sich mit der Erledigung des Verfahrens. Die Gläubiger und der Schuldner verhandelten darüber, ob das Verfahren durch einen Vergleich abgewendet werden konnte oder fortgesetzt werden mußte[689]. Mit einem Mehrheitsbeschluß konnten die Gläubiger einen Vergleichsvertrag (*concordat*) annehmen. Bei der Abstimmung mußte zusätzlich zu der Majorität der Kopfzahl die Summe der Forderungen der zustimmenden Gläubiger drei Viertel der Gesamtsumme der Forderungen ausmachen[690]. Bestätigte das Gericht den Vergleich, entfaltete er Wirkung gegenüber allen Gläubigern. Die provisorischen Syndiken beendeten ihre Arbeit, und der Schuldner erhielt sein Vermögen zurück, um die Vergleichsvereinbarung zu erfüllen[691].

Kam keine Einigung über einen Vergleich zustande, schlossen die Gläubiger einen Vereinigungsvertrag (*contrat d'union*), und das Konkursverfahren setzte sich fort. Die Gläubiger wählten definitive Syndiken, die das Gericht bestätigte[692]. Ihre Aufgabe lag primär in dem Verkauf des Schuldnervermögens[693]. Sie fertigten ein Verteilungsverzeichnis an, aufgrund dessen der *commissaire* die Befriedigung der Gläubiger anordnete[694]. Unbestrittene Forderungen konnten sofort befriedigt werden[695]. Dabei wurden den Gläubigern Abschlagszahlungen zugeteilt, so oft bare Masse vorhanden war[696]. Die Schlußverteilung fand mit einer Schlußrechnung in einer Gläubigerversammlung statt und beendete das Verfahren[697].

---

687 Hahn, Materialien IV, S. 471; Hellmann, Lehrbuch, S. 102; Fuchs, Concursproceß, S. 21; Stein, S. 415; Kisch, S. 7; Lass, S. 152.

688 Goltdammer, S. 421; Hullmann, S. 11; Koch, Preußische Konkursordnung, S. 231.

689 Hahn, Materialien IV, S. 471; Fuchs, Concursproceß, S. 21; Hellmann, Lehrbuch, S. 102.

690 Baur/Stürner, § 3 Rn. 3.20; Hahn, Materialien IV, S. 471 f.; Hullmann, S. 11 f.; Treuherz, S. 14; Fuchs, Concursproceß, S. 21; Hellmann, Lehrbuch, S. 102 f.

691 Baur/Stürner, § 3 Rn. 3.20; Hellmann, Lehrbuch, S. 103; Fuchs, Concursproceß, S. 21.

692 Baur/Stürner, § 3 Rn. 3.20; Hahn, Materialien IV, S. 472; von Wilmowski, S. 3; Treuherz, S. 254; Hullmann, S. 12.

693 Fuchs, Concursproceß, S. 21; Hellmann, Lehrbuch, S. 103; Treuherz, S. 14.

694 Hahn, Materialien IV, S. 472; von Wilmowski, S. 3; Fuchs, Concursproceß, S. 21; Hellmann, Lehrbuch, S. 104.

695 Wengler, Konkursordnung, S. 13.

696 Baur/Stürner, § 3 Rn. 3.20; Koch, Preußische Konkursordnung, S. 23.

697 Fuchs, Concursproceß, S. 21; Hullmann, S. 12.

d. Weitere Entwicklung und Bewertung

Der Code de commerce wurde durch Gesetze aus den Jahren 1838, 1856 und 1889 novelliert, die vornehmlich das Verfahren vereinfachen sollten. Ab 1838 bestellte das Gericht keinen Agenten, bevor die provisorischen Syndiken gewählt wurden[698]. Außerdem verschärften die Gesetze die Regelungen über die Nichtigkeit masseminderner Rechtsgeschäfte und erschwerten den freiwilligen Vergleich zur Abwendung des Konkursverfahrens neben dem Zwangsvergleich[699].

Das Verfahren zielte auf eine rasche Abwicklung mit einer möglichst schnellen Befriedigung der Gläubiger. Dieses Ziel wurde dadurch erreicht, daß der *commissaire* zahlreiche Entscheidungen über das Verfahren selbständig treffen konnte[700]. Das Gericht war im wesentlichen nur zuständig für Streitfragen, wodurch sein Einfluß auf das Verfahren im Kontrast zu dem deutschen gemeinen Konkursrecht sehr begrenzt war. Vor allem belasteten keine Verwaltungsaufgaben die richterliche Tätigkeit. Die Gläubiger konnten eigenständig Dispositionen über die Konkursmasse vornehmen[701].

Das Verfahren war sehr übersichtlich, weil Pfand- und Hypothekengläubiger nicht in das Konkursverfahren einbezogen waren. Sie wurden befriedigt aus den abgesonderten Pfandgegenständen und mit den Hypotheken belegten Immobilien[702]. Der deutsche Grundsatz, die Vermögensverhältnisse des Schuldners allumfassend innerhalb eines Verfahrens zu regeln, fehlte. Die Gläubiger konnten dadurch schneller befriedigt werden. Auch die Möglichkeit von Abschlagszahlungen beschleunigte die Befriedigung der Gläubiger und begrenzte deren wirtschaftlichen Schaden.

2. Konkursordnung von 1855

a. Entstehung

Durch die Konkursordnung von 1855 gelang es Preußen, ein modernes Konkursrecht zu entwickeln, das sich deutlich vom gemeinen Recht der Allgemeinen Gerichtsordnung abwandte. Das Gesetz baute auf mehrjährige Vorarbeiten auf, darunter insbesondere auf einen Gesetzesentwurf aus dem Jahr 1831 im Rahmen der allgemeinen Gesetzrevision in Preußen[703]. Die Gesetzrevision war in der ersten Hälfte des 19. Jahrhunderts das Leitbild der preußischen Justizpolitik. Sie trat

698 Hess/Weis/Wienberg (Weis), Vor § 1 Rn. 92; Goltdammer, S. 310; Hullmann, S. 12.
699 Baur/Stürner, § 3 Rn. 3.20; Fuchs, Concursproceß, S. 22; Hellmann, Lehrbuch, S. 105.
700 Wengler, Konkursordnung, S. 13.
701 Fuchs, Concursproceß, S. 19; Stein, S. 415; Koch, Preußische Konkursordnung, S. 23.
702 Baur/Stürner, § 3 Rn. 3.21; Fuchs, Concursproceß, S. 19.
703 Wentzel/Klose, S. 1.

nach einer Kabinettsorder vom 25. November 1808 mit dem Ziel an, das Allgemeine Landrecht, die Allgemeine Gerichtsordnung und die Kriminalordnung den veränderten Bedürfnissen anzupassen und die in der Praxis aufgetretenen Mängel zu beheben[704]. Nach Kabinettsordres vom 28. Januar und 24. Juli 1826 sollte keine komplett neue Gesetzgebung geschaffen, sondern die bestehende berichtigt und ergänzt werden[705]. Einzelne Gesetzesnovellen und Kabinettsbestimmungen sollten die gewünschte Modernisierung der Gesetze erreichen, indem sie neben dem Allgemeinen Landrecht und der Allgemeinen Gerichtsordnung galten. Die Arbeiten verzögerten sich, obwohl eine Kommission 1825 den kompletten Rechtsstoff auf verschiedene Revisoren aufteilte. Gleichwohl gab es eine große Materialfülle und eine hohe Arbeitsbelastung der Revisoren[706]. Das Vorhaben erwies sich in bezug auf manche Rechtsmaterie als undurchführbar, weil das vorhandene Gesetzesmaterial keine Basis für die notwendigen grundlegenden Änderungen darstellte. Es entstanden daher, entgegen dem ursprünglichen Vorhaben, komplett neue Gesetze, wie die Allgemeine Wechselordnung von 1848 und das Strafgesetzbuch aus dem Jahr 1851[707].

Auch auf dem Gebiet des Konkursrechts scheiterte das Konzept, durch einige wenige neue Vorschriften die Rechtsmaterie hinreichend zu modernisieren. Die Gesetzrevision brachte 1831 einen Entwurf zur Konkursordnung und den Entwurf einer Vorrechtsordnung aus dem Jahr 1829 hervor[708]. Beiden Entwürfen gemein war, daß sie nie Gesetzeskraft erlangten, aber die Grundlage für spätere Gesetzesentwürfe bildeten. Die Konkursordnung, die der Revisor Krausnick entwarf, beseitigte einige hervorstechende Mißstände des gemeinen Rechts. Das Verfahren sollte dadurch beschleunigt werden, daß der Verwalter das Gericht von mehreren Aufgaben entlastete. Ein Klassifikationsplan sollte ergehen, ohne die rechtskräftigen Urteile aller separaten Prozesse abwarten zu müssen. Dennoch blieben gemeinrechtliche Elemente wie der Präklusionsbescheid bestehen. Die Zahl der Vorrechte sollte durch die Ordnung von 1829 drastisch reduziert werden. Nur einige gesetzliche Pfandrechte und Fiskalforderungen blieben nach dem Revisionsentwurf privilegiert[709].

Während die Revisionsgesetze nicht in Kraft traten, gab es verschiedene Ansätze, einzelne Aspekte des Konkursrechts zu reformieren. Eine Novelle vom 26. April 1835 verbesserte die Anfechtungsmöglichkeiten durch das Gesetz über Verträge zahlungsunfähiger Schuldner zum Nachteil der Gläubiger. Eine Verordnung vom

---

704 Goltdammer, S. 8; Wentzel/Klose, S. 10; Schubert/Regge, Quellen zur preußischen Gesetzgebung I/1, S. XVI; Koch, Lehrbuch I, S. 61 f.

705 Schubert/Regge, Quellen zur preußischen Gesetzgebung I/1, S. XVIII; Bornhak, S. 452.

706 Schubert/Regge, Quellen zur preußischen Gesetzgebung I/1, S. XVI, XIX.

707 Goltdammer, S. 8; Koch, Lehrbuch I, S. 62.

708 Goltdammer, S. 8; Schubert/Regge, Quellen zur preußischen Gesetzgebung II/10, S. XIII.

709 Schubert/Regge, Quellen zur preußischen Gesetzgebung II/10, S. XV.

16. Mai 1825 ermöglichte es, die Präklusionsurteile früher zu erlassen, eine weitere vom 28. Dezember 1840 entband die Pfand- und Hypothekengläubiger von dem Konkursverfahren und gewährte ihnen eine abgesonderte Befriedigung aus ihren Sicherungsobjekten[710]. Diese punktuellen Verbesserungen konnten aber nicht die erforderliche, grundlegende Modernisierung des Konkursrechts erreichen. Zudem erwiesen sich auch die Neuerungen teilweise als unzureichend. Denn trotz der abgesonderten Befriedigung mußten die Pfand- und Hypothekengläubiger ihre Ansprüche durch separate Klagen gegen den *curator* geltend machen und ihre Pfandobjekte an das Gericht abliefern. Dieses veräußerte die Vermögensgegenstände unter Mitwirkung des *curators* und befriedigte die Gläubiger[711].

In den fünfziger Jahren des 19. Jahrhunderts nahm das preußische Justizministerium die Reformarbeiten in Bezug auf das Konkursrecht wieder auf. Bei der Entstehung der preußischen Konkursordnung übten der politische und wirtschaftliche Liberalismus maßgeblichen Einfluß auf die Gesetzgebung aus[712]. Seit der Mitte des 19. Jahrhunderts prägte zudem das Streben Preußens, ein einheitliches deutsches Recht zu dominieren, die Gesetzgebung[713]. Es entstanden mehrere Gesetzesentwürfe zu verschiedenen konkursrechtlichen Teilbereichen, die eine Sachverständigenkommission beriet und 1854 in dem Gesamtentwurf einer Konkursordnung zusammenfaßte[714]. Das Justizministerium holte zahlreiche Gutachten zu den Gesetzesentwürfen ein, um die Sachkunde von Gerichten, Kaufmannschaft, Handelskammern und mit der Praxis vertrauten Juristen einzubeziehen[715].

Das Einführungsgesetz vom 8. Mai 1855 hob die konkursrechtlichen Titel der Allgemeinen Gerichtsordnung auf und führte statt dessen die preußische Konkursordnung ein[716]. Nach Art. I des Einführungsgesetzes erlangte die Konkursordnung am 8. Mai 1855 in den Landesteilen Gesetzeskraft, in denen das Allgemeine Landrecht und die Allgemeine Gerichtsordnung galten[717]. Nur in diesen Gebieten existierte ein einheitliches Hypothekenrecht, das für die neue Konkursordnung grundlegende Voraussetzung war. Im übrigen Geltungsbereich des gemeinen Rechts mußte eine Reform des Hypothekenrechts der neuen Konkursord-

---

[710] Wentzel/Klose, S. 6, 10; Schubert/Regge, Quellen zur preußischen Gesetzgebung II/10, S. XIV; Treuherz, S. 1; Kohler, Lehrbuch, S. 43; Rintelen, S. 55.

[711] Koch, Preußischer Civil-Prozeß, S. 838.

[712] Gottwald (Gottwald), § 1 Rn. 5.

[713] Baur/Stürner, § 3 Rn. 3.21.

[714] Goltdammer, S. 9.

[715] Goltdammer, S. 9; Wentzel/Klose, S. 10; Schubert/Regge, Quellen zur preußischen Gesetzgebung II/10, S. XVI.

[716] Basch, S. 101.

[717] Basch, S. 101.

nung vorausgehen[718]. Damit blieb sie in den Bezirken der Appellationsgerichte Greifswald und Köln sowie in dem Bezirk des Justizsenats Ehrenbreitstein ohne Gesetzeskraft[719].

Die preußische Konkursordnung gliederte sich in sechs systematisch geordnete Titel. Der erste Titel behandelte allgemein die Rechtsverhältnisse im Konkurs. Es schlossen sich zwei Titel über das Verfahren im kaufmännischen Konkurs und im gemeinen Konkurs an. Die Titel vier bis sechs thematisierten das erbschaftliche Liquidationsverfahren, das Prioritätsverfahren in der Exekutionsinstanz und die gerichtliche Zahlungsstundung.

b. Verfahrensgang

aa. Eröffnungsbeschluß

Das Verfahren begann damit, daß das Gericht die Voraussetzungen für die Konkurseröffnung prüfte. Anders als im französischen Recht war nach der preußischen Konkursordnung (prKO) das Konkursverfahren nicht nur für Kaufleute zulässig[720]. Nichtkaufleute konnten vor den Zivilgerichten (§ 320 prKO) ein Konkursverfahren gemäß §§ 319 ff. prKO durchführen. Dafür waren die Vorschriften für den kaufmännischen Konkurs nach § 333 prKO grundsätzlich maßgeblich, es galten jedoch bestimmte Modifikationen. Das Verfahren für Nichtkaufleute berücksichtigte die regelmäßig geringere Vermögensmasse des Schuldners und ermöglichte deshalb verschiedene Vereinfachungen[721]: Das von dem einstweiligen Verwalter aufgestellte Inventar gemäß § 335 prKO ersetzte die bei Kaufleuten gemäß § 155 prKO nötige Bilanz. Nach § 336 prKO mußte der Verwalter keinen Bericht über die Sachlage und die Gründe des Konkurses erstatten. Das Gericht lehnte nach § 339 prKO die Verfahrenseröffnung ab, wenn das Vermögen nicht die Kosten deckte. Trotz dieser Besonderheiten unterschied sich in der Praxis das kaufmännische Verfahren nur unwesentlich von dem gemeinen[722].

Das Verfahren begann bei einem Kaufmann nach § 118 prKO aufgrund einer Anzeige des Schuldners über seine Zahlungseinstellung, eines mit Beweisen versehenen Antrags eines Gläubigers oder von Amts wegen. Voraussetzung war die

---

[718] Hahn, Materialien IV, S. 479.

[719] Hahn, Preußische Konkursordnung, S. 1.

[720] Koch, Preußischer Civil-Prozeß, S. 839; Hellmann, Lehrbuch, S. 107; Uhlenbruck, FS Konkursordnung, S. 3 (12).

[721] Wentzel/Klose, S. 411; Baur/Stürner, § 3 Rn. 3.21; Fuchs, Concursproceß, S. 24; Treuherz, S. 350; Fürstenthal, S. 283; Mittermaier, AcP 37 (1854), S. 270 (289); Uhlenbruck, FS Konkursordnung, S. 3 (12).

[722] Hahn, Materialien IV, S. 474; Stein, S. 415; Richter, S. 2; von Sarwey, ZHR 23 (1878), S. 371 (383).

Zahlungseinstellung des Schuldners (§ 113 prKO)[723]. Demgegenüber erforderte das Konkursverfahren eines Nichtkaufmanns die Vermögensunzulänglichkeit (§ 322 prKO) und konnte nur auf Antrag eines Gläubigers oder bei einem Nachlaßkonkurs seitens des Nachlaßkurators begonnen werden (§ 321 prKO)[724].

Als Konkursgericht war das Gericht des ordentlichen, persönlichen Gerichtsstandes des Schuldners zuständig, für Kaufleute - falls vorhanden - das Handelsgericht nach § 115 prKO, für andere Schuldner das Zivilgericht nach § 320 prKO[725]. Innerhalb der erstinstanzlich zuständigen Stadt- und Kreisgerichte waren nach einer Ministerial-Instruktion vom 6. August 1855 kollegial besetzte Abteilungen mit drei Richtern zuständig[726].

Das Gericht prüfte die Verfahrensvoraussetzungen summarisch. Gemäß §§ 118, 119, 326 prKO lag es in seinem Ermessen, in welchem Ausmaß Ermittlungen erforderlich waren. Sofern zusätzlich eine genügende Vermögensmasse vorhanden war, erfolgte die Verfahrenseröffnung durch Beschluß (§§ 119, 326 prKO)[727]. Fehlte eine die Kosten deckende Masse, konnte das Verfahren abgelehnt (§§ 306, 339 prKO) oder bei Kaufleuten ein abgekürztes Verfahren durchgeführt werden (§§ 319 ff. prKO)[728]. Der Eröffnungsbeschluß wurde öffentlich bekannt gemacht und bestimmte, ob es sich um einen kaufmännischen oder gemeinen Konkurs handelte[729]. Er legte stundengenau den Zeitpunkt fest, an dem das Konkursverfahren begann. Fehlte eine Zeitangabe, galt die Mittagsstunde desjenigen Tages, an welchem der Beschluß gefaßt wurde, als Zeitpunkt der Konkurseröffnung (§§ 121, 328 prKO)[730].

Die Verfahrenseröffnung hatte verschiedene Wirkungen für den Schuldner. In bezug auf seine Person drohte gemäß § 138 prKO eine Verhaftung, die das Ge-

---

723 Fuchs, Concursproceß, S. 25; Hellmann, Lehrbuch, S. 107; Dernburg II, S. 274 f.; Kohler, Lehrbuch, S. 63; Koch, Lehrbuch II, S. 104; Treuherz, S. 170; Koch, Preußischer Civil-Prozeß, S. 883; Fürstenthal, S. 259; Koch, Preußische Konkursordnung, S. 124; Hullmann, S. 14.

724 Wentzel/Klose, S. 404; Stieglitz, Einl. XIV; Hellmann, Lehrbuch, S. 107; Dernburg II, S. 274; Kohler, Lehrbuch, S. 63; Fuchs, Concursproceß, S. 25; Koch, Lehrbuch II, S. 104; Treuherz, S. 344 f.; Fürstenthal, S. 282; Hullmann, S. 14.

725 Baur/Stürner, § 3 Rn. 3.21; Goltdammer, S. 293; Fuchs, Concursproceß, S. 24 f.; Fürstenthal, S. 259; Hellmann, Lehrbuch, S. 107; Uhlenbruck, FS Konkursordnung, S. 3 (12).

726 Hahn, Materialien IV, S. 475; Koch, Preußische Konkursordnung, S. 126, 129; Richter, S. 3.

727 Koch, Lehrbuch II, S. 106; Fuchs, Concursproceß, S. 25.

728 Goltdammer, S. 456; Hellmann, Lehrbuch, S. 107; Fuchs, Concursproceß, S. 30; Fürstenthal, S. 246; Richter, S. 2.

729 Koch, Preußische Konkursordnung, S. 130.

730 Wentzel/Klose, S. 245; Goltdammer, S. 298; Fürstenthal, S. 260; Koch, Lehrbuch II, S. 106 f.; Treuherz, S. 183; Koch, Preußischer Civil-Prozeß, S. 845.

richt grundsätzlich nach seinem Ermessen anordnete, aber zwingend bei Fluchtgefahr oder bereits bestehender Schuldhaft verfügte[731]. Darüber hinaus benachrichtigte das Gericht nach § 123 prKO die Staatsanwaltschaft, damit diese etwaige strafbare Handlungen verfolgte[732]. Das Konkursverfahren beschränkte die Ehrenrechte des Schuldners. Er verlor beispielsweise sein Stadtbürgerrecht, das Mitgliedschaftsrecht in einer Innung sowie das Recht, den Gewerberat zu wählen[733].

Hinsichtlich seines Vermögens verlor der Schuldner mit der Konkurseröffnung die Dispositionsbefugnis, blieb aber Eigentümer[734]. Nach § 4 prKO fehlte dem Schuldner fortan die Befugnis, sein zur Konkursmasse gehörendes Vermögen zu verwalten und über dasselbe zu verfügen. § 5 prKO ergänzte, daß alle Verfügungen und Rechtshandlungen, die der Gemeinschuldner nach der Konkurseröffnung vorgenommen hatte, gegenüber den Gläubigern nichtig waren. Rechtsgeschäfte, die der Schuldner vor der Konkurseröffnung abgeschlossen hatte, behandelten detailliert die §§ 15 ff. prKO. Auf gegenseitige Leistungen gerichtete Geschäfte gingen auf die Gläubigerschaft über, sofern der Schuldner seine Leistung bereits erbracht hatte. Wenn der Vertragspartner des Schuldners seine Verpflichtung erfüllt hatte, mußte er die ausstehende Gegenleistung als Konkursgläubiger verfolgen. Rechtsgeschäfte, die bislang von keiner Seite erfüllt waren, konnten die Gläubiger gemäß § 16 prKO übernehmen.

Die §§ 99 ff. prKO regelten umfassend die Anfechtung von Rechtshandlungen des Schuldners vor der Konkurseröffnung. Rechtsgeschäfte waren nach § 100 prKO bei Kenntnis des anderen Teils von der Zahlungseinstellung anfechtbar. Zahlungen des Schuldners auf nicht fällige Forderungen und die Bestellung von Pfandrechten und Hypotheken zur Sicherung bereits bestehender Verbindlichkeiten, die innerhalb von zehn Tagen vor der Zahlungseinstellung erfolgten, konnten die Gläubiger ebenso angreifen (§ 101 prKO). Nach § 102 prKO umfaßte das Anfechtungsrecht Schenkungen, die der Schuldner in den letzten zwei Jahren vor der Konkurseröffnung getätigt hatte. Die gleiche Regelung galt für Scheingeschäfte und Rechtshandlungen, mit denen der Schuldner beabsichtigte, die Gläubiger zu benachteiligen (§ 103 prKO).

Forderungen gegen den Schuldner konnten mit dem Zeitpunkt der Verfahrenseröffnung nicht mehr außerhalb des Konkursverfahrens geltend gemacht werden.

---

[731] Goltdammer, S. 322; Fürstenthal, S. 262; Koch, Lehrbuch II, S. 108; Treuherz, S. 199; Koch, Preußischer Civil-Prozeß, S. 847; Koch, Preußische Konkursordnung, S. 144.

[732] Koch, Lehrbuch II, S. 108; Treuherz, S. 185; Fürstenthal, S. 262.

[733] Koch, Preußischer Civil-Prozeß, S. 848.

[734] Hahn, Materialien IV, S. 473; Koch, Lehrbuch II, S. 109, 112; Treuherz, S. 30; Koch, Preußischer Civil-Prozeß, S. 849; Fürstenthal, S. 246.

Die bereits anhängigen Prozesse gingen wegen der Attraktivkraft des Konkurses auf die Gläubigerschaft über (§ 8 prKO)[735].

Zur Sicherung der Konkursmasse konnte das Gericht mehrere Maßnahmen gemäß § 137 prKO ergreifen. Es konnte das gesamte Mobiliarvermögen mit Ausnahme einiger Gegenstände zum persönlichen Gebrauch des Schuldners und seiner Familie versiegeln (§§ 141 ff. prKO). Diese Befugnis umfaßte auch die Handelsbücher und Handelspapiere des Schuldners[736]. In bezug auf Immobilien kam die Sicherstellung durch Beschlagnahme in Betracht, die durch Eintragung der Konkurseröffnung in die Hypothekenbücher erfolgte[737]. Schließlich konnte das Gericht einen offenen Arrest verfügen, um alle Personen, die Geld, Papiere oder andere Gegenstände des Schuldners in ihrem Besitz hatten, aufzufordern, sie an das Gericht abzugeben (§§ 145 ff. prKO)[738]. Falls erforderlich, konnte das Gericht diese Mittel schon vor der Eröffnung des Verfahrens ergreifen.

bb. Einstweilige Verwaltung

Unmittelbar nach der Verfahrenseröffnung bestellte das Gericht aus den Reihen seiner Mitglieder einen Kommissar (§ 127 prKO), der das gesamte Verfahren leitete, selbständig überwachte und wesentliche Verwaltungsmaßnahmen entschied, soweit nicht das Gericht ausnahmsweise selbst handelte[739]. Er hatte nicht die Stellung eines Einzelrichters, sondern war nur der gerichtliche Bearbeiter des Verfahrens[740].

Zum Vertreter der Gläubiger setzte das Gericht von Amts wegen einen einstweiligen Verwalter (§ 128 prKO) ein. Der einstweilige Verwalter mußte nach § 131 prKO die geltend gemachten Ansprüche feststellen, die Masse ermitteln und erhalten sowie dazu erforderliche Prozesse führen[741]. Er fertigte dazu ein Inventar und eine Bilanz an. Ziel der Tätigkeit des einstweiligen Verwalters war neben der Erfassung der Konkursmasse deren Erhaltung. Gegenstände sollte er nur ausnahmsweise veräußern, um Nachteile zu vermeiden (§ 151 prKO)[742]. Sobald eine vollständige Vermögensübersicht vorlag, nahm der Kommissar dem Gemein-

---

735 Goltdammer, S. 85; Hahn, Materialien IV, S. 473; Fürstenthal, S. 247; Koch, Preußische Konkursordnung, S. 36.

736 Fürstenthal, S. 262.

737 Fürstenthal, S. 263; Koch, Preußische Konkursordnung, S. 151.

738 Hahn, Materialien IV, S. 476; Fürstenthal, S. 262 f.

739 Wentzel/Klose, S. 66, 254; von Wilmowski, S. 3; Fuchs, Concursproceß, S. 25; Koch, Preußischer Civil-Prozeß, S. 885; Koch, Preußische Konkursordnung, S. 137.

740 Hahn, Materialien IV, S. 475.

741 Stieglitz, Einl. XVI; Fürstenthal, S. 261; Hullmann, S. 14.

742 Hullmann, S. 14.

schuldner und eventuell weiteren Personen einen Manifestationseid ab (§ 156 prKO). Der einstweilige Verwalter arbeitete unter der Aufsicht des Kommissars gemäß § 132 prKO. Besonders wichtige Maßnahmen mußte der Kommissar oder sogar das Konkursgericht genehmigen[743]. Beispielsweise mußte der Kommissar Veräußerungen von Mobilien zustimmen, wenn sie nicht durch die Fortführung des Geschäfts nötig waren. Der Abschluß eines Vergleichs und Klagen in bezug auf Immobilien bedurften der gerichtlichen Genehmigung[744].

Spätestens innerhalb von 14 Tagen nach der Konkurseröffnung erließ das Gericht gemäß § 164 prKO eine öffentliche Aufforderung an die Gläubiger, ihre Forderungen innerhalb einer festgelegten Frist anzumelden[745]. Dazu beraumte es den ersten allgemeinen Prüfungstermin an, in dem die Gläubiger gemäß § 169 prKO ihre Forderungen angaben. Sie nannten den Betrag und den Rechtsgrund ihrer Forderung und nannten ihre Beweise für die Richtigkeit sowie das beanspruchte Vorrecht ihres Anspruchs[746]. Nur die persönlichen Gläubiger des Schuldners nahmen an dem Verfahren teil. Die Inhaber dinglicher Rechte konnten als Vindikanten vorab ihre Gegenstände aus der Konkursmasse aussondern[747]. Die Verhandlung fand vor dem Kommissar statt. Der einstweilige Verwalter entschied, ob er eine Forderung oder ein beanspruchtes Vorrecht anerkannte oder bestritt (§ 172 prKO). Jeder Gläubiger hatte ebenfalls das Recht, Ansprüche zu bestreiten[748]. Sofern die geltend gemachte Forderung ganz oder teilweise unstreitig war, vermerkte der Kommissar dies auf der Urkunde des Gläubigers[749]. Gläubiger mit unstreitigen Ansprüchen bildeten die Gläubigerschaft, welche die Verwaltungs- und Verfügungsmacht über das schuldnerische Vermögen besaß[750]. Die streitigen Ansprüche verwies der Kommissar zur gerichtlichen Entscheidung[751]. Der betroffene Gläubiger führte gegen denjenigen, der seinen Anspruch bestritt, ein ordentliches streitiges Verfahren. Der Rechtsstreit fand nicht automatisch vor dem Konkursgericht statt, sondern vor dem Gericht, das nach den allgemeinen Vorschriften für den jeweiligen Rechtsstreit zuständig war (§ 227 prKO)[752]. Die separaten Prozesse gewährleisteten mithin eine gerichtliche Prüfung von Streitfragen, ohne

[743] Treuherz, S. 189; Fuchs, Concursproceß, S. 26; Hullmann, S. 14.
[744] Fürstenthal, S. 264.
[745] Goltdammer, S. 339; Fürstenthal, S. 264; Koch, Preußische Konkursordnung, S. 160.
[746] Wentzel/Klose, S. 290; Koch, Preußischer Civil-Prozeß, S. 889; Fuchs, Concursproceß, S. 26; Fürstenthal, S. 265.
[747] Hahn, Materialien IV, S. 473; Koch, Preußischer Civil-Prozeß, S. 851, 873; Hullmann, S. 13.
[748] Treuherz, S. 221; Fuchs, Concursproceß, S. 26.
[749] Koch, Preußische Konkursordnung, S. 160.
[750] Koch, Preußische Konkursordnung, S. 160.
[751] Koch, Preußische Konkursordnung, S. 160.
[752] Fuchs, Concursproceß, S. 26; Koch, Preußischer Civil-Prozeß, S. 839; Dernburg II, S. 275; Koch, Lehrbuch II, S. 117; Fürstenthal, S. 272; Treuherz, S. 270; Hullmann, S. 15.

das Konkursverfahren zu verzögern. Zur Befriedigung vorerst noch streitiger Forderungen verwahrte das Gericht gemäß § 246 prKO eine Spezialmasse, die nach Beendigung des Rechtsstreits aufgeteilt werden konnte[753]. Erschien ein Gläubiger zu dem allgemeinen Prüfungstermin nicht, präkludierte seine Forderung im Gegensatz zu dem gemeinen Recht nicht[754]. Ansprüche konnten gemäß § 176 prKO auch nachträglich angemeldet werden. Sie wurden dann allerdings nur bei den noch ausstehenden Verteilungen berücksichtigt[755]. Ein später auftretender Gläubiger mußte alles, was bis zum Zeitpunkt seines Eintretens geschehen war, gegen sich gelten lassen (§ 178 prKO).

cc. Akkordverfahren

In dem nächsten Verfahrensstadium entschieden die Beteiligten, ob ein Akkord zustande kam oder das Konkursverfahren fortgesetzt werden mußte[756]. Der Akkord war gemäß § 197 prKO ein gerichtlicher Vergleich zwischen dem Schuldner und den Gläubigern, der das Konkursverfahren aufhob[757]. Bei einem kaufmännischen Konkursverfahren mußte das Akkordverfahren zwingend abgewartet werden, bevor die Masse verwertet werden konnte[758]. In einem gemeinen Konkursverfahren hemmten die Akkordverhandlungen die Bestellung des definitiven Verwalters und die Liquidation der Masse nach § 337 prKO nicht. Für Nichtkaufleute war der Akkord weniger bedeutend, weil das Vermögen regelmäßig kleiner war und die Gläubiger nicht so stark auf eine schnelle Befriedigung drängten[759]. Nur ausnahmsweise, wenn das Gericht einen Akkordvorschlag des Schuldners für besonders sachdienlich hielt, konnte es die Verwertung der Masse aussetzen.

In einem separaten Gerichtstermin verhandelten die Gläubiger über den Akkord (§ 183 prKO)[760]. Nachdem der Kommissar über die Sachlage Bericht erstattet hatte (§ 184 prKO), stimmten die Gläubiger über den Vergleich ab. Zur Annahme

---

[753] Fuchs, Concursproceß, S. 29; Koch, Preußische Konkursordnung, S. 226; Dernburg II, S. 275.

[754] Dernburg II, S. 275; von Wilmowski, S. 3; Fuchs, Concursproceß, S. 26; Koch, Preußische Konkursordnung, S. 170.

[755] Wentzel/Klose, S. 62; Fuchs, Concursproceß, S. 27; Dernburg II, S. 275; Treuherz, S. 224; Koch, Preußischer Civil-Prozeß, S. 889; Koch, Preußische Konkursordnung, S. 161; Hullmann, S. 15.

[756] Fuchs, Concursproceß, S. 27.

[757] Koch, Preußischer Civil-Prozeß, S. 882; Fuchs, Concursproceß, S. 27; Fürstenthal, S. 267; Koch, Preußische Konkursordnung, S. 174.

[758] Wentzel/Klose, S. 39 f.; Hahn, Materialien IV, S. 477; Hullmann, S. 14.

[759] Wentzel/Klose, S. 404.

[760] Goltdammer, S. 357; Hahn, Materialien IV, S. 477; Fürstenthal, S. 267; Hellmann, Lehrbuch, S. 108; Hullmann, S. 16.

des Akkords war gemäß § 186 prKO eine doppelte Mehrheit erforderlich. Zusätzlich zu der Majorität der anwesenden, stimmberechtigten Gläubiger mußte die Summe der Forderungen der einwilligenden Gläubiger drei Viertel der gesamten Forderungen erreichen[761]. Waren diese Voraussetzungen eingehalten, bestätigte das Gericht den Akkord nach § 190 prKO, und zehn Tage später wurde der Vergleich rechtskräftig (§ 192 prKO)[762]. Er hatte nach § 196 prKO Bindungswirkung auch gegenüber den ablehnenden und abwesenden Gläubigern[763]. Lediglich Forderungen mit Vorzugsrechten mußten voll befriedigt werden, so daß diese Gläubiger keine Verluste durch den Akkord erlitten[764]. Neben dem gerichtlichen Vergleich verlor der außergerichtliche Vergleich an Bedeutung, weil der Schuldner nur in seltenen Fällen nachweisen konnte, daß alle Gläubiger in die Verfahrensaufhebung einwilligten[765].

dd. Definitive Verwaltung

Kam kein Akkord zustande oder hatte der Schuldner überhaupt keine Vergleichsverhandlungen beantragt, setzte sich das Konkursverfahren mit der definitiven Verwaltung fort[766]. Alle wesentlichen Aufgaben nahm in diesem Verfahrensabschnitt ein definitiver Verwalter wahr. Nach § 213 prKO schlugen ihn die Gläubiger vor und das Gericht ernannte ihn[767]. Er liquidierte die Masse und befriedigte die Gläubiger gemäß § 215 prKO. Dazu übernahm er die Geschäfte von dem einstweiligen Verwalter[768]. Um selbst bei der Liquidation mitzuwirken, konnten die Gläubiger zusätzlich einen Verwaltungsrat gemäß § 212 prKO einsetzen, der aus zwei bis drei Mitgliedern bestand[769]. Grundsätzlich verwaltete der definitive Verwalter selbständig das schuldnerische Vermögen (§ 221 prKO), so daß er nur für bestimmte Maßnahmen eine Genehmigung des Verwaltungsrates, des Kom-

761 Goltdammer, S. 364; Hahn, Materialien IV, S. 477; Fürstenthal, S. 268; Fuchs, Concursproceß, S. 27 f.; Treuherz, S. 231.

762 Goltdammer, S. 368; Fuchs, Concursproceß, S. 28; Treuherz, S. 231.

763 Fuchs, Concursproceß, S. 28; Fürstenthal, S. 269.

764 Fürstenthal, S. 269; Treuherz, S. 245.

765 Fürstenthal, S. 270.

766 Hellmann, Lehrbuch, S. 108; Dernburg II, S. 275; Fürstenthal, S. 270; Fuchs, Concursproceß, S. 29; Koch, Preußische Konkursordnung, S. 201.

767 Koch, Preußischer Civil-Prozeß, S. 879; Fuchs, Concursproceß, S. 27; Fürstenthal, S. 270; Dernburg II, S. 275.

768 Fürstenthal, S. 271.

769 Hellmann, Lehrbuch, S. 108; Koch, Preußische Konkursordnung, S. 201.

missars oder des Gerichts benötigte[770]. Eine dieser Ausnahmen war beispielsweise der Verkauf von Immobilien (§§ 222, 223 prKO).

Der definitive Verwalter entwarf einen Teilungsplan gemäß § 241 prKO, den der Kommissar beglaubigte[771]. Der Plan gab an, welche Masse für die Verteilung zur Verfügung stand, nachdem er die Forderungen der Massegläubiger vorab befriedigt hatte[772]. Außerdem führte der Teilungsplan sämtliche Forderungen auf und nannte die Geldbeträge, die auf die einzelnen Forderungen entfielen[773].

Neben den Massegläubigern gab es Gläubiger mit einem Recht auf abgesonderte Befriedigung nach §§ 31 ff. prKO. Die Immobiliar- und Pfandgläubiger, die mithin nicht zu den Konkursgläubigern zählten, wurden aus ihren jeweiligen Sicherungsobjekten außerhalb des Konkursverfahrens befriedigt[774]. Sofern die abgesonderten Vermögensgegenstände nicht vollständig für die Befriedigung der Realgläubiger benötigt wurden, flossen sie zurück in die Konkursmasse[775].

Die Rangordnung der Forderungen regelte das Gesetz im achten Abschnitt des ersten Titels (§§ 72 ff. prKO). Es existierten neun Rangklassen. Vor einer gleichmäßigen Befriedigung der gewöhnlichen Gläubiger in der neunten Klasse (§ 82 prKO) wurden acht Gruppen von Forderungen aus Gründen des öffentlichen Wohls oder wegen eines besonderen Schutzbedürfnisses vorrangig berücksichtigt[776]. Die privilegierten Rangklassen bestanden aus rückständigen Staatssteuern (§ 73 prKO), Gemeindesteuern (§ 74 prKO), Begräbniskosten (§ 75 prKO), Kosten für Krankheiten des Schuldners seit Konkurseröffnung (§ 76 prKO), Lohnforderungen des Dienstpersonals (§ 77 prKO), bestimmten fiskalischen Forderungen (§ 78 prKO) und Ansprüchen der Kommunen (§ 79 prKO). In der achten Gruppe folgten die Forderungen von Familienmitgliedern des Schuldners (§ 80 prKO). Kinder konnten ihr Vermögen zurückverlangen, das der Schuldner für sie verwaltet hatte. Ehefrauen konnten nur in einem gemeinen Konkursverfahren die Rückgabe ihres Vermögens begehren[777]. Die Gläubiger verhandelten mit dem Kommissar über die Rangfolge und konnten Einwendungen gegen die vorgeschlagene Einteilung erheben (§ 242 prKO). Sofern die Klassifizierung einer Forderung unstreitig war, konnte der entsprechende Gläubiger sofort befrie-

---

[770] Hahn, Materialien IV, S. 477; Fuchs, Concursproceß, S. 29; Koch, Preußische Konkursordnung, S. 205; Hullmann, S. 16.

[771] Treuherz, S. 189; Koch, Preußischer Civil-Prozeß, S. 882; Fürstenthal, S. 273.

[772] Hahn, Materialien IV, S. 474; Koch, Lehrbuch II, S. 92.

[773] Fuchs, Concursproceß, S. 29; Koch, Preußischer Civil-Prozeß, S. 890; Fürstenthal, S. 273.

[774] Goltdammer, S. 125; Hahn, Materialien IV, S. 473; Fürstenthal, S. 276; Dernburg II, S. 276; Hullmann, S. 13.

[775] Fürstenthal, S. 253.

[776] Hahn, Materialien IV, S. 474; Fürstenthal, S. 258; Hullmann, S. 13.

[777] Hahn, Materialien IV, S. 474; Koch, Lehrbuch II, S. 98 ff.; Hullmann, S. 13 f.

digt werden. Über eine streitige Rangfolge führten die Beteiligten einen separaten Prozeß[778].

Sobald der definitive Verwalter einen gewissen Erlös erzielt hatte, zahlte er ihn in Form von Abschlagszahlungen an die feststehenden Gläubiger aus (§ 239 prKO)[779]. Die Abschlagsverteilungen wiederholten sich, sooft der definitive Verwalter einen weiteren Erlös angesammelt hatte (§ 253 prKO). Mit einer Schlußverteilung gemäß § 276 prKO und einer Schlußrechnung endete das Verfahren, und das Konkursgericht gab die Beendigung des Konkursverfahrens durch Beschluß (§ 277 prKO) öffentlich bekannt[780].

c. Bewertung

Die preußische Konkursordnung hatte eine herausragende Bedeutung für die Rechtsentwicklung. Ihr kam Lob zuteil, weil sie die Sicherheit des gemeinen Prozesses mit der Flexibilität des französischen Rechts verband[781]. Sie war nicht nur das erste moderne konkursrechtliche Gesetzeswerk, sondern hatte innerhalb Deutschlands das größte Geltungsgebiet[782]. Der Verfahrensgang wies die beiden Grundzüge des gemeinen Konkursrechts - Gerichtsherrschaft und Universalität - nicht mehr auf. Eine weitreichende Gläubigerautonomie löste die starke Stellung des Gerichts ab und der Verweis von Streitigkeiten an andere Gerichte schränkte das Universalitätsprinzip ein. Die preußische Konkursordnung erreichte dadurch ein zügiges und übersichtliches Verfahren zur Feststellung der Forderungen[783]. In der Ablösung des langwierigen gemeinrechtlichen Verfahrens lag ein wesentlicher Vorzug des neuen Gesetzes.

Die preußische Konkursordnung lehnte sich deutlich an den Code de commerce an. Das französische Konkursrecht beeinflußte sowohl den generellen Verfahrensgang als auch Detailregelungen. Die Verwaltung des Schuldnervermögens zerfiel nach dem preußischen Recht in ein provisorisches und ein definitives Stadium. Akkordverhandlungen fanden zwingend vor der Verwertung der Masse statt und die Voraussetzungen für die Annahme des Akkords waren identisch. Das preußische Konkursrecht beschränkte sich aber nicht darauf, das französische Recht zu übernehmen, sondern entwickelte einige Vorschriften weiter. Da-

---

[778] Fuchs, Concursproceß, S. 29; Dernburg II, S. 275.
[779] Dernburg II, S. 275; Koch, Preußischer Civil-Prozeß, S. 882; Fuchs, Concursproceß, S. 29; von Wilmowski, S. 3; Treuherz, S. 274; Hullmann, S. 17.
[780] Hahn, Materialien IV, S. 478; Fürstenthal, S. 277.
[781] Stieglitz, Einl. XII; Hahn, Materialien IV, S. 472.
[782] Von Sarwey, Konkurs nach den Entwürfen, S. 3.
[783] Von Wilmowski, S. 4; Fuchs, Concursproceß, S. 24.

durch konnte es auf verschiedene unterschiedliche Bedingungen in den beiden Staaten reagieren und weitere Verbesserungen erreichen.

Gemessen an der Vielzahl von Vorzügen hatte die preußische Konkursordnung tatsächlich kaum Nachteile. Das Gesetz war mit 440 Paragraphen sehr umfangreich und teilweise kasuistisch, wie hinsichtlich der Anfechtung oder der schwebenden Rechtsgeschäfte. Dadurch fehlte teilweise die erforderliche Flexibilität. Gelegentlich setzte die preußische Konkursordnung ihre Grundprinzipien nicht in aller Konsequenz um, beispielsweise beschränkten einzelne Vorschriften die Befugnisse des Verwalters und die Gläubigerautonomie. In der praktischen Anwendung erwiesen sich manche Regelungen als unnötig, obwohl sie theoretisch vorteilhaft erschienen. Die Differenzierung zwischen der provisorischen und definitiven Verwaltung hemmte etwa den Verfahrensablauf, ohne besondere Vorteile zu bieten.

aa. Verfahrensunterschiede gegenüber dem gemeinen Recht

(1) Personenkreis

Die preußische Konkursordnung entwickelte ein eigenes Konzept in bezug auf die Frage, für welche Schuldner ein Konkursverfahren zulässig sein sollte. Nach dem gemeinen Recht war das Konkursverfahren für alle Personen, Kaufleute wie Nichtkaufleute, zugänglich. Das hatte den Nachteil, zwischen unterschiedlichen Fallkonstellationen nicht differenzieren zu können. Schuldner mit einem geringen Vermögen durchliefen zwingend dieselben Verfahrensstadien wie Unternehmer mit einem großen Geschäft. Das Konkursverfahren war für die kleinen Vermögensmassen oft unzweckmäßig und hätte durch ein einfacheres Verfahren ersetzt werden können[784]. Das französische Recht stand zu dem gemeinen deutschen Recht in Kontrast, indem es ein Konkursverfahren nur für Kaufleute zuließ und alle übrigen Schuldner auf die Einzelvollstreckung verwies.

Diese deutliche Trennung übernahm die preußische Konkursordnung von dem Code de commerce nicht. Ein Grund war sicherlich, daß es in Preußen nach dem Zivilprozeßrecht kein Einzelvollstreckungsverfahren unter der Beteiligung mehrerer Gläubiger gab. Im Interesse der Gläubiger ließ der Gesetzgeber die Gesamtvollstreckung für alle Schuldner zu. Für Kaufleute war das Konkursverfahren viel wichtiger als für andere Schuldner, weil Handelstreibende regelmäßig ein umfassenderes Vermögen besaßen, kompliziertere Geschäftsvorfälle und eine Vielzahl von Gläubigern häufig waren. Dennoch wollte der Gesetzgeber den Gläubigern von Nichtkaufleuten die Gesamtvollstreckung nicht generell verweigern[785]. Durch

[784] Wentzel/Klose, S. 34; Treuherz, S. 16.
[785] Wentzel/Klose, S. 35 f.

die geänderten Gewerbe- und Handelsverhältnisse konnten auch Nichtkaufleute umfangreiche Geschäfte führen und mit vielen Gläubigern in Kontakt stehen, ohne zwingend Kaufmann zu sein[786]. Ihnen stand daher der Weg zu einem Konkursverfahren offen, für das grundsätzlich dieselben Vorschriften galten wie für das kaufmännische Verfahren.

Um neben den unterschiedlichen Bedürfnissen von Kaufleuten zusätzlich den Umfang der Masse zu berücksichtigen, konnte das Gericht bei Kaufleuten und Nichtkaufleuten die Eröffnung des Verfahrens gemäß §§ 306, 339 prKO ablehnen. Die Ablehnung des Eröffnungsantrags mangels Masse war für das deutsche Recht eine wichtige Neuerung, die bis zur Gegenwart immer größere Bedeutung erlangte. Das bisherige Recht ermöglichte es dem Gericht nicht, auf ein geringes Schuldnervermögen zu reagieren, so daß auch aussichtslose Verfahren betrieben wurden. Dies führte dazu, daß Gläubiger trotz eines langen Verfahrens, nicht befriedigt wurden.

(2) Eröffnungsbeschluß

Bei der Eröffnung des Konkursverfahrens enthielt die preußische Konkursordnung eine wesentliche Verbesserung gegenüber dem gemeinen Recht. Nach der Allgemeinen Gerichtsordnung prüfte das Gericht genau die Verfahrensvoraussetzungen, bevor es den Eröffnungsbeschluß erließ, der mit dem Rechtsmittel der Appellation angreifbar war. Demgegenüber sah die preußische Konkursordnung bis zum Eröffnungsbeschluß nur eine summarische Ermittlung vor (§§ 118, 119, 326 prKO). Nur wenn der Schuldner die Wiederaufhebung des Verfahrens beantragte, fand eine Prüfung mit Beweisführung statt, die das weitere Konkursverfahren nicht aufhielt (§§ 124 - 126, 330, 331 prKO)[787]. Das Verfahren konnte früher eröffnet werden, so daß Sicherungsmittel zugunsten der Gläubiger schneller einsetzten und Manipulationen des Schuldners, wie die vorsätzliche Verzögerung des Verfahrensbeginns, eingeschränkt wurden[788]. Die frühe Verfahrenseröffnung wurde zusätzlich dadurch gefördert, daß bei Kaufleuten nur die Zahlungseinstellung und nicht die Vermögensunzulänglichkeit vorliegen mußte. Andererseits war eine Verfahrenseröffnung von Amts wegen nur als Ausnahme bei kaufmännischen Konkursen vorgesehen, wenn den Gläubigern durch einen verzögerten Verfahrensbeginn Nachteile drohten[789]. Der Gesetzgeber schränkte damit den Einfluß des Gerichts auf berechtigte Einzelfälle ein.

---

[786] Mittermaier, AcP 37 (1854), S. 270 (288).
[787] Goltdammer, S. 21; Koch, Preußischer Civil-Prozeß, S. 884 f.
[788] Treuherz, S. 16.
[789] Goltdammer, S. 21 f.; Treuherz, S. 182.

(3) Verwaltung des Schuldnervermögens

Die Verwaltung des schuldnerischen Vermögens entfiel aus dem Verantwortungsbereich des Gerichts. Aus dem französischen Recht übernahm das preußische Recht den richterlichen Kommissar, der das Verfahren und insbesondere die Verwaltung selbständig überwachte. Dadurch wurde die richterliche Herrschaft über das Verfahren stark zurückgedrängt. Das Gericht verfügte die notwendigen Sicherungsmaßnahmen, verwaltete das Schuldnervermögen vorläufig und beaufsichtigte allgemein das Verfahren[790]. Darüber hinaus war es nicht mit weiteren Verwaltungsaufgaben belastet und konzentrierte sich auf die Entscheidung streitiger Fragen. Der Kommissar konnte das Verfahren schneller vorantreiben als ein kollegial besetztes Gericht[791].

Mit der preußischen Konkursordnung änderte sich die Stellung des Verwalters grundlegend zugunsten einer stärkeren Gläubigerselbstverwaltung. Der Verwalter arbeitete nicht mehr als Gehilfe des Gerichts, sondern als Vertreter der Gläubiger. Er war weitgehend selbständig und mußte nur in besonders wichtigen Fällen andere Beteiligte in seine Entscheidungen einbeziehen. Die Vermögensverwaltung durch die Gläubiger war zweckmäßiger. Das gemeinsame Interesse, die Masse zu erhalten und effektiv zu verwalten, verband die Gläubiger und führte zu sinnvollen Maßnahmen[792].

Das Konzept, die Verwaltung in ein vorläufiges und ein definitives Stadium zu unterteilen, übernahm das preußische Recht von dem Code de commerce. Neu gegenüber dem französischen Recht war die Einrichtung eines Verwaltungsrates. Als Gläubigerausschuß sollte er die Rechte der Gläubiger stärker in das Verfahren einbringen, ohne daß die gesamte Gläubigerschaft zu einer Versammlung einberufen werden mußte[793].

(4) Verfahrensabschnitte

Die preußische Konkursordnung beseitigte die starre Unterteilung des Verfahrens, die dem gemeinen Recht zugrunde lag. Die ausführlichen Ladungen der Gläubiger zu Beginn des gemeinrechtlichen Konkursverfahrens, die eine häufige Fehlerquelle darstellten und dadurch das Verfahren behinderten, entfielen. Damit wurde gleichzeitig die Präklusion von nicht rechtzeitig angemeldeten Forderungen aufgehoben. Die Präklusion beschränkte unnötig die Rechte von später eintretenden Gläubigern. Weil nachträglich erschienene Gläubiger das bis dahin Gesche-

---

[790] Wentzel/Klose, S. 64.
[791] Treuherz, S. 188.
[792] Wentzel/Klose, S. 64; Goltdammer, S. 24.
[793] Goltdammer, S. 396; Koch, Preußische Konkursordnung, S. 201 f.

hene gegen sich gelten lassen mußten, verzögerte ihr zeitlich uneingeschränkter Zugang zum Verfahren den Ablauf nicht[794].

Das Verfahren gestaltete sich insgesamt einfacher und übersichtlicher. Es gab keine abgegrenzten Verfahrensabschnitte, die erst durch gerichtliches Urteil und eventuelle Rechtsmittel beendet werden mußten, bevor der nächste Abschnitt beginnen konnte. Separate Liquidations-, Klassifikations- und Distributionsurteile gab es nicht. Das Gericht war nicht unnötig mit organisatorischen Aufgaben, wie der Entgegennahme der angemeldeten Forderungen betraut. Die Streitfragen wurden in separate Prozesse ausgegliedert und behinderten somit nicht den Fortgang des Verfahrens. Die erreichte Vereinfachung und Beschleunigung ging nicht zu Lasten einer sorgfältigen Entscheidung über streitige Forderungen, denn die richterliche Prüfung inklusive Rechtsmittel war gewährleistet.

Das Distributionsverfahren des gemeinen Rechts mit einem Distributionsurteil hob die preußische Konkursordnung auf. Der Verwalter verteilte die Masse, sobald die Gläubiger bekannt waren. Die Abschlagsverteilungen nach französischem Vorbild ermöglichten, einen Erlös sofort zu verteilen, ohne ihn erst bei Gericht hinterlegen zu müssen. Die schnelle Verteilung des Geldes begrenzte den wirtschaftlichen Schaden der Gläubiger.

bb. Beendigung durch Vergleich

Die preußische Konkursordnung verbesserte die Möglichkeiten, das Konkursverfahren durch einen gerichtlichen Vergleich zu beenden. Bis dahin war in Deutschland nur ein unpraktisches Vergleichsverfahren bekannt. Beispielsweise verwies § 589 AGO auf den Grundsatz, daß kein Gläubiger verpflichtet sei, auf Vergleichsvorschläge des Schuldners einzugehen, die zu der Kürzung seiner Forderung führten[795]. Nach dem gemeinen Recht behinderten die widerstreitenden Interessen der Gläubiger einer Rangklasse und der Klassen untereinander eine Einigung. Dadurch war ein Vergleichsverfahren praktisch undurchführbar[796]. Um das Vergleichsverfahren grundlegend modernisieren zu können, beschränkte der Gesetzgeber das gemeinrechtliche Vorrechtssystem. Die neuen Vorschriften über den Akkord lehnten sich deutlich an die französische Gesetzgebung an. Das preußische Recht übernahm nicht nur die generelle Konzeption des französischen Verfahrens, bei dem die Gläubiger in einem Prüfungstermin über den Vergleich verhandelten und so entschieden, ob das Konkursverfahren weiter fortgesetzt wurde. Auch in bezug auf Details lehnte sich die preußische Konkursordnung an

---

[794] Treuherz, S. 18; Goltdammer, S. 26.
[795] Goltdammer, S. 28.
[796] Goltdammer, S. 29.

das französische Recht an. Die Annahme des Akkords hing in Preußen von exakt denselben Voraussetzungen ab wie im französischen Recht.

Der gerichtliche Akkord sparte die Kosten für das weitere Konkursverfahren, so daß mehr Vermögen für die Befriedigung der Gläubiger verblieb. Außerdem beschleunigte der Akkord das Verfahren, und die Gläubiger erhielten früher einen finanziellen Ausgleich. Auch die Situation des Schuldners verbesserte sich, weil er zu einem frühen Zeitpunkt die Dispositionsbefugnis über sein Vermögen zurückerhielt[797].

cc. Privilegien

Die preußische Konkursordnung beseitigte die umfangreiche Rangordnung der Gläubigerforderungen nach dem gemeinen Recht. Seit dem römischen Recht war das System von Vorrechten bis zur Allgemeinen Gerichtsordnung kontinuierlich ausgeweitet worden, so daß es immer komplizierter und unpraktischer geworden war[798]. Mit der preußischen Konkursordnung wurden die Privilegien zwar nicht vollständig beseitigt, aber dennoch deutlich beschränkt. Es entfielen insbesondere die Vorrechte des gemeinen Rechts, die für die Gläubiger nicht erkennbar waren und daher ein großes Problem darstellten. Infolgedessen verbesserte sich die Rechtssicherheit, weil die Gläubiger die Vermögenslage des Schuldners und damit auch die Chancen der eigenen Befriedigung realistischer einschätzen konnten[799]. Der Schuldner konnte fortan nicht mehr eigenmächtig einzelne Forderungen privilegieren, so daß die Gläubiger gerechter und gleichmäßiger befriedigt wurden[800]. Gleichzeitig entfielen zahlreiche Prioritätsstreitigkeiten, was sich positiv auf den Verfahrensablauf und die Verfahrensdauer auswirkte[801].

dd. Anfechtung

Die Anfechtung von Rechtsgeschäften war bis 1855 nur rudimentär geregelt. Die Allgemeine Gerichtsordnung hatte als gemeinrechtliche Kodifikation zwar die Grundgedanken der *actio Pauliana* aus dem römischen Recht aufgenommen, doch boten die Regelungen keinen effektiven Gläubigerschutz. Verfügungen des Schuldners vor Verfahrenseröffnung waren grundsätzlich gültig und Ausnahmen galten nur für bestimmte, einzeln aufgeführte Fälle[802]. Der Schuldner konnte ein-

[797] Goltdammer, S. 29; Treuherz, S. 19.
[798] Goltdammer, S. 11; Dernburg II, S. 275; Treuherz, S. 15.
[799] Goltdammer, S. 14.
[800] Wentzel/Klose, S. 16; Goltdammer, S. 13.
[801] Wentzel/Klose, S. 12; Goltdammer, S. 13; Treuherz, S. 16.
[802] Goltdammer, S. 30 f.; Wentzel/Klose, S. 56; Treuherz, S. 20.

zelne Gläubiger begünstigen, obwohl er bereits insolvent war und die Eröffnung des Konkursverfahrens unmittelbar bevorstand[803]. Die Schwächen des gemeinen Rechts verstärkten schwierige Beweisregeln. Anfechtbare Verfügungen des Schuldners konnten - abgesehen von Schenkungen - nur selten belegt werden[804]. Diesen Nachteil behob die preußische Konkursordnung mit den §§ 373 bis 375, 393 prKO, die anstelle der strengen Beweisregeln eine richterliche Ermessensentscheidung gestatteten[805]. Mit den Vorschriften zur Anfechtung von Rechtsgeschäften erweiterte das preußische Recht die Gläubigerrechte über das französische Recht hinaus. Einzelne Gläubiger waren zur Anfechtung von Rechtshandlungen des Schuldners befugt, so daß sich ihre Rechte erweiterten.

ee. Weiterentwicklung des französischen Rechts

Das preußische Konkursrecht von 1855 wies zahlreiche Übereinstimmungen mit dem Code de commerce auf, beschränkte sich aber nicht auf eine Übernahme der französischen Regelungen. Manche Vorschriften entwickelte das preußische Recht weiter und erzielte damit eine Verbesserung:

Neben der erwähnten Verbesserung der Anfechtungsvorschriften beinhaltete die preußische Konkursordnung detailliertere Regelungen über die Behandlung schwebender Verträge. Ebenfalls neu war die Einführung eines Verwaltungsrates neben dem definitiven Verwalter. Der Verwaltungsrat sollte die Interessen der Gläubiger vertreten und lehnte sich damit an den bereits in den Stadtrechten auftretenden Gläubigerausschuß an, der dem *curator* für Rückfragen bei den Gläubigern zur Verfügung stand[806]. Auch die Notwendigkeit eines Teilungsplans war eine Neuerung.

Es war nicht der Regelfall, daß die preußische Gesetzgebung Details aus dem französischen Recht übernahm, wie bei dem Akkordverfahren. Teilweise unterschieden sich die Einzelheiten, obwohl die generelle Konzeption des französischen Rechts mit der des preußischen Rechts übereinstimmte. Beispiel hierfür ist die Art der Ladung der Gläubiger zu Beginn des Verfahrens. Nach dem französischen Recht forderten die einstweiligen Verwalter die Gläubiger auf, ihre Forderungen anzumelden. Die bekannten Gläubiger erhielten ein Schreiben des einstweiligen Verwalters und die unbekannten Gläubiger erfuhren von der Verfahrenseröffnung und dem Termin durch öffentliche Blätter[807]. Nach § 168 prKO gab es zwar auch ein Schreiben an die bekannten Gläubiger durch den einstweiligen

[803] Goltdammer, S. 31; Treuherz, S. 20.
[804] Goltdammer, S. 31; Treuherz, S. 21.
[805] Goltdammer, S. 31; Treuherz, S. 21.
[806] Treuherz, S. 259.
[807] Koch, Preußische Konkursordnung, S. 160.

Verwalter, die öffentliche Ladung führte aber das Gericht durch. Der minimale Unterschied zeigt, daß sich der preußische Gesetzgeber bei der Schaffung der Konkursordnung nicht mit einer Übernahme des französischen Rechts begnügen wollte. Trotz einer Adaption von französischen Grundzügen blieben Abweichungen und preußische Eigenarten möglich.

3. Weitere Entwicklung bis zur Novelle von 1869

In der weiteren Entwicklung dehnte der Gesetzgeber zunächst den räumlichen Geltungsbereich der preußischen Konkursordnung aus. Durch Gesetz vom 31. Mai 1860 erlangte sie in den Hohenzollernschen Lande Geltung, und ein Gesetz vom 3. Februar 1864 führte sie in dem Bezirk des Justizsenats zu Ehrenbreitstein ein. In diesen Gebieten waren zuvor das Grundpfandrecht- und Hypothekensystem des gemeinen Rechts geändert worden[808].

Gleichwohl führte der Erlaß der Konkursordnung von 1855 nicht zur Rechtseinheit innerhalb des preußischen Staates. Neben der preußischen Konkursordnung galten der Code de commerce in der Rheinprovinz, in Hannover die Zivilprozeßordnung von 1850, in Nassau die Verordnung über den Exekutiv- und Konkursprozeß von 1859 und in manchen Gebieten noch die Konkursregelungen der Allgemeinen Gerichtsordnung. Zudem gab es Landesteile wie Schleswig-Holstein und Neuvorpommern, in denen das gemeine Recht galt, modifiziert durch einzelne Gesetze[809].

Im Jahr 1869 erneuerte eine Novelle einzelne Vorschriften der preußischen Konkursordnung und reagierte damit auf verschiedene in der Praxis aufgetretene Mängel des Gesetzes. Dazu erging am 12. März 1869 das Gesetz, die Abänderung einiger Bestimmungen der Konkursordnung vom 8. Mai 1855 betreffend[810], das gemäß Art. IV zum 1. Juli 1869 in Kraft trat. Eine wesentliche Modernisierung bestand in der Einführung eines einstweiligen Verwaltungsrates. Die Gläubigerschaft konnte ihn gemäß § 128 prKO neue Fassung (n. F.) neben dem einstweiligen Verwalter einsetzen lassen. Nach § 136 a prKO n. F. nahm er die Interessen der Gläubiger bei der Ermittlung, Erhaltung und vorläufigen Benutzung der Masse wahr. Dazu wurde er zur Bilanz, den genehmigungspflichtigen Rechtsgeschäften, der Fortsetzung des Geschäfts des Schuldners und weiteren Maßnahmen des einstweiligen Verwalters gutachtlich angehört. Der einstweilige Verwal-

---

808 Hahn, Materialien IV, S. 479; Schubert/Regge, Quellen zur preußischen Gesetzgebung II/10, S. XVI; Hullmann, S. 13.

809 Von Sarwey/Boßert, S. 1; Hahn, Materialien IV, S. 435; Coing (Bergfeld), Quellen III/3, S. 2967; Kohler, Lehrbuch, S. 43; Fuchs, Concursproceß, S. 12 ff.

810 Abgedruckt in der Gesetz-Sammlung für die königlichen Preußischen Staaten 1869, S. 465 ff.

tungsrat konnte sich auch in dem Akkordverfahren äußern. Er war insgesamt dem definitiven Verwaltungsrat nachgebildet, so daß verschiedene alte Vorschriften über den definitiven Verwaltungsrat Anwendung fanden.

Der Schwerpunkt der Änderungen bezog sich auf das Akkordverfahren, dessen Zustandekommen erschwert wurde. Nach § 181 prKO n. F. mußte der Akkordantrag des Gemeinschuldners zukünftig einen Akkordvorschlag beinhalten. In dem Verhandlungstermin über den Akkord besaßen die Gläubiger nach § 184 prKO n. F. das Recht, durch einen Mehrheitsbeschluß weitere Ermittlungen durch den einstweiligen Verwaltungsrat oder einen Gläubigerausschuß vorzunehmen. Sie konnten zusätzlich erwirken, daß das Gericht die Beschlußfassung über den Akkord während der weiteren Untersuchungen aussetzte. War der Abschluß eines Akkords nach § 189 prKO a. F. nur unzulässig, wenn der Gemeinschuldner flüchtig war oder gegen ihn wegen „betrüglichen Bankerutts" ermittelt wurde, gab es nach der Novelle einen weiteren Unzulässigkeitsgrund. Die Beteiligten konnten keine Akkordvereinbarung treffen, sofern in demselben Konkursverfahren bereits ein Akkordverfahren eröffnet und wieder beendet worden war, beispielsweise weil die Gläubiger einen Akkordantrag abgelehnt hatten oder der Schuldner ihn zurückgenommen hatte. § 193 prKO n. F. erweiterte daneben die Fälle, in denen das Gericht eine Bestätigung des Akkords versagen mußte. Wenn der Schuldner bereits früher einmal in Konkurs gefallen war, mußte er nachweisen, daß die erneute Zahlungsunfähigkeit durch ein unverschuldetes Unglück eingetreten war. Auch stellte die Novelle Regelfälle auf, in denen das Gericht die Akkordbestätigung wegen einer Benachteiligung der Gläubigerinteressen verweigern mußte.

Es gab verschiedene Neuerungen, die dazu dienten, die modernen Techniken in dem Konkursverfahren zu berücksichtigen. Das Gericht mußte neben den Postanstalten zukünftig auch Telegraphenanstalten von dem offenen Arrest informieren, damit diese Sendungen und Briefe für den Gemeinschuldner an den Verwalter abgeben konnten (§ 149 prKO n. F.). § 244 prKO n. F. ermöglichte, den bei Abschlagsverteilungen abwesenden Gläubigern ihre Anteile per Post zuzusenden, sofern sie innerhalb des Norddeutschen Postbezirks wohnten.

Daneben gab es mehrere geringfügige Änderungen. Beispielsweise entfielen nach § 138 prKO n. F. die in der alten Fassung explizit aufgeführten Fälle, in denen das Gericht den Schuldner verhaften mußte. Die Bilanz mußte fortan gemäß § 155 prKO n. F. die Schulden einzeln aufführen. Der Bericht des einstweiligen Verwalters über die Sachlage mußte eine gutachtliche Äußerung enthalten, ob die Buchführung des Schuldners dem Allgemeinen Deutschen Handelsgesetzbuch entsprach (§ 163 prKO n. F.). Wesentlich erweitert wurden die Rechte der Gläubiger, verschiedene Unterlagen bei Gericht einzusehen, beispielsweise den Bericht des einstweiligen Verwalters, die Handelsbücher, die Bilanz und den Akkordvorschlag des Schuldners. Gemäß § 183 n. F. mußte im Akkordverfahren ein

Hinweis an die Gläubiger ergehen, daß die Materialien im Gerichtslokal zur Einsicht auslagen.

4. Vergleichbare Partikularrechte

Die preußische Entwicklung beeinflußte andere Partikularrechte des 19. Jahrhunderts. Die österreichische Konkursordnung von 1869 nahm die preußische Gesetzgebung zum Konkursrecht ebenso wie das dänische Konkursgesetz von 1872 zum Vorbild[811]. Innerhalb Deutschlands lehnte sich der Entwurf einer Konkursordnung für das Königreich Sachsen an die Grundprinzipien der preußischen Konkursordnung an. Auch der bayerische Gesetzgeber orientierte sich bei der Abfassung der neuen Zivilprozeßordnung in bezug auf den konkursrechtlichen Teil an der preußischen Konkursordnung[812]. Die bayerische Zivilprozeßordnung veranschaulicht, wie andere Partikularrechte das preußische Recht einerseits übernahmen und andererseits ihre eigenen Besonderheiten bewahrten.

a. Konkursverfahren nach der bayerischen Zivilprozeßordnung

Die bayerische Zivilprozeßordnung (bayZPO) vom 29. April 1869[813] behandelte in ihrem fünften Buch das Konkursrecht mit den Regelungen der Art. 1173 ff. bayZPO zur „Gant“. Die gesetzliche Neuregelung wandte sich wie in Preußen erstmals konsequent von dem gemeinen Recht ab. Sie orientierte sich an dem preußischen Recht, enthielt aber auch Besonderheiten[814].

Dem preußischen Recht nachempfunden waren der generelle Ablauf und die Unterteilung des Verfahrens in ein provisorisches Verwaltungsstadium (Art. 1233 ff. bayZPO) und ein definitives (Art. 1280 ff. bayZPO). Auch die Aufgabenverteilung zwischen dem Gantgericht, dem Kommissar und den Masseverwaltern wies eine unverkennbare Anlehnung an das preußische Recht auf. Das als Gantgericht zuständige Bezirksgericht bestellte aus den Reihen seiner Mitglieder einen Kommissar, der das Verfahren leitete. Daneben gab es zunächst einen provisorischen Masseverwalter, der selbständig die Masse und die Gläubigerschaft vertrat. Bei größeren Verfahren konnte zusätzlich ein Gläubigerausschuß eingerichtet werden. Nur ausnahmsweise, bei besonders wichtigen, vom Gesetz aufgezählten Fällen

---

[811] Gottwald (Gottwald), § 1 Rn. 5; Stieglitz, Einl. XII; Jaeger, Lehrbuch Konkursrecht, S. 10; von Wilmowski, S. 4; Wengler, Konkursordnung, S. 16; von Sarwey, Konkurs nach den Entwürfen, S. 3.

[812] Stieglitz, Einl. XII; Von Sarwey, Konkurs nach den Entwürfen, S. 3.

[813] Abgedruckt im Gesetzblatt für das Königreich Bayern 1866-1869, S. 1233 ff.

[814] Gottwald (Gottwald), § 1 Rn. 5; Hahn, Materialien IV, S. 480; von Wilmowski, S. 4; Jaeger, Lehrbuch Konkursrecht, S. 10; Wengler, Konkursordnung, S. 16; Hullmann, S. 17.

entschieden der Kommissar oder das Gantgericht selbst über Verwaltungsangelegenheiten[815].

Zur Anmeldung der Forderungen legte der Kommissar einen Prüfungstermin fest, in dem jeder Gläubiger über seinen Anspruch sowie das begehrte Vorrecht verhandelte und vorhandene Beweismittel präsentierte[816]. Im Gegensatz zu der preußischen Konkursordnung war der Masseverwalter nicht berechtigt, einen Anspruch zu bestreiten. Die Gläubiger konnten einer Forderung entgegentreten in bezug auf ihr generelles Bestehen und die beanspruchte Rangstellung. Über die Streitigkeiten entschied das Gantgericht in einem separaten Verfahren durch ein Urteil[817]. Um die zusätzlichen Rechtsstreitigkeiten zügig und gleichzeitig zu erledigen, reservierte das Gericht bestimmte Sitzungstage für deren Verhandlung[818].

Standen die Gläubiger fest, wählten sie einen definitiven Masseverwalter. Er übernahm die Geschäfte von seinem Vorgänger, setzte die Verwaltung des Schuldnervermögens fort und verwertete es schließlich. Der Kommissar entwarf einen Verteilungsplan, der die Befriedigung der Gläubiger regelte. Einwendungen dagegen konnten die Gläubiger wiederum in eigenen, ordentlichen Prozessen verfolgen[819].

Neben diesen prinzipiellen Übereinstimmungen wich die bayerische Prozeßordnung in manchen Punkten deutlich von dem preußischen Recht ab. Bereits für die Eröffnung des Verfahrens galten andere Voraussetzungen. In Bayern gab es keine Differenzierung zwischen einem kaufmännischen und einem gemeinen Verfahren, und ausschließlich die Vermögensunzulänglichkeit bildete einen Eröffnungsgrund[820]. Ein weiterer wesentlicher Unterschied lag darin, daß an die Stelle des preußischen Eröffnungsbeschlusses ein Erkenntnis über die Konkurseröffnung trat. Erst nach dessen Rechtskraft konnte das Verfahren mit der Ladung der Gläubiger fortgesetzt werden[821]. Hatte ein Gläubiger die persönliche Ladung nicht erhalten, konnte er das Liquidations- und Verteilungsverfahren gegenüber sämtlichen Beteiligten anfechten, auch wenn der Verteilungsplan bereits festgestellt

---

815 Fuchs, Concursproceß, S. 30 f.; Barth, S. 346.
816 Barth, S. 358.
817 Hahn, Materialien IV, S. 481; Fuchs, Concursproceß, S. 31; Kohler, Lehrbuch, S. 44; Barth, S. 371; Hullmann, S. 18.
818 Kohler, Lehrbuch, S. 44; Barth, S. 371.
819 Hahn, Materialien IV, S. 481; Fuchs, Concursproceß, S. 32 f.; Barth, S. 398, 400 f.
820 Hahn, Materialien IV, S. 480; Barth, S. 303; Fuchs, Concursproceß, S. 30; Hullmann, S. 18; von Sarwey, ZHR 23 (1878), S. 371 (383).
821 Hahn, Materialien IV, S. 480; Fuchs, Concursproceß, S. 30 f.; Barth, S. 358.

war[822]. Die provisorischen Verwalter bestellten die Gläubiger ohne Mitwirkung des Gerichts[823].

Die Regelungen über den Akkord wichen ebenfalls deutlich von dem preußischen Recht ab. In einer Gläubigerversammlung konnten die Gläubiger über einen Akkord verhandeln. Der Vorschlag konnte sowohl von dem Schuldner, als auch einem Gläubiger oder dem Kommissar stammen. Sämtliche Gläubiger mußten nach der bayerischen Zivilprozeßordnung zustimmen, so daß der Kommissar die Entscheidung der abwesenden Gläubiger nachträglich einholen mußte. Mithin konnte ein einziger Gläubiger durch seine Ablehnung das gesamte Akkordverfahren scheitern lassen. Der außergerichtliche Akkord unterschied sich nur dadurch von dem gerichtlichen, daß der Schuldner selbst die Zustimmung sämtlicher Gläubiger nachweisen mußte[824]. Der praktische Nutzen der Akkordvorschriften war infolgedessen beschränkt[825].

b. Bewertung

Indem sich das bayerische Konkursrecht in seiner grundsätzlichen Konzeption dem preußischen Gesetz anschloß, zeigte sich, daß in Deutschland das Bedürfnis für Modernisierungen bestand. Das Bemühen um neue konkursrechtliche Regelungen war kein ausschließlich preußisches Phänomen. Die wirtschaftlichen Verhältnisse erforderten in der zweiten Hälfte des 19. Jahrhunderts zunehmend eine Abwendung von dem schwerfälligen Konkursverfahren des gemeinen Rechts. Die starke Herrschaft des Gerichts und die Universalität bildeten ein Hindernis für ein effektives Konkursverfahren. Die zügige, größtmögliche Befriedigung der Gläubiger mußte als eigentlicher Zweck des Konkursverfahrens stärker in den Vordergrund rücken. Dazu stärkte die bayerische Zivilprozeßordnung wie das preußische Recht die Gläubigerautonomie und bemühte sich um einen schnellen Verfahrensgang.

Trotz einer konzeptionellen Anlehnung an das preußische Recht behielt das bayerische Konkursrecht seine Eigenarten. Die preußische Konkursordnung wurde nicht komplett übernommen, obwohl sie eine sehr moderne Regelung darstellte. Die bayerischen Vorschriften zur Gant wendeten sich nicht so deutlich dem französischen Recht zu wie die preußische Konkursordnung. Teilweise blieben Relikte aus dem gemeinen Recht erhalten, insbesondere erfolgte die Verfahrenseröffnung durch ein mit Rechtsmitteln anfechtbares Erkenntnis. Darin fand sich der gemeinrechtliche Gedanke, einen Verfahrensabschnitt durch richterliche Ent-

---

822 Hullmann, S. 18.
823 Hullmann, S. 18.
824 Fuchs, Concursproceß, S. 33.
825 Hahn, Materialien IV, S. 481; Kohler, Lehrbuch, S. 44; Barth, S. 409 f.

scheidung vollständig abzuschließen, bevor der nächste beginnen konnte. Damit fehlte dem bayerischen Recht eine wesentliche Verbesserung der preußischen Konkursordnung.

Die bayerische Zivilprozeßordnung veranschaulichte zudem, daß innerhalb Deutschlands trotz gemeinsamer Grundzüge viele unterschiedliche Konkursrechtssysteme nebeneinander existieren konnten. Auch wenn prinzipielle Übereinstimmungen existierten und ein Gesetz von dem gemeinen Recht abwich, war viel Raum für örtlich unterschiedliche Entwicklungen. Diese Situation erschwerte die Vereinheitlichung des Konkursrechts in Deutschland.

V. Reichskonkursordnung von 1877

1. Überblick über die Quellen

Die Entstehung der Reichskonkursordnung erstreckte sich auf einen Zeitraum von acht Jahren von Ende des Jahres 1869 bis zu ihrer Ausfertigung durch den Kaiser Wilhelm I. am 10. Februar 1877. Während dieser Zeit waren unterschiedliche Institutionen des Norddeutschen Bundes und des Deutschen Reiches mit dem Gesetzesvorhaben befaßt. Den ersten Entwurf arbeitete das preußische Justizministerium aus. Er wurde 1873 unter dem Titel „Entwurf einer Deutschen Gemeinschuldordnung" veröffentlicht und dem Bundesrat zur Beratung vorlegt. In den Jahren 1874 und 1875 berieten eine Sachverständigenkommission des Bundesrats und anschließend der Bundesrat über den Entwurf. In dieser Phase erfolgten die stärksten Veränderungen an dem preußischen Gesetzesentwurf. Die nachfolgenden Reichstagsberatungen von 1875 bis 1876 und die Beratungen der vom Reichstag eingesetzten Konkurskommission beschränkten sich auf wenige, zumeist redaktionelle Änderungen. Zusammen mit den anderen Reichsjustizgesetzen - Zivilprozeßordnung, Strafprozeßordnung und Gerichtsverfassungsgesetz sowie einigen Nebengesetzen - trat die Reichskonkursordnung am 1. Oktober 1879 in Kraft.

Die Quellen zur Entstehungsgeschichte der Reichskonkursordnung lassen sich zwei Phasen zuordnen. Einer Frühphase bis zum Ende der Bundesratsberatungen stand eine Spätphase gegenüber, die mit der Vorlage des Bundesratsentwurfs an den Reichstag am 21. Januar 1875 begann. Die zweite Periode umfaßte die Beratungen des Gesetzesentwurfs im Reichstag sowie die Bearbeitung durch die Konkurskommission vom 4. November 1875 bis 31. Januar 1876 sowie vom 18. bis 26. Mai 1876. Sie endete mit dem Inkrafttreten der Reichskonkursordnung. Die wesentlichen Quellen zu diesem zweiten Zeitraum veröffentlichte Hahn als Teil der Edition „Die gesammten Materialien zu den Reichs-Justizgesetzen". Hier finden sich neben der endgültigen Fassung der Motive die Protokolle der Konkurskommission und die Sitzungsprotokolle des Reichstags. Die Änderungen am Gesetzesentwurf waren in diesem Zeitraum nicht von grundsätzlicher Bedeutung, sondern geringfügige oder redaktioneller Art. Nicht enthalten in der Edition von Hahn sind die Quellen vor Beginn der Reichstagsberatungen, insbesondere die Protokolle der vom Bundesrat eingesetzten Sachverständigenkommission. Dies sind Quellen aus der früheren Phase der Entstehungsgeschichte, in der die Reichskonkursordnung inhaltlich konzipiert wurde.

Die Frühphase begann mit dem Entwurf einer Deutschen Gemeinschuldordnung im preußischen Justizministerium. Sie setzte sich fort mit der anschließenden Bearbeitung durch die Bundesratskommission vom 16. März bis 31. Juli 1874 und die Beratung im Plenum des Bundesrats. Die Quellen dieser Zeit sind in Akten des preußischen Justizministeriums und des Reichskanzleramts archiviert. Die

Durchsicht und Auswertung dieses bislang unveröffentlichten Materials bilden die Grundlage für die nachfolgenden Analysen.

a. Akten des Reichskanzleramts

Die Akten des Reichskanzleramts (bis zur Reichsgründung: des Bundeskanzleramts), befinden sich im Bundesarchiv in Berlin-Lichterfelde, das nach der deutschen Wiedervereinigung die Bestände des Deutschen Zentralarchivs in Potsdam übernahm. Die Akten des Reichskanzleramts umfassen das komplette Material des Bundesrats, für den kein eigener Aktenbestand existierte[826].

aa. Bedeutung des Bundes- und des Reichskanzleramts

Bis zur Reichsgründung im Jahr 1871 war das Bundeskanzleramt die Zentralbehörde des Norddeutschen Bundes für Wirtschafts- und Finanzpolitik. Gemäß der Verfassung des Norddeutschen Bundes und nach dem Gründungserlaß vom 12. August 1867 war das Bundeskanzleramt unter anderem zuständig für die Vorbereitung der Bundesgesetzgebung sowie den geschäftlichen Verkehr mit dem Bundesrat[827]. Zudem bearbeitete das Bundeskanzleramt - ebenfalls als Bundesangelegenheit - den Bundeshaushalt, das Bundesfinanzwesen und den Außenhandel. Der Zuständigkeitsbereich bestand weiterhin aus unmittelbaren Verwaltungsaufgaben des Bundes, darunter das Konsulatswesen und das Post- und Telegraphenwesen. Hinzu kam die Beaufsichtigung von Bundesangelegenheiten, wie Zölle und Verbrauchsteuern des Bundes, das Obligationen-, Straf-, Handels- und Wechselrecht und das gerichtliche Verfahrensrecht. Diese Aufgaben waren den Einzelstaaten durch die Verfassung zur Verwaltung überwiesenen. Schließlich fiel die Redaktion des Bundesgesetzblattes in den Kompetenzbereich des Bundeskanzleramts[828]. Durch die Reichsgründung änderte sich die Bezeichnung in Reichskanzleramt, und der Aufgabenkreis erweiterte sich.

Das Bundeskanzleramt bereitete in Gemeinschaft mit den preußischen Fachministerien die Gesetzgebungsvorhaben vor und beaufsichtigte deren Durchführung[829]. Es erstellte die Gesetzesentwürfe und besorgte das für die Beratungen erforderliche Material[830]. Daher finden sich überwiegend in den Aktenbänden des Bundes- und Reichskanzleramts Materialsammlungen, Gesetzesentwürfe und Un-

---

[826] Meisner, FBPG 54 (1943), S. 342 (369).
[827] Morsey, S. 36; Meisner, FBPG 54 (1943), S. 342 (351).
[828] Morsey, S. 36; Meisner, FBPG 54 (1943), S. 342 (346 ff.).
[829] Meisner, FBPG 54 (1943), S. 342 (351).
[830] Morsey, S. 51; von Vietsch, S. 26.

terlagen über den Gang der Beratungen. Das Bundeskanzleramt legte bei den meisten Gesetzesvorhaben dem Bundesrat oder den Ausschüssen die Gesetzesvorlage vor. Es unterstützte deren Beratungen durch die Bereitstellung von zweckdienlichen Unterlagen. Um über den Verhandlungsstand permanent unterrichtet zu sein, war seit 1871 bei jeder Ausschußsitzung der zuständige Referent des Reichskanzleramts als Kommissar anwesend[831].

Das Bundeskanzleramt war die ausführende Instanz für die legislative und exekutive Tätigkeit des Bundesrats[832]. Es hatte die Funktion eines Büros des Bundesrats, so daß das Bundeskanzleramt alle an den Bundesrat gerichteten Eingänge journalisierte, weiterleitete und nach der Behandlung im Bundesrat wieder bearbeitete und archivierte[833]. Als Büro und Kanzlei des Reichskanzlers arbeiteten demgegenüber Mitarbeiter des Auswärtigen Amtes und des preußischen Staatsministeriums, denn erst im Jahre 1878 wurde die Reichskanzlei gegründet.

Das Bundeskanzleramt übernahm verstärkt die Initiative der Gesetzgebung, vor allem auf dem Gebiet der Wirtschaftspolitik. Diese zunächst nicht beabsichtigte Tendenz wurde dadurch gefördert, daß der Kanzleramtspräsident Delbrück gleichzeitig nicht nur preußischer Bevollmächtigter zum Bundesrat, sondern auch Vorsitzender des Bundesratsausschusses für Handel und Gewerbe war[834]. Insofern kam dem Reichskanzleramt eine zentrale Position auch bei der Entstehung der Reichskonkursordnung zu. Man koordinierte hier nicht nur die Zusammenarbeit der beteiligten Institutionen und sammelte Material für das neue Gesetz, sondern bearbeitete auch die Angelegenheiten des Bundesrats. Das Reichskanzleramt begleitet das Gesetzgebungsverfahren permanent und baute stetig seinen Einfluß aus, während anfänglich das preußische Justizministerium besonders stark in das Projekt eingebunden war.

bb. Quellen zur Reichskonkursordnung

Zur Reichskonkursordnung finden sich im Bestand des Reichskanzleramts 14 Aktenbände[835]. Sie wurden von Thieme 1977 für einen Beitrag zur Festschrift „Einhundert Jahre Konkursordnung 1877-1977“ teilweise verwertet. Er beschränkte sich dabei auf Aspekte der formellen Entstehungsgeschichte, ohne inhaltliche Entwicklungen zu analysieren.

---

[831] Meisner, FBPG 54 (1943), S. 342 (368).
[832] Meisner, FBPG 54 (1943), S. 342 (365).
[833] Meisner, FBPG 54 (1943), S. 342 (368).
[834] Morsey, S. 52; Meisner, FBPG 54 (1943), S. 342 (366).
[835] BArch R 1401 682-694.

Drei Bände mit dem Titel „Die Konkursordnung, Band 1 bis 3“ zeichnen die generelle Entstehungsgeschichte in den Jahren von 1867 bis 1876 umfassend nach[836]. Sie enthalten die grundlegende Korrespondenz zwischen den beteiligten Institutionen, Abdrucke von den verschiedenen Gesetzesentwürfen und eine vollständige Darstellung des Beratungsgangs in dem Bundesrat und dem Reichstag. Der erste Teilband beginnt mit der Interpellation des Reichstagsabgeordneten Schreck zu Pirna vom 18. Oktober 1867, worin er anfragt, ob die eingesetzte CPO-Kommission auch das Konkursrecht behandeln soll. Der Band endet mit den Beratungen der Bundesratskommission von 1874. Im nächsten Teilband sind Dokumente zu der Bearbeitung des Entwurfs im Bundesrat aus den Jahren 1874 und 1875 zusammengestellt. Der dritte Teilband vereint Materialien von den Reichstagsberatungen bis zu den gedruckten Motiven und behandelt damit die Spätphase der Entstehungsgeschichte, deren Quellen bei Hahn veröffentlicht sind.

Die übrigen elf Aktenbände widmen sich eingehend einzelnen Stadien der Entstehungsgeschichte. Den thematischen Schwerpunkt der Akten bilden die Beratungen der vom Bundesrat eingesetzten Sachverständigenkommission. Drei Bände enthalten die von den Kommissionsmitgliedern gestellten Änderungsanträge. Dabei sind in den einzelnen Aktenbänden größtenteils dieselben Anträge als Manuskript und Reinschrift sowie in unterschiedlicher Reihenfolge abgelegt[837]. Wiederum drei Bände zeichnen den Beratungsgang der Kommission anhand der Protokolle nach. Der erste Band enthält das Manuskript der offiziellen Protokolle und der folgende Band eine Reinschrift[838]. Der dritte Band besteht aus Notizen, die der Schriftführer Hagens zusätzlich neben den eigentlichen Protokollen erstellte[839]. Dieses Aktenmaterial liefert die Basis für eine erstmalige inhaltliche Analyse der Kommissionsberatungen.

Die übrigen Aktenbände beziehen sich teilweise auf die Zeit vor der Kommissionstätigkeit. In einem separaten Band befinden sich, sowohl handschriftlich als auch gedruckt, der Entwurf einer Deutschen Gemeinschuldordnung nebst Motiven[840]. Zwei weitere Bände enthalten Materialien zu Konkursrechtsgesetzgebung, das die einzelnen Regierungen zur Verfügung stellten. Sie bildeten die Grundlage für die Ausarbeitung des Entwurfs und die Darstellung der Quellen des in Deutschland geltenden Konkursrechts[841]. Ein eigener Band beinhaltet im wesentlichen ein Gutachten des Berliner Stadtgerichts zu dem Entwurf der Gemeinschuldordnung vom März 1874[842]. Schließlich stellt ein separater Aktenband die

[836] BArch R 1401 682-684.
[837] BArch R 1401 689-691.
[838] BArch R 1401 688-688/1.
[839] BArch R 1401 688/2
[840] BArch R 1401 685.
[841] BArch R 1401 686, 687.
[842] BArch R 1401 693.

Entwürfe mit den Beschlüssen der ersten und zweiten Lesung der Sachverständigenkommission zusammen[843].

b. Akten des preußischen Justizministeriums

Besonders zu Beginn des Gesetzesvorhabens entwickelte das preußische Justizministerium maßgeblich die Reichskonkursordnung. Ihm stand der Justizminister Leonhardt vor, der insbesondere wegen seiner reformatorischen Kraft gelobte wurde. Er hatte bereits kurz nach seiner Berufung zum preußischen Justizminister die Konkursrechtsnovelle von 1868 zum Abschluß gebracht[844]. Seit 1870 war er gleichzeitig Vorsitzender des Bundesratausschusses für Justizwesen und nahm leitenden Anteil an der Entwicklung der gesamten Reichsjustizgesetze[845].

Die Akten des preußischen Justizministeriums zur Reichskonkursordnung sind im Geheimen Staatsarchiv in Berlin-Dahlem archiviert[846]. Erhalten sind 14 Aktenbände, die den kompletten Entstehungszeitraum behandeln. Vier dieser Bänden entfallen auf die spätere Phase nach der Annahme des Entwurfs durch den Bundesrat und stimmen inhaltlich größtenteils mit den bei Hahn abgedruckten Motiven überein[847]. Ein Aktenband befaßt sich mit der Einführung der Konkursordnung in Preußen und den durch die Ausführung der Konkursordnung erforderlichen Änderungen von Landesgesetzen[848]. Ebenfalls ein separater Band ist dem Vergleichsverfahren gewidmet, der vornehmlich verschiedene Gutachten zum Entwurf eines Gesetzes über den Vergleich zur Abwendung des Konkurses enthält[849]. In einem Aktenband sind Zeitungsausschnitte abgeheftet, die Reaktionen der Presse auf die Gesetzgebungsaktivitäten wiedergeben[850]. Die Presseartikel stammen überwiegend aus Tageszeitungen und decken die Zeit von 1873 bis 1929 ab.

Die verbleibenden sieben Aktenbände behandeln die Frühphase der Entstehungsgeschichte. Davon enthalten drei Bände Informationen über die Quellen des deutschen Konkursrechts und die ausländische Konkursgesetzgebung. Dieses Material bildete die Grundlage für die Anlagen I bis III zu den Motiven des Entwurfs einer Konkursordnung[851]. Die anderen Bände enthalten Schriftwechsel des preu-

[843] BArch R 1401 694.
[844] Wippermann, ADB 18 (1883), S. 301 (303).
[845] Wippermann, ADB 18 (1883), S. 301 (304).
[846] GStA Rep. 84a 10605-10609, 10616-10619, 10621, 10624,10625, 10628, 48282.
[847] GStA Rep. 84a 10607-10609, 10625.
[848] GStA Rep. 84a 10628.
[849] GStA Rep. 84a 10619.
[850] GStA Rep. 84a 48282.
[851] Abgedruckt bei Hahn, Materialien IV, S. 435 ff.

ßischen Justizministeriums. Das zeitlich erste Schreiben ist der Auftrag des Bundeskanzleramts an den preußischen Justizminister Leonhardt vom 21. Dezember 1869, ein Gutachten über die Notwendigkeit eines einheitlichen Konkursrechts zu erstellen[852]. Im weiteren geben die Aktenbände den Entwurf einer Deutschen Gemeinschuldordnung sowie dazu eingeholte Gutachten von Gerichten und Juristen wieder[853]. In einem Aktenband sind die offiziellen Protokolle der Bundesratskommission über die Beratung des Entwurfs zusammengestellt[854].

Die Materialien sind größtenteils gut erhalten. Gleichwohl sind in den Beständen die Quellen nicht vollständig enthalten. In den Aktenbänden des Reichskanzleramts befinden sich wiederholt Vermerke des Deutschen Zentralarchivs, daß einzelne Aktenstücke wegen starker Beschädigung entnommen und vernichtet wurden. Auch das Material des Geheimen Staatsarchivs weist gelegentlich Lücken auf. Sofern Materialien mehrfach in den Akten vorhanden sind - beispielsweise Entwürfe und Endfassungen oder handschriftliche und gedruckte Dokumente - beziehen sich die nachfolgenden Zitate regelmäßig nur auf das Aktenstück, das besser erhalten oder lesbar ist.

In Teilbereichen stimmen die Akten von Reichskanzleramt und preußischem Justizministerium überein, weil es sich um Korrespondenz zwischen den beiden Stellen oder besonders wichtige und daher an alle Beteiligten verteilte Beschlüsse handelte. Die Akten des preußischen Justizministeriums enthalten vor allem die Konzeption des Entwurfs der Gemeinschuldordnung. Demgegenüber sind beim Reichskanzleramt schwerpunktmäßig die Beratungen der Sachverständigenkommission dokumentiert. Die archivierten Änderungsanträge und die Notizen von Hagens ermöglichen eine Analyse der Kommissionsarbeit, die bei ausschließlicher Auswertung der eigentlichen Protokolle nicht möglich wäre.

2. Bedarf nach einem einheitlichen Konkursrecht

Das Industriezeitalter führte in vielen Staaten zu umfassenden Kodifikationen im Bereich des Konkursrechts, um die Gesetze den stark geänderten wirtschaftlichen Bedürfnissen anzupassen. In Deutschland dominierten im 19. Jahrhundert politisch die Bemühungen um die Reichseinheit, deren wichtiger Bestandteil die Rechtseinheit war. Nachdem 1868 und 1869 die Bearbeitungen einer einheitlichen Zivilprozeßordnung sowie Strafprozeßordnung begannen, sollte zeitnah das Konkursverfahren vereinheitlicht werden. Insbesondere in den Landesteilen, in

---

[852] GStA Rep. 84a 10605, S. 5 f.
[853] GStA Rep. 84a 10606, 10621.
[854] GStA, Rep. 84 a, 10624.

denen noch das gemeine Konkursrecht galt, entzog die neue Zivilprozeßordnung dem Konkursverfahren seine Grundlage[855].

Die Rechtszersplitterung war in kaum einem Rechtsgebiet so groß wie im Konkursrecht und wurde als „äußerst bunter Zustand von Konkursgesetzgebungen"[856] beschrieben. Die modernen Kodifikationen führten aber nicht zu einer raschen und flächendeckenden Ablösung des gemeinen Rechts in Deutschland. Sogar innerhalb Preußens erlangte die Konkursordnung von 1855 nicht überall Gesetzeskraft. Das gemeine Recht bestand teilweise als Gewohnheitsrecht, ohne daß Kodifikationen vorhanden waren. In manchen Staaten ergänzten einzelne Regelungen das Gewohnheitsrecht. Zum Teil war das gemeine Recht aber auch in Partikulargesetzen zusammengefaßt. Zu dieser Gruppe gehörte beispielsweise das Großherzogtum Baden, dessen Prozeßordnung von 1864 mit den Regelungen zur Gant das gemeine Konkursrecht enthielt. Erstaunlicherweise lehnten sich die übrigen Teile der badischen Prozeßordnung an das französische Recht an[857]. Neben dem gemeinen Recht gab es weitere Facetten des Konkursrechts innerhalb Deutschlands. Das französische Recht nach dem Code de commerce galt in der preußischen Rheinprovinz, Rheinhessen und der Rheinpfalz. Die Hansestädte Bremen und Hamburg besaßen eine spezifische konkursrechtliche Gesetzgebung, die unabhängig von dem gemeinen Recht war.

Die Folgen der Rechtszersplitterung waren gravierend. Durch die Intensivierung der wirtschaftlichen Beziehungen betrafen die Konkursverfahren nicht mehr nur die unmittelbare räumliche Umgebung des Schuldners. Vor allem bei größeren Verfahren meldeten Gläubiger aus unterschiedlichen deutschen Staaten ihre Forderungen an. Die verschiedenen konkursrechtlichen Systeme innerhalb Deutschlands sowie die richterliche Rechtsfortbildung riefen eine starke Rechtsunsicherheit hervor[858]. Regional unterschiedliche Regelungen führten häufig zu einer ungleichen Behandlung desselben Sachverhalts zum Nachteil der Gläubiger[859]. Die Rechtszersplitterung behinderte die zwischenstaatlichen Wirtschaftsbeziehungen und hemmte somit die wirtschaftliche Entwicklung.

Ein weiterer Impuls für die Entwicklung eines einheitlichen, modernen Konkursrechts war eine steigende Zahl von Konkursverfahren im gesamten Land. Die Klagen über die Vielzahl von Konkursfällen waren weit verbreitet, ohne daß jedoch gesichertes Zahlenmaterial verfügbar war. Die amtliche, reichsweite Konkursstatistik begann erst mit dem Jahr 1895 aufgrund einer Verfügung des Ju-

---

[855] Von Sarwey, ZHR 23 (1878), S. 371 (374)
[856] Von Wilmowski, S. 4.
[857] Von Wilmowski, S. 4.
[858] Uhlenbruck, FS Konkursordnung, S. 3 (13).
[859] Von Völderndorff, S. 15.

stizministers vom 10. Dezember 1894[860]. Sie verpflichtete die Amtsgerichte, Zählkarten mit allgemeinen Angaben über den Schuldner, die Daten von der Eröffnung und Beendigung des Verfahrens sowie Angaben zur Masse auszufüllen. Ebenso registrierten die Amtsgerichte die Verfahrenskosten, die Höhe der Schulden, die Teilungsmasse und das Ergebnis der Verteilung. Das Kaiserliche Statistische Amt veröffentlichte die Zahlen in den Vierteljahrsheften zur Statistik des Deutschen Reichs.

Vor 1895 existierten keine Statistiken, die das gesamte Deutsche Reich abdeckten. Seit 1881 gab es in zweijährigen Abständen eine Justizstatistik, die auch Konkursverfahren behandelte, doch war dies eine reine Geschäftsstatistik der Gerichte und für detaillierte Analysen der Konkurszahlen unzulänglich[861]. Einen Eindruck von der Situation vermittelten ausschließlich regionale Erhebungen. Amtliche Statistiken, wie sie in Bayern, Sachsen, Württemberg, Baden und Hessen teilweise vor 1879 existierten, waren häufig unvollständig, weil sie nur die Zahl der Konkursfälle und die Erledigung der Verfahren angaben[862]. Außerdem waren die Statistiken in ihren Angaben so verschieden, daß sie unvergleichbar waren oder keine langfristige Entwicklung aufzeichneten[863].

Eine umfangreiche Erhebung führte die Kieler Zeitung im Juli 1880 in Schleswig-Holstein über die Zahlungseinstellungen in den zurückliegenden zehn Jahren durch[864]. Die Zeitungsredaktion sandte Formulare an alle 68 Amtsgerichte, die als einzige Instanz über das gewünschte Material verfügten. 24 Gerichte antworteten, so daß nur ein Drittel der Gerichtsbezirke in die Statistik eingingen, wobei insbesondere die größeren Städte Kiel, Flensburg und Schleswig nicht repräsentiert waren.

---

[860] GStA Rep. 84a 4990, S. 48.
[861] Schmidt, Konkursstatistik, S. 30; Jaeger, Lehrbuch Konkursrecht, S. 18.
[862] Wirminghaus, Jahrbücher für Nationalökonomie 1891, S. 321 (334).
[863] Wirminghaus, Jahrbücher für Nationalökonomie 1891, S. 321 (334).
[864] GStA Rep. 84a 10609, S. 223.

Anzahl der Zahlungseinstellungen in Schleswig-Holstein

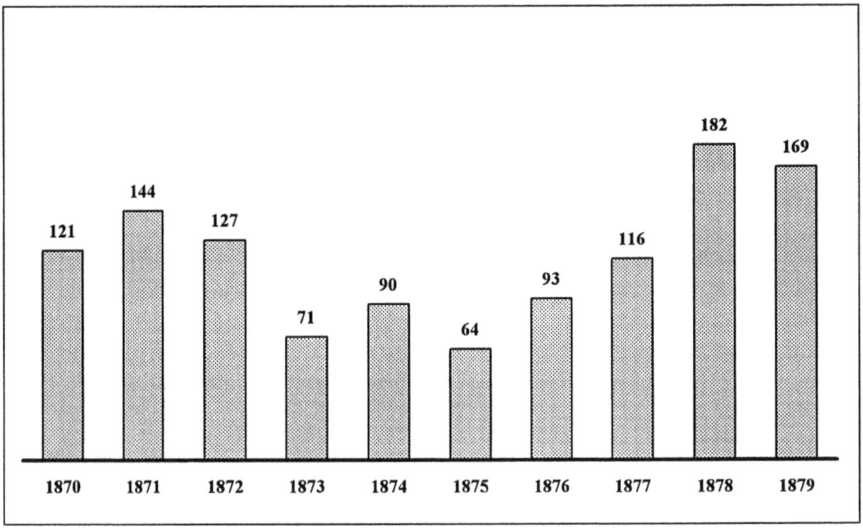

Anzahl der Zahlungseinstellungen nach Berufsgruppen

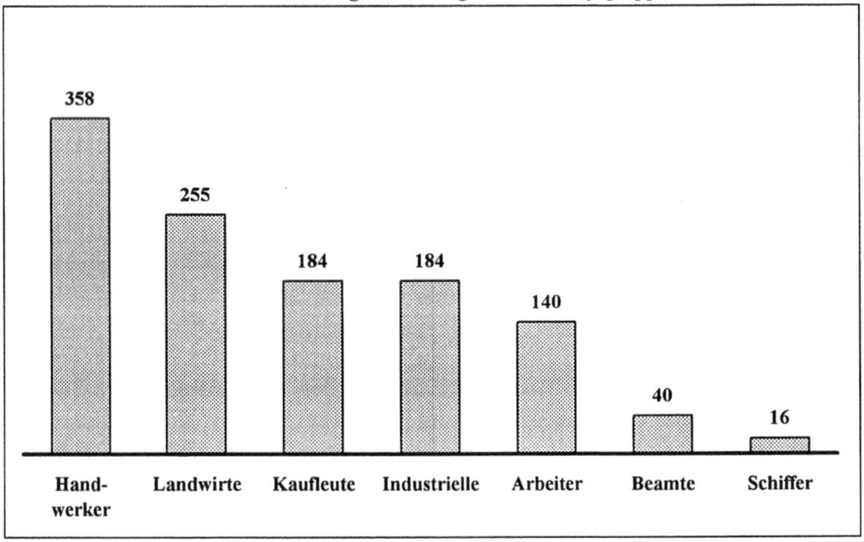

Zu der Schwierigkeit, die Daten zu sammeln, trat das Problem, daß es keine detaillierte Volkszählung gab. Daher war es nicht möglich, beispielsweise die Zahl der Zahlungseinstellungen von Handwerkern in Verhältnis zur Gesamtzahl der Handwerker zu setzen. Gleichwohl ist die Statistik eine interessante Quelle für den unmittelbaren Zeitraum vor dem Inkrafttreten der Reichskonkursordnung. Die Gesamtzahl von 1.177 Zahlungsunfähigkeiten in den Jahren 1870 bis 1879 repräsentierte nur ein Drittel der Gerichtsbezirke und nach der Volkszählung von 1875 ein Viertel der Bevölkerung[865]. Eine Hochrechnung anhand der vorhandenen Zahlen ergab, daß es in den betrachteten zehn Jahren vermutlich über 3.000 Zahlungseinstellungen im gesamten Land Schleswig-Holstein gab. Auffällig ist, daß das Phänomen der Zahlungseinstellung nicht auf Kaufleute, Industrielle und Handwerker beschränkt war. Neben einer hohen Zahl von zahlungsunfähigen Landwirten waren auch Arbeiter und Beamte betroffen. Dies zeigt, daß die Zahlungsunfähigkeit kein auf bestimmte Gesellschaftsgruppen begrenztes Problem darstellte. Der schlechte Zustand der Weltwirtschaft in den Jahren 1873 bis 1875 schlug sich aber nicht sofort in einer steigenden Zahl von Zahlungsunfähigkeiten nieder. Vermutlich verzögerten sich die Reaktionen auf ein ungünstiges wirtschaftliches Umfeld um einige Jahre.

3. Preußens Initiativen im Deutschen Bund

a. Entwurf des Allgemeinen Deutschen Handelsgesetzbuchs

Bereits wenige Jahre nach dem Inkrafttreten der preußischen Konkursordnung bemühte sich Preußen um eine weitere Vereinheitlichung des Konkursrechts in Deutschland. Die Initiative für ein einheitliches Konkursrecht stand zunächst im Zusammenhang mit der Ausarbeitung eines Allgemeinen Deutschen Handelsgesetzbuches (ADHGB). Im preußischen Justizministerium arbeiteten verschiedene Kommissionen seit 1850 an einem Entwurf zum ADHBG. Die kontinuierlichen Arbeiten wurden lediglich unterbrochen von der Erstellung der preußischen Konkursordnung. Der Entwurf des ADHGB war im Jahr 1856 fertig und wurde im folgenden Jahr vorgestellt[866]. Er setzte sich als Grundlage für die weiteren Beratungen gegenüber einem österreichischen Entwurf durch. Das fünfte Buch des preußischen Entwurfs enthielt Regelungen zum Konkursrecht. Der Abschnitt „Von dem kaufmännischen Concurse" war der preußischen Konkursordnung entnommen[867]. Ursprünglich war eine Bearbeitung des Konkursrechts im Rahmen des ADHGB überhaupt nicht beabsichtigt, und daher entstand in den Reihen der

---

[865] GStA Rep. 84a 10609, S. 223.

[866] Goldschmidt, S. 130; Thieme, FS Konkursordnung, S. 35 (48).

[867] Petersen/Kleinfeller, Einl. VII; Stieglitz, Einl. IX; Seuffert, Konkursprozeßrecht, S. 22; von Völderndorff, S. 15.

Kommission zur Beratung des Entwurfs Widerstand gegen seine Einbeziehung. Das hauptsächliche Argument gegen die Bearbeitung des Konkursrechts war, daß ohne eine gleichzeitige Reform des Prozeßrechts keine Einigung auf ein einheitliches Konkursrecht erzielt werden könne. Außerdem sei der Entwurf allein auf Preußen zugeschnitten und deshalb für den Deutschen Bund zu unvollständig[868]. Preußen handele voreilig und greife dem handelsrechtlichem Gesetz vor. So fiel 1859 der Entschluß, das Konkursrecht nicht weiter zu beraten[869].

Daraufhin legte die preußische Regierung im Jahr 1860 einen revidierten Entwurf des ADHGB vor. Im Hinblick auf das Konkursrecht beschränkte er sich auf die Festlegung besonders wichtiger Grundsätze, die in allen Staaten ohne eine vorherige Anpassung anderer Rechtsgebiete anwendbar waren. Preußen argumentierte, man könne damit den Bedarf des Handelsstands nach einheitlichen Regelungen befriedigen[870]. Inhaltlich regelte der revidierte Entwurf insbesondere die Voraussetzungen und Folgen des Konkurses für Kaufleute und entsprach weitgehend dem ursprünglichen Konzept. Bei den Kommissionsberatungen 1860/61 regte sich erneut Kritik[871]. Die Regelung von Grundprinzipien sei ein zu kleiner Schritt für die Rechtsvereinheitlichung und einer umfassenden Behandlung des Konkursrechts stünde das unterschiedliche Prozeßrecht der einzelnen Staaten entgegen. Eine Einbeziehung des Konkursrechts sei zu langwierig und wahrscheinlich nicht durchsetzbar. Damit verzögere und gefährde es die Verabschiedung des ADHGB[872]. Da die preußische Konzeption nicht ohne tiefgehende Kompromisse durchsetzbar schien, reagierte Preußen mit einem generellen Verzicht auf die Beratung des Konkursrechts[873]. Am 15. Februar 1861 lehnte die Kommission mit zwölf zu zwei Stimmen eine weitere Behandlung des Konkursrechts endgültig ab[874].

Nachdem das Konkursrecht nicht im Zusammenhang mit dem ADHGB vereinheitlicht werden konnte, sollte ein Rechtshilfegesetz die überstaatliche Anerkennung von Konkursen innerhalb des Deutschen Bundes regeln. Die Grundlage bildete ein preußischer Gesetzesentwurf, der sich an preußischen Staatsverträgen orientierte. Neben der Frage der zwischenstaatlichen Anerkennung der Konkurse beinhaltete er auch ausführliche Regelungen für das Konkursverfahren selbst. Dies stieß auf Widerstand innerhalb des Deutschen Bundes, weil die materiellen

---

868 Petersen/Kleinfeller, Einl. VII; Seuffert, Konkursprozeßrecht, S. 22; von Völderndorff, S. 15.

869 Seuffert, Konkursprozeßrecht, S. 22; Thieme, FS Konkursordnung, S. 35 (48).

870 Stieglitz, Einl. IX; Goldschmidt, S. 158; von Völderndorff, S. 15.

871 Petersen/Kleinfeller, Einl. VII; Seuffert, Konkursprozeßrecht, S. 23; Goldschmidt, S. 158; Thieme, FS Konkursordnung, S. 35 (48).

872 Goldschmidt, S. 159; Petersen/Kleinfeller, Einl. VII; von Völderndorff, S. 15 f.

873 Thieme, FS Konkursordnung, S. 35 (49).

874 Stieglitz, Einl. IX; Von Völderndorff, S. 15.

konkursrechtlichen Regelungen das eigentliche Ziel des Rechtshilfegesetzes weit übertrafen. Daher wandte sich ein Kommissionsentwurf von 1859 von dem preußischen Konzept ab und sah nur einen äußerst knappen Gesetzesentwurf vor. Schließlich verhinderten politische Schwierigkeiten das Inkrafttreten des Rechtshilfegesetzes völlig[875].

b. Bewertung

Die Arbeiten an der preußischen Konkursordnung und dem preußischen Entwurf des ADHGB überschnitten sich in zeitlicher Hinsicht. Die Reform des Konkursrechts ruhte nach Beginn der allgemeinen Gesetzrevision viele Jahre und wurde erst ab 1850 wieder aufgenommen. Daher könnte das handelsrechtliche Gesetzesvorhaben Anlaß gewesen sein, die Arbeiten an dem Konkursrecht wieder aufzunehmen. Insofern wäre ein wesentliches Ziel der Konkursordnung, neben der eigentlichen Reform des Konkursrechts, die Schaffung eines Gesetzes zur Rechtsvereinheitlichung im Deutschen Bund[876].

Diese These wird dadurch gestützt, daß die Gesetzgebungsarbeiten sehr schnell durchgeführt wurden und infolgedessen bald erneuter Reformbedarf bestand. Zudem stimmten die Regelungen des kaufmännischen Konkurses in der preußischen Konkursordnung und dem Entwurf des ADHGB überein. Ein weiterer Beleg für die langfristigen Absichten der preußischen Gesetzgeber könnte darin liegen, daß die preußische Konkursordnung stets als geeignetes Gesetz zur Rechtsvereinheitlichung angesehen wurde[877]. Nach § 440 prKO war das Gesetz „bereits mit der Tendenz ausgearbeitet, auch in anderen Rechtsgebieten eingeführt zu werden". Art. I des Einführungsgesetzes über die Einführung der Konkursordnung in den Landesteilen Preußens, in denen das Allgemeine Landrecht und die Allgemeine Gerichtsordnung galten, wurde wie folgt kommentiert: „Bei Abfassung des Gesetzes hat man den Gesichtspunkt einer künftigen Ausdehnung desselben über das in Art. I angegebene Gebiet im Auge behalten, namentlich gilt dies, wie die Motive bemerken, von den Vorschriften über den kaufmännischen Konkurs"[878]. Das Ziel der Rechtseinheit ist damit deutlich belegt, doch ist nicht zweifelsfrei, ob die Einheit im Deutschen Bund gemeint war oder vielleicht primär die Vereinheitlichung innerhalb Preußens. In Anbetracht der starken Rechtszersplitterung innerhalb Preußens erscheint es naheliegend, vorrangig die Rechtseinheit im eigenen Staat anzustreben. Daß der oben angeführte Kommentar die Bemühungen um die innerpreußische Rechtseinheit meint, könnte sich darin zeigen, daß im Absatz

[875] Thieme, FS Konkursordnung, S. 35 (49).
[876] Thieme, FS Konkursordnung, S. 35 (46).
[877] Thieme, FS Konkursordnung, S. 35 (47).
[878] Goltdammer, S. 44.

nach dem Zitat die Rheinprovinz als ein möglicher Kandidat für eine dringende Anpassung der Konkursvorschriften vorgestellt wurde. Der dort geltende Code de commerce von 1807 sei stark reformbedürftig, weil die nachfolgenden französischen Novellen nicht adaptiert wurden[879]. Dies zeigt, daß die Bemühungen um eine Verbesserung des preußischen Konkursrechts im Vordergrund standen. Die Vision von deutscher Rechtseinheit bleibt jedenfalls unausgesprochen.

Daß die Motive dem kaufmännischen Konkurs eine herausragende Position für die Rechtseinheit zuschrieben, bedeutet nicht zwingend, daß die Konkursordnung insoweit für das geplante ADHGB geschaffen wurde. Der kaufmännische Konkurs bildete das regelmäßige und gleichzeitig wichtigste Verfahren und nahm somit eine zentrale Stellung in dem neuen Gesetz ein. Er war für die Reform besonders wichtig, so daß sich bereits dadurch seine besondere Stellung erklärt.

Außer Zweifel steht, daß die Schaffung der Konkursordnung von 1855 keine für sich stehende Neuerung war. Das politische Umfeld war für die Gesetzgebung ebenso wichtig wie zeitgleich stattfindende Arbeiten an anderen Gesetzen. Insofern sind Wechselwirkungen zwischen der Konkursordnung und dem ADHGB nicht außergewöhnlich. Ebensowenig verwundert es, daß Preußen nach der Fertigstellung der Konkursordnung bemüht war, seine gelungene Regelung als Vorbild für die deutsche Rechtseinheit durchzusetzen. Außer Frage steht ebenso, daß Preußen bei der Etablierung seiner Gesetze auf Bundesebene eine Vormachtstellung beanspruchte und seine Konzepte entsprechend stringent verfolgte. Daß die Konkursordnung von 1855 aber bereits seit dem Beginn ihrer Ausarbeitung mit dem Ziel eines Modells für die deutsche Rechtseinheit konzipiert wurde und schon früh eine derartige Strategie bestand, kann nicht sicher belegt werden.

Der Versuch Preußens, bei der Entwicklung eines ADHGB die preußischen Vorschriften über das kaufmännische Konkursverfahren innerhalb des Deutschen Bundes durchzusetzen, ist als Wahrnehmung einer frühen Gelegenheit zu einem deutschen Konkursrecht anzusehen. Dabei ging Preußen offensiv vor und ergriff in seinem ADHGB-Entwurf die Chance auf ein einheitliches Konkursrecht, ohne einen entsprechenden Auftrag des Deutschen Bundes zu haben. Dies verdeutlich die hohe Motivation innerhalb Preußens, die Reichs- und Rechtseinheit zu fördern.

4. Vorarbeiten im Norddeutschen Bund

Nach der Gründung des Norddeutschen Bundes 1866 setzten die Staaten die Bemühungen um die Rechtseinheit innerhalb des Bundesgebiets fort. Die preußische Hegemonie prägte dabei auch die Gesetzgebung.

---

[879] Goltdammer, S. 44.

a. Interpellation des Reichstagsabgeordneten Schreck

Der Norddeutsche Bund verfolgte das Konzept, das Konkursrecht erst nach einer Vereinheitlichung des Zivilprozeßrechts zu behandeln. Gleichwohl reichte der Abgeordnete für das Königreich Sachsen, Schreck zu Pirna, in der ersten Session des Reichstags im Oktober 1867 eine Interpellation ein, die 30 weitere Abgeordnete unterstützten. Er fragte: „Liegt es in der Absicht des Bundesrathes, von der zur Entwerfung einer Civilprozeß-Ordnung niedergesetzten Kommission auch eine Konkurs-Ordnung entwerfen zu lassen?“[880]. Der Bundeskanzler verneinte dies und verwies darauf, daß bewußt die Zivilprozeßordnung zuvor behandelt werden sollte und das Konkursrecht überhaupt nicht in den Entwürfen für die CPO-Kommission enthalten sei[881]. Gleichwohl erkannte er das Bedürfnis nach einer einheitlichen konkursrechtlichen Regelung an und stellte in Aussicht, daß nach der Fertigstellung der Zivilprozeßordnung eine Konkursordnung angeregt werde[882].

Die Interpellation förderte nicht direkt das Vorhaben, eine einheitliche Konkursordnung auszuarbeiten, wie die Antwort des Bundeskanzlers zeigte. Sie entfaltete aber eine langfristige Bedeutung, indem sie die offizielle Behandlung des Gesetzesprojekts im Reichstag erreichte. In späteren Schriftwechseln aus der Frühphase des konkursrechtlichen Gesetzesvorhabens war die Interpellation häufiger Anknüpfungspunkt für die Frage, ob und wann ein einheitliches Konkursrecht geschaffen werden sollte.

Auf den ersten Blick sprach einiges für eine schnelle Behandlung des Konkursrechts. Das Konkursrecht war in besonderem Maße für den Handelsverkehr erforderlich, und die Rechtszersplitterung wirkte sich um so nachteiliger aus, je umfangreicher staatsübergreifende wirtschaftliche Aktivitäten wurden. Der Bedarf nach einer einheitlichen Konkursgesetzgebung war demnach sehr groß. Zudem wäre die Vereinheitlichung des Konkursrechts leicht möglich gewesen, weil mit der preußischen Konkursordnung eine geeignete Grundlage existierte. Innerhalb des Norddeutschen Bundes lag es nahe, die preußische Gesetzgebung als Vorbild heranzuziehen[883]. Die Bearbeitung des Konkursrechts hätte insoweit auf ein bereits vorhandenes und bewährtes Gesetz aufbauen können.

Gleichwohl gab es mehrere Gründe gegen eine schnelle Ausarbeitung eines einheitlichen Konkursrechts. Die Gesetzgebungskompetenz für das materielle Konkursrecht stand nicht eindeutig fest[884]. Art. 4 Nr. 13 der Norddeutschen Bundes-

---

[880] BArch R 1401 682, S. 7.
[881] GStA Rep. 84a 10605, S. 189; Thieme, FS Konkursordnung, S. 35 (50).
[882] Schubert, Quellen Gerichtsverfassung, S. 328.
[883] Thieme, FS Konkursordnung, S. 35 (50).
[884] Thieme, FS Konkursordnung, S. 35 (50).

verfassung von 1867 sah die Bundeskompetenz für „die gemeinsame Gesetzgebung über das Obligationenrecht, Strafrecht, Handels- und Wechselrecht und das gerichtliche Verfahren“ vor[885]. Für das Konkursverfahren als ein Gesetz über das gerichtliche Verfahren bestand demnach die Bundesgesetzgebungskompetenz. In bezug auf die materiellen Regelungen des Konkursrechts war die Rechtslage unklar. Besonders nach dem System des gemeinen Rechts ordnete die Wissenschaft das Konkursrecht insgesamt dem Prozeßrecht zu. Die Klassifizierung des Konkursverfahrens nicht als Rechtsstreit, sondern als gerichtlich geleitete Auseinandersetzung der Gläubiger nahm die Wissenschaft größtenteils noch nicht vor. Diese Auffassung schlug sich unter anderem darin nieder, daß das Konkursrecht in manchen Landrechten, wie in Bayern und Württemberg, in die Zivilprozeßordnungen integriert war und auch in wissenschaftlichen Abhandlungen einen Bestandteil des Zivilprozeßrechts darstellte[886]. Demzufolge setzte sich teilweise die Ansicht durch, daß die Bundeskompetenz für das komplette Konkursrecht bestand[887]. Ein verfassungsänderndes Gesetz vom 20. Dezember 1873 dehnte die Reichskompetenz auf das gesamte bürgerliche Recht, das Strafrecht und das gerichtliche Verfahren aus[888]. Zweifel an der Zuständigkeit zur Regelung des materiellen Konkursrechts wurden spätestens mit dieser Verfassungsänderung behoben.

Nachteilig für eine rasche Rechtsvereinheitlichung war, daß das preußische Konkursrecht als mögliches Vorbild seit 1865 verstärkt als reformbedürftig angesehen wurde. Die Reformdiskussion war zu Beginn der Arbeiten an dem Zivilprozeßrecht entfacht und endete erst mit der preußischen Gesetzesnovelle von 1869. Gleichwohl wollte man im Norddeutschen Bund die Reform zunächst abwarten[889]. Ebenso beobachtete man die Konkursgesetzgebung außerhalb des Norddeutschen Bundes. In Österreich, Bayern und England erschienen 1868 und 1869 moderne Konkursordnungen, deren Erkenntnisse in das neue Gesetz einfließen sollten[890]. Die Bedeutung ausländischer Gesetzgebung spiegelte sich während der gesamten Ausarbeitung der einheitlichen Konkursordnung wider: Das preußische Justizministerium stellte für den ersten Entwurf die Gesetzgebungsaktivitäten in Österreich, England, Dänemark und den Vereinigten Staaten zusammen[891]. Das ausländische Konkursrecht bildete Argumentationsstoff für die Motive, und das

[885] Von Wilmowski, S. 5; Uhlenbruck, FS Konkursordnung, S. 3 (13); Laufs, JuS 1973, S. 740 (742).

[886] Hullmann, S. 34; von Völderndorff, S. 12.

[887] Hullmann, S. 1; Uhlenbruck, FS Konkursordnung, S. 3 (13); Eccius, Zeitschrift für deutsche Gesetzgebung VIII (1875), S. 22 (23).

[888] Von Sarwey/Boßert, S. 3; von Wilmowski, S. 5; von Sarwey, ZHR 23 (1878), S. 371 (375).

[889] Thieme, FS Konkursordnung, S. 35 (50 f.).

[890] Thieme, FS Konkursordnung, S. 35 (51).

[891] GStA Rep. 84a 10618.

englische und amerikanische Konkursrecht wurden in einer Anlage zu den Motiven dargestellt[892].

Daß die Arbeiten an einer Konkursordnung nicht gleichzeitig mit denen an der Zivilprozeßordnung begannen, hatte mithin verschiedene Gründe. Sie zeigen in ihrer Summe, daß es eine gewisse Orientierungslosigkeit gab, die die preußische Konkursordnung allein als mögliche Grundlage nicht ausräumen konnte.

Um den dringenden Reformbedarf zu decken, griff man als Minimalkonsens auf das im Deutschen Bund entwickelte Konzept eines Rechtshilfegesetzes zurück. Der alte preußische Kommissionsentwurf von 1859 zur Anerkennung von zwischenstaatlichen Konkursen bildete die Grundlage für das Gesetz betreffend die Gewährung der Rechtshilfe. Das Gesetz entstand dank der preußischen Vorarbeiten innerhalb kurzer Zeit von Februar bis März 1869 und trat am 21. Juni 1869 in Kraft[893]. Das Rechtshilfegesetz milderte zwar die Probleme bei grenzüberschreitenden Konkursen, befriedigte aber nicht das generelle Bedürfnis nach einer Rechtsvereinheitlichung.

b. Vorbereitungen für einen Gesetzesentwurf

Das Projekt, ein einheitliches Konkursrecht zu konzipieren, begann mit einem Schreiben vom 21. Dezember 1869, das von dem Bundeskanzleramt des Norddeutschen Bundes an den preußischen Justizminister Leonhardt gerichtet war. Das Bundeskanzleramt knüpfte an die Interpellation des Reichstagsabgeordneten Schreck an und bestätigte, daß nach der Ausarbeitung einer Zivilprozeßordnung nunmehr mit einer Konkursordnung begonnen werden könne[894]. Vorausgehen müsse aber eine Prüfung, ob das formelle Konkursverfahrensrecht allein oder zusammen mit dem materiellen Konkursrecht behandelt werden solle. Das Bundeskanzleramt beauftragte Leonhardt, ein Gutachten über diese grundlegende Frage abzufassen[895].

aa. Gutachten Leonhardts

Leonhardt antwortete am 8. Januar 1870 mit einem Schreiben an den Bundeskanzler Bismarck[896]. Er sprach seine Empfehlung aus, eine einheitliche Konkursordnung zu entwerfen und die dazu erforderlichen Anträge im Bundesrat zu stel-

---

[892] Hahn, Materialien IV, S. 435 ff.
[893] Von Wilmowski, S. 4; Thieme, FS Konkursordnung, S. 35 (51).
[894] GStA Rep. 84a 10605, S. 5; BArch R 1401 682, S. 19.
[895] GStA Rep. 84a 10605, S. 6.
[896] BArch R 1401 682, S. 21 ff.

len. Insbesondere die Staaten, in denen noch „das schwerfällige, mit Vorrechten überladene gemeine Konkursrecht" galt, benötigten ein einheitliches Konkursrecht. Als Ergänzung zu dem bundesweiten Zivilprozeßrecht und Handelsrecht sei eine „gemeinsame Konkursordnung sehr wünschenswert, wenn nicht notwendig". Nach der Reichstagssitzung vom 19. Oktober 1867, in welcher der Bundeskanzler auf die Interpellation von Schreck geantwortet hatte, sei die Bundeskompetenz für das Gesetzesvorhaben zweifelsfrei gegeben. Leonhardt sprach sich dafür aus, „zur raschen Förderung des Werkes" die preußische Konkursordnung von 1855 den Ausarbeitungen zugrunde zu legen. Es handele sich dabei schließlich um „die neuste und bestbewährte deutsche Gesetzgebung dieser Rechtsmaterie". Eine Trennung des formellen Konkursrechts vom materiellen Konkursrecht hielt Leonhardt für unausführbar, weil zu starke Wechselwirkungen zwischen den beiden Gebieten bestünden. Beispielsweise prägten im gemeinen Recht die Vorrechte maßgeblich die Ausgestaltung des Verfahrensrechts und machten das Präklusions- und Lokationserkenntnis erforderlich. Auch wenn einheitliche materielle Konkursvorschriften in manchen Staaten verschiedene Folgeänderungen nötig machten, liege darin kein unüberwindbares Hindernis. Dasselbe Problem sei bereits bei der Einführung der preußischen Konkursordnung in den Provinzen Hohenzollern und Ehrenbreitstein aufgetreten und bewältigt worden. Die preußische Konkursordnung habe sich bei der Übertragung auf andere Gebiete bewährt und biete daher auch für die angestrebte deutsche Rechtsvereinheitlichung eine geeignete Basis[897]. Abschließend äußerte Leonhardt die Ansicht, daß bei der Konzeption eines neuen Konkursrechts an eine Rückkehr zu gemeinrechtlichen Prinzipien, wie die Präklusion und Lokation, für den Geltungsbereich der preußischen Konkursordnung nicht gedacht werden könne.

bb. Bundesratsbeschluß vom 21. Februar 1870

Am 23. Januar 1870 beantragte der Bundeskanzler, der Bundesrat solle sich mit der Ausarbeitung von Entwürfen zu dem Bundesgesetz über die Gerichtsverfassung und die Konkursordnung einverstanden erklären. Zur Begründung seines Antrags verwies er wiederum auf die Anfrage des Abgeordneten Schreck. Nach der Rechtseinheit auf dem Gebiet des Zivilprozeßrechts würde nunmehr eine einheitliche Regelung des Konkursrechts „dringend wünschenswert, wenn nicht notwendig erscheinen"[898].

Der Justizausschuß des Bundesrats beriet am 5. Februar 1870 über den Antrag. Den Verlauf der Sitzung skizzierte das Hamburger Bundesratsmitglied Kirchen-

---

[897] BArch R 1401 682, S. 23.
[898] BArch R 1401 682, S. 28; Schubert, Quellen Gerichtsverfassung, S. 328.

pauer in einem Bericht vom 6. Februar 1870[899]: Der Vorsitzende des Justizausschusses, Pape, erachtete eine Konkursordnung als zweckmäßig und als Bundesgesetz über das Konkursverfahren für kompetenzrechtlich zulässig. Somit schlug er vor, dem Bundesrat zu empfehlen, den Bundeskanzler zu ersuchen, eine Konkursordnung entwerfen zu lassen. Sachsen bestand darauf, daß sich die Konkursordnung auf Verfahrensfragen beschränke und materielle Regelungen ausklammere. Die Konkursordnung solle schließlich die Prozeßordnung ergänzen. Darüber hinaus sei die Gesetzgebungskompetenz des Bundes nach Art. 4 Nr. 13 der Verfassung für das gesamte Konkursrecht zweifelhaft. Sachsen wollte daher dem Antrag die Voraussetzung hinzuzufügen, daß die Grenzen der Verfassung gewahrt werden. Die Initiative konnte sich nicht durchsetzen, so daß der Justizausschuß dem Bundesrat empfahl, den Bundeskanzler zu ersuchen, den Entwurf einer einheitlichen Konkursordnung für den Norddeutschen Bund ausarbeiten zu lassen.

Einstimmig folgte der Bundesrat dem Antrag in seiner Sitzung am 21. Februar 1870[900]. Er bat den Bundeskanzler, einen entsprechenden Entwurf ausarbeiten zu lassen und sodann dem Bundesrat zur Beschlußfassung vorzulegen[901]. Im Laufe der Beratungen erklärte der Bevollmächtigte für Mecklenburg, daß es sachgemäß sei, das Konkursverfahren als Teil des gerichtlichen Verfahrens durch ein Bundesgesetz in Einklang mit der Zivilprozeßordnung zu bringen. Er stimme daher der Ausarbeitung des Entwurfs zu, obwohl das Projekt für Mecklenburg kein Bedürfnis sei. Das Gesetzesvorhaben sollte indes keine materiellrechtlichen Bestimmungen enthalten, die in das geltende Hypothekenrecht der Bundesstaaten eingreifen würden[902]. Sachsen erklärte sein Einverständnis unter der Voraussetzung, daß bezüglich des Immobiliarrechts die verfassungsmäßige Gesetzgebungskompetenz nach Art. 4 Nr. 13 nicht überschritten werde[903].

Mit Schreiben vom 14. April 1870 benachrichtigte das Bundeskanzleramt Leonhardt von der Bundesratsentscheidung und richtete die Bitte an das preußische Staats- und Justizministerium, den Gesetzesentwurf zu erstellen[904]. Am 21. April 1870 antwortete Leonhardt, sein Ministerium werde diese Aufgabe übernehmen[905]. Er sagte außerdem zu, die Vorgaben Sachsens und Mecklenburgs zu beachten. Das Bundeskanzleramt sollte ihm behilflich sein, Material über den gegenwärtigen Rechtszustand im Norddeutschen Bund zusammenzutragen. Dazu sollten die einzelnen Regierungen Informationen über ihre örtliche Konkursge-

[899] Schubert, Quellen Gerichtsverfassung, S. 328 f.
[900] GStA Rep. 84a 10605, S. 12; BArch R 1401 682, S. 30 f.; Hahn, Materialien IV, S. 35.
[901] GStA Rep. 84a 10605, S. 13.
[902] BArch R 1401 682, S. 30.
[903] BArch R 1401 682, S. 30; Schubert, Quellen Gerichtsverfassung, S. 332.
[904] GStA Rep. 84a 10605, S. 32.
[905] BArch R 1401 682, S. 33; GStA Rep. 84a 10605, S. 32.

setzgebung einreichen. Leonhardt bat ferner, die Geldmittel für die Ausarbeitung des Gesetzesentwurfs bereitzustellen.

Mit Verfügung vom 27. April 1870 stellte der Bundeskanzler die angeforderten Gelder bereit[906]. Die Norddeutschen Länder mußten aus Bundesmitteln monatlich 250 Thaler an das preußische Justizministerium entrichten[907]. Das Bundeskanzleramt informierte die Regierungen darüber, daß Preußen einen Entwurf ausarbeiten werde, und bat um die Zusendung der örtlichen Konkursgesetzgebung[908]. Damit waren die Voraussetzungen für die Ausarbeitung eines einheitlichen Konkursgesetzes geschaffen. Das preußische Justizministerium nahm umgehend die Arbeiten an einem Gesetzesentwurf auf.

cc. Bewertung

Die Grundentscheidung, das preußische Konkursrecht dem neuen Gesetz zugrunde zu legen, fiel durch die Beauftragung Preußens, einen Gesetzesentwurf zu erstellen. Leonhardt hatte in seinem Gutachten vom 8. Januar 1870 unmißverständlich geäußert, daß er das preußische Recht als Grundlage für das neue Gesetz wünsche. Als das Bundeskanzleramt den Entwurf in Auftrag gab, ohne das Konzept von Leonhardt zu kommentieren, erteilte es dazu sein Einverständnis.

Daß innerhalb des Norddeutschen Bundes das preußische Justizministerium mit dem Entwurf eines einheitlichen Konkursgesetzes betraut wurde, verdankte Preußen seinem hervorragend ausgebildeten Ministerialapparat. Vergleichbar ausgestattete Bundesbehörden existierten nicht, bis im Jahre 1877 das Reichsjustizamt installiert wurde[909]. In der Zeit vor der Reichsgründung war das preußische Justizministerium personell und strukturell am besten geeignet, die Gesetzgebungsentwürfe des Bundes auszuarbeiten. Alternativ hätte allenfalls Sachsen eine einheitliche Konkursordnung entwerfen können. Sachsen verfügte mit einem 1856/66 entwickelten Entwurf über eine moderne Konkursgesetzgebung, die als Basis für das Reichsgesetz brauchbar gewesen wäre[910]. Allerdings bot Sachsen damit keinen wesentlichen Vorteil, weil auch Preußen mit der Novelle von 1869 die Konkursordnung aktualisiert hatte. Von Preußen wurde vermutet, daß es nach seinen Mißerfolgen mit der Zivilprozeßordnung versuchen würde, die Konkursgesetzgebung von Beginn an maßgeblich zu beeinflussen[911]. Zum Zivilprozeßrecht hatte Preußen einen Entwurf ausgearbeitet, der sich letztlich nicht durchset-

[906] GStA Rep. 84a 10605, S. 35.
[907] GStA Rep. 84a 10605, S. 37; BArch R 1401 682, S. 39.
[908] BArch R 1401 682, S. 36.
[909] Thieme, FS Konkursordnung, S. 35 (53).
[910] Thieme, FS Konkursordnung, S. 35 (53).
[911] Thieme, FS Konkursordnung, S. 35 (53).

zen konnte. Eine vom Bundesrat eingesetzte Kommission wich von den preußischen Vorschlägen komplett ab und nahm die Zivilprozeßordnung Hannovers als Grundlage für das einheitliche Prozeßrecht.

Indem bereits zu Zeiten des Norddeutschen Bundes die Arbeit an dem einheitlichen Konkursrecht begann, fielen Grundentscheidungen ohne die süddeutschen Staaten, die erst 1871 wieder dem Deutschen Reich angehörten. Sie hatten keine Gelegenheit, ihre Auffassung einzubringen und eventuell dem preußischen Einfluß entgegenzutreten. Es ist aber keine Tendenz erkennbar, daß bewußt die Abwesenheit der süddeutschen Staaten genutzt wurde, um Entscheidungen zu deren Lasten zu treffen. Die Behörden stellten sich bereits früh auf eine Beteiligung der süddeutschen Staaten ein. Das Bundeskanzleramt führte Bayern, Württemberg und Baden in seinem Verteilerschlüssel für Informationen der einzelnen Regierungen. In Korrespondenzen vor der Reichsgründung waren ihre Namen lediglich durchgestrichen. Dies galt beispielsweise für das Schreiben vom 27. April 1870 an die verschiedenen Regierungen wegen der örtlichen Konkursgesetzgebung[912]. Auch innerhalb des preußischen Justizministeriums deutet nichts darauf hin, daß die Abwesenheit der Süddeutschen ausgenutzt wurde. Man war vielmehr bestrebt, die Konkursgesetze aller Staaten zu berücksichtigen. Als Leonhardt zusagte, den Gesetzesentwurf zu erstellen, kündigte er bereits an, das gesamte im Bundesgebiet geltende Konkursrecht zusammenzustellen. Dabei gab sich das preußische Justizministerium sehr viel Mühe. Die Quellen des in Deutschland geltenden Rechts wurden in zwei separaten Aktenbänden gesammelt und in der Anlage I zu den Motiven des Entwurfs veröffentlicht[913]. Auch die ausländische Konkursgesetzgebung stellte das preußische Justizministerium zusammen und verwertete sie für die Motive[914]. Obwohl eindeutig die preußische Konkursordnung die Grundlage für das neue Gesetz bildete, war man offen für andere Impulse. Vorrangig erschien das Ziel, eine moderne Konkursordnung zu schaffen.

5. Entwurf einer Deutschen Gemeinschuldordnung

a. Bearbeitung durch das preußische Justizministerium

Die Arbeiten an dem Entwurf beanspruchten eine relativ lange Zeit, ohne daß viele Informationen über den Bearbeitungsstand außerhalb des Justizministeriums bekannt wurden[915]. Die zeitgleiche Bearbeitung der anderen Justizgesetze könnte die Verzögerung begründen[916]. Die Akribie bei der Sammlung von Informations-

---

[912] BArch R 1401 682, S. 38.
[913] GStA Rep. 84a 10616, 10617; Hahn, Materialien IV, S. 435 ff.
[914] GStA Rep. 84 a, 10618; Hahn, Materialien IV, S. 484 ff.
[915] Thieme, FS Konkursordnung, S. 35 (54).
[916] Thieme, FS Konkursordnung, S. 35 (54).

material war vielleicht ein weiterer Grund dafür, daß der Entwurf erst nach dreijähriger Bearbeitung im Jahr 1873 fertiggestellt war. Nachdem Leonhardt am 16. Juni 1873 dem Reichskanzleramt den Abschluß der Bearbeitung angezeigt hatte, folgte im November 1873 der Druck des Entwurfs einer Deutschen Gemeinschuldordnung inklusive Motive. Dieser wurde bald darauf veröffentlicht[917] und den einzelnen Regierungen mitgeteilt. Am 1. Dezember 1873 legte der Reichskanzler den Entwurf dem Bundesrat vor.

Das preußische Justizministerium arbeitete nicht nur den Gesetzesentwurf aus, sondern entwarf zugleich die dazugehörigen Motive. Als Basis für die Arbeiten stellten die Mitarbeiter zuerst die Konkursgesetzgebung innerhalb Deutschlands zusammen. Unter dem Titel „Quellen des in Deutschland geltenden Konkursrechts“ erschien eine umfassende Aufarbeitung der von den einzelnen Bundesstaaten eingereichten Materialien. Mit Schreiben vom 31. März 1871 übergab Leonhardt dem Bundeskanzler ein Manuskript der Quellensammlung[918]. Zusammen mit einer Darstellung des englischen und amerikanischen Rechts floß diese Ausarbeitung in den Anlageband zu den Motiven ein.

Die Motive selbst unterteilten sich in zwei Hauptbände. Im ersten Band waren die §§ 1-72, im zweiten die §§ 73-264 behandelt. Die Begründungen zu den einzelnen Paragraphen nahmen viele Aspekte auf, die in den Korrespondenzen des Justizministeriums oder in Sitzungen erörtert wurden. Die Argumentation Leonhardts in seinem Schreiben vom 8. Januar 1870 über die Trennbarkeit des materiellen von dem formellen Konkursrecht floß beispielsweise in die Motive ein. Innerhalb der Motive begann die Kommentierung zu den einzelnen Vorschriften häufig mit einer umfangreichen Gegenüberstellung von verschiedenen bestehenden Regelungen. Dabei berücksichtigte das Ministerium die Gesetzgebung aus den deutschen Staaten sowie dem Ausland. Teilweise begannen die Begründungen auch mit einer Analyse von historischen Vorschriften. Die Motive lieferten die Gründe für die nicht aufgenommenen, alternativen Konzepte und verdeutlichten deren Nachteile. Demgegenüber hatten die eigentlichen Begründungen für die Neuregelung nur einen geringen Umfang.

aa. Personelle Aspekte

Den Entwurf einer Deutschen Gemeinschuldordnung nebst Motiven betreute während der gesamten Ausarbeitung der Geheime Oberjustizrat und Referent im preußischen Justizministerium Franz Förster. Er hatte schon an allen bisherigen Justizgesetzen mitgewirkt und konzipierte ab 1872 auch den Entwurf des Ge-

---

[917] Abgedruckt bei von Decker, S. 1 ff.
[918] BArch R 1401 682, S. 67.

richtsverfassungsgesetzes[919]. Als Hilfsarbeiter unterstützten ihn Carl Hagens und der Richter Schoenstedt aus Duisburg. Hagens war als Richter bei dem Stadtgericht in Berlin tätig und bat Leonhardt am 17. Februar 1870 um einen Einsatz als „Hülfsarbeiter bei der Concursgesetzgebung"[920]. Die Beschäftigung von Hagens und Schoenstedt begann am 1. Juli 1870. Leonhardt nannte das Datum in einem Schreiben vom 13. Juni 1870 den Dienststellen der beiden Hilfsarbeiter als Beginn ihrer Tätigkeit[921]. Der Anteil von Hagens an der Erstellung der Konkursordnung wurde stets sehr hoch bewertet. Beispielsweise wurde in seinem Nachruf auf seine „hauptsächliche Mitarbeit" bei dem Entwurf der Konkursordnung verwiesen[922]. Ob er tatsächlich als Verfasser der Konkursordnung bezeichnet werden kann, muß nach der kompletten Betrachtung der Entstehungsgeschichte entschieden werden.

bb. Arbeitstechnik

Die Akten des preußischen Justizministeriums bieten die vornehmliche Quelle für eine Analyse der Arbeitstechnik. Sie informieren darüber, wie der Gesetzesentwurf entstand und welche Impulse ihn beeinflußten. Die Aktenbände enthalten jedoch wenige Informationen über die erste Phase seiner Ausarbeitung. Vorbereitende Notizen zu der geplanten Struktur des Gesetzes oder zu einzelnen Problemkreisen fehlen, so daß nicht nachvollziehbar ist, wie einzelne Paragraphen oder Abschnitte entstanden. Die grundlegenden Überlegungen und Begründungen schlugen sich erst in dem handschriftlichen und später veröffentlichten Entwurf einer Deutschen Gemeinschuldordnung nebst Motiven nieder[923]. Bis dahin sind umfangreichere Vorüberlegungen und Vorbereitungen nur für einzelne Aspekte, beispielsweise das Vergleichsverfahren zur Abwendung des Konkurses, in einem separaten Aktenband dokumentiert[924]. Neben verschiedenen Gutachten der Handelskammern Dresden und Leipzig sowie des Deutschen Handelstages befaßte sich eine Denkschrift im Auftrag der Handelskammer Bremen mit dem Vergleichsverfahren. Sie wies insbesondere auf die Mängel des preußischen Akkordverfahrens hin und empfahl, für die Reichsgesetzgebung das Recht Bremens zum Vorbild zu nehmen[925].

---

[919] Schubert/Regge, Quellen Strafprozeßordnung, S. 12; Schubert, Quellen Gerichtsverfassung, S. 62.
[920] GStA Rep. 84a 10605, S. 11.
[921] GStA Rep. 84a 10605, S. 43.
[922] Marsson, DJZ 1924, S. 796 (797).
[923] GStA Rep. 84a 10605, S. 213 ff.; GStA Rep. 84a 10606, S. 21 ff.
[924] GStA Rep. 84a 10619.
[925] Bremer Denkschrift, S. 4, abgeheftet unter GStA Rep. 84a 10619, S. 221.

Aus dem Aktenmaterial läßt sich die Arbeitstechnik des preußischen Justizministeriums insoweit erschließen, als die Bearbeiter großen Wert darauf legten, Informationen über das Konkursrecht anderer Staaten und über einzelne Diskussionsschwerpunkte zusammenzutragen. In den Entwurf flossen praktische Erfahrungen mit dem preußischen Recht ebenso ein wie legislative Arbeiten anderer Staaten. Das Auswärtige Amt des Norddeutschen Bundes beschaffte Gesetzgebungsmaterial aus dem Ausland[926]. Das Bundeskanzleramt übersandte die Konkursgesetzgebung der anderen Staaten des Norddeutschen Bundes[927]. Auch noch nachdem der Entwurf bereits abgefaßt war, richtete das preußische Justizministerium Anfragen und Gutachtenaufträge an unterschiedliche fachkundige Stellen, um die generelle Konzeption sowie einzelne Fragen untersuchen zu lassen. In den Akten finden sich außerdem verschiedene Schreiben an das preußische Justizministerium, die sich mit dem Entwurf kritisch auseinandersetzten. Eine sächsische Advokatur reichte Grundzüge für den Entwurf einer Konkursordnung ein, und ein Fabrikbesitzer namens Berndt verfaßte umfangreiche Gedanken über Mängel des gegenwärtigen Konkursverfahrens[928]. Daß das preußische Ministerium die eingegangenen Äußerungen als wichtig erachtete, zeigt sich bereits an ihrer Aufnahme in die Akten. Aus der Vielzahl von eigenen Anfragen und Gutachtenaufträgen des Justizministeriums geht hervor, daß die Stellungnahmen in die Meinungsbildung einbezogen wurden. Sie dienten vermutlich sowohl für die Entwürfe als auch für die Motive. In den Begründungen zu den Neuregelungen waren historische und ausländische Regelungen aufgenommen sowie abweichenden Ansichten gegenübergestellt worden.

(1) Gutachten des Berliner Stadtgerichts

Als Beispiel für die Arbeitstechnik mag ein Gutachten des Berliner Königlichen Stadtgerichts dienen. Das Justizministerium gab es am 19. Juni 1870 in Auftrag, um die Entscheidung vorzubereiten, ob die Trennung in ein kaufmännisches und gemeines Konkursverfahren aus dem preußischen Recht beibehalten werden solle. Die Abteilung für Creditsachen wurde um Auskunft gebeten, wie viele gemeine Konkurse es seit dem 1. Oktober 1855 gegeben hatte und in welchem Zahlenverhältnis sie zu den kaufmännischen Konkursen standen[929]. Die Antwort erfolgte mit Schreiben vom 22. Juni 1870. Die Creditabteilung gab an, daß seit dem

[926] GStA Rep. 84a 10605, S. 101 f.
[927] GStA Rep. 84a 10605, S. 40.
[928] GStA Rep. 84a 10605, S. 15 ff., 190 ff.
[929] GStA Rep. 84a 10605, S. 35 f.

1. Oktober 1855 das Stadtgericht Berlin 1.658 kaufmännische und 501 gemeine Konkursverfahren eröffnet hatte[930].

In den folgenden gutachtlichen Ausführungen sprach sich das Gericht dagegen aus, das Konkursverfahren ausschließlich auf Kaufleute zu begrenzen. Das Verfahren sollte allen Personen offen stehen[931]. Auch wenn die Einzelvollstreckung in manchen Fällen schneller und billiger sei, müßten die Gläubiger stets zwischen Einzel- und Gesamtvollstreckung wählen können. Das Konkursverfahren für bestimmte Schuldner auszuschließen, sei eine unzulässige Beschränkung ihrer Interessen[932]. Eine Differenzierung zwischen einem kaufmännischen und einem gemeinen Konkursverfahren sei nicht erforderlich, weil die Verfahrensunterschiede in der Praxis gering seien[933]. Ein einheitliches Verfahren sei daher ausreichend und könne Probleme mit der Abgrenzung vermeiden. Nicht nur die gegenwärtigen Unterscheidungsschwierigkeiten zwischen Kaufleuten und Nichtkaufleuten würden beseitigt, sondern auch die Mißstände bei der Umwandlung eines kaufmännischen Verfahrens in ein gemeines Verfahren[934]. Zudem sein es unhaltbar, unterschiedliche Voraussetzungen für den Verfahrensbeginn aufrecht zu erhalten. Für alle Schuldner müsse die Unzulänglichkeit des Vermögens die Verfahrensvoraussetzung sein[935]. In einem späteren Schreiben gab das Berliner Stadtgericht die Teilungsbeträge an, die auf die Forderungen der einzelnen Rangklassen in den zwischen 1868 und 1869 abgewickelten Konkursverfahren entfielen[936]. Diese Auskunft diente dazu, die Bedeutung einzelner Vorrechte und ihre Auswirkungen auf die anderen Forderungen zu ermitteln.

(2) Bewertung

Die Stellungnahme des Gerichts wurde im preußischen Justizministerium nicht nur zur Kenntnis genommen, sondern beeinflußte maßgeblich den Gesetzesentwurf. Der Entwurf einer Deutschen Gemeinschuldordnung beseitigte die Trennung in ein kaufmännisches und ein gemeines Verfahren und beschränkte das Verfahren - im Gegensatz zu anderen modernen Gesetzen - nicht auf Kaufleute. Ob das Gutachten des Berliner Stadtgerichts den ausschlaggebenden Impuls setzte oder nur vorhandene Gedanken bestätigte, kann nicht rekonstruiert werden.

---

930 GStA Rep. 84a 10605, S. 44.
931 GStA Rep. 84a 10605, S. 44.
932 GStA Rep. 84a 10605, S. 45.
933 GStA Rep. 84a 10605, S. 45.
934 GStA Rep. 84a 10605, S. 47.
935 GStA Rep. 84a 10605, S. 48.
936 GStA Rep. 84a 10605, S. 114.

Die Grundzüge seiner Argumentation fanden sich jedenfalls in den Motiven zu § 94 des Entwurfs wieder[937].

Die Korrespondenz zwischen dem preußischen Justizministerium und dem Stadtgericht Berlin veranschaulicht die Bemühungen um ein optimales, zeitgemäßes deutsches Konkursrecht. Man beschränkte sich nicht darauf, die preußische Konkursordnung von 1855 zu übernehmen oder nur wenige, besonders deutliche Mißstände zu verbessern. Das preußische Konkursrecht stand, obwohl es die erklärte Grundlage für den Entwurf war, auch bezüglich seiner Grundprinzipien zur Diskussion. Die Offenheit galt gleichwohl nur, wenn es um weitere Fortschritte und Verbesserungen des Rechtszustandes ging. Sofern das preußische Recht das gemeine Konkursrecht abgelöst hatte, galt eine erneute Korrektur als ein deutlicher Rückschritt und war prinzipiell ausgeschlossen. Die Motive brachten deutlich zum Ausdruck, daß gemeinrechtliche Regelungen unerwünscht waren. Sie urteilten beispielsweise über den Kontradiktor des gemeinen Rechts, daß dieses Amt „unnützer Zeit- und Kostenaufwand“ sei[938].

Auffällig war die Sorgfalt, mit der das preußische Justizministerium den Gesetzesentwurf vorbereitete. Es nutzte viele verschiedene Informationsquellen aus dem In- und Ausland und bediente sich der Sachkunde von verschiedenen Institutionen. Gerichte konnten in den Gutachten ihre praktischen Erfahrungen aus der täglichen Anwendung des preußischen Konkursrechts einbringen. Sie lieferten Zahlenmaterial aus ihrer Geschäftsstatistik für eine genaue Analyse des bisherigen Rechts und berichteten von den Anwendungsschwierigkeiten einzelner Vorschriften. Verschiedene Handelskammern und der Deutsche Handelstag erhielten Gelegenheit, ihre Sichtweise und Erfahrungen zu Themen einzubringen, die besonders in ihrem Interesse lagen. Diese Arbeitsweise war eine Basis für den Erfolg des neuen Konkursrechts. Das preußische Justizministerium traf seine Entscheidungen stets auf der Grundlage umfassender Nachforschungen. Die Neuregelungen waren nicht bloß irgendeine Reaktion auf besonders spürbare Mißstände des alten Rechts. Die Erfahrungen vieler beteiligten Personen flossen in sie ein und führten zu den richtigen Grundentscheidungen.

b. Inhaltliche Ausgestaltung

Der von dem preußischen Justizministerium ausgearbeitete Entwurf des einheitlichen Konkursrechts trug den Titel „Deutsche Gemeinschuldordnung“ (GSO). Bereits in der Wahl dieser Bezeichnung lag eine wesentliche Neuerung. Der Name Gemeinschuldordnung lehnte sich an den Begriff des Gemeinschuldners an. Dem

[937] Hahn, Materialien IV, S. 291 ff.
[938] GStA Rep. 84a 10606, S. 66; von Decker, Motive GSO I, S. 16.

Titel folgend verwendete der Gesetzesentwurf die Begriffe Gemeinschuldrecht, Gemeinschuldverfahren, Gemeinmasse, Gemeingläubiger etc. Die Motive zur GSO erklärten, die Terminologie sei der Versuch, eine neue deutsche Rechtssprache zu entwickeln[939]. Die örtlich unterschiedliche Terminologie bildete den Anlaß für eine Vereinheitlichung der Rechtssprache. In den einzelnen Staaten existierten häufig Bezeichnungen, die andernorts nicht gebräuchlich waren, beispielsweise war der Begriff „Gant" auf den süddeutschen Raum beschränkt. Ebenfalls als untauglich für ein einheitliches deutsches Recht wurden Fremdworte erachtet[940]. Daher schieden die Bezeichnungen Konkurs oder Falliment, die aus anderen Sprachen abgeleitet waren, aus.

Der Gesetzesentwurf behandelte das Konkursrecht in fünf Büchern. Das Erste Buch beinhaltete das Gemeinschuldrecht (§§ 1 bis 72 GSO) mit materiellen Regelungen wie den Wirkungen des Gemeinschuldverfahrens, der Anfechtung von Rechtsgeschäften, Herausgabeansprüchen und der abgesonderten Befriedigung. Das zweite Buch über das Gemeinschuldverfahren (§§ 73 bis 215 GSO) behandelte die Durchführung des Verfahrens und die beteiligten Organe. In dem dritten Buch schlossen sich in den §§ 216 bis 232 GSO besondere Bestimmungen für das Gemeinschuldverfahren über Teilmassen an. Sie kamen zur Anwendung in bezug auf das inländische Vermögen eines ausländischen Gewerbetreibenden oder das Gesellschaftsvermögen einer OHG, KG oder KGaA[941]. Nach den Regelungen über das Vergleichsverfahren zur Abwendung des Gemeinschuldverfahrens im vierten Buch (§§ 233 bis 256 GSO) endete das Gesetz mit den Strafbestimmungen im fünften Buch (§§ 257 bis 264 GSO). Damit reduzierte sich der Umfang des Gesetzesentwurfs im Vergleich zu der preußischen Konkursordnung mit 440 Paragraphen deutlich.

aa. Verfahrensgang

(1) Eröffnung des Verfahrens

Das Gemeinschuldverfahren begann gemäß § 99 GSO ausschließlich auf Antrag des Schuldners oder eines Gläubigers und setzte die Zahlungsunfähigkeit voraus (§ 100 GSO). Der Zahlungsunfähigkeit gleichgestellt war die Zahlungseinstellung[942]. Sofern der Antrag vom Schuldner ausging, mußte er ihm ein Verzeichnis der Gläubiger und eine Übersicht über die Vermögensmasse beifügen (§ 102 GSO). War ein Gläubiger der Antragsteller, mußte er die Zahlungsunfähigkeit

---

[939] GStA Rep. 84a 10606, S. 64; von Decker, Motive GSO I, S. 12.

[940] GStA Rep. 84a 10606, S. 64; von Decker, Motive GSO I, S. 12; von Kräwel, Zeitschrift für deutsche Gesetzgebung VIII (1875), S. 123 (126).

[941] Eccius, Zeitschrift für deutsche Gesetzgebung VIII (1875), S. 22 (29).

[942] Eccius, Zeitschrift für deutsche Gesetzgebung VIII (1875), S. 22 (86).

und seine Forderung nach § 103 GSO glaubhaft machen[943]. Zuständig für den Eröffnungsantrag wie für das gesamte Verfahren war gemäß § 73 GSO das Amtsgericht, bei dem der Schuldner seinen allgemeinen Gerichtsstand hatte[944]. Es gab ein einheitliches Verfahren, unabhängig davon, ob es sich bei dem Schuldner um einen Kaufmann handelte. Wenn die Gemeinmasse klein oder die Zahl der Gläubiger gering war, konnte ein abgewandeltes, abgekürztes Verfahren nach §§ 213 ff. GSO mit verschiedenen Vereinfachungen durchgeführt werden[945].

Auf einen ordnungsgemäßen Eröffnungsantrag legte das Gericht einen Termin zur mündlichen Verhandlung fest und ernannte nach seinem Ermessen einen Gemeinverwalter (§ 104 GSO). Der Verwalter nahm seine Tätigkeit sofort auf, indem er sich mit der Sachlage vertraut machte und erforderliche Sicherungsmaßnahmen beantragte gemäß § 105 GSO[946]. Fehlte eine die Verfahrenskosten deckende Masse, konnte das Gericht den Eröffnungsantrag gemäß § 108 GSO abweisen. Nach dem Verhandlungstermin entschied das Gericht über die Eröffnung des Verfahrens durch Urteil, das mit dem Rechtsmittel der Berufung angreifbar war (§§ 110 f. GSO). Mit der Verfahrenseröffnung verfügte das Gericht einen offenen Arrest als Generalinhibitorium. Zugleich bestimmte es einen Termin zur Wahl des Gläubigerausschusses sowie zur Erklärung über die Person des Verwalters und legte die Anmeldefrist für die Forderungen sowie den allgemeinen Prüfungstermin fest (§ 112 GSO).

(2) Wirkungen der Verfahrenseröffnung

Das Gemeinschuldverfahren umfaßte das gesamte gegenwärtige und während des Verfahrens neu erworbene Vermögen des Schuldners (§ 1 GSO)[947]. Diese weite Definition der Gemeinmasse begrenzte § 2 GSO, indem nur der Teil des neuen Reingewinns erfaßt wurde, den der Schuldner nicht zu seinem angemessenen Lebensunterhalt sowie dem Unterhalt für seine Angehörigen benötigte. Die Verwaltungs- und Verfügungsbefugnis wurde dem Schuldner entzogen und zum Zweck der Befriedigung der Gläubiger durch den gerichtlich bestellten Gemeinverwalter ausgeübt (§ 8 GSO)[948]. Nach Verfahrenseröffnung vorgenommene Rechtshandlungen des Schuldners waren nichtig nach § 10 GSO. Schwebende Rechtsstreitigkeiten konnte der Verwalter fortsetzen (§ 12 GSO)[949]. In bezug auf zweiseitige Rechtsgeschäfte des Schuldners vor Verfahrenseröffnung stand dem Verwalter

943 Eccius, Zeitschrift für deutsche Gesetzgebung VIII (1875), S. 22 (87).
944 Eccius, Zeitschrift für deutsche Gesetzgebung VIII (1875), S. 22 (78).
945 Eccius, Zeitschrift für deutsche Gesetzgebung VIII (1875), S. 22 (78).
946 Eccius, Zeitschrift für deutsche Gesetzgebung VIII (1875), S. 22 (87).
947 Eccius, Zeitschrift für deutsche Gesetzgebung VIII (1875), S. 22 (28).
948 Eccius, Zeitschrift für deutsche Gesetzgebung VIII (1875), S. 22 (31).
949 Eccius, Zeitschrift für deutsche Gesetzgebung VIII (1875), S. 22 (32).

ein Wahlrecht zu, ob er deren Erfüllung verlangte (§ 20 GSO)[950]. Die Anfechtung von Rechtsgeschäften des Schuldners vor Verfahrenseröffnung regelten die §§ 27 ff. GSO. Infolge einer Klage oder einer Einrede waren vier Arten von Rechtsgeschäften gegenüber den Gläubigern unwirksam. Unwirksamkeit galt erstens für Rechtsgeschäfte, bei denen der andere Vertragsteil Kenntnis von der Zahlungseinstellung oder dem Eröffnungsantrag hatte (§ 28 GSO). Die zweite Gruppe nach § 29 GSO bildeten Rechtshandlungen bis zu zehn Tagen vor der Verfahrenseröffnung, mit denen der Schuldner einem einzelnen Gläubiger grundlos eine Sicherung oder Befriedigung gewährt hatte. Nach § 30 GSO unterlagen Rechtshandlungen der letzten zwei Jahre der Anfechtung, wenn sie unentgeltlich erfolgt oder in der Absicht der Gläubigerbenachteiligung mit Ehegatten oder Familienangehörigen abgeschlossen worden waren. Schließlich konnten nach § 31 GSO Rechtshandlungen ohne zeitliche Einschränkungen angefochten werden, wenn sie in der Absicht der Gläubigerbenachteiligung geschlossen worden waren oder es sich um Freigiebigkeiten an den Ehegatten handelte. Das Anfechtungsrecht stand dem Verwalter und - wenn dieser es nicht ausübte - jedem Gläubiger zu (§ 36 GSO)[951].

(3) Verwaltung des Schuldnervermögens

Der Verwalter nahm unmittelbar nach der Verfahrenseröffnung das Schuldnervermögen in Besitz, um es zu verwalten und zu verwerten (§ 115 GSO). Er stellte das Vermögen fest, indem er ein Inventar und eine Bilanz anfertigte[952]. Durch einen Offenbarungseid mußte der Schuldner versichern, daß er sein Vermögen und seine Schulden richtig und vollständig angegeben hatte (§ 125 GSO). Die Sicherstellung des Vermögens erfolgte durch Eintragung der Verfahrenseröffnung in das Grund- und Hypothekenbuch und hinsichtlich der Mobilien durch die Siegelung (§ 120 f. GSO). Zunächst arbeitete der Verwalter selbständig, insbesondere entschied er gemäß § 130 GSO nach eigenem Ermessen, ob er das Geschäft des Schuldners fortführte. Seine Befugnisse änderten sich mit dem Wahltermin, in dem die Gläubigerversammlung einen Gläubigerausschuß wählte. Der aus drei Mitgliedern bestehende Gläubigerausschuß war für jedes Verfahren obligatorisch und diente dazu, den Verwalter bei der Geschäftsführung zu unterstützen und zu überwachen (§ 86 GSO). Der Gläubigerausschuß entschied über die Geschäftsfortführung und die Hinterlegungsstelle für die erzielten Erlöse[953]. Er bestimmte nach § 132 GSO auch darüber, wann der Verwalter einen Bericht über seine Tätigkeit abgeben mußte. Zu besonders wichtigen Rechtshandlungen, wie der Ver-

---

[950] Eccius, Zeitschrift für deutsche Gesetzgebung VIII (1875), S. 22 (38).
[951] Eccius, Zeitschrift für deutsche Gesetzgebung VIII (1875), S. 22 (52).
[952] Eccius, Zeitschrift für deutsche Gesetzgebung VIII (1875), S. 22 (90).
[953] Eccius, Zeitschrift für deutsche Gesetzgebung VIII (1875), S. 22 (93 f.).

äußerung von Grundstücken oder der Ausschlagung von Erbschaften, mußte der Gläubigerausschuß dem Verwalter seine Zustimmung erteilen (§ 134 GSO). In dem Termin zur Wahl des Gläubigerausschusses konnten die Gläubiger auch den gerichtlich bestimmten Verwalter durch eine andere Person ersetzen.

(4) Anmeldung der Forderungen

Zur Anmeldung der Forderungen setzte das Gericht eine Anmeldefrist zwischen ein und drei Monaten nach Verfahrenseröffnung fest. In dieser Zeit mußten die Gläubiger durch einen Schriftsatz oder zu Protokoll der Gerichtsschreiberei ihren Anspruch mit Betrag, Schuldgrund und den Beweisurkunden anmelden[954]. Nicht in das Gemeinschuldverfahren einbezogen waren die Gläubiger mit Ansprüchen auf Herausgabe von Sachen aus der Gemeinmasse, die in ihrem Eigentum standen (§ 40 GSO). Dabei galten jedoch für die Eigentumsansprüche von Ehegatten Einschränkungen[955]. Auch Hypotheken- und Pfandgläubiger verfolgten ihre Ansprüche auf abgesonderte Befriedigung aus einzelnen Sachen außerhalb des Gemeinschuldverfahrens[956].

Zwei bis vier Wochen nach Ablauf der Anmeldefrist fand der allgemeine Prüfungstermin statt, in dem die Beteiligten über die angemeldeten Forderungen verhandelten (§ 142 GSO). Eine unstreitige Forderung, die der Verwalter anerkannte und kein Gläubiger bestritt, trug das Gericht in eine Tabelle ein. Die Eintragung in die Tabelle wirkte wie ein rechtskräftiges Urteil (§ 143 GSO) und erledigte auch die Entscheidung über ein Vorrecht abschließend[957]. Streitige Forderungen konnte der betroffene Gläubiger in einem gewöhnlichen Verfahren gerichtlich feststellen lassen. Zuständig für den separaten Rechtsstreit war das jeweils sachlich zuständige Prozeßgericht (§ 145 GSO)[958]. Bis zur endgültigen Entscheidung konnten streitige Forderungen vorläufig zum weiteren Verfahren zugelassen werden, sofern alle Gläubiger gemäß § 142 GSO zustimmten[959]. Das erstrittene Urteil entfaltete Wirkung gegenüber allen Gläubigern (§ 146 GSO). Versäumte ein Gläubiger generell die Anmeldung seiner Forderung, trat keine Präklusion ein. Ihn traf lediglich der Nachteil, die Kosten für den nachzuholenden besonderen Prüfungstermin tragen zu müssen (§ 148 GSO)[960].

---

[954] Eccius, Zeitschrift für deutsche Gesetzgebung VIII (1875), S. 22 (98).
[955] Eccius, Zeitschrift für deutsche Gesetzgebung VIII (1875), S. 22 (54).
[956] Eccius, Zeitschrift für deutsche Gesetzgebung VIII (1875), S. 22 (60).
[957] Eccius, Zeitschrift für deutsche Gesetzgebung VIII (1875), S. 22 (99).
[958] Eccius, Zeitschrift für deutsche Gesetzgebung VIII (1875), S. 22 (101).
[959] Eccius, Zeitschrift für deutsche Gesetzgebung VIII (1875), S. 22 (99).
[960] Eccius, Zeitschrift für deutsche Gesetzgebung VIII (1875), S. 22 (97).

(5) Befriedigung der Gläubiger

Vor den Gemeinforderungen befriedigte der Verwalter die Masseforderungen, die sich aufteilten in Massekosten (Gerichts- und Verwaltungskosten) und Masseschulden, beispielsweise vom Verwalter eingegangene Verbindlichkeiten (§§ 56 ff. GSO)[961]. Durch Vorwegzahlungen konnte der Verwalter neben den Masseschulden auch die bevorrechtigten Forderungen gemäß § 150 GSO befriedigen[962]. Vor den gewöhnlichen, gleichmäßig zu befriedigenden Gemeinforderungen gab es zwei Rangklassen, die vorrangig erfüllt wurden. Als erstes befriedigte der Verwalter rückständige Lohnforderungen, Kostgeld und Dienstbezüge des letzten Jahres vor Verfahrenseröffnung (§ 61 GSO). Danach folgten Forderungen von Kindern wegen der Veruntreuung ihres Vermögens, das der Schuldner verwaltet hatte, nach § 62 GSO. Die dritte Rangordnung bildeten bereits sämtliche übrigen Forderungen (§ 63 GSO). Zinsen, Verfahrenskosten, Strafgelder und Forderungen aus Schenkungen des Schuldners konnten gemäß § 65 GSO überhaupt nicht im Konkursverfahren geltend gemacht werden[963].

Durch Abschlagsverteilungen begann die Befriedigung der nicht privilegierten Gläubiger, sobald und so oft der Verwalter einen hinreichenden Geldbestand erzielt hatte. Zur Verwertung des schuldnerischen Vermögens konnte der Verwalter die Zwangsverwaltung und Zwangsversteigerung von Immobilien betreiben lassen. Mobilien veräußerte er durch die Zwangsversteigerung[964]. Der Gläubigerausschuß beschloß auf Antrag des Verwalters über die Vornahme einer Verteilung. Der Verteilungsbeschluß war öffentlich bekannt zu machen (§ 151 GSO) und nannte den zu verteilenden Bestand und die Summe der berücksichtigten Forderungen[965]. Innerhalb einer Präklusionsfrist von zwei Wochen konnten Gläubiger mit streitigen Forderungen erreichen, daß sie bei der Verteilung berücksichtigt wurden. Gemäß § 152 GSO mußten sie nachweisen, daß sie ein Urteil errungen hatten oder noch ein Rechtsstreit anhängig war. Innerhalb derselben Ausschlußfrist konnten letztmalig Herausgabeansprüche, Ansprüche auf abgesonderte Befriedigung und Masseschulden geltend gemacht werden (§ 153 GSO)[966]. Nach Ablauf der Frist bestimmte der Gläubigerausschuß die zu zahlenden Prozentsätze gemäß § 154 GSO. Der Verwalter führte die Verteilung durch, indem er Anweisungen an die Hinterlegungsstelle ausgab. Nach einem Schlußtermin zur Abnahme der Schlußrechnung und einer Verhandlung über das Verzeichnis aller zu be-

[961] Eccius, Zeitschrift für deutsche Gesetzgebung VIII (1875), S. 22 (69).
[962] Eccius, Zeitschrift für deutsche Gesetzgebung VIII (1875), S. 22 (103).
[963] Eccius, Zeitschrift für deutsche Gesetzgebung VIII (1875), S. 22 (72).
[964] Eccius, Zeitschrift für deutsche Gesetzgebung VIII (1875), S. 22 (95).
[965] Eccius, Zeitschrift für deutsche Gesetzgebung VIII (1875), S. 22 (104).
[966] Eccius, Zeitschrift für deutsche Gesetzgebung VIII (1875), S. 22 (104 f.).

rücksichtigenden Forderungen endete die Befriedigung mit einer Schlußverteilung[967].

(6) Zwangsvergleich

In der Zeit zwischen dem allgemeinen Prüfungstermin und der Genehmigung der Schlußverteilung konnte der Schuldner dem Gläubigerausschuß einen Vergleichsvorschlag unterbreiten (§§ 166, 169 GSO). Darin mußte er Prozentsätze, Zahlungsteile, Fristen zur Befriedigung und Sicherstellungen nennen[968]. Der Vergleich war in bestimmten Fällen ausgeschlossen, beispielsweise wenn der Schuldner flüchtig war oder den Offenbarungseid verweigert hatte (§ 168 GSO). Der Gläubigerausschuß prüfte den Vorschlag unter Hinzuziehung des Verwalters. In einem Vergleichstermin konnten die Gläubiger den Vorschlag durch die Mehrzahl der Stimmberechtigten und drei Viertel der Forderungssumme gemäß § 177 GSO annehmen. Das Gericht verhandelte nach § 178 GSO in einem eigenen Termin über den Vergleich und bestätigte ihn durch Urteil. Der Zwangsvergleich wirkte gegenüber allen nicht bevorrechtigten Gemeingläubigern (§ 183 GSO)[969].

(7) Beendigung des Verfahrens

Das Gesamtschuldverfahren endete mit dem gerichtlichen Beschluß, der die Aufhebung des Verfahrens aussprach. Ohne eine mündliche Verhandlung entschied das Gericht, wenn der Schlußtermin abgehalten war, ein rechtskräftig bestätigter Zwangsvergleich vorlag, keine hinreichende Masse vorhanden war oder der Schuldner nachwies, daß alle Gläubiger in beglaubigter Form einer Aufhebung zustimmten[970].

Nach der Beendigung des Verfahrens konnte der Schuldner durch eine Wiedereinsetzung gemäß §§ 204 ff. GSO seine bürgerlichen Ehrenrechte wiedererlangen, die der Konkurs beschränkt hatte. Beispielsweise entzog das Reichstagswahlgesetz von 1869 dem Schuldner das aktive und passive Wahlrecht, wenn über sein Vermögen das Konkursverfahren eröffnet wurde[971]. Auf Antrag des Schuldners konnte das Gericht eine Wiedereinsetzung aussprechen, sofern die Zahlungsunfähigkeit unverschuldet war und der Schuldner während des Verfahrens seine Pflichten erfüllt hatte. Wurde der Schuldner wegen eines betrügeri-

[967] Eccius, Zeitschrift für deutsche Gesetzgebung VIII (1875), S. 22 (105).
[968] Eccius, Zeitschrift für deutsche Gesetzgebung VIII (1875), S. 22 (110).
[969] Eccius, Zeitschrift für deutsche Gesetzgebung VIII (1875), S. 22 (109).
[970] Eccius, Zeitschrift für deutsche Gesetzgebung VIII (1875), S. 22 (117); von Sarwey, ZHR 23 (1878), S. 371 (410).
[971] Hullmann, S. 35; Hellmann, Lehrbuch, S. 113.

schen Bankrotts rechtskräftig verurteilt, war eine Wiedereinsetzung ausgeschlossen[972].

bb. Vergleich mit der preußischen Konkursordnung

Nach den Motiven zur GSO hat die preußische Konkursordnung von 1855 „die Richtung bei der Ausarbeitung eines einheitlichen Gesetzes wesentlich vorgezeichnet“[973]. Die vorgestellten Leitlinien der GSO lassen den preußischen Einfluß deutlich erkennen. Komplette Titel, wie die Vorschriften über den Zwangsvergleich, entsprachen im wesentlichen den preußischen Regelungen über den Akkord. Auch optisch wird in den Motiven zur GSO deutlich, daß die preußische Konkursordnung das erklärte Vorbild für den Gesetzesentwurf war. Unter jedem Paragraphen der GSO war der entsprechende Paragraph der preußischen Konkursordnung aufgeführt. Gleichwohl sollten „wertvolle neue Gesichtspunkte“ in das Gesetz einfließen. Die Motive sahen den Entwurf als eine „Fortentwicklung des preußischen Konkursrechts“[974]. Wesentliche Abweichungen ergaben sich insbesondere daraus, daß die leitenden Prinzipien des Gesetzes konsequenter durchgeführt wurden[975]. Die GSO reduzierte die gerichtliche Macht weiter und erhöhte die Selbständigkeit des Verwalters, der als „bewegende Kraft des neuen Verfahrens“ angesehen wurde[976].

Aus dem Vergleich zwischen der GSO und der preußischen Konkursordnung ergibt sich, daß der Gesetzesumfang deutlich reduziert und das Verfahren weiter vereinfacht und beschleunigt wurde. Es gab mehrere Gründe für den geringen Gesetzesumfang. Das Verfahren wurde vereinfacht und mache Bereiche entfielen, weil sie entweder in der neuen Zivilprozeßordnung enthalten waren oder aus anderen Gründen keiner Behandlung mehr bedurften[977]. Die Kasuistik der preußischen Konkursordnung ersetzte die GSO verstärkt durch allgemeinere Rechtsgrundsätze, was insbesondere die Anfechtungsregelungen verdeutlichten. Eine Beschleunigung des Verfahrens erreichte die Neuregelung durch verschiedene Maßnahmen, wie die Reduzierung von Anmeldefristen, die schnellere Verwertung der Masse und die Verteilung durch den Verwalter[978]. Die Gemeinsamkeiten zwischen der preußischen Konkursordnung und der GSO zeigte insbesondere das

---

972 Eccius, Zeitschrift für deutsche Gesetzgebung VIII (1875), S. 22 (120).
973 GStA Rep. 84a 10606, S. 61; von Decker, Motive GSO I, S. 5.
974 GStA Rep. 84a 10606, S. 61; von Decker, Motive GSO I, S. 5.
975 König, Einl. IV.
976 Oetker, Grundbegriffe, S. 1.
977 Von Kräwel, Zeitschrift für deutsche Gesetzgebung VIII (1875), S. 123 (127 f.).
978 Von Kräwel, Zeitschrift für deutsche Gesetzgebung VIII (1875), S. 123 (131 f.).

erste Buch über das Gemeinschuldrecht, während das Gemeinschuldverfahren vornehmlich die Abweichungen hervorhob[979].

(1) Stellung der Verfahrensbeteiligten

Die GSO änderte zahlreiche Vorschriften über die Verfahrensbeteiligten und ihren Kompetenzbereich. Die Gerichtszuständigkeit lag beim Amtsgericht und damit bei einem Einzelrichter. Die umständliche Konstruktion des preußischen Rechts, das grundsätzlich ein Richterkollegium mit dem Konkursverfahren betraute, das seinerseits einen richterlichen Kommissar einsetzte, entfiel. Der Verwalter und der Gläubigerausschuß verwalteten das Schuldnervermögen, ohne daß ihre Tätigkeit in ein provisorisches und ein definitives Stadium zerfiel. Das ursprünglich französische Konzept für die Verwaltung übernahm die GSO nicht, weil es sich als besonders schwerfällig erwiesen hatte und die Herstellung einer teilbaren Masse unnötig verzögerte[980].

Die GSO entwickelte konsequent die Tendenz der preußischen Konkursordnung fort, die gerichtliche Macht zu beschränken. Das gemeine Recht vernachlässigte häufig die Interessen der Gläubiger und überfrachtete das Gericht mit Aufgaben aus einem ihm fremden Tätigkeitsgebiet. Weil den Richtern die nötigen Erfahrungen und Kenntnisse bei der Verwaltung fehlten, lösten sie diese Anforderungen oft formalistisch und uneffektiv[981]. Nach der GSO wirkte das Gericht nicht bei der Verwaltung und Verwertung der Masse mit. Sein Einfluß auf den Verwalter beschränkte sich auf dessen Ernennung, Verpflichtung und Entlassung sowie auf die Verhängung von Ordnungsstrafen. Das Gericht nahm also lediglich organisatorische, ordnende Aufgaben war, ohne an inhaltlichen Entscheidungen, wie der Genehmigung besonders wichtiger Verwaltungsmaßnahmen, beteiligt zu sein. Ausschließlich der Verwalter und der Gläubigerausschuß sollten die Verwaltung durchführen, ohne daß sie das Gericht überwachte[982]. Zur Kontrolle des Verwalters, zum Schutz des Schuldners und einer effektiven Interessenvertretung der Gläubigergesamtheit diente der Gläubigerausschuß[983]. Er war obligatorisch und nur im abgekürzten Verfahren nach §§ 213 ff. GSO entbehrlich. Zudem wertete die GSO die Befugnisse des Gläubigerausschusses und des Verwalters auf. Sie nahmen Aufgaben wahr, die früher der Kommissar ausführte, beispielsweise das Erstellen des Teilungsplans. Diese Ausweitung von Kompetenzen beschleunigte

[979] Eccius, Zeitschrift für deutsche Gesetzgebung VIII (1875), S. 22 (33).
[980] Von Kräwel, Zeitschrift für deutsche Gesetzgebung VIII (1875), S. 123 (131).
[981] Von Decker, Motive GSO II, S. 17.
[982] Eccius, Zeitschrift für deutsche Gesetzgebung VIII (1875), S. 22 (81); von Sarwey, ZHR 23 (1878), S. 371 (398).
[983] Von Decker, Motive GSO II, S. 19.

das Verfahren und vereinfachte es[984]. Die Einflußmöglichkeiten des Gerichts wurden schließlich dadurch begrenzt, daß eine Verfahrenseinleitung von Amts wegen ausgeschlossen war. Zur Fürsorge und aus Gründen des Gläubigerschutzes sah die preußische Konkursordnung für kaufmännische Konkurse noch eine Verfahrenseinleitung von Amts wegen vor. Von diesem Gedanken befreite sich die GSO und statuierte das Antragserfordernis. Mithin betonte die Neuregelung die Eigenverantwortung und reduzierte die gerichtliche Kontrolle auf ein Minimum.

(2) Gemeinschuldverfahren

In bezug auf das Konkursverfahren nahm die GSO die bedeutendsten Änderungen vor. Ausweislich der Motive war den Verfassern des Entwurfs die Gefahr gegenwärtig, die von komplizierten Verfahrensabschnitten, einer zu starken richterlichen Einwirkung und zu vielen Entscheidungen durch Urteile ausging. Deshalb sollte die GSO konsequent beachten, daß das Verfahren kein Rechtsstreit war, sondern ein gerichtliches Verfahren zur Befriedigung der Gläubiger aus einer unzulänglichen Masse[985]. Das Verfahren wurde sehr übersichtlich, weil es sich auf die Auseinandersetzung der Konkursgläubiger konzentrierte. Eine abgesonderte Befriedigung fand nicht im Rahmen des Konkursverfahrens statt, und die Prioritätsstreitigkeiten behinderten den Verfahrensablauf nicht. Das gemeinrechtliche Universalitätsprinzip war konsequent beseitigt.

Die preußische Unterteilung in ein kaufmännisches und ein gemeines Verfahren gab die GSO auf. Dadurch entfielen gleichzeitig die unterschiedlichen Verfahrensvoraussetzungen. Es gab nach der GSO für alle Schuldner dasselbe Verfahren mit der Zahlungsunfähigkeit als Konkursgrund. Ein wesentlicher Grund für diese konzeptionelle Änderung lag darin, daß die Unterteilung in ein kaufmännisches und ein gemeines Konkursverfahren lediglich geringe praktische Unterschiede nach sich zog[986]. Auch für das gemeine Verfahren galten grundsätzlich die Regelungen über das kaufmännische Verfahren (§ 333 prKO), nur wenige Modifikationen mußten beachtet werden. Der geringe Unterschied rechtfertigte nicht die aufwendige Abgrenzung der beiden Verfahren. Hinzu trat der Aspekt, daß der Kaufmannsstand nicht mehr so abgrenzbar und mit Eigenheiten ausgestattet war wie in früheren Zeiten[987]. Nach Gesetzesänderungen in der zweiten Hälfte des 19. Jahrhunderts existierten die Anlässe nicht mehr, die Kaufleute anders zu behandeln, weil nur sie wechselfähig waren, strengeren Exekutionsmaßregeln unter-

---

[984] Von Kräwel, Zeitschrift für deutsche Gesetzgebung VIII (1875), S. 123 (136).
[985] GStA Rep. 84a 10606, S. 62; von Decker, Motive GSO I, S. 7.
[986] Stieglitz, Einl. XII; von Decker, Motive GSO I, S. 9; von Sarwey, ZHR 23 (1878), S. 371 (383).
[987] Von Decker, Motive GSO I, S. 8.

lagen und ein ausgeprägtes Kreditwesen benötigten[988]. Durch die Aufhebung der Trennung entfielen zugleich die Abgrenzungsschwierigkeiten zwischen den beiden Verfahrensarten sowie die Probleme bei der Verfahrensumwandlung[989]. Die Aufgabe der Unterscheidung zwischen einem kaufmännischen und einem gemeinen Verfahren wurde teilweise als Rückkehr zu dem gemeinen Recht verstanden[990]. Dennoch ist diese Änderung weniger eine Rückbesinnung auf das gemeine Recht als eine Korrektur des unpraktischen und übertriebenen preußischen Konzepts. Das preußische Recht war den vielen ausländischen, modernen Konkursgesetzen gefolgt, die spezifisch auf Kaufleute zugeschnitten waren, bot aber zusätzlich ein Verfahren für alle übrigen Schuldner an. Der Versuch, auf diese Weise alle Bedürfnisse zugleich abzudecken, scheiterte jedoch.

Weiterhin grenzte eine Vielzahl von kleineren Neuerungen im Verfahrensablauf die GSO gegenüber der preußischen Konkursordnung ab. Nach der GSO gab es ein gerichtliches Eröffnungsverfahren, das mit einem Urteil abschloß. Demgegenüber kannte die preußische Konkursordnung zur Verfahrenseröffnung einen gerichtlichen Beschluß ohne vorherige mündliche Verhandlung. Die Motive begründeten die Änderung damit, daß die Verfahrenseröffnung für den Schuldner sehr wichtig sei. Deshalb habe eine genaue gerichtliche Untersuchung voranzugehen. Die Ermessensentscheidungen der preußischen Gerichte wurden als zu weitgehend erachtet[991]. Die Motive berichten von nicht nur vereinzelten Fällen, in denen das Gericht ein Konkursverfahren zu Unrecht eröffnet hatte[992]. Teilweise konnte die Wiederaufhebung des Verfahrens durch Erkenntnis erst zu einem Zeitpunkt ergehen, in dem die Masse bereits verwertet und teilweise ausgekehrt war. Die allgemeinen Prozeßgrundsätze erforderten eine Verhandlung und ein formelles Vorverfahren, um eine zuverlässige Aufklärung zu gewährleisten. Die Neuregelung der GSO zielte auf einen Einklang mit der Prozeßordnung. Das Abweichen von der preußischen Regelung und die Rückkehr zu einem Prinzip des gemeinen Rechts sollte insoweit gerechtfertigt sein[993].

Die Regelungen über den Zwangsvergleich nach §§ 166 ff. GSO lehnten sich im Hinblick auf Details stark an das preußische Vorbild an. Die Voraussetzungen für eine Annahme des Vergleichs nach § 177 GSO stimmten mit der preußischen Konkursordnung ebenso überein wie die gerichtliche Bestätigung. Trotz dieser Parallelen überwogen die Unterschiede. Das Zwangsvergleichsverfahren konnte

988 Von Sarwey, ZHR 23 (1878), S. 371 (382)

989 GStA Rep. 84a 10606, S. 63; von Decker, Motive GSO I, S. 10; Eccius, Zeitschrift für deutsche Gesetzgebung VIII (1875), S. 22 (77 f.); von Sarwey, ZHR 23 (1878), S. 371 (385).

990 Von Sarwey, ZHR 23 (1878), S. 371 (385).

991 Von Decker, Motive GSO II, S. 46.

992 Von Decker, Motive GSO II, S. 47.

993 Von Decker, Motive GSO II, S. 47.

der Schuldner freiwillig beantragen, ohne es zwingend durchlaufen zu müssen, wie im kaufmännischen Verfahren nach dem preußischen Recht. Es hielt die Verwertung der Masse nicht unausweichlich auf. Ein weiterer Unterschied bestand darin, daß der Gläubigerausschuß den Vergleichsvorschlag entgegennahm und prüfte.

(3) Gemeinschuldrecht

Dem Gemeinschuldrecht lassen sich regelmäßig Paragraphen aus der preußischen Konkursordnung gegenüberstellen. Beispielsweise entsprachen die Anfechtungsvorschriften dem preußischen Recht. Trotzdem übernahm das preußische Justizministerium das alte Gesetz nicht unkritisch und ohne eine genaue Analyse. Die Motive spiegeln eine grundlegende Auseinandersetzung und systematische Bearbeitung wider, auch bezüglich derjenigen Regelungen, die ohne konzeptionelle Änderungen übernommen wurden[994]. Trotz genereller Übereinstimmungen waren in bezug auf Details Abweichungen vom preußischen Konkursrecht möglich. Nach den Anfechtungsvorschriften der GSO besaß der einzelne Gläubiger zwar ein eigenes Anfechtungsrecht, doch war es davon abhängig, daß der Verwalter sein Anfechtungsrecht nicht ausübte[995]. Der Entwurf verbesserte viele der übernommenen preußischen Regelungen in redaktioneller Hinsicht. Dies zeigen insbesondere die Vorschriften über die Herausgabeansprüche gemäß §§ 40 ff. GSO. Gegenüber dem preußischen Recht spezifizierte die GSO die Ansprüche deutlicher, indem sie ausdrücklich statuierte, daß die Ansprüche aufgrund des Eigentums bestehen und die persönlichen Ansprüche auf Rückgabe einer dem Schuldner nicht gehörigen Sache gerichtet sind[996].

Der GSO gelang eine deutliche Begrenzung der Vorrechte, insbesondere privilegierte sie nicht die rückständigen Steuer- und Abgabenschulden. Die Motive bemerken diesbezüglich: „jede noch so ‚gute' Vorrechtsordnung ist ein Uebel"[997]. Die Vorrechte galten als Auslöser für die zahlreichen Prioritätsstreitigkeiten, die den Verfahrenslauf behinderten, weil sie die Verteilung verzögerten und einem Zwangsvergleich entgegenstanden. Außerdem konnten Gläubiger durch die vielen verschiedenen Vorrechte die Vermögensverhältnisse des Schuldners häufig nicht zutreffend beurteilen[998]. Aus diesen Gründen sollte es nach den Motiven Ziel der Gesetzgebung sein, alle Vorrechte zu beseitigen[999]. Das in vielen Rechtssystemen

---

[994] Von Decker, Motive GSO I, S. 123 ff.; Eccius, Zeitschrift für deutsche Gesetzgebung VIII (1875), S. 22 (46).
[995] Eccius, Zeitschrift für deutsche Gesetzgebung VIII (1875), S. 22 (52).
[996] Eccius, Zeitschrift für deutsche Gesetzgebung VIII (1875), S. 22 (54).
[997] Von Decker, Motive GSO I, S. 329.
[998] Von Decker, Motive GSO I, S. 329.
[999] Von Decker, Motive GSO I, S. 330.

anerkannte Vorrecht des Fiskus war nach der Ansicht der Verfasser der GSO nicht durch das öffentliche Wohl gerechtfertigt. Es sei wirtschaftlicher, wenn der Staat mit seinen Forderungen ausfalle. Die Summe der Steuerpflichtigen könne den Verlust besser tragen als die geringe Zahl der Gläubiger, die ohnehin durch den Konkurs stark betroffen seien[1000]. Auch das Vorrecht für Medizinalkosten erachteten die Motive als unnötig. Nach dem neuen Strafgesetzbuch waren Ärzte nicht mehr unter Strafandrohung gezwungen, einen Schuldner ohne Rücksicht auf seine Zahlungsunfähigkeit zu behandeln. Damit entfiel der Anlaß, Arztforderungen besonders gesetzlich zu schützen[1001].

Einige Neuerungen erscheinen auf den ersten Blick bedeutender als sie tatsächlich waren. Dies galt vor allem für § 1 GSO über die Definition der Konkursmasse. Danach gehörte grundsätzlich auch das im Laufe des Verfahrens neu erworbene Vermögen zur Konkursmasse, um zusätzliche Verfahren zu vermeiden, in denen die Gläubiger den Neuerwerb anvisierten. Die Masse sollte ebensolange vermehrt werden, wie die Gläubiger ihre Ansprüche stellen konnten. Damit stimmte die GSO mit dem Zwangsvollstreckungsrecht überein, das auch Gegenstände erfaßte, die der Schuldner nach dem Vollstreckungsauftrag erworben hatte[1002]. Die weit definierte Konkursmasse wurde nach § 2 GSO aber deutlich korrigiert, weil von dem Neuerwerb der angemessene Unterhalt des Schuldners und seiner Familie abgezogen wurde. Im Ergebnis wich der Gesetzesentwurf damit nicht wesentlich von der in Preußen geltenden Praxis ab[1003].

Die erzielten Vereinfachungen gegenüber dem preußischen Konkursrecht waren nicht ausnahmslos vorteilhaft. Der Gesetzesentwurf verkürzte die Regelungen über schwebende Rechtsgeschäfte auf die Vorschrift des § 20 GSO. Der Verwalter besaß ein Wahlrecht, ob die Beteiligten einen zweiseitigen, noch nicht erfüllten Vertrag vollständig erfüllen sollten. Demgegenüber regelten die §§ 15 ff. prKO die Wirkung der Konkurseröffnung auf schwebende Rechtsgeschäfte abhängig von dem jeweiligen Stadium ihrer Erfüllung. Hatte der andere Vertragsteil seine Leistung erbracht, war der Vertrag durchzuführen, indem die ausstehende Verbindlichkeit als Konkursforderung verfolgt wurde. Nach der Neuregelung konnte der Verwalter über die Vertragsabwicklung entscheiden und abwägen, ob das eingegangene Geschäft für die Konkursmasse günstig war. Die GSO wies in diesem Teilbereich mithin den Nachteil auf, nicht so differenziert zu sein wie die preußische Konkursordnung[1004].

[1000] Von Decker, Motive GSO I, S. 331.
[1001] Von Decker, Motive GSO I, S. 334.
[1002] GStA Rep. 84a 10606, S. 68; von Decker, Motive GSO I, S. 19.
[1003] Eccius, Zeitschrift für deutsche Gesetzgebung VIII (1875), S. 22 (29).
[1004] Eccius, Zeitschrift für deutsche Gesetzgebung VIII (1875), S. 22 (38).

(4) Bewertung

Die GSO entwarf ein modernes Konkursverfahren und verabschiedete sich konsequent von den Prinzipien des gemeinen Rechts, der Universalität des Verfahrens und der Herrschaft des Gerichts. Die Übereinstimmungen zwischen preußischer Konkursordnung und der GSO resultierten daraus, daß beide Gesetze mit demselben Ziel entwickelt wurden. Sie beabsichtigten, das Verfahren zu beschleunigen und seine Effektivität zu steigern. Die preußische Konkursordnung löste mit diesem Konzept das schwerfällige gemeine Konkursrecht ab, und das neue Reichsgesetz sollte eine weitere Verbesserung gegenüber dem preußischen Recht bewirken. In manchen Bereichen hatte das preußische Recht bereits Regelungen entwickelt, die in der GSO beibehalten wurden, weil sie ausgereift waren oder nur noch unwesentlich verbessert werden konnten. Bei anderen Themenkreisen erfolgten größere Änderungen, weil die preußische Konkursordnung nicht konsequent genug war oder weil sich ihre praktische Anwendung als unvorteilhaft erwiesen hatte. Die unnötige Differenzierung zwischen dem kaufmännischen und dem gemeinen Verfahren oder die starre Unterteilung in eine provisorische und eine definitive Verwaltungsphase waren verbesserungsfähige Ansätze des preußischen Rechts. In dieser Hinsicht gelang es der GSO vollständig, sich von ihrem Vorbild zu distanzieren. Das ist der wesentliche Verdienst des preußischen Justizministeriums, das nicht starr an dem bewährten Gesetz festhielt, sondern auch grundlegende Neuerungen zuließ.

c. Reaktionen auf den Entwurf

aa. Presseberichterstattung

Nachdem die GSO veröffentlicht war, widmeten sich verschiedene Zeitungen mit Besprechungen dem Gesetzesvorhaben. In einem separaten Aktenband archivierte das preußische Justizministerium die Zeitungsausschnitte unter der Bezeichnung „Äußerungen der Presse über Konkursangelegenheiten“, beginnend mit dem Jahr 1873 und sich erstreckend bis zum Jahr 1929. Die Journalisten lobten durchweg den Gesetzesentwurf und skizzierten seine wesentlichen Neuerungen. In der juristischen Fachpresse erfuhr die GSO große Anerkennung. Ausdrücklich lobten die Verfasser die konsequente Durchsetzung der Grundprinzipien und die präzise, ohne viele Fremdwörter auskommende Sprache des Entwurfs[1005]. Sie erkannten das besondere Bedürfnis für ein reichsweites Konkursgesetz an, übten

---

[1005] Eccius, Zeitschrift für deutsche Gesetzgebung VIII (1875), S. 22 (24); von Kräwel, Zeitschrift für deutsche Gesetzgebung VIII (1875), S. 123 (126); von Sarwey, Konkurs nach den Entwürfen, S. 2.

aber auch Kritik an manchen Regelungen[1006]. Die Terminologie Gemeinschuldordnung kritisierte ein Verfasser als „unglücklich", weil der erste Gedanken damit eine Schuldgemeinschaft von mehreren Personen assoziiere[1007].

Die Spenersche Zeitung berichtete am 3. Dezember 1873 ausführlich über die GSO[1008]. Einleitend lobten die Autoren die „knappe und bestimmte Ausdrucksweise". Anstelle einer Kasuistik beschränke sich der Entwurf auf „allgemeine Prinzipien, deren Ausbau Theorie und Praxis überlassen bleibt". Die Verfasser betonten den Bedarf eines einheitlichen Konkursrechts und wiesen auf den gewachsenen „Verkehr von Land zu Land" hin. Im weiteren stellte der Zeitungsbericht die maßgeblichen Veränderungen des Gesetzesentwurfs vor und betonte die Bedeutung der preußischen Konkursordnung als Grundlage des Gesetzesentwurfs. Der Entwurf einer Deutschen Gemeinschuldordnung sei Verdienst von Förster und Hagens.

Die Berliner-Bürger-Zeitung berichtete am 16. Dezember 1873 über den Entwurf[1009]. Eingangs wiesen auch hier die Journalisten auf die Notwendigkeit einer einheitlichen Regelung hin. Es bestünden Geschäftsverbindungen im ganzen Deutschen Reich und insbesondere durch Wohnsitzwechsel des Schuldners seien Gläubiger gefährdet. Die GSO zeichne sich dadurch aus, daß sie auf der Grundlage der preußischen Konkursordnung stehe, aber dennoch die besten Vorschriften aus den verschiedenen deutschen Konkursgesetzen zusammenstelle.

Die Königsberger Zeitung lobte in ihrer Besprechung vom 6. März 1874, daß neben der preußischen Konkursordnung als wesentlicher Grundlage auch die geltenden Konkursordnungen aller deutschen Staaten und die ausländische Gesetzgebung berücksichtigt wurden[1010]. Der Hamburgische Correspondent kritisierte in einem Artikel vom 19. Februar 1874, daß durch das bestehende Vorrechtssystem die Gläubiger nicht gleichmäßig befriedigt werden könnten. Ursache hierfür seien die Unterschiede der materiellen Bestimmungen über Vorrechte, insbesondere die Generalhypothek[1011].

Die Artikel spiegelten wider, daß es trotz punktueller Kritik eine grundlegende Zustimmung zu dem Gesetzesentwurf gab. Die GSO wurde als gute Basis für das weitere Gesetzgebungsverfahren angesehen. Der Einfluß der preußischen Konkursordnung stieß auf positive Resonanz, weil sie als Grundlage diente, aber gleichzeitig die Vorzüge anderer Gesetze nicht von den Überlegungen ausschloß.

[1006] Eccius, Zeitschrift für deutsche Gesetzgebung VIII (1875), S. 22 (23); von Kräwel, Zeitschrift für deutsche Gesetzgebung VIII (1875), S. 123 (123).

[1007] Eccius, Zeitschrift für deutsche Gesetzgebung VIII (1875), S. 22 (25 f.).

[1008] GStA Rep. 84a 48282, S. 1.

[1009] GStA Rep. 84a 48282, S. 2.

[1010] GStA Rep. 84a 48282, S. 2.

[1011] GStA Rep. 84a 48282, S. 8.

Es existierte nicht der Eindruck, das preußische Justizministerium habe die anderen Länder übergangen und das eigene Konkursrecht rücksichtslos durchgesetzt. Dabei sollte die Wirkung der „Quellen des in Deutschland geltenden Konkursrechts“ nicht verkannt werden. Diese akribische Zusammenstellung der unterschiedlichen Konkursgesetzgebung im Deutschen Reich erweckte den Eindruck, das Konkursrecht aller Länder sei in die GSO eingeflossen. Tatsächlich handelte es sich aber um eine Vorarbeit, die vornehmlich Material für die Begründungen in den Motiven lieferte.

bb. Gutachten von Gerichten und Juristen

Im Dezember 1873 versandte das preußische Justizministerium den Gesetzesentwurf zusammen mit den Motiven an verschiedene Juristen und Gerichte. Sie sollten aufgrund ihrer praktischen Erfahrungen das neue Recht beurteilen und ihre Kritik äußern. Im März 1874 gingen die gutachtlichen Äußerungen als Antworten ein. In den Aktenbeständen des preußischen Justizministeriums sind die Stellungnahmen von 31 Kollegialgerichten aus dem ganzen Reichsgebiet archiviert, darunter die Appellationsgerichte Magdeburg, Naumburg, Königsberg, Ratibor, Breslau und Hamm, die Kammergerichte Berlin und Münster sowie das Stadtgericht Berlin. Zudem trafen zwölf Gutachten von einzelnen Juristen ein, darunter Professor Fuchs aus Marburg, der Vizepräsident des Obertribunals Grimm aus Berlin, die Obertribunalräte Ichow und Voitus, der Direktor des Berliner Stadtgerichts Harrassowitz sowie verschiedene Referenten, Kreis- und Amtsrichter[1012]. Die Anmerkungen waren regelmäßig sehr umfangreich und kommentierten insgesamt die Mehrzahl der Paragraphen der GSO. Nur zu etwa 20% der Paragraphen gab es überhaupt keine Anmerkungen. Meistens äußerten sich die Verfasser einleitend zu der allgemeinen Konzeption sowie den leitenden Prinzipien der GSO. Darauf folgten auf einzelne Paragraphen bezogene, inhaltliche oder redaktionelle Änderungsvorschläge und teilweise komplette Neufassungen. Als Intention der Gutachten führte das Berliner Stadtgericht an, besonders seine praktischen Erfahrungen einbringen zu wollen[1013]. Das preußische Justizministerium faßte die Gutachten auf 57 Blättern zusammen und ordnete die Anmerkungen nach Themen[1014].

[1012] GStA Rep. 84a 10621.
[1013] BArch R 1401 693, S. 14.
[1014] GStA, Rep. 84a 10621, S. 213 bis 269.

(1) Schwerpunkte der Resonanz

Grundsätzlich war die Resonanz der Juristen auf den Gesetzesentwurf positiv. Obertribunal-Vizepräsident Grimm lobte, daß der Entwurf im ganzen „klar und präcis“ sei und sich auf das wesentliche beschränke. Nachfolgend kritisierte er in seinem Gutachten nur verhältnismäßig geringfügige Details[1015]. Die Grundgedanken des Entwurfs trafen auch bei dem Obertribunalrat Ichow auf ausnahmslose Zustimmung. Er lobte die strenge logische Gliederung des Entwurfs ebenso wie seine „treffliche, völlig überzeugende Begründung“ durch die Motive[1016]. Das Appellationsgericht Magdeburg schrieb, daß der Entwurf „im Großen und Ganzen den ungetheilten Beifall des Collegiums erlangt“ habe und sich nicht auf eine Überarbeitung der preußischen Konkursordnung beschränke. Es bestünden keine prinzipiellen Bedenken[1017]. Auch aus Sicht des Appellationsgerichts Naumburg war die GSO ein gelungener Schritt zu einer einheitlichen deutschen Gesetzgebung[1018]. Dementsprechend notierte das preußische Justizministerium zusammenfassend, daß dem Entwurf im Ganzen ausnahmslose Anerkennung zuteil wurde[1019].

Ebenso übereinstimmend bewerteten die Praktiker den Bedarf einer einheitlichen Konkursgesetzgebung und die mit diesem Projekt verbundenen Schwierigkeiten. „Das Bedürfnis einer Deutschen Konkursordnung steht außer Zweifel“, urteilte der Obertribunalrat Ichow. Gleichwohl fragte er, ob angesichts des gegenwärtigen Rechtszustands das Vorhaben realisierbar sei[1020]. Auch der Vizepräsident des Berliner Obertribunals Grimm bewertete die Entwicklung einer neuen einheitlichen Konkursordnung wegen der Verschiedenheit des bürgerlichen Rechts im deutschen Reich als schwierige Aufgabe[1021]. Wegen der unterschiedlichen Rechtslage sei es nach Auffassung des Stadtgerichts Berlin „gut, daß sich die materiellen Regelungen auf das Nötigste beschränken“. Dennoch seien sie für das Konkursrecht „unentbehrlich“[1022].

Ein erster Kritikpunkt war die Bezeichnung des Gesetzesentwurfs. Dazu notierte das preußische Justizministerium, der Titel „Gemeinschuldordnung hat bei den Gutachtern keinen ungetheilten Beifall gefunden“[1023]. Obertribunal-Vizepräsident Grimm beurteilte die Terminologie Gemeinschuldverfahren als zu schwerfällig

[1015] GStA Rep. 84a 10621, S. 2.
[1016] GStA Rep. 84a 10621, S. 21.
[1017] GStA Rep. 84a 10621, S. 214.
[1018] GStA Rep. 84a 10621, S. 214.
[1019] GStA Rep. 84a 10621, S. 214.
[1020] GStA Rep. 84a 10621, S. 20.
[1021] GStA Rep. 84a 10621, S. 214.
[1022] BArch R 1401 693, S. 14.
[1023] GStA Rep. 84a 10621, S. 215.

und zog den Begriff „Gant“ vor, der in Bayern, Württemberg und Baden geläufig war[1024]. Der Marburger Professor Fuchs empfahl, die gewählte Terminologie durch „Konkurs“ zu ersetzen, obwohl dieser Begriff rezipiert war. Sofern ein deutsches Wort gewünscht sei, solle man die Bezeichnung „Gant“ verwenden[1025]. Obertribunalrat Voitus faßte § 1 GSO neu und verwandte die Terminologie „Gant“[1026]. Insgesamt votierten aber nur vier Gutachter für die süddeutsche Bezeichnung „Gant“. Die Mehrzahl sprach sich für den Begriff „Konkurs“ aus[1027].

Die nach § 73 GSO vorgesehen Zuständigkeit der Amtsgerichte für Konkursangelegenheiten kritisierten die Gutachter teilweise. Dabei ging es jedoch nicht darum, ob statt der Amtsgerichte Handelsgerichte zuständig sein sollten. Die Handelsgerichte waren nach Auffassung der Motive ungeeignet für die Bearbeitung der Konkurssachen. Durch deren Zuständigkeit wäre indirekt die Unterscheidung zwischen einem kaufmännischen und einem gemeinen Konkursverfahren wieder eingeführt worden. Zudem wurde die wirtschaftliche Sachkunde des Verwalters als ausreichend angesehen. Das Konkursverfahren stelle keine zusätzlichen Anforderungen an das Gericht und setze keine genauere Kenntnis des kaufmännischen Geschäftsbetriebes und kaufmännischer Gebräuche voraus[1028].

In der Kontroverse der Gutachter stand die Frage im Vordergrund, ob ein Einzelrichter oder ein Richterkollegium zuständig sein sollte. Die Stadtgerichte Berlin und Breslau sprachen sich gegen die Kompetenz der Amtsgerichte aus und favorisierten die Zuständigkeit von Kollegialgerichten, wie sie das preußische Recht kannte (§§ 115, 127, 320 prKO)[1029]. Dabei kritisierte das Berliner Stadtgericht auch die Beschränkung des Gerichts auf die formelle Leitung des Verfahrens und die Ausübung der Verwaltung durch Organe der Gläubiger[1030]. Andere hielten den Einsatz eines Einzelrichters für „bedenklich“ und regten die verstärkte Zulassung von Rechtsmitteln gegen dessen Entscheidungen an. Während sich die Mehrzahl der Gutachten überhaupt nicht zu der Frage der Zuständigkeit äußerten, stimmten die Appellationsgerichte Breslau, Hamm, Königsberg, Münster und Paderborn ausdrücklich dem Gesetzesentwurf zu[1031].

Nahezu ungeteilte Zustimmung bei den Gutachtern fand die deutliche Beschränkung der Privilegien. Lediglich das Stadtgericht Berlin erachtete die GSO teilweise als zu weitreichend. Zwar begrüßte es prinzipiell die Begrenzung der Vorrech-

[1024] GStA Rep. 84a 10621, S. 15.
[1025] GStA Rep. 84a 10621, S. 150.
[1026] GStA Rep. 84a 10621, S. 215.
[1027] GStA Rep. 84a 10621, S. 215.
[1028] Von Decker, Motive GSO II, S. 5 f.
[1029] GStA Rep. 84a 10621, S. 217.
[1030] BArch R 1401 693, S. 59.
[1031] GStA Rep. 84a 10621, S. 218.

te, doch müßten einzelne Forderungen privilegiert bleiben[1032]. Begräbnis- und Medizinalkosten sollten in die Gruppe der Vorrechte aufgenommen werden. Demgegenüber sei das Vorrecht der Kinder wegen ihres veruntreuten Vermögens nach § 62 GSO aus denselben Gründen zu versagen wie das Vorrecht der Ehefrau[1033]. Verschiedene andere Beiträge enthielten Vorschläge, wie die Vorrechte noch weiter eingeschränkt werden könnten. Der Kreisrichter Morsbach aus Schwelm sprach sich sogar für die Beseitigung aller Privilegien aus[1034].

Uneinigkeit bestand über den Gläubigerausschuß und insbesondere über seinen obligatorischen Einsatz nach §§ 85, 215 GSO. Die Stadtgerichte Münster und Berlin kritisierten die für jedes Konkursverfahren zwingende Wahl eines Gläubigerausschusses. Besonders für kleine Verfahren sei dieser Auffand unverhältnismäßig[1035]. Andere Stellungnahmen richteten sich nicht generell gegen den Gläubigerausschuß, sondern bezogen sich auf Detailregelungen, wie den Zeitpunkt und den Ablauf seiner Wahl. Nach Meinung des Appellationsgerichts Münster sollte das Amtsgericht die Wahl des Gläubigerausschusses stärker beaufsichtigen. Obertribunal Vizepräsident Grimm empfahl, in § 85 GSO einzufügen, daß die Wahl durch die Gläubigerversammlung erfolge. Nach dem Stadtgericht Königsberg sollte die Wahl nicht bereits in der ersten Gläubigerversammlung stattfinden. Obertribunalrat Voitus plädierte dafür, den Gläubigerausschuß nur mit Gläubigern, nicht aber deren Vertretern zu besetzen. Sofern keine Wahl zustande kömme, sollte entsprechend dem Vorschlag des Berliner Stadtgerichts statt dessen ein Notar oder Rechtsanwalt beauftragt werden. Aus Sicht des Stadtgerichts Breslaus fehlte in § 85 GSO ein Verweis auf § 215 GSO[1036].

Im weiteren enthielten die Gutachten überwiegend Hinweise auf unklare Wortwahl, Widersprüche zwischen dem Gesetzestext und den Motiven oder kleinere Verbesserungen. Nur in Einzelfällen gab es mehrere Äußerungen zu demselben Paragraphen. Beispielsweise wies Obertribunalrat Voitus darauf hin, daß die Definitionen von Gemeinmasse in § 1 GSO und Sondermasse in § 4 GSO nicht völlig miteinander im Einklang stünden[1037]. Das Berliner Stadtgericht befürwortete für §§ 1 und 2 GSO die Rückkehr zu der alten preußischen Regelung, wonach nur das gegenwärtige Vermögen die Gemeinmasse bildete[1038]. Obertribunal-Vizepräsident Grimm empfahl bei § 10 GSO, der die Nichtigkeit von Rechtshandlungen des Schuldners nach Verfahrenseröffnung regelte, den Zusatz, daß nur die Gläubiger die Nichtigkeit geltend machen könnten[1039]. Das

---

[1032] BArch R 1401 693, S. 15 f.
[1033] BArch R 1401 693, S. 53 f.
[1034] GStA Rep. 84a 10621, S. 233.
[1035] BArch R 1401 693, S. 68.
[1036] GStA Rep. 84a 10621, S. 233.
[1037] GStA Rep. 84a 10621, S. 66.
[1038] GStA Rep. 84a 10621, S. 219.

nur die Gläubiger die Nichtigkeit geltend machen könnten[1039]. Das Stadtgericht Berlin bemängelte, daß in § 20 GSO über die Behandlung schwebender Verträge die sinnvolle Differenzierung des preußischen Rechts fehle. Für die Herausgabeansprüche des Ehegatten nach § 42 GSO wies Obertribunal Vizepräsident Grimm nach, daß der Gesetzeswortlaut von der in den Motiven angegebenen Intention abwich. Nach der bisher gewählten Formulierung konnte der Ehegatte sein Eigentum nur bei einem Nachweis beanspruchen. Statt dessen müsse es heißen, daß der Ehegatte sein Eigentum *nicht* in Anspruch nehmen kann, wenn er *nicht* Tatsachen nachweist, daß er die Gegenstände schon vor der Ehe besaß[1040]. Für § 45 GSO empfahl das Kreisgericht Merseburg, die Frist für die Geltendmachung von Eigentumsansprüchen solle nicht mit der Eröffnung des Verfahrens, sondern mit der Bekanntmachung der Eröffnung beginnen[1041]. Ebenfalls zu § 45 GSO schlug das Berliner Stadtgericht die Aufteilung der Regelung in zwei Paragraphen vor[1042].

(2) Bewertung

Die Juristen reagierten generell positiv auf den Gesetzesentwurf und lobten seine Konzeption und seinen Stil. Die verschiedenen Anmerkungen zu dem Themenkreis Gläubigerausschuß veranschaulichen, daß hauptsächlich Einzelheiten die Kritik und die Änderungsvorschläge veranlaßten. Die Gutachter brachten zu völlig unterschiedlichen Punkten Verbesserungen vor, und es gab unter ihnen keine Kontroverse, in der sich alternative Konzepte gegenüberstanden. Dies lag zu einem gewissen Teil daran, daß den Gutachtern für ihre Betrachtungen keine konkreten Fragen vorgegeben waren. Daher wählten sie eigenständig die Schwerpunkte ihrer Kommentierung aus. Andererseits zeigte sich hierin aber auch die Qualität des Gesetzesentwurfs. Dem preußischen Justizministerium war es gelungen, eine Konkursordnung zu skizzieren, die in Fachkreisen grundsätzlich Beifall fand. Sofern Kritikpunkte vorhanden gewesen wären, ist zu vermuten, daß die mit dem Konkursrecht vertrauten Juristen diese aufgespürt und thematisiert hätten. Zwar hatte das Justizministerium die Gutachter mit den Stellungnahmen beauftragt, doch gab es keinen offensichtlichen Anlaß, mit objektiver und sachlicher Kritik zu zögern. Die Gutachter hätten im Hinblick auf ihre eigene berufliche Tätigkeit das Interesse gehabt, unpraktische Ansätze des Gesetzesentwurfs zu korrigieren. Auch in zeitlicher Hinsicht wären Verbesserungen noch realisierbar gewesen, weil das Gesetzgebungsverfahren gerade erst begann. Die GSO bot daher wahrscheinlich nur ein sehr geringes Konfliktpotential, und die Änderungsvor-

[1039] GStA Rep. 84a 10621, S. 4.
[1040] GStA Rep. 84a 10621, S. 4.
[1041] GStA Rep. 84a 10621, S. 229.
[1042] GStA Rep. 84a 10621, S. 229.

schläge der Gutachter konnten sich auf Details oder redaktionelle Verbesserungen beschränken.

Die Gutachten zeigten aber gleichzeitig, daß es unter den Juristen vermutlich verschiedene Interessen gab, die in ihren Stellungnahmen zum Ausdruck kamen. Dies fällt besonders in der Diskussion um die Gerichtszuständigkeit auf. Vor allem höhere Gerichte waren mit dem Einsatz eines Amtsrichters einverstanden. Wahrscheinlich vertraten sie die Auffassung, daß die Konkursverfahren wegen ihrer geringen Schwierigkeit einerseits und ihrem großen Arbeitsaufwand andererseits, nicht zwingend der Bearbeitung durch ein Kollegium bedurften. Kollegialgerichte sollten sich wahrscheinlich auf wichtigere Rechtsfragen beschränken, in denen nicht die verfahrensleitenden Funktionen vorrangig waren. Andererseits wollten die Stadtgerichte Berlin und Breslau vermutlich ihren bisherigen Zuständigkeitsbereich, der die Konkurssachen einschloß, verteidigen. Allein die mit der Neuregelung verbundenen organisatorischen Änderungen konnten eines ihrer Argumente gegen die Zuständigkeit der Amtsgerichte sein. Insofern spiegelten die Stellungnahmen teilweise eine unterschiedliche Sichtweise unter den Juristen wider.

6. Beratungen der Sachverständigenkommission

a. Einsetzung der Kommission

Nach der Fertigstellung des Entwurfs einer Deutschen Gemeinschuldordnung beantragte der Reichskanzler am 3. Dezember 1873, der Bundesrat möge über das weitere Verfahren für die Prüfung und Feststellung des Entwurfs entscheiden[1043]. Der Bundesrat beschloß am 21. Dezember 1873 auf einen Antrag des Ausschusses für Justizwesen, den Gesetzesentwurf zunächst von einer Sachverständigenkommission beraten zu lassen[1044]. Die Kommission sollte erstmals im März 1874 zusammentreten. Als weitere Vorgaben beinhaltete der Beschluß, daß der Bundesrat die Kommissionsmitglieder wählte. Diese sollten den Vorsitzenden der Kommission bestimmen. Nach Abschluß der Beratungen sollte die Kommission ihren Entwurf dem Reichskanzler übergeben, der die Kosten für den Entwurf übernahm[1045].

Infolge des Bundesratsbeschlusses vom 21. Dezember 1873 ermittelte das Reichskanzleramt, welche Personen als Mitglieder für die Kommission in Betracht kamen. Über das Verfahren zur Besetzung der Kommission und die Rolle, die das Reichskanzleramt dabei spielte, gibt ein Schreiben des bayerischen

[1043] BArch R 1401 682, S. 99.
[1044] BArch R 1401 682, S. 103, 105.
[1045] BArch R 1401 682, S. 103, 105.

Staatsministers der Justiz vom 6. Januar 1874 an den Präsidenten des Reichskanzleramts Delbrück Auskunft[1046]. Dieser Brief beantwortete ein Schreiben des Reichskanzleramts an die bayerische Regierung. Darin hatte es mitgeteilt, daß der Präsident des bayerischen obersten Gerichtshofs, von Neumayr, zum Vorsitzenden der Kommission berufen werden sollte. Die bayerische Staatsregierung sagte ihre Bereitschaft zu, von Neumayr für die beabsichtigte Funktion zur Verfügung zu stellen. Sie wertete seine Berufung zum Vorsitzenden als „eine zu besonderem Danke verpflichtende Aufmerksamkeit". Von Neumayr sei bereit, dem „angebahnten Gesetzgebungswerke[s], wenn es gewünscht wird, seinen Dienste widmen zu wollen"[1047]. Er gehe aber davon aus, daß im Fall seiner Berufung zum Vorsitzenden ein zweiter bayerischer Jurist der Kommission angehöre, um die bayerischen Interessen vertreten zu können. Als Vorsitzender könne er nicht zugleich inhaltliche Arbeit leisten. Der Staatminister der Justiz hielt die Auffassung von Neumayrs für berechtigt und schlug den Ministerialreferenten und Oberappellationsgerichtsrat Schmitt als weiteres bayerisches Mitglied für die Kommission vor. Schmitt empfehle sich durch seine Mitwirkung in der CPO-Kommission von 1871/72. Ein zweites bayerisches Kommissionsmitglied war nach der Ansicht des Ministers ohne Schwierigkeiten gegenüber den anderen Staaten durchzusetzen. Die Mitglieder der Kommission seien, so lautete seine Begründung, wie bei allen bisherigen, vergleichbaren Kommissionen „nicht als Repräsentanten des einzelnen Bundesstaats, sondern als Vertreter freier wissenschaftlicher Ueberzeugung und praktischer Erfahrung zu betrachten"[1048].

Dieses Schreiben verdeutlicht, daß das Reichskanzleramt die Entscheidungen über die Besetzung der Kommission detailliert vorbereitete und dadurch die Einflußmöglichkeit des Bundesrats beschränkte. Der Bundesratsbeschluß vom 21. Dezember 1873 wurde dergestalt umgesetzt, daß das Reichskanzleramt die Kommissionsmitglieder aussuchte und der Bundesrat sie lediglich bestätigte. Im Gegensatz zu den Vorgaben des Bundesratsbeschlusses besaß die Kommission keine Entscheidungskompetenz, welche Person den Vorsitz übernehmen sollte. Die Korrespondenz zeigte zugleich den Versuch Bayerns, in der Kommission möglichst stark vertreten zu sein. Den Wunsch nach einem zweiten bayerischen Kommissionsmitglied trugen die Bayern offen vor und unterstrichen ihr Anliegen mit der Präsentation eines geeigneten Kandidaten. Ihre Argumentation war jedoch widersprüchlich. Einerseits stellten die Bayern heraus, daß die Kommissionsmitglieder nicht Repräsentanten eines Landes, sondern unabhängige Sachverständige sein sollten. Damit wollten sie gegenüber den anderen Staaten rechtfertigen, daß ein zweiter Vertreter aus Bayern in die Kommission berufen wurde. Andererseits begründete von Neumayr seine Position damit, daß er als Vorsitzender die baye-

---

[1046] BArch R 1401 682, S. 112.
[1047] BArch R 1401 682, S. 112.
[1048] BArch R 1401 682, S. 112.

rischen Interessen nicht effektiv vertreten könne. Hätte Bayern tatsächlich die Kommissionsmitglieder als von der Landespolitik unabhängige Juristen angesehen, wäre ihr Wunsch nach einem zweiten bayerischen Vertreter überflüssig gewesen. Dadurch offenbarte das bayerische Ministerium seinen Wunsch, stark in der Kommission vertreten sein zu wollen, um die eigenen Interessen effektiv zu vertreten. Die Kommissionsarbeit besaß nach der bayerischen Auffassung eine grundlegende politische Bedeutung für die Beteiligung der einzelnen Regierungen an neuen Reichsgesetzen. Wie das Reichskanzleramt auf das Schreiben aus Bayern reagierte, kann nicht aus den Aktenmaterialien nachvollzogen werden. Anzeichen für Widerstand oder eine Auseinandersetzung gibt es nicht.

Nach einem Auszug aus dem Protokoll der Bundesratsitzung vom 7. Februar 1874 standen alsbald die Kommissionsmitglieder fest[1049]. Aus Bayern wurde neben von Neumayr als Vorsitzender Schmitt zur Kommission berufen. Diese ursprünglich nicht beabsichtigte doppelte Berücksichtigung Bayerns wurde ausgeglichen, indem ein anderer süddeutscher Staat, nämlich Baden, gänzlich auf eine Mitwirkung bei der Kommission verzichten mußte. Vermutlich als Entschädigung erhielt der badische Jurist Gebhard die Position des Referenten im Justizausschuß[1050].

aa. Kommissionsmitglieder

Nach nochmaligen Änderungen in der Bundesratssitzung vom 28. Februar 1874 standen die Kommissionsmitglieder endgültig fest[1051]. Danach setzte sich die Kommission aus acht Juristen und drei Vertretern des Handelsstands zusammen[1052]:

Den Vorsitz übernahm der Präsident des Königlich Bayerischen Obersten Gerichtshofes und Reichsrat zu München von Neumayr. Albrecht vertrat Hamburg, wo er Präses des Handelsgerichts war. Von Amsberg aus Mecklenburg-Schwerin war Großherzoglich Mecklenburgischer Oberappellationsgerichtsrat zu Rostock. Ab 1873 arbeitete er als Direktor in der Justizabteilung des Reichskanzleramts. Er war 1871/72 Mitglied der vom Bundesrat eingesetzten Kommission zur Beratung der neuen Zivilprozeßordnung. Paul Bassenge war stellvertretender Vorsitzender der Handelskammer zu Leipzig. Er gehörte der Kommission als Vertreter des Handelsstands an. Harrassowitz vertrat Preußen. Er war Direktor des Stadt-

---

1049 BArch R 1401 694, S. 1.

1050 Thieme, FS Konkursordnung, S. 35 (60).

1051 BArch R 1401 694, S. 2.

1052 BArch R 1401 682, S. 117; Hahn, Materialien IV, S. 35 f.; Schubert, Quellen Civilprozeßordnung, S. 9 ff.; Thieme, FS Konkursordnung, S. 35 (58 ff.); von Kräwel, AcP 59 (1876), S. 54 (54).

gerichts Berlin und Königlich Preußischer Geheimer Justizrat. Innerhalb des Berliner Stadtgerichts arbeitete er als Direktor der Konkursabteilung. Mit dem Gesetzesentwurf einer Deutschen Gemeinschuldordnung hatte er sich bereits als Gutachter beschäftigt. Hertz stammte ebenfalls aus Preußen und war Königlich Preußischer Geheimer Oberjustizrat und vortragender Rat im Justizministerium zu Berlin. Innerhalb der Kommission fungierte er als Referent des Reichskanzleramts. Hertz ersetzte den zunächst als Kommissionsvorsitzenden vorgesehenen Förster, der zum 1. März 1874 in das Kulturministerium wechselte. Förster verließ das Justizministerium vermutlich aus Enttäuschung darüber, daß er nicht die erhoffte Position als Direktor der Justizabteilung im Reichskanzleramt erreichen konnte. Die begehrte Stelle besetzte Bismarck statt dessen mit von Amsberg[1053]. Von Kohlhaas wirkte in der Kommission als Vertreter Württembergs mit. In Stuttgart war er Königlich Württembergischer Obertribunalrat. In den Jahren 1871/72 gehörte er ebenfalls der CPO-Kommission an. Makower arbeitete als Rechtsanwalt bei dem Königlich Preußischen Stadtgericht zu Berlin. Ihn qualifizierte, daß er Kommentare zur preußischen Konkursordnung und zum ADHGB verfaßt hatte. Außerdem hatte er bereits an den Beratungen zum ADHGB teilgenommen. Schmitt aus Bayern war Rat am Königlich Bayerischen obersten Gerichtshof und Justizministerialreferent zu München. Auch er gehörte der CPO-Kommission von 1871/72 an. Franz Schütte war Mitglied der Handelskammer zu Bremen und innerhalb der Kommission einer der drei Vertreter des Handelsstands. Robert Warschauer vertrat ebenfalls die Interessen des Handelsstands. Er war Bankier und Geheimer Kommerzienrat zu Berlin. Nachdem er an der Ausarbeitung der preußischen Konkursordnung von 1855 mitgewirkt hatte, nahm er auch an den Beratungen zum ADHGB teil.

bb. Bewertung

Die Zusammensetzung der Kommission zeigte eine zahlenmäßige Ungleichverteilung zugunsten Preußens, das mit vier von elf Mitgliedern vertreten war. Einen vergleichbaren Block von Personen stellte kein anderer Staat. Bayern besaß mit zwei Kommissionsmitgliedern das nächstgrößte Kontingent. Jeweils nur ein Mitglied stellten Sachsen, Württemberg, Mecklenburg-Schwerin, Bremen und Hamburg. Die Zersplitterung der anderen Mitglieder auf verschiedene Staaten verstärkte die zahlenmäßige Präsenz Preußens. Preußen profitierte rein rechnerisch bei Abstimmungen davon, daß für die Mehrheit nur zwei andere Kommissionsmitglieder gewonnen werden mußten. Wollte hingegen ein nicht preußisches Kommissionsmitglied einen Vorschlag durchsetzen, bedurfte es häufig der Überzeugung von Vertretern aus vier bis fünf anderen Staaten. Ein Vorteil für Preußen

---

[1053] Schubert, Quellen Gerichtsverfassung, S. 81; Schubert/Regge, Quellen Strafprozeßordnung, S. 12; von Sarwey, Konkurs nach den Entwürfen, S. 2.

bestand ferner darin, daß Hertz als Referent tätig war und dadurch die Koordination zwischen der Kommission und dem Reichskanzleramt besorgte.

Daß mit von Neumayr ein Bayer den Vorsitz der Kommission übernehmen durfte, wertete man als politisches Zugeständnis. Die Einzelstaaten sollten bei der Reichsgesetzgebung beteiligt werden und auf diese Weise ihre Interessen und Vorschläge einbringen. Gegen die Forderung Bayerns nach einem zweiten Kommissionsmitglied leistete man keinen Widerstand, vermutlich um politische Spannungen zu vermeiden. Auffällig ist weiterhin, daß mit Schütte und Albrecht zwei Vertreter aus Hansestädten in die Kommission berufen wurden. Für diese verhältnismäßig starke Präsenz der Hansestädte war ausschlaggebend, daß dem Konkursrecht dort traditionell eine besondere Bedeutung zukam. Die Hansestädte nahmen seit jeher wegen ihres umfangreichen Handelsverkehrs auf dem Gebiet des Konkursrechts eine Sonderstellung innerhalb des Deutschen Reichs ein.

b. Arbeitstechnik

aa. Aufnahme der Beratungen

In einem Schreiben vom 20. Februar 1874 teilte das Reichskanzleramt den Kommissionsmitgliedern ihre Wahl mit und informierte sie über die maßgeblichen Bundesratsbeschlüsse. Die Sachverständigen erhielten während der Beratungen eine Bezahlung in Höhe von 150 Thalern, gegebenenfalls zuzüglich Reisekosten[1054]. An die Dienststellen der einzelnen Kommissionsmitglieder richtete das Reichskanzleramt die Bitte um ihre erforderliche Beurlaubung. Von dem preußischen Justizminister begehrte das Reichskanzleramt außerdem die Zustimmung, Hagens zum Schriftführer der Kommission zu berufen[1055]. Dazu erklärte Leonhardt am 11. März 1874 sein Einverständnis. Er schlug vor, neben Hagens Lingen als zweiten Schriftführer einzusetzen, weil er eingehende Kenntnisse des französischen Rechts besaß, die für die Kommission von besonderem Nutzen seien[1056]. Bis Anfang März gingen beim Reichskanzleramt die Zusagen der Kommissionsmitglieder und deren Dienststellen ein. Teilweise brachten sie ihre Freude über eine Teilnahme an der Kommissionsarbeit besonders zum Ausdruck. Makower nahm die Wahl an und formulierte: „Es gereicht mir zur Ehre, an einem Werke, welches zur Herstellung eines gemeinsamen Rechts in Deutschland beitragen soll, mitwirken zu können[1057].“ Mit Schreiben vom 9. März 1874 teilte der Reichskanzler den Kommissionsmitgliedern mit, der Sitzungsbeginn sei am 16. März

---

[1054] BArch R 1401 682, S. 120 f.

[1055] GStA Rep. 84a 10606, S. 449.

[1056] GStA Rep. 84a 10606, S. 450; BArch R 1401 682, S. 151.

[1057] BArch R 1401 682, S. 135.

1874 um 12.00 Uhr im Reichskanzleramt unter dem Vorsitz von Neumayrs[1058]. Erst kurz davor, am 12. März 1874, berief der Reichskanzler Hagens und Lingen zu Schriftführern. Er empfahl von Neumayr Hagens als Mitarbeiter an den Vorarbeiten zum Entwurf und Lingen als Kenner des französischen Rechts[1059].

Delbrück begrüßte die Kommission am 16. März 1874 im Namen des Reichskanzlers. Der vom Reichskanzler zum Vorsitzenden ernannte von Neumayr eröffnete sodann die Beratungen, ohne daß es zu der ursprünglich vorgesehenen Wahl des Vorsitzenden durch die Kommissionsmitglieder kam. Dem Bundesratsbeschluß vom 21. Dezember 1873 folgend, wählten die Kommissionsmitglieder Hertz zum Berichterstatter[1060]. Einleitend verständigte sich die Kommission auf gewisse Regeln für ihre Arbeit, die eine eigene Geschäftsordnung ersetzen sollten. Danach verhandelte und beschloß die Kommission nur über schriftlich vorgelegte Anträge. Der Referent Hertz sollte die gefaßten Beschlüsse redigieren und sämtlichen Mitgliedern eine Abschrift der Redaktion zukommen lassen. Einwendungen konnten die Mitglieder beim Referenten einreichen. Die Redaktionsvorschläge sollten der Kommission zur Beschlußfassung vorgelegt werden. Schließlich vereinbarten die Sachverständigen, in die Protokolle nur die geschäftlichen Mitteilungen, die gestellten Anträge und die Abstimmungsergebnisse aufzunehmen. Die Protokolle sollten nicht gedruckt, sondern ausschließlich den Mitgliedern als metallographische Vervielfältigungen vorgelegt werden. Zu Beginn sollte keine Generaldebatte über die allgemeinen Prinzipien des Entwurfs geführt werden. Die Kommission wollte prinzipielle Fragen anhand der einzelnen Titel oder Paragraphen erörtern[1061].

Die Kommission beriet den Gesetzesentwurf in drei Lesungen. In der 52. Sitzung am 29. Juni 1874 begannen die Beratungen in zweiter Lesung mit der Prämisse, daß alle Vorschriften der Gemeinschuldordnung, die bis dahin unverändert waren, als festgestellt galten[1062]. Im Laufe der 71. Sitzung am 29. Juli 1874 begann die Kommission mit der dritten Lesung[1063]. Sie bestand aber lediglich aus zwei weiteren Sitzungsterminen. In zweiter und dritter Lesung nahm die Kommission vornehmlich redaktionelle und systematische Änderungen vor, während der Schwerpunkt der inhaltlichen Arbeit auf die erste Lesung fiel. Die These, daß die Kommission erst gegen Ende ihrer Beratungen mit besonderer Eile arbeitete, weshalb die Atmosphäre als „Gesetzgebungs-Cholera“[1064] beschrieben wurde, kann nicht

---

[1058] BArch R 1401 682, S. 147.
[1059] BArch R 1401 682, S. 152 ff.
[1060] BArch R 1401 688/1, S. 1; GStA Rep. 84a 10624, S. 2.
[1061] BArch R 1401 688/1, S. 1 f.
[1062] BArch R 1401 688/1, S. 158.
[1063] BArch R 1401 688/1, S. 229.
[1064] Thieme, FS Konkursordnung, S. 35 (61).

belegt werden. Bereits in der Anfangsphase trafen sich die Sachverständigen mehrfach innerhalb einer Woche, maximal an vier aufeinanderfolgenden Tagen.

bb. Redaktion im Reichskanzleramt

Der Einfluß des Reichskanzleramts manifestierte sich nicht nur darin, daß es über die Zusammensetzung der Kommission grundlegend entschied. Das Reichskanzleramt installierte zudem eine sogenannte Redaktion, die das Gesetzesvorhaben permanent begleitete. Die Redaktion erhielt sämtliche Anträge und Beratungsergebnisse, die sie teilweise in das preußische Justizministerium weiterleitete. Dabei gewährleistete der Referent Hertz die Koordination zwischen der Redaktion und der Kommission. Die Redaktion überarbeitete die Beschlüsse unter sprachlichen und strukturellen Aspekten und sandte den Kommissionsmitgliedern die Redaktionsvorschläge zur erneuten Beratung zu[1065]. Nach Ende der Arbeiten verfaßte die Redaktion die Motive zu dem neuen Entwurf, die Kommission nahm diese Aufgabe nicht wahr.

Durch die Redaktion war das Reichskanzleramt ständig über die Arbeiten an dem Gesetzesentwurf informiert. Es konnte somit aktuelle Entwicklungen frühzeitig zur Kenntnis nehmen und kontrollieren. Das Reichskanzleramt koordinierte die Arbeiten an der Konkursordnung in zunehmendem Maße, ohne auf die Mithilfe des preußischen Justizministeriums angewiesen zu sein. Während zu Beginn der siebziger Jahre des 19. Jahrhunderts das preußische Justizministerium die fehlende Rechtsabteilung des Bundes ersetzt hatte, gab es nun verstärkt eigene Bundesbeamte im Reichskanzleramt. Bei der Anpassung der Motive an die Kommissionsbeschlüsse war das preußische Justizministerium nicht mehr direkt beteiligt, obwohl es die Motive zur GSO ausgearbeitet hatte. Der Bundesrat spielte insgesamt nur eine geringe Rolle[1066].

c. Protokolle der Kommissionssitzungen

aa. Offizielle Protokolle

Die bislang unveröffentlichten Protokolle der Kommission sind in den Beständen des Geheimen Staatsarchivs und des Bundesarchivs erhalten[1067]. Die offiziellen Protokolle der 73 Sitzungen sind für sich betrachtet keine reichhaltige Quelle für die Entstehungsgeschichte der Reichskonkursordnung. Sie enthielten, wie eingangs von der Kommission vereinbart, nur geschäftliche Mitteilungen, die gestell-

[1065] Thieme, FS Konkursordnung, S. 35 (57).
[1066] Thieme, FS Konkursordnung, S. 35 (57).
[1067] GStA Rep. 84a 10624; BArch R 1401 688, 688/1.

ten Änderungsanträge und die Ergebnisse der Abstimmung. So gab beispielsweise das erste Protokoll zunächst Sitzungstermin und -ort wieder und listete die Namen der Anwesenden auf[1068]. Die Protokolle gaben zu den einzelnen Paragraphen die eingereichten Anträge in ihrem Wortlaut wieder. Danach nannten sie das Abstimmungsergebnis, ohne daß sie die Namen der Antragsteller, Begründungen zu den Anträgen oder Diskussionsbeiträge enthielten. Erkennbar ist neben der Beratungs- und Abstimmungsreihenfolge nur noch die Rücknahme von Anträgen. Mithin erschließen sich die Motivation für Anträge sowie das Abstimmungsverhalten der Kommissionsmitglieder nicht. Vereinzelt finden sich verallgemeinerte Hinweise auf Diskussionen, indem vor dem Abstimmungsergebnis die Worte „nach längerer Debatte..." eingefügt wurden. Die Resultate selbst wurden häufig nur ungenau mitgeteilt. Anstelle der exakten Wiedergabe von befürwortenden Stimmen und Gegenstimmen finden sich Angaben wie „mit überwiegender Majorität". Ebenso unspektakulär endeten die Protokolle mit der Niederschrift über die Sitzung vom 31. Juli 1874 ohne ein Resümee oder abschließende Bemerkungen. Nach der Abstimmung über den letzten Änderungsantrag folgten lediglich die Worte „Die Sitzungen hatten damit ihr Ende erreicht."[1069].

Die Unergiebigkeit der Kommissionsprotokolle stellt kein spezifisches Phänomen der Konkursgesetzgebung dar. Bei den anderen Reichsjustizgesetzen sind die Protokolle der vom Bundesrat eingesetzten Kommissionen vergleichbar gestaltet. Die Protokolle der CPO-Kommission enthielten ebenfalls nur die nicht namentlich gekennzeichneten Anträge und das Abstimmungsergebnis, ohne nähere Auskunft über das Abstimmungsverhalten und das Stimmverhältnis zu geben. Die Namen der Antragsteller können lediglich ermittelt werden, indem ihnen die separat archivierten, schriftlich eingereichten Anträge zugeordnet werden[1070]. Für die Hintergründe der Entstehungsgeschichte und die Motivierung blieben die veröffentlichten Motive die wesentliche Quelle[1071]. Daß die Protokolle inhaltlich knapp waren und zudem nicht veröffentlicht wurden, könnte darin begründet sein, daß die veröffentlichten Verhandlungen zum ADHGB juristische und politische Schwierigkeiten verursacht hatten. Eine abgeschiedene Arbeit ohne Öffentlichkeit könnte der radikale Versuch gewesen sein, eine Wiederholung derartiger Probleme zu vermeiden[1072].

Die offiziellen Protokolle können daher inhaltlich erst unter Zuhilfenahme der gesammelten Änderungsanträge der Kommissionsmitglieder analysiert werden. Das Reichskanzleramt archivierte 195 Anträge, die sich auf drei Lesungen aufteilten. Die Vorschläge zur Änderung der Gemeinschuldordnung sind als Manuskrip-

[1068] GStA Rep. 84a 10624, S. 1.
[1069] GStA Rep. 84a 10624, S. 241.
[1070] Schubert, Quellen Civilprozeßordnung, S. 8.
[1071] Schubert, Quellen Civilprozeßordnung, S. 3.
[1072] Thieme, FS Konkursordnung, S. 35 (56).

te und Abschriften vorhanden[1073]. Sie ermöglichen die namentliche Zuordnung des Antragstellers zu dem jeweiligen Antrag und ergänzen damit die Protokolle.

bb. Aufzeichnungen von Hagens

Die offiziellen Protokolle führte - abgesehen von der ersten Sitzung - durchgängig Lingen, obwohl Hagens zum ersten Schriftführer gewählt worden war. Hagens nahm gleichwohl an den Sitzungen teil und fertigte eigene Notizen an, die in einem separaten Aktenband im Bundesarchiv erhalten sind[1074]. Trotz teilweise schlechter Lesbarkeit bieten seine Aufzeichnungen eine reichhaltige Quelle für eine Analyse der Kommissionsarbeit.

Die Notizen, die teilweise als „Nebenprotokolle" bezeichnet werden[1075], begannen mit der zweiten Sitzung am 23. März 1874, in der die Kommission in die inhaltlichen Beratungen eintrat. Hagens beschränkte sich nicht auf die Wiedergabe herausragender Beratungsergebnisse oder Diskussionsbeiträge, sondern zeichnete den Sitzungsverlauf vollständig nach. Demgemäß gaben seine Notizen in der Kopfzeile die laufende Nummer der Sitzung, Datum und Uhrzeit an. Oben links wurde häufig die Anwesenheit festgestellt, so daß sich Bemerkungen wie „vollzählig" finden. Am Schluß fügte Hagens gelegentlich Hinweise auf die nächste Sitzung an, Bemerkung wie „morgen abend 6 Uhr"[1076] oder „Montag 10 Uhr"[1077]. Er strukturierte die Notizen, indem er die Absätze mit den bearbeiteten Paragraphen überschrieb. Die Änderungsvorschläge gab Hagens, anders als die offiziellen Protokolle, nicht im kompletten Wortlaut wieder. Gleichwohl sammelten sich in der Akte verschiedene Änderungsanträge. Neben dem Namen des Antragsstellers notierte Hagens in Stichpunkten Diskussionsbeiträge und Begründungen. Der Verlauf der Beratung wird besonders durch die Anmerkungen, daß ein Antragsteller seinen Vorschlag zugunsten eines anderen zurücknahm, nachvollziehbar. Ein Beratungspunkt schloß stets mit der genauen Angabe des Abstimmungsergebnisses. Nach den Anmerkungen über die 51. Sitzung, in der die erste Lesung endete, findet sich in der Akte ein unveröffentlichter Abdruck des Entwurfs einer Konkursordnung nach der 1. Lesung. Dementsprechend ist später auch der Entwurf nach der 2. Lesung abgeheftet[1078].

Hagens hielt seine Anmerkungen durchweg knapp. Regelmäßig erreichte ihr Umfang zwei bis drei Seiten pro Sitzungstag. Die Begründungen zu Anträgen oder

---

[1073] BArch R 1401 689, 690, 691.
[1074] BArch R 1401 688/2.
[1075] Thieme, FS Konkursordnung, S. 35 (57).
[1076] BArch R 1401 688/2, S. 2.
[1077] BArch R 1401 688/2, S. 32.
[1078] BArch R 1401 688/1, S. 136, 153.

Diskussionsbeiträge gab Hagens nur schlagwortartig wieder, manchmal unter Gebrauch von Abkürzungen. Auch die Namen der Kommissionsmitglieder kürzte Hagens gewöhnlich ab und hob sie durch Unterstreichungen hervor. Die Verwendung der Kürzel und die Handschrift von Hagens führen zu einer schlechten Lesbarkeit der Notizen. Gelegentliche Ergänzungen mit Bleistift oder farbigen Buntstiften tragen zu einer gewissen Unübersichtlichkeit bei.

Ziel der Notizen von Hagens war, durch eine doppelte Aufzeichnung der Beratungen Lücken in den offiziellen Protokollen auszuschließen. Das belegt die Art der Notizen, die alle Merkmale eines Protokolls aufwiesen. Hagens beschränkte sich nicht auf besonders interessante Gesichtspunkte der Kommissionsarbeit, sondern nahm alle in einem Protokoll üblicherweise enthaltenen Punkte bis hin zu Angaben über die Vollzähligkeit auf. Zudem kann die These belegt werden, daß Hagens Aufzeichnungen dazu dienten, die Motive an die durch die Kommission geänderte Gesetzesfassung anzupassen[1079]. Seine besondere Aufmerksamkeit richtete sich auf die Punkte, in denen die Kommission von dem Entwurf abwich. Dies zeigen besondere Vermerke wie „damit Entwurf § 1 u 2 gefallen“, die auf die Abstimmungsergebnisse folgten[1080]. Hagens war bemüht, aus den Kommissionsberatungen inhaltliche Anregungen für die Änderung der Motive zu gewinnen. Dies belegen häufig vorhandene Randnotizen wie „Motive“ oder „für die Motive“. Die Begründungen in den Notizen von Hagens übernahmen später die Motive in einem vergleichbaren Wortlaut.

d. Ergebnisse der Kommission

Der aus den Beratungen der Kommission hervorgegangene Gesetzesentwurf unterschied sich bereits äußerlich von dem Entwurf einer Deutschen Gemeinschuldordnung. Der Umfang des Gesetzes reduzierte sich nochmals und wies nur noch 214 Paragraphen auf. Der Entwurf gliederte sich in drei statt zuvor fünf Bücher. Die §§ 1 bis 63 des Kommissionsentwurfs (KOEntw I[1081]) regelten das Konkursrecht, gefolgt von dem Konkursverfahren in den §§ 64 bis 208 KOEntw I. Strafbestimmungen schlossen sich im dritten Buch von §§ 209 bis 214 KOEntw I an. Entfallen war das Buch über den Partikularkonkurs, dessen Inhalt in das zweite Buch integriert worden war. Die Regelungen über ein Vergleichsverfahren zur Abwendung des Konkursverfahrens entfielen ersatzlos. Die ersten beiden Bücher hatten thematisch nahezu dieselbe Unterteilung in Titeln wie die GSO, allerdings

[1079] Thieme, FS Konkursordnung, S. 35 (57).
[1080] BArch R 1401 688/2, S. 2.
[1081] Die mit KOEntw I gekennzeichneten Paragraphen entstammen dem Entwurf einer Konkursordnung von der Sachverständigenkommission nach dritter Lesung, archiviert in BArch R 1401 682, S. 186 ff.

waren die Überschriften größtenteils verkürzt. Der dritte Titel erhielt beispielsweise statt der Bezeichnung „Anfechtung der vor der Eröffnung des Gemeinschuldverfahrens vorgenommene Rechtshandlungen" die Überschrift „Anfechtung" und der vierte Titel statt „Ansprüche auf Herausgabe von Sachen aus der Gemeinmasse" jetzt „Aussonderung".

aa. Terminologie

Die inhaltlichen Beratungen begannen in der zweiten Sitzung am 23. März 1874 mit einem Änderungsantrag zur Terminologie[1082]. Die Bezeichnung Gemeinschuldordnung hatte nach Veröffentlichung des Entwurfs starke Reaktionen hervorgerufen, weil sie ungewöhnlich und ungebräuchlich war. Der erste Antrag ging dahin, den Titel des Gesetzes in „Gantordnung" zu ändern, einschließlich der nötigen Folgeänderungen innerhalb des Entwurfs und der Zivilprozeßordnung. Antragsteller war der preußische Rechtsanwalt Makower[1083]. Eine Begründung dieses Vorschlags geht weder aus dem Antrag noch aus den Notizen von Hagens hervor. Dieser notierte nur: „Mak: Gant"[1084]. Der Antrag wurde mit allen Stimmen gegen die Stimme des Antragstellers verworfen[1085]. Harrassowitz führte die Debatte um die Terminologie mit dem Antrag fort, die Bezeichnung „Konkursordnung" zu wählen. Er hatte ursprünglich keinen eigenen Antrag zur Begrifflichkeit gestellt, sondern in seinen Änderungsvorschlägen stets das Wort Konkursrecht verwandt[1086]. Daher notierte Hagens: „implic. Harr: zum Konkurs"[1087]. Diesen Antrag nahm die Kommission „mit überwiegender Majorität" an mit der Maßgabe, daß überall der Austausch vorgenommen werde[1088].

bb. Definition der Konkursmasse

Im Fortgang der Beratungen diskutierte die Kommission zu §§ 1 und 2 GSO intensiv über die Frage, wie die Konkursmasse zu definieren sei. Der preußische Entwurf sah vor, das gesamte, auch während des Verfahrens erworbene Vermögen in das Konkursverfahren einzubeziehen, wobei vom neuen Reingewinn gemäß § 2 GSO Unterhaltsaufwendungen für den Schuldner und seine Familie abgezogen werden sollten. Diese Regelung fand wenig Zustimmung. Nur Schmitt

---

[1082] BArch R 1401 688/1, S. 3.
[1083] BArch R 1401 691, S. 8.
[1084] BArch R 1401 688/2, S. 1.
[1085] BArch R 1401 688/1, S. 3; GStA Rep. 84a 10623, S. 3.
[1086] BArch R 1401 691, S. 16.
[1087] BArch R 1401 688/2, S. 1.
[1088] BArch R 1401 688/1, S. 3.

und von Amsberg wollten grundsätzlich an der Gesetzesvorlage festhalten[1089]. Nach einer eingehenden Beratung stimmte die Kommission für den Antrag Makowers, wonach sich das Konkursverfahren grundsätzlich nur auf das bei Verfahrenseröffnung vorhandene Vermögen erstreckte. Zudem konnte der Verwalter Neuerwerb zu der Konkursmasse ziehen, wenn dieser aus einer Erbschaft, Vermächtnissen oder Glücksfällen stammte[1090]. Für die Begrenzung der Konkursmasse auf das gegenwärtige Vermögen sprachen ausweislich der Motive „Grundsätze der Billigkeit und wirtschaftliche Rücksichten“[1091]. Der Schuldner sollte für zukünftige Geschäfte motiviert und seine Kreditfähigkeit wieder gefördert werden. Es sei daher nur gerecht, den Zeitpunkt der Konkurseröffnung auch für die Begrenzung des Gläubigerzugriffs auf das Schuldnervermögen zugrunde zu legen.

Ein Antrag von Albrecht, die Konkursmasse ausnahmslos auf den bei Eröffnung vorhandenen Bestand zu begrenzen, scheiterte mit sechs zu fünf Stimmen[1092]. Nach der Annahme des Antrags von Makower stimmte die Kommission über einen weiteren Antrag von Harrassowitz nicht mehr ab[1093]. Dieser hatte vorgeschlagen, die Konkursmasse auf das gegenwärtige Vermögen zu beschränken und ferner aufzunehmen, daß die Konkursmasse zur ausschließlichen und gemeinschaftlichen Befriedigung derjenigen Gläubiger dient, die einen zur Zeit der Eröffnung des Konkurses begründeten Vermögensanspruch haben. Damit sollte § 5 GSO in den ersten Paragraphen integriert werden[1094]. § 2 GSO sollte nach den Vorstellungen von Harrassowitz dahingehend geändert werden, daß aus dem neu erworbenen Vermögen Gläubiger befriedigt werden, die erst während des Verfahrens einen Anspruch gegen den Schuldner erwarben[1095].

Mit dieser Diskussion war die Auseinandersetzung über den Umfang der Konkursmasse aber nicht abgeschlossen. In der nächsten Sitzung verständigte sich die Kommission neben redaktionellen Änderungen auch darauf, daß die Vorschrift des § 651 Nr. 5 und 8 des CPO-Entwurfs über ein bestimmtes, pfändungsfreies Inventar nicht zur Anwendung kommen sollte[1096]. Im weiteren strich die Kommission den in der vorherigen Sitzung beschlossenen § 2 über die Zuziehung des Neuerwerbs durch Erbschaften, Vermächtnisse und Glücksfälle zur Konkursmasse[1097]. Nach den Motiven war das Erbrecht der einzelnen Staaten zu verschieden, um einheitlich zu regeln, daß dem Schuldner die Verfügung über eine

[1089] BArch R 1401 688/2, S. 1.
[1090] BArch R 1401 691, S. 8; BArch R 1401 688/2, S. 2.
[1091] Hahn, Materialien IV, S. 49.
[1092] BArch R 1401 691, S. 10; BArch R 1401 688/2, S. 1.
[1093] BArch R 1401 688/1, S. 4.
[1094] BArch R 1401 691, S. 16.
[1095] BArch R 1401 688/1, S. 4; BArch R 1401 688/2, S.1.
[1096] BArch R 1401 688/1, S. 5.
[1097] BArch R 1401 688/2, S. 3.

Erbschaft oder ein Vermächtnis entzogen wird. Die verbleibende Fallgruppe der Glücksfälle erschien als zu selten, um allein aufrecht erhalten zu werden[1098]. In der 52. Sitzung am 29. Juni 1874, also in zweiter Lesung, nahm die Kommission das Thema noch einmal auf. Hertz stellte den Antrag, den Neuerwerb doch in das Konkursverfahren einzubeziehen, scheiterte aber mit vier zu sechs Stimmen[1099].

cc. Vorrechte

Eine wichtige Änderung beschloß die Kommission in Hinsicht auf die Privilegierung von Forderungen. Während §§ 60 ff. GSO nur zwei Arten von privilegierten Forderungen kannten, nahm die Kommission noch eine weitere in ihren Entwurf auf. Der neu gefaßte § 54 KOEntw I beinhaltete in der ersten Gruppe - entsprechend § 61 GSO - das Vorrecht für rückständigen Dienstlohn. Neu hinzu traten als zweite Gruppe die Forderungen der Reichskasse, der Staatskassen und der Gemeinden, sowie der Amts-, Kreis- und Provinzialverbände wegen öffentlicher Abgaben für das letzte Jahr vor Eröffnung des Verfahrens. In der dritten Gruppe folgten, wiederum in Anlehnung an die GSO, Forderungen von Kindern und Pflegebefohlenen in Ansehung ihres gesetzlich der Verwaltung durch den Schuldner unterworfenen Vermögens bis fünf Jahre nach Ende der Vermögensverwaltung. Danach wurden alle übrigen Forderungen zu gleichen Anteilen befriedigt[1100]. Die Änderung folgte einem Antrag des Kommissionsmitglieds Schmitt in der 17. Sitzung am 21. April 1874[1101]. Die Privilegierung von rückständigen Steuerforderungen nahm die Kommission mit nur zwei Gegenstimmen an. Zudem entschied sich die Kommission mit 10 zu 1 Stimmen für den Antrag von Kohlhaas, Fiskalforderungen von Amts-, Kreis- und Provinzialverbänden einzubeziehen[1102]. Das neu aufgenommene Vorrecht fand entsprechend einer Notiz von Hagens seine Begründung darin, daß der Fiskus im Interesse des öffentlichen Wohls einem Schuldner in Zahlungsschwierigkeiten einen Kredit bewilligen müsse, um seine Zahlungsfähigkeit zu erhalten. Im Konkursfall müssen die zurückgestellten Forderungen mit einem Vorrecht prämiert werden[1103]. Dieselbe Argumentation ging in die Motive als Rechtfertigung für die Privilegierung der Fiskalforderungen ein[1104].

[1098] Hahn, Materialien IV, S. 50.
[1099] BArch R 1401 688/1, S. 158.
[1100] BArch R 1401 688/2, S. 121.
[1101] BArch R 1401 688/2, S. 48.
[1102] BArch R 1401 688/2, S. 48.
[1103] BArch R 1401 688/2, S. 48.
[1104] Hahn, Materialien IV, S. 239 f.

dd. Zuständiges Konkursgericht

Die Kommission erörterte in der 20. Sitzung am 27. April 1874 die Frage der Gerichtszuständigkeit für Konkurssachen[1105]. Nach § 73 GSO waren Amtsgerichte mit den Konkursverfahren betraut und nicht mehr Kollegialgerichte wie nach der preußischen Konkursordnung. Makower schlug vor, die Frage, ob ein Kollegialgericht oder ein Einzelrichter zuständig sein sollte, offen zu lassen. Die gesetzliche Vorgabe sollte sich auf die Aussage beschränken: „Für das Konkursverfahren ist das Gericht zuständig..."[1106]. Der Antrag wurde jedoch ohne eine Abstimmung zurückgezogen[1107].

Harrassowitz befürwortete die alte preußische Regelung und reichte den Antrag ein, die Konkurssachen wieder in die Zuständigkeit der Landgerichte zu legen. Nach der Verfahrenseröffnung sollte ein Kommissar des Gerichts das Verfahren bearbeiten, soweit nicht einzelne Geschäfte dem Gericht selbst übertragen waren. Für die Position des Kommissars konnte auch der Amtsrichter bestellt werden, in dessen Bezirk der Schuldner seinen Wohnsitz hatte[1108]. Diesen Antrag lehnten die Kommissionsmitglieder deutlich mit dem Votum zehn gegen eins ab[1109]. Der Entwurf blieb bestehen und damit scheiterte der Versuch, zur preußischen Konkursordnung zurückzukehren.

ee. Weitere Änderungen

Die weiteren Änderungen betrafen sowohl wesentliche Punkte, als auch kleinere oder redaktionelle Änderungen. In bezug auf die Ausübung des Anfechtungsrechts korrigierte die Kommission den Gesetzesentwurf, der sich weiter von der preußischen Konkursordnung entfernte. § 36 GSO beschränkte bereits das Anfechtungsrecht der Gläubiger auf den Fall, daß der Verwalter sein Anfechtungsrecht nicht ausübte. Der von der Kommission gefaßte § 29 KOEntw I sah ausschließlich die Anfechtung durch den Verwalter vor. Die Sachverständigen folgten mit großer Mehrheit dem von Hertz eingereichten und durch Makower modifizierten Antrag[1110].

Unter den inhaltlichen Änderungen, die im Zuge der Beratungen in den Gesetzesentwurf einzogen, ist auch der neu gefaßte § 66 KOEntw I hervorzuheben. Danach konnten Entscheidungen innerhalb des Konkursverfahrens ohne vorherige

---

[1105] BArch R 1401 688/1, S. 54.
[1106] BArch R 1401 688/2, S. 52.
[1107] BArch R 1401 688/1, S. 54.
[1108] BArch R 1401 690, S. 55.
[1109] BArch R 1401 688/2, S. 52.
[1110] BArch R 1401 688/2, S. 32.

mündliche Verhandlung ergehen. Das Konkursverfahren hatte nicht den typischen Charakter eines streitigen Verfahrens, wie es die Zivilprozeßordnung regelte. Mangels einer Prozeßverhandlung sollten die Entscheidungen nicht zwingend aufgrund einer mündlichen Verhandlung ergehen[1111]. Der Gesetzesentwurf verlangte grundsätzlich keine mündliche Verhandlung, sondern überließ dies dem Ermessen des Gerichts. In besonders wichtigen Fällen schrieb der Entwurf eine obligatorische Anhörung bestimmter Beteiligter vor. So mußte das Gericht vor der gerichtlichen Bestätigung des Zwangsvergleichs die Gläubiger, den Verwalter und den Gläubigerausschuß anhören gemäß § 170 II KOEntw I.

Die Regelung des § 196 GSO über die Einstellung des Verfahrens mangels einer die Kosten deckenden Masse änderte die Kommission ebenfalls. Der Gesetzesentwurf des preußischen Justizministeriums sah vor, die Verfahrenseinstellung nur auf Antrag des Verwalters und des Gläubigerausschusses zuzulassen. In erster Lesung entschied sich die Kommission dafür, das Antragserfordernis durch eine Anhörung der Beteiligten zu ersetzen[1112]. Dieser Änderungsvorschlag von Hertz fand allerdings nur die knappe Mehrheit von fünf zu vier Stimmen[1113]. In zweiter Lesung entfiel auch die Anhörung, so daß das Gericht das Verfahren einstellen konnte, sobald es eine nicht die Kosten deckende Masse feststellte (§ 190 KOEntw I)[1114].

Die Vorschriften über den Gläubigerausschuß beschäftigten die Kommission ausgiebig. Dabei ging es auch um prinzipielle Fragen zum Kompetenzbereich der Gläubiger und des Gerichts. Harrassowitz sprach sich dafür aus, den Gläubigerausschuß unter richterlicher Leitung einzuberufen und auch seine Beratungen und die Beschlußfassung vor dem Gericht abzuhalten[1115]. Die starke Beaufsichtigung des Gläubigerausschusses durch das Gericht lehnte die Kommission deutlich mit zehn zu einer Stimme ab. Zustimmung erhielt der Antrag, für Beschlüsse des Gläubigerausschusses statt der einfachen Mehrheit eine absolute Mehrheit vorauszusetzen. Damit entfiel gleichzeitig die Regelung, daß bei Stimmengleichheit der Verwalter die Entscheidung traf[1116].

Die Sachverständigenkommission strich mehrere Themenbereiche aus der Gemeinschuldordnung. Es entfielen die Regelungen nach §§ 204 ff. GSO über die Wiedereinsetzung des Schuldners in seine bürgerlichen Ehrenrechte. Derartige öffentlich-rechtliche Folgen des Konkurses gehörten nicht zwingend in das Konkursgesetz und konnten teilweise von den Landesgesetzgebern unterschiedlich

[1111] Hahn, Materialien IV, S. 274 f.
[1112] BArch R 1401 688/1, S. 133.
[1113] BArch R 1401 688/2, S. 95.
[1114] BArch R 1401 688/2, S. 153.
[1115] BArch R 1401 688/2, S. 56.
[1116] BArch R 1401 688/1, S. 59.

geregelt werden[1117]. Das vierte Buch der GSO über das Vergleichsverfahren zur Abwendung des Konkurses entfiel, ohne Gegenstand der Kommissionsberatungen gewesen zu sein. Als Leonhardt dem Bundeskanzler den Entwurf für dieses Kapitel zusammen mit den Motiven übersandte, fragte er an, ob das Vergleichsverfahren in das Gesetz integriert werden solle[1118]. Der Bundeskanzler empfahl, zu dieser Frage die Gutachten verschiedener Handelskammern einzuholen, weil diese ein besonderes Interesse an der Materie hatten[1119]. Das preußische Justizministerium folgte dem Konzept und forderte die Stellungnahmen des Deutschen Handelstages und diverser Handelskammern an[1120].

In den Beratungen der Kommission stellte Makower bereits in der zweiten Sitzung den Antrag, das vierte Buch als erstes Buch voranzustellen. Das entspräche der natürlichen Ordnung und verhindere einen Bruch zwischen dem dritten und fünften Buch[1121]. Die Beschlußfassung über diesen Antrag setzte die Kommission aus, bis die Beratungen zu dem vierten Buch fortgeschritten waren[1122]. In der 49. Sitzung schloß die Kommission ihre Beratungen über das dritte Buch ab und ging in der folgenden Sitzung sofort zu den Strafbestimmungen im fünften Buch über, ohne das Vergleichsverfahren zur Abwendung des Konkurses zu erörtern[1123]. Die Entscheidung über den ersatzlosen Entfall des vierten Buches mußte bereits außerhalb der Kommission gefallen sein. Die Akten weisen nicht darauf hin, ob das preußische Justizministerium seinen Gesetzesentwurf nachträglich korrigierte oder das Reichskanzleramt die Änderung anordnete. Nach den Motiven war das gerichtliche Vergleichsverfahren überflüssig, wenn alle Gläubiger einem Vergleich zustimmten. Sollte eine Zwangswirkung gegenüber widersprechenden Gläubigern bestehen, müsse eine gerichtliche Prüfung der Forderungen stattfinden, die ebenso in einem Konkursverfahren stattfinden könnte. Ein separates Vergleichsverfahren wäre daher ohne Vorteile[1124].

ff. Bewertung

Die Kommissionsarbeit führte teilweise zu Änderungen, die sich bereits in den Reaktionen auf den Entwurf einer Deutschen Gemeinschuldordnung angekündigt hatten. Mit der Rückkehr zur Bezeichnung „Konkursordnung“ reagierte die Kommission auf zahlreiche Kritik an dem ungebräuchlichen Terminus der „Ge-

[1117] Von Sarwey, ZHR 23 (1878), S. 371 (410); Hullmann, S. 36.
[1118] BArch R 1401 682, S. 44.
[1119] BArch R 1401 682, S. 64.
[1120] GStA Rep. 84a 10619.
[1121] BArch R 1401 691, S. 8.
[1122] BArch R 1401 688/1, S. 3.
[1123] BArch R 1401 688/2, S. 106 f.
[1124] Von Kräwel, AcP 59 (1876), S. 54 (85).

meinschuldordnung". Nach den Motiven war die Bezeichnung „Konkurs" vorteilhaft, weil sie im Gegensatz zu dem süddeutschen Begriff „Gant" in ganz Deutschland gebräuchlich war[1125]. Die deutliche Abstimmungsniederlage, die der Antrag über die Umbenennung in „Gant" erfuhr, überraschte, weil auch die süddeutschen Kommissionsmitglieder dagegen votierten. In Süddeutschland war der Begriff „Gant" etabliert, so daß es nicht fern gelegen hätte, wenn ein Kommissionsmitglied aus Bayern oder Württemberg den Antrag selbst gestellt oder zumindest unterstützt hätte. Der Terminus „Gant" wäre ein echter Kompromiß gewesen, weil er kein Fremdwort war und zumindest in einigen Teilen Deutschlands benutzt wurde. Außerdem überrascht, daß ausgerechnet ein Preuße die süddeutsche Terminologie vorschlug. Dies deutet darauf hin, daß Makower bei seinen Vorschlägen nicht von preußischen Traditionen beeinflußt wurde.

Die Beratungen führten häufig erst nach einem langen Entscheidungsprozeß und wiederholten Auseinandersetzungen zu dem endgültigen Kommissionsentwurf. Das weist darauf hin, daß die Kommissionsmitglieder keine vorgefaßten Meinungen hatten, die sie lediglich durchzusetzen versuchten, sondern offen diskutierten. Beispielsweise die Beratung über den Umfang der Konkursmasse erstreckte sich - auch in bezug auf grundsätzliche Fragen - auf mehrere Lesungen. Nachdem verschiedene Anträge beschlossen, ergänzt und teilweise wieder korrigiert worden waren, beantragte Hertz in der dritten Lesung, zu der preußischen Gesetzesvorlage zurückzukehren. Außerdem gab es zu den einzelnen Paragraphen häufig mehrere Änderungsvorschläge, deren Kritik an unterschiedlichen Ebenen ansetzte. Während sie sich teilweise gegen das generelle Konzept einer Vorschrift wendeten, griffen sie teilweise ihre redaktionelle oder systematische Gestaltung an. Dadurch lag der Kommission zumeist nicht nur ein Gegenvorschlag zu der GSO zur Entscheidung vor. Sie mußte sich mit verschiedenen Problemen auseinandersetzen und eine optimale Neufassung ausarbeiten.

Weil die preußische Konkursordnung die Grundlage für den Gesetzesentwurf bildete, war sie häufig der Bezugspunkt für Änderungsanträge. Harrassowitz schlug beispielsweise vor, nach dem Vorbild der preußischen Konkursordnung einen richterlichen Kommissar mit der Verfahrensleitung zu betrauen. Manche Antragsteller empfahlen, von der preußischen Konkursordnung weiter abzuweichen, andere schlugen vor, zu ihren Regelungen zurückzukehren. Die Kommissionsberatungen wurden aber nicht von Versuchen der preußischen Abgeordneten geprägt, ihr bisheriges Recht durchzusetzen. Häufig fand ein Antrag auf Rückkehr zu einem preußischen Prinzip bei den preußischen Kommissionsmitgliedern keine Unterstützung. Die Neufassung des Anfechtungsrechts wich weiter von dem preußischen Recht ab, ohne daß die preußischen Kommissionsmitglieder Widerstand dagegen erhoben. Insgesamt waren die preußischen Sachverständigen nicht

---

[1125] Hahn, Materialien IV, S. 44.

den alten, ihnen bekannten Regelungen verhaftet. Sie arbeiteten sachorientiert und bemühten sich um eine Verbesserung des Gesetzesentwurfs.

e. Arbeit einzelner Kommissionsmitglieder

Die voranstehende Zusammenfassung wichtiger Änderungen durch die Kommission mit Betrachtung von Anträgen, Antragstellern und Abstimmungsergebnissen läßt die inhaltlichen Leitlinien der Kommissionsarbeit erkennen. Einzelne Themen fanden nach ausgiebiger Diskussion nur knappe Mehrheiten, während andere Punkte übereinstimmend geändert wurden. Genauere Hinweise auf das Zusammenspiel der Sachverständigen eröffnet eine Analyse der Anträge und Abstimmungserfolge von einzelnen Kommissionsmitgliedern. Sie ermöglicht einen Blick auf ihre Konzepte und generelle Einstellungen sowie auf ihr Verhalten in der Kommission. Da die Mitglieder aus verschiedenen Staaten mit unterschiedlichen Gesetzen stammten, könnten sie versucht haben, das ihnen jeweils vertraute Konkursrecht in das neue Reichsgesetz zu transferieren. In bezug auf die nichtpreußischen Mitglieder fragt sich, ob sie sich bemühten, die preußischen Grundlagen des Gesetzesentwurfs zu korrigieren. Einige Personen sind dabei von besonderem Interesse, weil sie aus einem Staat mit einem spezifischen Konkursrecht stammen, wie die hanseatischen Vertreter. Andere Kommissionsmitglieder nahmen aufgrund ihrer Funktion eine Sonderstellung ein, wie Hertz, der zugleich Berichterstatter an das Reichskanzleramt war. Die bayerischen Vertreter ragen heraus, weil sie mit dem erklärten Ziel antraten, die Interessen ihres Landes effektiv durchzusetzen.

aa. Kommissionsmitglied Albrecht aus Hamburg

In einem privaten Schreiben vom 5. Mai 1874 äußerte sich der hamburgische Handelsgerichtspräsident Albrecht über seine Arbeit in der Sachverständigenkommission. Er berichtet, in den Sitzungen einen „schweren Stand" zu haben. „Preußen und Baiern gehen nicht in Hamburg auf und ich dringe daher auch nur bei unwichtigeren Fragen mit meinen Vorschlägen durch, während bei wichtigeren ich mich glücklich schätzen muß, wenn ich mit 5:6 durchfalle"[1126]. Albrecht empfand es demnach als schwer, eine Mehrheit für seine Anträge zu finden, und verwies dabei auf Preußen und Bayern, die jeweils mit mehreren Mitgliedern in der Kommission vertreten waren. Eine Analyse der Abstimmungsresultate zeigt tatsächlich, daß seine Vorschläge häufig mit sechs zu fünf Stimmen abgelehnt wurden. Dies betraf beispielsweise seine Konzeption zu §§ 1 und 2 GSO[1127]. Er

[1126] Thieme, FS Konkursordnung, S. 35 (62).
[1127] BArch R 1401 688/2, S. 1.

schlug vor, die Konkursmasse auf das gegenwärtige Vermögen zu beschränken, aber Nachzahlungen an unbefriedigte Gläubiger zu ermöglichen, wenn der Schuldner wieder zu besseren Vermögensverhältnissen gekommen war[1128]. Über das Nachforderungsrecht hatte er 14 Paragraphen entworfen, deren Einfügung er nach dem zweiten Buch empfahl[1129]. Eine Abstimmungsniederlage mit sechs zu fünf Stimmen erlitt auch sein Antrag, die Forderungen, die nach § 65 GSO nicht im Konkursverfahren geltend gemacht werden konnten, wie Zinsen, Kosten und Strafgelder, nach einer kompletten Befriedigung aller übrigen Forderungen gleichwohl zu berücksichtigen[1130].

Dennoch gelang es Albrecht, den Entwurf in einigen, nicht unerheblichen Punkten entscheidend mitzugestalten. Die Kommission übernahm seine Vorschläge über die Anfechtung anstelle des preußischen Entwurfs als Grundlage für die weitere Beratung[1131]. Er beantragte, dem Titel einleitend voranzustellen, daß Rechtshandlungen vor der Eröffnung des Verfahrens den Konkursgläubigern gegenüber als unwirksam angefochten werden können. Darauf folgten drei Gruppen von anfechtbaren Handlungen, beginnend mit Freigebigkeiten, welche die Zahlungsunfähigkeit herbeigeführt oder vergrößert hatten. Als zweiten Fall nannte Albrecht die Bevorzugungen eines Gläubigers durch Befriedigung oder Gewährung von Sicherheiten in Erwartung der Zahlungseinstellung. Sodann folgten Rechtshandlungen zur Benachteiligung anderer Gläubiger[1132]. Sein Änderungsantrag wurde an alle Kommissionsmitglieder verteilt und bildete die Basis für die folgenden Änderungsanträge der anderen Kommissionsmitglieder. Albrecht gestaltete ebenfalls die Regelung über den Eintritt in nicht oder nicht vollständig erfüllte, zweiseitige Verträge wesentlich mit. Sein Antrag zu § 20 GSO wurde mit sieben zu drei Stimmen angenommen und unterlag lediglich redaktionellen Änderungen[1133]. Demnach ist die Einschätzung Albrechts, er habe bestenfalls in unwichtigeren Punkten Einfluß ausgeübt, nicht zutreffend. Außerdem gelang es Albrecht, viele kleine Änderungen durchzusetzen, beispielsweise die Regelung, daß der Schuldner bei seinem Antrag auf Eröffnung des Konkursverfahrens seine Zahlungsunfähigkeit nicht nachweisen, aber ein Verzeichnis über Gläubiger und Schuldner sowie eine Vermögensübersicht nachreichen mußte (§ 96 KOEntw I)[1134]. Häufig setzte er sich mit den Anträgen nur knapp mit sechs zu fünf Stimmen durch[1135].

1128 BArch R 1401 690, S. 6.
1129 BArch R 1401 690, S. 17.
1130 BArch R 1401 690, S. 51; BArch R 1401 688/2, S. 49.
1131 BArch R 1401 688/1, S. 20; BArch R 1401 688/2, S. 27.
1132 BArch R 1401 690, S. 21.
1133 BArch R 1401 688/2, S. 10; BArch R 1401 688/1, S. 15.
1134 BArch R 1401 690, S. 78; BArch R 1401 688/1, S. 72.
1135 BArch R 1401 688/2, S. 50; BArch R 1401 688/2, S. 62.

Albrecht vertrat deutlich die Prinzipien des Hamburger Konkursrechts. § 8 GSO wollte er dahingehend ändern, daß die Verwaltungs- und Verfügungsbefugnis zum Zweck der Befriedigung der Gläubiger nicht durch den Verwalter, sondern die Gesamtheit der Gläubiger (Gläubigerschaft) ausgeübt wurden[1136]. In der Diskussion verwies er auf die freiheitlichen Elemente in Hamburg, zog seinen Antrag aber später zurück[1137]. Demgegenüber erstaunt, daß Albrecht bei den Erörterungen über das Zwangsvergleichsverfahren, das die Hansestädte besonders entwikkelt hatten, wenige Anträge stellte. Ursächlich dafür könnte sein, daß das preußische Justizministerium bei der Konzeption des Entwurfs die hanseatischen Prinzipien einbezog und so kein grundlegender Verbesserungsbedarf aus Albrechts Sicht bestand. Zu Beginn der Beratungen über den Vergleich verständigte sich die Kommission darauf, den gesamten Abschnitt der GSO prinzipiell beizubehalten[1138]. Makower zog seinen Antrag zurück, die Terminologie von „Zwangsvergleich" in „Akkord" zu ändern[1139]. Albrecht schlug vor, das Gericht solle einen Vergleich verwerfen, wenn die Abstimmungsmehrheit durch die Stimmen solcher Gläubiger zustande kam, die dem Schuldner nahe standen und ihn begünstigen wollten[1140]. Die Kommission lehnte seine Initiative jedoch mit sechs zu fünf Stimmen ab[1141].

bb. Preußische Kommissionsmitglieder

Aus der zahlenmäßigen Stärke der Preußen in der Kommission mit vier von elf Mitgliedern könnte sich die These einer preußischen Vormachtstellung ableiten lassen. Preußen hatte bereits einen starken Einfluß auf das reichsweite Konkursrecht ausgeübt, indem dessen Justizministerium den ersten Gesetzesentwurf erstellte. Die vorangehende Darstellung belegt jedoch bereits, daß die preußischen Kommissionsmitglieder nicht ihrem eigenen Konkursrecht blind verhaftet waren. Teilweise schlugen sie Änderungen vor, die den Gesetzesentwurf weiter vom preußischen Vorbild entfernten. Aus den eingereichten Anträgen ergibt sich, daß die Preußen ihre Arbeit als Individuen betrieben und nicht als Gruppe von preußischen Vertretern. Sie stellten separate, teilweise konträre Anträge zu dem Gesetzesentwurf und bildeten in den Diskussionen keine Einheit. Insgesamt waren die Preußen nicht einflußreicher bei den Beratungen als die anderen Mitglieder. Ein Blockverhalten kann auch nicht aus den Abstimmungsergebnissen belegt werden. Die Anträge von preußischen Mitgliedern wurden häufig nur gegen die Stimme

---

[1136] BArch R 1401 690, S. 6.
[1137] BArch R 1401 688/2, S. 4; BArch R 1401 688/1, S. 7.
[1138] BArch R 1401 688/1, S. 116.
[1139] BArch R 1401 688/2, S. 86.
[1140] BArch R 1401 688/1, S. 127.
[1141] BArch R 1401 688/2, S. 92.

des Antragstellers abgelehnt. Es stimmte daher kein Preuße aus bloßer Solidarität zu seinem Landsmann für dessen Antrag.

Eine Sonderstellung nahm das preußische Kommissionsmitglied Hertz als Berichterstatter des Reichskanzleramts ein. Seine zusätzliche redaktionelle Tätigkeit könnte zu einem besonders starken Einfluß auf den Kommissionsentwurf geführt haben. Hertz legte nach der ersten Lesung den Redaktionsentwurf vor und nahm gleichzeitig an den Sitzungen wie ein gewöhnliches Kommissionsmitglied teil. Er reichte zahlreiche schriftliche Anträge ein und beteiligte sich mit Diskussionsbeiträgen intensiv an den Beratungen. Maßgeblich prägen konnte er die Anfechtungsvorschriften. Seine Anträge zu den anfechtbaren Rechtshandlungen, die auf dem Konzept von Albrecht basierten, setzten sich in den §§ 22 ff. KOEntw I durch und unterlagen nur redaktionellen Änderungen[1142]. Daß ausschließlich der Verwalter das Anfechtungsrecht ausüben konnte, war ursprünglich ein Antrag von Hertz. Er ließ ihn jedoch fallen, so daß letztlich Makower den Vorschlag leicht modifiziert zur Abstimmung brachte[1143]. Einstimmig nahm die Kommission seine Vorschläge an, im Achten Titel unter §§ 193 ff. KOEntw I besondere Bestimmungen über das Vermögen von Aktiengesellschaften einzufügen[1144]. Gerade zu Beginn der Beratungen unterschied sich die Arbeit von Hertz nicht von der anderer Kommissionsmitglieder. Er zog Anträge zurück, erreichte in kleineren und wichtigeren Punkten Abstimmungserfolge ebenso wie Abstimmungsniederlagen.

In der Endphase der Beratungen reichte Hertz besonders viele Anträge ein. Nun stellte er vermehrt Anträge zur Gliederung, der äußeren Gestaltung und der Wortwahl des Gesetzes. In zweiter Lesung schlug Hertz für das gesamte erste und zweite Buch vielfach den Austausch einzelner Wörter vor und entwarf neue Überschriften[1145]. Er empfahl, einzelne Paragraphen mit grundlegenden Aussagen voranzustellen oder eine Regelung auf mehrere Paragraphen aufzuteilen. So gelang es ihm beispielsweise, die Vorschriften über den Nachlaßkonkurs in den neuen §§ 202 bis 206 KOEntw I umzugestalten[1146]. Hertz befaßte sich im stärkeren Maße als die anderen Kommissionsmitglieder mit der äußeren Gestaltung des Gesetzesentwurfs. Zwar nahmen auch bei den anderen Mitgliedern nach der ersten Lesung die redaktionellen Änderungsvorschläge zu, doch konzentrierten sie sich mehr auf einzelne Änderungen als auf den Gesetzesentwurf insgesamt. Im Interesse einer schnellen Einigung formulierte Hertz Kompromißvorschläge zu einzelnen Streitpunkten und zog dafür seine eigenen Anträge zurück. Regelmäßig

---

1142 BArch R 1401 688/2, S. 28.
1143 BArch R 1401 688/2, S. 32; BArch R 1401 690, S. 31.
1144 BArch R 1401 688/2, S. 105; BArch R 1401 690, S. 139.
1145 BArch R 1401 690, S. 151, 190.
1146 BArch R 1401 690, S. 143.

konnte sich die Kommission auf die Kompromisse einigen[1147]. Das Engagement für das Gesamterscheinungsbild des Gesetzes war sicherlich eine Folge seiner Tätigkeit in der Redaktion des Reichskanzleramts. Das Verhalten von Hertz bei der Kommissionsarbeit unterschied sich daher von dem der anderen Mitglieder, ohne daß er seine Doppelrolle in der Kommission ausnutzte.

Die redaktionellen Anträge von Hertz zeigen, daß er trotz der Redaktionsarbeit seine Änderungsvorschläge nicht ohne Einbeziehung der Kommission durchsetzen konnte oder wollte. Für inhaltliche und äußere Verbesserungsvorschläge verfolgte er denselben Weg wie die anderen Kommissionsmitglieder. Die Tätigkeit der Redaktion schien insgesamt zu weniger Konflikten zwischen der Kommission und dem Reichskanzleramt zu führen, als teilweise vermutet wurde[1148]. Nach der ersten Lesung arbeitete die Redaktion einen Textentwurf aus, den sie den Kommissionsmitgliedern erneut zur Beratung vorlegte. Einige Kommissionsmitglieder, auch Hertz, reichten daraufhin zahlreiche Änderungsvorschläge bezüglich der Wortwahl ein. Von Kohlhaas schlug beispielsweise unter anderem vor, das Wort „Gegenstände“ durch „Sachen“ auszutauschen und an mehreren Stellen Sätze zu streichen[1149]. Die Anhäufung von redaktionellen Änderungsanträgen in zweiter Lesung bedeutete nicht zwangsläufig eine generelle Unzufriedenheit mit der Redaktionsarbeit. Naturgemäß waren in der ersten Lesung inhaltliche Änderungen vorrangig, erst anschließend fand die Feinarbeit statt. Anzeichen für einen Konflikt oder einen Kompetenzstreit zwischen der Kommission und der Redaktion gab es keine. Teilweise überließ es die Kommission der Redaktion sogar ausdrücklich, eigenständig über Formulierungen zu entscheiden. In dem Protokoll zur 52. Sitzung hielt Lingen fest: „Ob im Eingange des Antrags sub. 1 der Ausdruck ‚Ein Recht’ bleiben oder statt dessen, wie im Antrag sub. 3 dafür ‚Ein Anspruch’ gesetzt werden soll, wurde der späteren Redaktion anheimgegeben“[1150]. Wenn die Kommission solche Entscheidungen zuließ, war sie offensichtlich mit der Redaktion zufrieden. Von der Möglichkeit, Einwendungen gegen die Kommissionsvorschläge einzureichen, machte kein Kommissionsmitglied Gebrauch. Im übrigen hatte die Kommission stets die Möglichkeit, über Redaktionsvorschläge erneut zu beraten und abzustimmen[1151]. Auf diesem Wege hätte die Kommission abweichende Auffassungen durchsetzen können.

Soweit die Redaktion Teilbereiche des Kommissionsentwurfs konzipierte, lag das Einvernehmen der Sachverständigen vor. Zugunsten des äußeren Erscheinungsbildes des Gesetzes erwies sich die Redaktionsarbeit als sinnvoll, um einen einheitlichen Sprachgebrauch zu erreichen. Die Redaktion entschied sprachliche und

[1147] BArch R 1401 690, S. 266; BArch R 1401 688/2, S. 138.
[1148] Thieme, FS Konkursordnung, S. 35 (62).
[1149] BArch R 1401 690, S. 153, 192, 202.
[1150] BArch R 1401 688/1, S. 160.
[1151] BArch R 1401 688/1, S. 15.

systematische Aspekte, für welche die Sachkunde der Kommission nicht zwingend benötigt wurde. Indem die Kommission sämtliche Redaktionsvorschläge prüfte, autorisierte sie die Änderungen.

cc. Vertreter des Handelsstands

Die Kommissionsmitglieder Bassenge, Schütte und Warschauer vertraten in den Beratungen den Handelsstand, um dessen spezifischen Bedürfnisse geltend zu machen. Das Reichskanzleramt archivierte verhältnismäßig wenige schriftliche Änderungsanträge von ihnen. Dennoch sind insbesondere Warschauer und Schütte mit Diskussionsbeiträgen und Anträgen in den Aufzeichnungen von Hagens erwähnt. Lediglich Bassenge trat ausweislich des Aktenmaterials kaum in Erscheinung. Dies kann ein Indiz dafür sein, daß die Vertreter des Handelsstands aufgrund ihres Berufs weniger mit der Technik der Kommissionsarbeit vertraut waren als die anderen Mitglieder, die teilweise zuvor in anderen Kommissionen mitgewirkt hatten.

Ein anderer Aspekt war ebenfalls spezifisch für die Vertreter des Handelsstands. Im Laufe der Diskussion zu einem Beratungspunkt bildeten sich regelmäßig unterschiedliche Allianzen unter den Mitgliedern. Häufig zog ein Kommissionsmitglied einen Antrag zugunsten eines anderen zurück und unterstützte fortan dessen Änderungsvorschlag. Wenn ein Kommissionsmitglied denselben Argumentationsstandpunkt einnahm wie ein Kollege, vermerkte Hagens in seinen Notizen gelegentlich beide Name vor der Meinungsäußerung. Überdurchschnittlich oft bildeten Schütte und Warschauer eine derartige Allianz. Hagens gab in seinen Notizen die Diskussionsbeiträge von Schütte und Warschauer häufig gemeinsam wieder[1152]. Daß sie in Abstimmungen übereinstimmend votierten, kann allerdings aus dem Aktenmaterial nicht ermittelt werden. Sie stimmten regelmäßig mit ihren Auffassungen überein, weil sie vermutlich mit vergleichbaren Interessen und Grundanschauungen die Kommissionsarbeit betrieben. Auch wenn sie nicht wie die anderen Mitglieder viele Vorschriften nach ihren Vorstellungen prägten, war die Beteiligung der Vertreter des Handelsstands sinnvoll. Sie brachten eine für das Konkursrecht wichtige Facette des Sachverstandes ein.

dd. Kommissionsmitglieder aus Bayern

Die bayerischen Kommissionsmitglieder traten ausweislich des Schreibens des bayerischen Staatsministers der Justiz vom 6. Januar 1874 mit dem erklärten Ziel an, die Interessen Bayerns effektiv zu vertreten. Eine gute Interessenvertretung

---

[1152] BArch R 1401 688/2, S. 27, 61.

war ihr Hauptargument für die Berufung eines zweiten bayerischen Mitglieds neben dem Vorsitzenden von Neumayr. Wie in dem Schriftwechsel mit dem Reichskanzleramt angedeutet, konnte von Neumayr aufgrund seiner Position als Vorsitzender nicht dieselbe Sacharbeit leisten wie ein normales Kommissionsmitglied. Er stellte keine Änderungsanträge, und die Akten erwähnten ihn selten mit Diskussionsbeiträgen. An den Abstimmungen nahm er jedoch gleichberechtigt teil. Dabei bildete er wahrscheinlich eine Allianz mit dem anderen bayerischen Vertreter und votierte regelmäßig für dessen Anträge. Auffällig ist, daß die Anträge von Schmitt im Fall einer Abstimmungsniederlage in der Regel zumindest zwei befürwortende Stimmen erzielten. Demgegenüber war es bei den Abstimmungen generell nicht ungewöhnlich, daß die Anträge nur gegen die Stimme des Antragstellers abgelehnt wurden. Insbesondere Makower, der nicht alleiniger Vertreter seines Landes war, scheiterte häufig mit zehn zu eins Stimmen. Die überdurchschnittlich häufigen neun zu zwei Abstimmungsergebnisse bei den Anträgen von Schmitt sprechen dafür, daß die beiden Bayern zusammen stimmten. Es ist unwahrscheinlich, daß ihre Ansichten lediglich zufällig durchgängig übereinstimmten.

Die Kommissionsarbeit der bayerischen Mitglieder mag daher als bayerische Interessenpolitik anstelle freier und sachkundiger Entscheidungen gewertet werden. Er richtet sich vor allem gegen von Neumayr, soweit er sich gewöhnlich den Anträgen von Schmitt anschloß. Auch wenn von Neumayr als Vorsitzender mit organisatorischen und leitenden Aufgaben belastet war, hätte er durchaus eigene Standpunkte in den Diskussionen vertreten und umsetzen können. Das Abstimmungsverhalten überraschte angesichts des Briefes vom 6. Januar 1874 nicht. Sofern die Bayern in demselben Schreiben postulierten, die Kommission bestünde nicht aus Repräsentanten der Bundesstaaten, sondern aus Vertretern freier wissenschaftlicher Überzeugung, dienten diese Worte nur der Rechtfertigung ihrer Forderung.

Gleichwohl nutzten Schmidt und von Neumayr nicht jede Gelegenheit, bayerische Elemente in das neue Reichsgesetz zu transferieren. Bei der Abstimmung über die Terminologie für das neue Gesetz votierten sie gegen den Antrag, die süddeutsche Bezeichnung „Gant“ zu übernehmen. Jedoch fand dieser Änderungsvorschlag des Preußen Makower ebensowenig die Zustimmung des württembergischen Vertreters von Kohlhaas.

ee. Bewertung

Die vom Bundesrat eingesetzte Sachverständigenkommission beschloß in dem gesamten Gesetzgebungsverfahren die umfangreichsten Änderungen an dem Entwurf. Gleichwohl reformierten die Änderungsbeschlüsse den Entwurf einer Deutschen Gemeinschuldordnung nicht allumfassend und prinzipiell. Die Leitlinien des Entwurfes prägten nach wie vor die Gemeinschuldordnung. Daß viele ihrer Vorschriften und Konzepte bestehen blieben, sprach erneut für die Qualität des preußischen Gesetzesentwurfs. Die These, daß Preußen sein eigenes Konkursrecht dem Reich aufzuzwingen versuchte, ist nicht belegbar. Die preußischen Kommissionsmitglieder traten in den Beratungen nicht als übermächtige Union auf. Ihre Kommissionsarbeit war ebensowenig von unsachlicher Interessenpolitik geprägt wie bereits die Aufstellung des GSO-Entwurfs durch das preußische Justizministerium. Eine Interessenvertretung betrieben eher die bayerischen Abgeordneten, indem sie gemeinsam für ihre Anträge stimmten.

Der Eindruck von Albrecht, daß es für ein einzelnes Kommissionsmitglied schwer sei, die eigenen Vorstellungen umzusetzen, kann nur teilweise belegt werden. Einerseits ist es zutreffend, daß Abstimmungserfolge schwierig zu realisieren waren in einem Gremium aus elf Personen, die mit unterschiedlichen Konkursgesetzen arbeiteten und daher individuelle Erfahrungen und Interessen aufwiesen. Dies galt aber unabhängig davon, ob ein Kommissionsmitglied der alleinige Vertreter seines Landes war oder nicht. Die Preußen in der Kommission traten nicht als Gruppe auf, und Bayern verfügte mit zwei Repräsentanten über keinen großen zahlenmäßigen Vorteil.

Bemerkenswert für das Gesetzgebungsverfahren ist weiterhin, daß in den ersten fünf Jahren nur Ministerialbeamte und Sachverständige an dem Gesetzesentwurf mitarbeiteten. Der Bundesrat war bislang ebensowenig in die inhaltliche Arbeit einbezogen worden wie der Reichstag. Demgegenüber spielte das Reichskanzleramt eine tragende Rolle. Durch die Redaktion überwachte es gewissermaßen die Tätigkeit der Sachverständigenkommission. Die Redaktion beschloß allerdings nur über die äußere Gestalt und den Sprachgebrauch des Gesetzes, ohne die Kommission zu übergehen. Weil die Kommission die redigierte Fassung annahm, ist der ausgearbeitete Entwurf als von der Kommission autorisiert zu betrachten.

7. Beratungen im Bundesrat

a. Vorlage des Entwurfs

Am 31. Juli 1874 zeigte die Sachverständigenkommission dem Reichskanzler das Ende ihrer Beratungen an. Sie überreichte ihm neben den beschlossenen Entwürfen einer Konkursordnung und einem Einführungsgesetz die offiziellen Sitzungsprotokolle und die gesammelten Änderungsanträge[1153]. Die Kommission hatte keine Motive zu ihrem Gesetzesentwurf ausgearbeitet, denn dafür war die Redaktion im Reichskanzleramt zuständig. Für die Überarbeitung der Motive bat der

[1153] BArch R 1401 682, S. 185.

Reichskanzler den preußischen Justizminister Leonhardt mit Schreiben vom 6. August 1874, Hertz und Hagens zur Verfügung zu stellen[1154]. Leonhardt teilte darauf am 2. Oktober 1874 mit, er habe „nichts dagegen zu erinnern", wenn die Ausarbeitung der Motive Hertz und Hagens übertragen werde[1155]. Gleichzeitig merkte er jedoch an, daß er davon ausgehe, daß die Motive vor Einbringung des Entwurfs in den Bundesrat nicht weiter durch eine Redaktion geändert werden. Diese Bemerkung wurde als Hinweis für Auseinandersetzungen gewertet und dahingehend interpretiert, daß Leonhardt mit den Korrekturen der Redaktion unzufrieden war[1156]. Belege für einen konkreten Konflikt fehlen. Die Äußerung könnte auch darauf hinweisen, daß Leonhardt generell mißbilligte, daß die Motive im Reichskanzleramt entstanden. Als der Bundesrat die anderen Justizgesetze im Reichstag vorlegte, betonte Leonhardt, daß die Motive weder vom Justizausschuß noch vom Bundesrat geprüft wurden und mithin nicht vom Bundesrat genehmigt seien[1157]. Dies läßt vermuten, daß er eine stärkere Einbeziehung des Bundesrats in die Ausarbeitung der Motive gewünscht hätte oder zumindest eine abschließende Feststellung vermißte. Für eine schnellere Fertigstellung der Motive empfahlen Hertz und das Justizministerium, Lingen ebenfalls in die Arbeiten einzubeziehen[1158].

Von Amsberg richtete am 3. Oktober 1874 ein Schreiben an das Reichskanzleramt zu dem weiteren Geschäftsgang[1159]. Er empfahl, wegen des engen Zusammenhangs zwischen der Konkursordnung und der Zivilprozeßordnung beide Gesetze gemeinsam in der bevorstehenden Session des Reichstags zu beraten. Dieses Ziel konnte seiner Meinung nach nur erreicht werden, wenn dem Bundesrat die Entwürfe ohne ausgearbeitete Motive vorgelegt werden. Die Überarbeitung der Motive werde eine zu lange Zeit in Anspruch nehmen. Außerdem verzögere sich das Gesetzgebungsverfahren zusätzlich, wenn die Motive zwischen der Beschlußfassung des Bundesrats und der Vorlage an den Reichstag erneut angepaßt werden müßten. Er sprach sich für die Vorlage der Entwürfe ohne Motive aus, obwohl möglicherweise eine andere Vorgehensweise die Beratungen im Bundesrat vereinfacht hätte. Der Reichskanzler nahm den Gedanken auf und legte unter dem 4. Oktober 1874 dem Bundesrat den Kommissionsentwurf zur Beschlußnahme vor. Er teilte mit, daß die Motive in Arbeit seien, aber bereits zum jetzigen Zeitpunkt die Beratungen im Bundesrat beginnen sollten. Dies sei wünschenswert, damit der Entwurf noch in der nächsten Session dem Reichstag zugehen könne.

1154 BArch R 1401 682, S. 187.
1155 BArch R 1401 683, S. 7.
1156 Thieme, FS Konkursordnung, S. 35 (62).
1157 Stieglitz, Einl. XVII; von Wilmowski, S. 16; von Sarwey/Boßert, S. 9.
1158 BArch R 1401 683, S. 11, 12.
1159 BArch R 1401 683, S. 3.

Der Bundesrat beschloß am 5. Oktober 1874, den Entwurf, vorläufig noch ohne Motive, dem Ausschuß für Justizwesen zu überweisen. Die Ausschußmitglieder arbeiteten 25 Änderungsvorschläge zu dem Kommissionsentwurf aus. Am 20. Dezember 1874 beendeten sie die Sitzungen mit dem Antrag an den Bundesrat, dem Gesetzesentwurf unter Berücksichtigung ihrer Änderungsvorschläge die Zustimmung zu erteilen[1160]. Die ausgearbeiteten Änderungen griffen nicht in die generelle Konzeption des Entwurfs ein. Sie änderten nur in wenigen Fällen den Inhalt von Vorschriften und waren größtenteils redaktioneller Art. Mit Ausnahme eines einzigen Änderungsvorschlags folgte der Bundesrat den Ausschußempfehlungen.

b. Änderungen des Bundesrats

Der Bundesrat beriet in seiner vierten Sitzung am 16. Januar 1875 über den Antrag des Justizausschusses[1161]. Für die Beratungen hatten auch einzelne Staaten Änderungsvorschläge eingereicht. Es lagen Anträge aus Preußen, Sachsen, Oldenburg, Braunschweig und Hamburg vor, die sich überwiegend nicht durchsetzen konnten. An der Bundesratsberatung nahmen neben den regulären Mitgliedern von Amsberg, Hertz, Dannemann, Forch und von Freydorf als Referent des Reichskanzleramts teil.

Eine wichtige Änderung beschloß der Bundesrat im Hinblick auf die Privilegierung von Forderungen. Zu diesem Themenbereich hatten Preußen, Sachsen, Oldenburg und Braunschweig eigene Anträge eingereicht[1162]. Der Justizausschuß empfahl, zu den drei Vorrechten nach § 54 KOEntw I vier weitere Privilegien hinzuzufügen[1163]. Der Bundesrat folgte diesem Konzept, wenn auch teilweise mit Gegenstimmen. Die von der Sachverständigenkommission bereits beschlossenen Vorrechte - rückständiger Dienstlohn (Nr. 1), Forderungen des Fiskus (Nr. 2) und Forderungen von Kindern bezüglich ihres unter Verwaltung des Schuldners stehenden Vermögens (neugefaßte Nr. 7) - blieben prinzipiell bestehen. Sie unterlagen nur kleineren Änderungen, beispielsweise verkürzte sich die Zeit für die Geltendmachung der Forderungen der Kinder von fünf auf zwei Jahren nach Beendigung der Vermögensverwaltung. Braunschweig scheiterte mit seinem Antrag, das Vorrecht der Fiskalforderungen nach Nr. 2 zu streichen. Unter Nr. 3 nahm der Bundesrat die Forderungen von Kirchen, Schulen, öffentlichen Feuerversicherungsanstalten und Verbänden wegen verfassungsrechtlicher Abgaben und Leistungen neu in den Katalog auf. Arztforderungen und vergleichbare Ansprüche,

---

[1160] BArch R 1401 683, S. 43.
[1161] BArch R 1401 683, S. 52.
[1162] BArch R 1401 683, S. 53.
[1163] BArch R 1401 683, S. 43, S. 3 f.

wie Forderungen von Apothekern und Hebammen, waren nach Nr. 4 der Neufassung bevorrechtigt. Gemäß Nr. 5 und 6 waren bestimmte weitere Forderungen der Reichskasse und anderer öffentlicher Stellen bis hin zu den Kirchen und Schulen privilegiert. Erst an achter Stelle folgten alle übrigen Konkursforderungen zu gleichen Anteilen. Damit entfernte sich der Entwurf weiter von der Gemeinschuldordnung, die nur zwei Arten von Forderungen privilegierte.

Daneben beschloß der Bundesrat eine Änderung bei der Einsetzung des Gläubigerausschusses. Er faßte § 79 KOEntw I dahingehend neu, daß der Gläubigerausschuß bereits vor der ersten Gläubigerversammlung vom Gericht bestellt werden konnte. Damit änderte sich nicht nur der Zeitpunkt der ersten Einsatzmöglichkeit, sondern es entfiel auch die obligatorische Bestellung des Gläubigerausschusses. Der Bundesrat strich aus dem Kommissionsentwurf die Vorschrift in § 134 II KOEntw I, wonach das Landgericht für alle Klagen auf Feststellung einer streitigen Forderung zuständig war, sobald eine Klage seine Zuständigkeit begründete. Darüber hinaus gab es mehrere kleine Änderungen. Beispielsweise mußte eine Gläubigerversammlung fortan einberufen werden, wenn fünf statt zuvor zehn Gläubiger dies beantragt hatten. Der Bundesrat lehnte nur einen Änderungsvorschlag des Justizausschusses ab und behandelte damit ein bereits zuvor heftig umstrittenes Thema erneut. Zu § 1 KOEntw I empfahl der Justizausschuß, die Konkursmasse auch auf neu erworbene Erbschaften und Vermächtnisse zu erstrecken. Dieser wiederholte Versuch, die Konkursmasse auszudehnen, scheiterte jedoch.

Die Motive wurden am 20. Januar 1875, also erst nach der endgültigen Beschlußfassung des Bundesrats, fertig gestellt. Wie bei den Motiven zur Zivilprozeßordnung, Strafprozeßordnung und zum Gerichtsverfassungsgesetz verabschiedete der Bundesrat die Motive zur Konkursordnung nicht. Sie waren nach ihrer Überarbeitung ein Produkt des Reichskanzleramts, woraus die Kritik erwuchs, die Motive seien keine unmittelbare Äußerung eines Gesetzgebungsorgans[1164]. Gleichwohl waren sie aufgrund eines amtlichen Auftrags erarbeitet worden und wurden später dem Reichstag offiziell vorgelegt. Insbesondere wegen des knappen Gesetzestextes stellten sie ein „unentbehrliches Hülfsmittel“ für dessen Auslegung dar[1165]. Insofern ging ihre Bedeutung über die Aufgabe hinaus, die Gesetzesentwürfe bei den Beratungen im Gesetzgebungsverfahren zu begründen. Vielmehr sollten sie die zukünftige Rechtsanwendung und die wissenschaftliche Auslegung fördern. Hages und Hertz zeigten dem Reichskanzleramt das Ende ihrer Arbeit an den Motiven an. Sie rechtfertigten die lange Bearbeitungsdauer mit den vielen Korrekturen, die wegen der zahlreichen Änderungen des Kommissionsentwurfs an

---

[1164] Fitting, S. 3; von Wilmowski, S. 16.

[1165] Stieglitz, Einl. XVIII; Fitting, S. 3 f.; von Wilmowski, S. 16.

dem Entwurf einer Deutschen Gemeinschuldordnung nötig waren[1166]. Am 21. Januar 1875 übergab der Reichskanzler dem Reichstag die Bundesratsentwürfe[1167] zusammen mit den Motiven[1168].

Mit der Vorlage der Gesetzesentwürfe an den Reichstag am 21. Januar 1875 begann die Phase, in der das Gesetzgebungsverfahren durch veröffentlichte Materialien - im wesentlichen durch die Edition von Hahn - dokumentiert ist. Daher beschränkt sich die folgende Darstellung auf die wesentlichen Aspekte der Beratungen und verzichtet auf eine detaillierte Wiedergabe der abgedruckten Protokolle der KO-Kommission sowie der Sitzungen des Reichstagsplenums.

8. Beratungen im Reichstag

Die Gesetzesvorlage des Bundesrats konnte vom Reichstag in der laufenden Sitzungsperiode nicht mehr behandelt werden, so daß eine Wiedervorlage in der nächsten Session nötig wurde. Daraufhin beschloß der Bundesrat am 24. Oktober 1875, die Entwürfe zur Konkursordnung dem Reichstag erneut vorzulegen. Am 27. Oktober 1875 führte der Reichskanzler diesen Beschluß aus. Das Reichskanzleramt bat Leonhardt am 31. Oktober 1875 um sein Einverständnis, von Amsberg, Hertz und Hagens zu Kommissaren des Bundesrats zu bestellen[1169]. Sie sollten die Bundesratsentwürfe bei den Beratungen im Reichstag vertreten. Delbrück lobte besonders Hertz für seinen „hervorragenden Antheil an der Aufstellung der Entwürfe". Am 4. November 1875 zeigte Leonhardt dem Reichskanzler sein Einverständnis an[1170], und der Bundesrat wählte sie am 7. November 1875 zu Kommissaren für die Beratungen im Reichstag[1171].

Die Beratungen im Plenum des Reichstags begannen am 4. November 1875. Einleitend sprach von Amsberg über das Gesetzesvorhaben zu den Reichstagsabgeordneten. Als Kommissar des Reichskanzleramts war er gemeinsam mit Hagens bei der Sitzung anwesend[1172]. Von Amsberg verwies auf die Bedeutung des einheitlichen Konkursrechts bei der Vereinheitlichung des Prozeßrechts. Außerdem handele es sich um den ersten Versuch, zivilrechtliche Normen anzugleichen, soweit das Konkursrecht einheitliche materielle Regelungen voraussetze. Obwohl das Vorhaben wegen des unterschiedlichen materiellen Rechts schwierig war,

[1166] BArch R 1401 683, S. 64.
[1167] Der vom Bundesrat beschlossene Entwurf der Konkursordnung ist abgedruckt bei Hahn, Materialien IV, S. 4 ff.
[1168] BArch R 1401 683, S. 61.
[1169] GStA Rep. 84a 10608, S. 375.
[1170] BArch R 1401 683, S. 95; GStA Rep. 84a 10608, S. 376.
[1171] BArch R 1401 683, S. 97.
[1172] Hahn, Materialien IV, S. 498.

bestand der Vorteil, mit der preußischen Konkursordnung eine bewährte Grundlage für das neue Reichsgesetz zu haben. Von Amsberg faßte vor den Reichstagsabgeordneten die Leitlinien des Gesetzesentwurfs zusammen, wie die Vereinheitlichung des Verfahrens für Kaufleute und Nichtkaufleute, die Reduzierung des gerichtlichen Einflusses und Fernhaltung von Pfandgläubigern aus dem Verfahren. Ziel der neuen Konkursordnung sei ein schnelles Verfahren unter Beachtung der Rechtssicherheit. Das Konzept zeichnete sich seiner Meinung nach dadurch aus, einerseits bewährte Regelungen aus dem preußischen Recht zu übernehmen und andererseits dessen Mißstände zu beseitigen.

a. Einsetzung der Konkurskommission

Nach diesen einleitenden Worten diskutierte der Reichstag, ob er den Gesetzesentwurf an eine Kommission zur Beratung überweisen sollte. Einigkeit bestand darüber, daß das Plenum für eine sorgfältige Beratung weniger geeignet war als eine Kommission[1173]. Im weiteren standen sich aber zwei Positionen gegenüber. Ein Teil der Abgeordneten sprach sich dafür aus, die Konkursordnung an die bereits eingesetzte Justizkommission zu überweisen. Die Justizkommission hatte sich am 26. Januar 1875 aus den Reihen der Reichstagsabgeordneten konstituiert und beriet unter dem Vorsitz von Miquel die Entwürfe zur Zivilprozeßordnung, Strafprozeßordnung und zum Gerichtsverfassungsgesetz[1174]. Nach der Auffassung einiger Abgeordneter konnte der nötige Einklang zwischen der Konkursordnung und dem Zivilprozeßrecht nur erreicht werden, wenn die Justizkommission auch über die Konkursordnung beriet[1175]. Dadurch sollte auch die Bearbeitungszeit reduziert werden, weil die Justizkommission bereits mit dem Verfahrensrecht vertraut war und eine zügige Arbeitstechnik entwickelt hatte[1176].

Trotz des engen Zusammenhangs zwischen den Justizgesetzen sprach sich die Mehrheit der Abgeordneten für eine eigene, sogenannte Konkurskommission aus[1177]. Tragendes Argument war neben der enormen Arbeitsbelastung der Justizkommission der Wunsch nach einer stärkeren Beteiligung von Geschäftsleuten[1178]. Die 28 Mitglieder der Justizkommission waren mit einer Ausnahme allesamt Juristen[1179]. Daraufhin wählte der Reichstag 14 Mitglieder für die Kommissionsarbeit. Der Kommission gehörten ursprünglich an: Oberappellationsrat zu Jena Ausfeld, Rechtsanwalt Frankenburger aus Nürnberg, Geheimer Justizrat zu

[1173] Hahn, Materialien IV, S. 517.
[1174] Schubert, Quellen Gerichtsverfassung, S. 21 ff.
[1175] Hahn, Materialien IV, S. 504.
[1176] Hahn, Materialien IV, S. 504.
[1177] Hahn, Materialien IV, S. 517.
[1178] Hahn, Materialien IV, S. 506, 508.
[1179] Schubert, Quellen Gerichtsverfassung, S. 21 ff.

Berlin Goldschmidt, Kreisrichter zu Dinslaken Grütering, Kaufmann Haanen aus Köln, Oberappellationsrat zu Oldenburg Hullmann, Stadtgerichtsrat zu Berlin Kochann, Kaufmann Mosle aus Bremen, Staatsrat zu Stuttgart von Sarwey, Rechtsanwalt Schroeder aus Berlin, Rechtsanwalt von Vahl aus Greifswald, Rittergutsbesitzer Websky aus Schlesien, Rittergutsbesitzer von Woedtke aus Pommern und Rechtsanwalt Wölfel aus Merseburg. Später ersetzten Kaufmann zu Hamburg Möring und Rechtsanwalt zu Berlin Zimmermann die ausgeschiedenen Abgeordneten Mosle und Frankenburger[1180]. Die Kommissionsmitglieder wählten von Sarwey zum Vorsitzenden. Aus ihren Reihen formierte die Kommission in der neunten Sitzung am 25. November 1875 eine eigene Redaktionskommission, bestehend aus den Abgeordneten Goldschmidt, Frankenburger und von Vahl[1181]. Zudem unterstützten drei Protokollführer die Arbeit der Konkurskommission[1182].

Die Kommission trat insgesamt an 27 Tagen zusammen, allerdings mit einer längeren Unterbrechung am Ende der Reichstagssession, nach bis dahin 21 Sitzungen. Vom 4. November 1875 bis 4. Februar 1876 und vom 18. bis 26. Mai 1876 fanden zwei Lesungen statt, in denen die Abgeordneten die Entwürfe der Konkursordnung und des dazugehörigen Einführungsgesetzes behandelten. Nach einigen Formalien in der ersten Sitzung begannen die inhaltlichen Beratungen mit der zweiten Sitzung am 11. November 1875. Ab dieser Sitzung gibt es Protokolle, die Hahn in seiner Edition veröffentlich hat[1183]. Sie unterscheiden sich in ihrer Art deutlich von den Protokollen der vom Bundesrat eingesetzten Sachverständigenkommission. Die Schriftführer gaben zu jedem Änderungsantrag den Namen des Antragstellers an und skizzierten auch die Diskussionen mit namentlich gekennzeichneten Argumenten und Stellungnahmen der Abgeordneten. Abstimmungsergebnisse teilten sie überwiegend mit dem genauen Resultat mit. Gelegentlich enthalten die Protokolle kritische Anmerkungen über den Einfluß des preußischen Rechts auf das Gesetzesvorhaben. Die Reichstagsabgeordneten kritisierten mehrfach in ihren Diskussionsbeiträgen, daß vornehmlich preußische Fallkonstellationen in den Gesetzesentwurf einzogen, spezifisch preußische Ausdrücke verwendet wurden und Definitionen vornehmlich das preußische Recht betrafen[1184].

Bei allen Sitzungen der Konkurskommission waren mehrere Vertreter des Bundesrats anwesend. Von Amsberg, der mittlerweile zum Direktor im Reichskanzleramt berufen worden war, nahm lediglich an der zweiten Sitzung teil. Hertz und Hagens waren durchgängig anwesend und wurden ab der sechsten Sitzung von dem bayerischen Appellationsgerichtsrat Hauser unterstützt. Die Vertreter des

---

1180 Stieglitz, Einl. XII.
1181 Hahn, Materialien IV, S. 562.
1182 Hahn, Materialien IV, S. 517.
1183 Abgedruckt bei Hahn, Materialien IV, S. 518 ff.
1184 Hahn, Materialien IV, S. 524.

Bundesrats hatten den Auftrag, die Gesetzesentwürfe des Bundesrats vor den Reichstagsabgeordneten zu vertreten. Dabei waren sie keine stillen Beobachter, die sich nur gelegentlich in die Beratungen einschalteten. Sie nahmen von Beginn an aktiv an den Diskussionen teil und nahmen zu den vorgelegten Änderungsanträgen Stellung. Sie erläuterten den Entwurf und empfahlen den Abgeordneten ihr Abstimmungsverhalten. Häufig baten sie die Kommission, einen aus ihrer Sicht ungeeigneten Antrag zu verwerfen. Nur selten erklärten sie ihr Einverständnis zu einer Änderung. Im Laufe der Beratungen über einen Änderungsantrag bildeten sich regelmäßig zwei Lager. Eine Gruppe um den Antragsteller trat für eine Änderung ein, während sich andere Abgeordnete um die Vertreter des Bundesrats formierten, die den Entwurf verteidigten. Die Kommissionsberatungen waren dadurch weniger eine Diskussion der Reichstagsabgeordneten untereinander als eine Auseinandersetzung zwischen Reichstags- und Bundesratsvertretern. Dabei schienen die Vertreter des Bundesrats einen Vorteil zu haben, weil sie sehr gut mit dem Gesetzesentwurf vertraut waren. Sie hatten teilweise schon an dem ersten Entwurf des preußischen Justizministeriums mitgearbeitet, der Sachverständigenkommission des Bundesrats angehört und die Motive ausgearbeitet. Dadurch verfügten sie über umfassende Argumente für die Diskussionen.

Die erste Lesung über den Entwurf der Konkursordnung endete mit der 18. Sitzung am 15. Dezember 1875. Es schlossen sich drei weitere Sitzungen über das Einführungsgesetz zur Konkursordnung an. Nach der 21. Sitzung unterbrach die Kommission ihre Arbeit am 4. Februar 1876. Wegen des Endes der Reichstagssession drohte sich die Kommission aufzulösen und ihre Beratungen bis zur neuen Sitzungsperiode zu unterbrechen. Weil die zweite Lesung noch ausstand, legte der Reichstagsabgeordnete Zimmermann einen Gesetzesentwurf betreffend die weitere Behandlung der Gesetzesentwürfe vor. Dieser enthielt das Anliegen, die Tätigkeit der Konkurskommission zu verlängern[1185]. Er begründete seine Initiative damit, die weiteren Arbeiten nicht verzögern zu wollen, damit die Konkursordnung zeitgleich mit der Zivilprozeßordnung bearbeitet werden könne[1186]. Der Abgeordnete Mosle, der auch der Konkurskommission angehörte, empfahl, das Gesetz von Zimmermann abzulehnen. Bei einer schnelleren Arbeitsweise hätte die Kommission ihre Beratungen rechtzeitig vor dem Ende der Sitzungsperiode beenden können. Die Ausnahmeregelung für die Justizkommission, auch zwischen den Sitzungen des Reichstags zusammenzutreten, solle nicht auf die Konkurskommission übertragen werden[1187]. Der Kommissionsvorsitzende von Sarwey trat dieser Auffassung entgegen und sprach sich dafür aus, im Interesse „des großen Werkes der Justizreform" der Verlängerung des Mandats zuzu-

[1185] GStA Rep. 84a 10609, S. 4 ff.
[1186] GStA Rep. 84a 10609, S. 5.
[1187] Hahn, Materialien IV, S. 635.

stimmen[1188]. Die Majorität der Abgeordneten teilte diese Ansicht, und der Reichstag ermächtigte die Konkurskommission mit Gesetz vom 20. Februar 1876, ihre Verhandlungen nach Schluß der gegenwärtigen Session bis zum Beginn der nächsten ordentlichen Session fortzusetzen[1189]. Daraufhin trat die Kommission vom 18. bis 26. Mai 1876 zur zweiten Lesung der Gesetzesentwürfe nochmals zusammen.

b. Änderungen durch die Konkurskommission

Am 26. Mai 1876 erstattete der Abgeordnete von Vahl dem Reichstag einen mündlichen Bericht über die Kommissionsarbeit und überreichte eine Zusammenstellung der Änderungen[1190]. In erster Lesung verständigte sich die Kommission auf 35 Änderungen, von denen sie drei im weiteren Verlauf der Beratungen wieder zurücknahm. Überwiegend handelte es sich um grammatikalische Umstellungen ohne inhaltliche Veränderungen oder den Austausch von Formulierungen. Beispielsweise gestaltete die Kommission die Aufzählung der anfechtbaren Handlungen in §§ 23, 24 des Bundesratsentwurfs (KOEntw II[1191]) um und ersetzte das Wort „Rechtsgeschäfte“ durch „Rechtshandlungen“ sowie „vorgenommen“ durch „erfolgt“. Viele Paragraphen nahm die Kommission ohne Diskussion an, und teilweise blieben komplette Titel des Gesetzes unverändert, etwa die Abschnitte zur Aussonderung, Absonderung und die Strafbestimmungen. Tiefgreifende Veränderungen an den Prinzipien des Entwurfs gab es nicht.

Gelegentlich präzisierte die Kommission den Entwurf, indem sie Fallgestaltungen ausdrücklich in den Gesetzestext aufnahm, die von den Motiven zwar gewollt, aber bislang unerwähnt geblieben waren. Den Wortlaut des § 47 KOEntw II über die Aufrechnung von Forderungen ergänzte die Kommission um Forderungen, die nicht auf einen Geldbetrag gerichtet waren. Bezüglich der Erfüllung schwebender Rechtsgeschäfte stellte die Kommission in § 15 KOEntw II klar, daß ein zweiseitiger Vertrag nicht nur von dem Schuldner, sondern auch dem anderen Teil nicht oder nicht vollständig erfüllt sein mußte. § 112 KOEntw II erhielt den Zusatz, daß die Geschäftsbücher des Schuldners nach der Verfahrenseröffnung durch die Gerichtsschreiberei geschlossen werden. Die inhaltlichen Veränderungen waren überwiegend unbedeutender Art. Zur Harmonisierung der Fristen reduzierte die Kommission die Untergrenze zur Anmeldung der Konkursforderungen gemäß

[1188] Hahn, Materialien IV, S. 637.

[1189] GStA Rep. 84a 10609, S. 8.

[1190] GStA Rep. 84a 10609, S. 24 ff.

[1191] Die mit KOEntw II gekennzeichneten Paragraphen entstammen dem Entwurf einer Konkursordnung des Bundesrats, abgedruckt bei Hahn, Materialien IV, S. 4 ff.

§ 126 KOEntw II von einem Monat auf drei Wochen[1192]. Einige Änderungen machten weitere Folgeänderungen nötig. Beispielsweise entschied die Kommission, den Eröffnungsbeschluß im Reichsanzeiger öffentlich bekanntzumachen. Infolge dieser Änderung an § 103 II KOEntw II mußten vier weitere Vorschriften (§§ 105, 151, 175, 191 KOEntw II), die eine öffentliche Bekanntmachung von anderen Beschlüssen vorsahen, geändert werden. Die Kommission beschloß auch kleine konzeptionelle Änderungen, die kontinuierlich an mehreren Stellen durchgeführt wurden. Das gesetzliche Gebot, einen Antrag glaubhaft zu machen, ersetzte die Kommission dadurch, daß ein Antrag nur dann zuzulassen ist, wenn er glaubhaft gemacht wird. Diese Änderung betraf die Vorschriften §§ 97, 173, 194, 199 und 205 KOEntw II.

Eine der wenigen größeren Änderung gab es im Hinblick auf die privilegierten Forderungen nach § 54 KOEntw II. Während der Bundesrat die Vorrechte noch auf sieben erhöht hatte, beschloß die Konkurskommission, sie wieder zu reduzieren. Sechs Kommissionsmitglieder stellten gemeinsam den Antrag, das Vorrecht der Defekte öffentlicher Kassen nach § 54 Nr. 5 und 6 KOEntw II zu streichen. Nach den Motiven zur Gemeinschuldordnung war diese Privilegierung unnötig. Durch eine Kaution, ein Pfand oder Bürgen könne sich der Staat besser als ein Privatmann Deckung für ein Geschäft besorgen und sich vor Defekten schützen[1193]. Die Kommission folgte dieser Argumentation und votierte mit sechs zu drei Stimmen für die Streichung der Nummern 5 und 6[1194]. Ohne eine Diskussion erkannte die Kommission die Vorrechte an, die bereits in dem Entwurf der Gemeinschuldordnung vorgesehen waren. Mithin standen die Privilegierungen von rückständigen Dienstlohnforderungen und Forderungen von Kindern bezüglich ihres vom Schuldner verwalteten Vermögens fest. Die Forderungen der Reichskasse und anderer Verbände wegen öffentlicher Abgaben gemäß Nr. 2 blieben trotz einiger Bedenken privilegiert, weil dieses Vorrecht überall in Deutschland gebräuchlich war[1195]. Ebenso blieb das Vorrecht für Arztforderungen und dergleichen nach Nr. 4 bestehen. Widerspruch rief die Aufnahme von Feuerversicherungsanstalten in § 54 Nr. 3 KOEntw II hervor. Eine knappe Mehrheit sprach sich dafür aus, die Feuerversicherungsanstalten zu streichen. Da die Abgeordneten auch mit Hilfe der Bundesratsvertreter zunächst nicht ermitteln konnten, ob Zwangsfeuerversicherungsanstalten generell unter die gleichfalls aufgeführte Kategorie der öffentlichen Verbände fielen, vertagte die Kommission die weitere Beratung auf die zweite Lesung[1196]. In der 22. Sitzung verteidigte Hagens den Entwurf, indem er erklärte, daß die Forderungen der Feuerversicherungsanstalten

---

[1192] Hahn, Materialien IV, S. 666.
[1193] Von Decker, Motive GSO I, S. 331; von Kräwel, AcP 59 (1876), S. 54 (65).
[1194] Hahn, Materialien IV, S. 558 f.
[1195] Hahn, Materialien IV, S. 556.
[1196] Hahn, Materialien IV, S. 558.

die Natur einer Steuer hätten und die Versicherungen zur Annahme sämtlicher Versicherten verpflichtet seien[1197]. Nach einer langen Diskussion lehnte die Kommission den Entwurf trotzdem ab. Schließlich setzte sich ein Vermittlungsantrag des Vorsitzenden durch, wonach nur Forderungen von öffentlichen, zur Annahme der Versicherung verpflichteten Feuerversicherungsanstalten bevorrechtigt waren[1198].

Wie bei den Beratungen über die Vorrechte veranlaßten häufig Themenkreise, die bereits zuvor umstritten waren, erneute Kontroversen. In der zweiten Sitzung wiederholte sich die Diskussion, ob die Konkursmasse das vom Schuldner während des Verfahrens neu erworbene Vermögen umfassen sollte. Von Vahl beantragte, § 1 KOEntw II entsprechend zu erweitern. Die Erbschaften und Vermächtnisse nach Verfahrenseröffnung sollte ein neu einzufügender § 7a regeln[1199]. Während von Vahl beabsichtigte, das bisherige preußische Recht beizubehalten, verteidigten Hertz und von Amsberg den Entwurf. Sie führten aus, daß gerade die preußischen Juristen wegen praktischer Schwierigkeiten mit dem geltenden Recht eine andere Regelung wünschten. Auch zugunsten einer schnellen Verfahrensabwicklung müsse darauf verzichtet werden, den Neuerwerb in die Konkursmasse einzubeziehen[1200]. Auch andere Reichstagsabgeordnete traten dem Antrag von Vahls entgegen, weil zukünftige Gläubiger auf das neue Vermögen zugreifen müßten und der Schuldner schnellstmöglich wieder erwerbsfähig werden sollte[1201]. Schließlich lehnte die Kommission die Änderung mit zwei Gegenstimmen ab. In zweiter Lesung diskutierten die Abgeordneten erneut über den Umfang der Konkursmasse, ohne jedoch einen neuen Beschluß zu fassen[1202]. Die wiederholten Kontroversen über die Vorrechte und den Umfang der Konkursmasse zeigten, daß sich auf diesen Gebieten grundsätzlich geteilte Ansichten gegenüberstanden. Daß die Auseinandersetzungen während des Gesetzgebungsverfahrens nicht nachließen, verdeutlicht, daß es den vorhergehenden Entwürfen insofern nicht gelungen war, dauerhafte Kompromisse zu fixieren. Weder der Entwurf einer Deutschen Gemeinschuldordnung noch der Bundesratsentwurf konnte die Streitpunkte befriedigend lösen. Die Konfliktpunkte offenbarten zudem, daß die Entscheidungsträger der verschiedenen Stadien nicht völlig von staatlichen Institutionen wie dem Reichskanzleramt oder dem Bundesrat kontrolliert werden konnten. Diejenigen, welche die Entwürfe verteidigen sollten, konnten nicht verhindern, daß die Privilegien von zwei auf letztlich fünf Gruppen ausgedehnt wurden. Auch § 1 GSO hatte keinen Bestand, denn bereits die Bundesratskommissi-

---

[1197] Hahn, Materialien IV, S. 648.
[1198] Hahn, Materialien IV, S. 650.
[1199] Hahn, Materialien IV, S. 519.
[1200] Hahn, Materialien IV, S. 520.
[1201] Hahn, Materialien IV, S. 718.
[1202] Hahn, Materialien IV, S. 644.

on beschränkte die Konkursmasse auf das gegenwärtige Vermögen des Schuldners.

c. Beratungen im Plenum

Im Oktober 1876 befaßte sich der Bundesrat im Justizausschuß und im Plenum noch einmal mit den Reichstagsbeschlüssen, am 2. Dezember 1876 fand die zweite Beratung im Plenum des Reichstags statt. Einleitend erstattete der Abgeordnete von Vahl den mündlichen Bericht der Konkurskommission, in dem er die Kommissionsarbeit erläuterte und die Leitlinien des Gesetzesentwurfs vorstellte. Mit der preußischen Konkursordnung habe man eine geeignete Grundlage für das Reichsgesetz gewählt und gleichwohl wesentliche Abweichungen zur Verbesserung gestattet[1203]. Lobend erwähnte von Vahl, daß der von der Kommission zu beratende Entwurf des Bundesrats gut vorbereitet sei, „klar und konsequent gedacht“ und „trefflich redigiert“[1204]. Er sprach mehrfach die Zusammenarbeit der Reichstagsabgeordneten mit den Vertretern des Bundesrats an. Nach seiner Auffassung fand der zu beratende Entwurf „treffliche Vertretung“ bei den Beratungen der Kommission[1205]. Er führte Beispiele für Diskussionen an, in denen die vorgeschlagene Änderung „von seiten der Regierungskommissarien lebhaft bekämpft worden sei“[1206].

Im Anschluß an den Bericht der Konkurskommission gab es weder inhaltliche Änderungsvorschläge aus dem Reichstag noch eine Diskussion über das Gesetzesvorhaben. Die einzige Wortmeldung betraf die geschäftliche Behandlung des Entwurfs. Der Abgeordnete Lasker regte an, über das Gesetz en bloc abzustimmen[1207]. Der Reichstag folgte dem Antrag und nahm das Gesetz einstimmig an[1208]. Bei der dritten Lesung am 21. Dezember 1876 gab es wieder eine Blockabstimmung über die Konkursordnung, deren Resultat das Protokoll als „große Majorität, fast Einstimmigkeit“ beschrieb[1209]. Darauf folgte nochmals eine Gesamtabstimmung über die Entwürfe der Justizgesetze. Auch hier stimmte die „sehr überwiegende Majorität“ der Reichstagsabgeordneten für die Entwürfe, womit die Reichsjustizgesetze insgesamt angenommen waren[1210]. Am 22. Dezember 1876 erteilte auch der Bundesrat seine Zustimmung zu den Reichsjustizgesetzen. Zum Schluß der Reichstagssession hielt Kaiser Wilhelm I. am

---

[1203] Hahn, Materialien IV, S. 717.
[1204] Hahn, Materialien IV, S. 716 f.
[1205] Hahn, Materialien IV, S. 717.
[1206] Hahn, Materialien IV, S. 718.
[1207] Hahn, Materialien IV, S. 722.
[1208] Hahn, Materialien IV, S. 723.
[1209] Hahn, Materialien IV, S. 725; Hahn, Materialien I/2, S. 1645.
[1210] Hahn, Materialien IV, S. 726.

22. Dezember 1876 eine Thronrede, in der er unter anderem auf die Reichsjustizgesetze einging[1211]. Er lobte, daß der Reichstag die „große nationale Aufgabe" mit Eifer und Hingebung bearbeitet habe. Mit der Verabschiedung der Justizgesetze sei das Ziel der nationalen Rechtseinheit wesentlich näher gerückt. Er stellte die Bedeutung der gemeinsamen Rechtsentwicklung heraus, die nach seiner Auffassung „in der Nation das Bewußtsein der Zusammengehörigkeit" stärke und der politischen Einheit Halt verleihe[1212].

d. Bewertung

Die Reichstagsberatungen einschließlich der Arbeit der Konkurskommission brachten wenige Änderungen an dem Gesetzesentwurf hervor. Die Beschlüsse betrafen nicht die Prinzipien des Gesetzesentwurfs und änderten nur selten den Inhalt von Vorschriften. Grund für den geringen Verbesserungsbedarf kann die Qualität des Entwurfs sein. Die Kommissionsmitglieder lobten den ihnen vorgelegten Bundesratsentwurf in inhaltlicher und sprachlicher Hinsicht. Bis die Reichstagsberatungen 1876 endeten, hatte sich eine Vielzahl von sachkundigen Juristen über sieben Jahre mit dem Gesetzesvorhaben befaßt. Als die Bundesratsvorlage den Reichstag erreichte, standen nahezu alle Regelungen fest. Im Vordergrund der Konkurskommission standen daher nur kleinere Korrekturen und eine erneute redaktionelle Überarbeitung.

Außerdem trug die starke Präsenz der Vertreter des Bundesrats bei den Kommissionssitzungen dazu bei, die Änderungen zu begrenzen. Die Anwesenheit der Bundesratsvertreter führte dazu, daß in der Konkurskommission keine typische parlamentarische Auseinandersetzung über das Gesetz stattfand, sondern eine Auseinandersetzung zwischen den Parlamentariern und den Bundesratsvertretern. Zwar läßt sich nicht nachweisen, ob die Abgeordneten aus ihrer eigenen Überzeugung oder unter dem Einfluß der Bundesratsvertreter abstimmten, doch zeigt sich, daß Änderungen nur schwer gegen die Empfehlungen der Bundesratsvertreter durchsetzbar waren. Insbesondere Hertz und Hagens begleiteten das Gesetzesprojekt in allen Stadien. Sie kannten sich in dem Bereich so gut aus, daß es für die Reichstagsabgeordneten schwer war, gegen ihre Argumente zu bestehen und die anderen Kommissionsmitglieder für ihren Standpunkt zu gewinnen. Als Motiv für das Verhalten der Bundesratsvertreter sind mehrere Erwägungen denkbar. Erklärtes Ziel war es, den Bundesratsentwurf zu verteidigen. Der Einfluß des Parlaments auf das Gesetzesvorhaben sollte gering bleiben. Das Bewußtsein, einen gelungenen Entwurf erarbeitet zu haben, trug wahrscheinlich dazu bei, dieses Resultat verteidigen zu wollen. Die Vertreter des Bundesrats wollten vermutlich

---

[1211] Hahn, Materialien I/2, S. 1647.

[1212] Hahn, Materialien I/2, S. 1648; Hellweg, AcP 61 (1878), S. 78 (139 f.).

auch verhindern, daß die Reichstagsabgeordneten spontan Änderungen an dem Gesetz vornahmen, ohne alle Konsequenzen und Wechselwirkungen zu überschauen. Sie strebten zudem eine möglichst schnelle Beratung an, um die Justizgesetze gleichzeitig verabschieden zu können.

Nach der Verabschiedung des Gesetzes durch den Reichstag standen die Neuerungen endgültig fest. Die neue Konkursordnung hatte einen modernen Charakter und löste im gesamten Reichsgebiet die veralteten, gemeinrechtlichen Regelungen ab. Auch für die Gebiete, in denen bereits die preußische Konkursordnung oder vergleichbare moderne Territorialrechte galten, brachte das neue Reichsgesetz eine Verbesserung, weil es das Konkursrecht wesentlich weiterentwickelte.

9. Inkrafttreten und Reaktionen

Der Kaiser fertigte am 10. Februar 1877 die Konkursordnung aus, und ihre Veröffentlichung im Reichsgesetzblatt folgte am 5. März 1877[1213]. Die Konkursordnung trat zusammen mit der Zivilprozeßordnung, der Strafprozeßordnung, dem Gerichtsverfassungsgesetz sowie einigen Nebengesetzen am 1. Oktober 1879 in Kraft. Als Ergänzung erging ein Gesetz über die Anfechtungen von Rechtshandlungen eines Schuldners außerhalb des Konkursverfahrens[1214].

Die Reichskonkursordnung stieß auf breite Zustimmung unter den Juristen und Sachverständigen. Sie wurde darauf zurückgeführt, daß die Konkursordnung eine sehr gute technische Gesetzesleistung und weitgehend unbeeinflußt von politischen Auseinandersetzungen war[1215]. Die Reichskonkursordnung beschränkte sich nicht darauf, die preußische Konkursordnung zu überarbeiten, sondern war ein „neues, originelles und selbständiges Werk“[1216]. Auch in der Fachpresse überwogen die positiven Reaktionen auf die Konkursordnung. Sie erhielt großes Lob für die konsequent verfolgten Prinzipien, den klaren Aufbau, die sprachliche Genauigkeit und Kürze[1217]. Die bedeutende Stellung der Reichskonkursordnung manifestiert sich in ihrem Einfluß auf die ausländische Entwicklung, denn sie prägte die Konkursgesetze in Ungarn, Holland, Argentinien, Österreich und Japan[1218].

[1213] Abgedruckt in RGBl 1877, S. 351 ff.
[1214] Coing (Bergfeld), Quellen III/3, S. 2967.
[1215] Von Sarwey, Konkurs nach den Entwürfen, S. 5.
[1216] Stieglitz, Einl. XII.
[1217] Gottwald (Gottwald), § 1 Rn. 6; Wolff, Einl. XV; Kohler, Lehrbuch, S. 64; von Sarwey, Konkurs nach den Entwürfen, S. 2; Makower, S. 3.
[1218] Jaeger, Konkursordnung, Einl. I Rn. 2.

Vielfach wurde der Fortschritt in der Rechtsvereinheitlichung gelobt, doch gab es auch kritische Bemerkungen. Die Bremer Zeitung verwies beispielsweise darauf, daß ein Reichsgesetz auf die „specifisch bremischen Verhältnisse wenig Rücksicht nehmen kann“[1219]. Kurze Zeit nach dem Inkrafttreten reichten verschiedene Handelskammern aus dem ganzen Reichsgebiet bei dem Justizministerium Änderungsanträge ein. Sie beklagten widersprüchliche Rechtsprechung in der ersten Instanz und Unsicherheit im Umgang mit dem neuen Gesetz[1220]. Zu Beginn des Jahres 1880 schlugen die Handelskammern Breslau, Hirschberg und Schönau eine Änderung zur Ablehnung der Konkurseröffnung mangels Masse vor. Das Gericht sollte ermitteln, ob durch anfechtbare Rechtshandlungen eine ausreichende Masse zusammengestellt und das Verfahren so gleichwohl eröffnet werden könne. Das Justizministerium lehnte mit einem Bescheid den Erlaß einer entsprechenden Deklaration ab[1221].

Eine Berliner Tageszeitung berichtete am 13. August 1880 von einem starken Anstieg der Zahl der Konkurse[1222]. Die neue Konkursordnung sei zu schuldnerfreundlich und sehe keine negativen Folgen für die Ehre des Schuldners vor. Dies führe dazu, daß sich viele Teile des Kaufmannsstandes leichtfertig in die Gefahr eines Konkurses begeben. Gerade eine weite Verbreitung von Konkursen innerhalb der Kaufmannschaft sei bedenklich, weil die Verfahren Auswirkungen auf die Geschäftspartner hätten, und es entstünde eine „verallgemeinerte Insolidität“. Zur Lösung schlug der Verfasser des Artikels vor, Schuldner strafrechtlich zu verfolgen, wenn die Masse nur 15% der Schulden deckte.

10. Carl Hagens als Verfasser der Konkursordnung?

In der Literatur wurde oft die Frage diskutiert, wer als der Spiritus rector der Konkursordnung anzusehen sei. Auf der Suche nach einem Verfasser des Gesetzes fiel sehr häufig der Name von Hagens. Er galt als hauptsächlicher Urheber und wurde beispielsweise gewürdigt als unerreichter „Meister der Gesetzgebung“[1223]. Hagens begleitete das Projekt kontinuierlich von der Erstellung des Entwurfs einer Deutschen Gemeinschuldordnung im preußischen Justizministerium bis zur Verabschiedung im Reichstag. Er nahm an den Sitzungen der Sachverständigenkommission ebenso teil wie an den Beratungen der Konkurskommission. Er arbeitete die Motive aus und verteidigte den Bundesratsentwurf im Reichstag. Keine andere Person wirkte derart kontinuierlich und umfassend an

[1219] GStA Rep. 84a 48282, S. 17.
[1220] GStA Rep. 84a 10609, S. 197.
[1221] GStA Rep. 84a 10609, S. 175.
[1222] GStA Rep. 84a 10609, S. 230.
[1223] Jaeger, Konkursordnung, Einl. I Rn. 1; Jaeger, Lehrbuch Konkursrecht, S. 15.

dem Gesetzesvorhaben mit. Während Förster als zuständiger Referent im preußischen Justizministerium 1873 aus dem Ministerium ausschied, begann der Einfluß von Amsbergs erst zu Zeiten der Sachverständigenkommission. Gleichwohl nahm Hagens seine Aufgaben nie allein wahr, sondern erfuhr in allen Stadien die Unterstützung weiterer, wechselnder Mitarbeiter.

Es stellt sich aber die Frage, ob ein so umfangreiches Gesetzesvorhaben wie die Konkursordnung überhaupt als das Werk einer einzelnen Person angesehen werden kann. Von 1870 bis 1876 war eine Vielzahl von Juristen mit ihrer Ausarbeitung betraut und erst durch das Zusammenwirken verschiedener Institutionen entstand die endgültige Fassung. In der ersten Phase der Entstehungsgeschichte, in der die Grundentscheidungen fielen, nahm außerdem Förster eine höhere Position in der Ministerialhierarchie ein als Hagens. Försters war der erfahrenere Jurist und hatte seine Kompetenz bereits durch seine grundlegende Arbeit „Preußisches Privatrecht" untermauert[1224]. Hagens hingegen war anfangs als Hilfsarbeiter vornehmlich mit technischen Angelegenheiten betraut. Er stellte die Quellen des in Deutschland geltenden Konkursrechts zusammen und mußte den Druck organisieren[1225]. Aufgrund seiner Position als Hilfsarbeiter und seiner noch kurzen Tätigkeit im preußischen Justizministerium konnte Hagens anfangs vermutlich keine inhaltlichen Akzente setzen. Dementsprechend gab es die Einschätzung, daß Förster den Entwurf einer Deutschen Gemeinschuldordnung „inspirierte" und Hagens „redigierte"[1226].

Gleichwohl ragt von Hagens gegenüber den übrigen Beteiligten heraus. Sein Einflußbereich dehnte sich während des Gesetzgebungsverfahrens aus und umfaßte zunehmend eine inhaltliche Entscheidungskompetenz. Als Schriftführer der Sachverständigenkommission von 1873 bis 1874 begleitete er die Beratungen als Beobachter, der die Entscheidungsfindung allenfalls organisatorisch unterstützte. Seine Anwesenheit bei den Beratungen empfahl ihn für die nachfolgende Umarbeitung der Motive, so daß er die Begründungen eigenständig den geänderten Beschlüssen anpassen konnte. Als Vertreter des Bundesrats in der Konkurskommission von 1875 bis 1876 konnte er direkt den Inhalt des Gesetzes beeinflussen. Durch seine Überzeugungskraft und sein Engagement verteidigte er die Regelungen gegenüber den Reichstagsabgeordneten oder gestaltete die Änderungen mit.

Insgesamt sollte Hagens nicht als ausschließlicher Schöpfer des Entwurfs einer Deutschen Gemeinschuldordnung angesehen werden. Um als geistiger Urheber der ersten Grundentscheidungen zu gelten, fehlte ihm im preußischen Justizministerium anfangs der erforderliche Einfluß. Gleichwohl kann er als derjenige angesehen werden, der das Gesetzgebungsverfahren permanent und in allen Facetten

---

[1224] Schultze, S. 6; Uhlenbruck, FS Konkursordnung, S. 3 (15).
[1225] BArch R 1401 682, S. 83 ff.
[1226] Coing (Bergfeld), Quellen III/3, S. 2966.

wie kein anderer begleitete und prägte. Sofern sich die Ehrung als „Verfasser“ weniger auf die erste Urheberschaft als auf die permanente Begleitung bezieht, ist sie daher angebracht.

11. Zusammenfassung

Die Konkursordnung von 1877 gilt unter den vier Reichsjustizgesetzen als besonders gelungen. Sie ragte bereits deshalb hervor, weil sie als einziges Gesetz materiellrechtliche Reglungen besaß. Sie war das Ergebnis eines langen Entwicklungsprozesses zu einem modernen Konkursrecht und löste erstmals im ganzen Deutsche Kaiserreich das veraltete gemeine Recht ab. Die ersten Bemühungen um ein einheitliches Konkursrecht reichten zurück in die Zeit des Deutschen Bundes. Die hauptsächliche Schwierigkeit, die das Vorhaben verzögerte, bestand in den Wechselwirkungen mit dem Zivilrecht und Zivilprozeßrecht. Weil es kein abgrenzbares Rechtsgebiet war, wollte der Gesetzgeber vorrangig ein einheitliches Zivilprozeßrecht realisieren. Obwohl sich Preußen zunächst nicht mit seiner Initiative durchsetzen konnte, begann die Ausarbeitung des ersten Gesetzesentwurfs noch vor der Reichsgründung 1871.

Die Entwicklungsgeschichte der Konkursordnung kann erst unter Zuhilfenahme der bislang unveröffentlichten Primärquellen umfassend erschlossen werden. Die Akten des preußischen Justizministeriums und des Reichskanzleramts beleuchten verschiedene Aspekte des Gesetzgebungsverfahrens. Die wichtigste Phase in der Entstehungsgeschichte, in der die Sachverständigenkommission des Bundesrats beriet, kann durch die Akten analysiert werden. Die Notizen von Hagens zeigen zusammen mit den gesammelten Änderungsanträgen und den offiziellen Protokollen bislang unbekannte Hintergründe der Kommissionsbeschlüsse auf. Das Material ermöglicht, die inhaltlichen Entscheidungen nachzuvollziehen und die Rolle der einzelnen Sachverständigen zu beleuchten. Dabei sticht beispielsweise hervor, daß die preußischen Kommissionsmitglieder die Beratungen nicht dominierten und nicht versuchten, das preußische Konkursrecht auf das Reichsgesetz zu übertragen. Außerdem sind die Akten eine hervorragende Quelle für die allgemeine Entstehungsgeschichte.

Das Projekt, eine einheitliche Konkursordnung zu erstellen, wurde im preußischen Justizministerium gründlich vorbereitet. Mit dem Entwurf einer Deutschen Gemeinschuldordnung entstand 1873 ein Gesetzesentwurf, der die Prinzipien des zukünftigen Konkursrechts klar definierte. Die Gesetzgebungstechnik zeichnete sich dadurch aus, daß das preußische Justizministerium großen Wert auf eine sorgfältige Materialsammlung legte. Mit dem Gesetzgebungsmaterial aus den verschiedenen deutschen Staaten und aus dem Ausland erfaßte man zunächst das gegenwärtige Konkursrecht. Während der weiteren Arbeiten nutzte das preußische Justizministerium häufig die Sachkunde von Gerichten, Juristen oder Handelskammern, indem es zu spezifischen Fragen oder dem gesamten Gesetzesentwurf Gutachten einholte. Inhaltlich lehnte sich der Entwurf einer Deutschen Gemeinschuldordnung an das preußische Konkursrecht an, wies aber weitgehende Verbesserungen und eigene Konzeptionen auf. Daß die Konkursordnung sich nicht auf eine Überarbeitung des preußischen Rechts beschränkte, war das Verdienst des preußischen Justizministeriums, das gegenüber neuen Regelungen aufgeschlossen war.

Die inhaltlichen Entscheidungen fielen in der Anfangsphase des Gesetzgebungsverfahrens. Obwohl der Entwurf einer Deutschen Gemeinschuldordnung die Leitlinien festlegte, erreichte die Sachverständigenkommission des Bundesrats bemerkenswerte Korrekturen. Demgegenüber änderten der Bundesrat, die Konkurskommission des Reichstags und der Reichstag den Entwurf nur in Details und in sprachlicher Hinsicht.

Das Gesetz war nicht das Ergebnis parlamentarischer Auseinandersetzung, sondern geprägt von der Ministerialbürokratie. Den maßgeblichen Einfluß hatten zu Beginn des Projekts die Mitarbeiter aus dem preußischen Justizministerium, später das Reichskanzleramt. Außerhalb der Bürokratie kam den Mitgliedern der beiden Kommissionen die wichtigste Bedeutung zu. Besonders die vom Bundesrat eingesetzte Sachverständigenkommission konnte sich durch zahlreiche Änderungen einbringen. Gleichwohl nahm das Reichskanzleramt über den Referenten Hertz an den Kommissionsberatungen teil. Die Redaktion des Reichskanzleramts übernahm eine wesentliche Rolle bei der sprachlichen Abfassung des Entwurfs. Die vom Reichstag installierte Kommission gab nur wenige inhaltliche Impulse und wurde durch die Präsenz der Vertreter des Bundesrats in ihrer freien parlamentarischen Auseinandersetzung eingeschränkt. Sowohl der Bundesrat als auch der Reichstag befaßte sich nicht eingehend mit der Konkursordnung.

Die inhaltlichen Leitlinien bestanden darin, daß die Reichskonkursordnung die Herrschaft des Gerichts über das Verfahren ablöste und noch konsequenter als die preußische Konkursordnung die Eigeninitiative der Gläubiger vorsah. Das Verfahren zielte auf Effektivität und verwarf damit den gemeinrechtlichen Ansatz, höchstmögliche Sicherheit für den einzelnen Gläubiger zu gewähren. Das Prinzip der Universalität des gemeinen Konkursrechts gab die Reichskonkursordnung auf, weil es das Gericht mit zu vielen Aufgaben überfrachtete und das Verfahren schwerfällig machte. In mehreren Grundentscheidungen trennte sie sich von der preußischen Konkursordnung. Sie beseitigte die Unterscheidung zwischen dem kaufmännischen und dem gemeinen Konkursverfahren, die ohne praktischen Nutzen war. Bei der Verwaltung des Schuldnervermögens gab es keine Trennung in ein provisorisches und definitives Stadium. Der Verwalter handelte als Vertreter der Gläubiger weitgehend selbständig und wurde kontrolliert durch den Gläubigerausschuß. Zudem gelang es, die umfassenden Vorrechte zu reduzieren, die stets die Gleichberechtigung der Gläubiger behinderten.

VI. Weitere Entwicklung bis zur Insolvenzordnung

Der Gesetzgeber änderte die Konkursordnung trotz des großen Lobs, das sie gefunden hatte, bereits wenige Jahre nach ihrem Inkrafttreten. Vor allem mittelständische Kaufleute forderten Reformen. Das Gesetz betreffend die Erwerbs- und Wirtschaftsgenossenschaften vom 1. Mai 1889[1227] hob die Vorschriften über eingetragene Genossenschaften gemäß §§ 195 bis 197 KO auf. Mit einem Änderungsgesetz vom 9. Mai 1894[1228] beschränkte der Gesetzgeber das Absonderungsrecht des Vermieters nach § 41 Nr. 4 KO. Das Vermieterpfandrecht sollte sich fortan nicht auf Schadensersatzansprüche erstrecken, die wegen der vorzeitigen Kündigung des Mietverhältnisses durch den Konkursverwalter entstanden[1229].

In den Jahren 1893 und 1894 legten mehrere Reichstagsabgeordnete um den Zentrumspolitiker Rintelen einen weiteren, umfassenden Änderungsantrag vor. Sie beabsichtigten mit verschiedenen Maßnahmen, leichtfertig herbeigeführte Insolvenzen durch Sanktionen zu vermeiden. Der Schuldner sollte schon bei seiner Überschuldung unter Strafandrohung verpflichtet sein, einen Konkursantrag zu stellen. Der Zwangsvergleich sollte an die Voraussetzung gebunden werden, daß die Vergleichsquote einen bestimmten Prozentsatz erreichte. Außerdem sollten Kaufleute in ihren wirtschaftlichen Aktivitäten eingeschränkt werden, bis ihre Schulden beglichen waren. Schließlich sah der Änderungsantrag vor, die Strafvorschriften erheblich zu verschärfen[1230]. Nach den ersten Beratungen durch eine Kommission scheiterte die Gesetzesinitiative im Jahre 1894, wurde aber im Zuge der Anpassung an das Bürgerliche Gesetzbuch (BGB) erneut vorgebracht[1231].

1. Novelle von 1898

Im ausgehenden 19. Jahrhundert wurden durch die Ausarbeitung des BGB umfangreiche Änderungen an dem Konkursrecht erforderlich. Die Novelle vom 17. Mai 1898[1232] paßte insbesondere das materielle Konkursrecht an die zivilrechtlichen Vorschriften an. Der Gesetzgeber fügte zahlreiche neue Vorschriften in die Konkursordnung ein, so daß sich der Gesetzesumfang von 214 auf 244 Paragraphen erhöhte. Die Konkursordnung nahm die Vorschriften des BGB zwar

---

1227 Abgedruckt in RGBl 1889, S. 55 ff.

1228 Abgedruckt in RGBl 1894, S. 439 ff.

1229 Jaeger, Konkursordnung, Einl. I Rn. 2; von Wilmowski, S. 6; Hellmann, Lehrbuch, S. 110; Gottschalk, S. 2; Jakobs/Schubert, S. 12.

1230 Von Sarwey/Boßert, S. 26; Petersen/Kleinfeller, Einl. IX; Jakobs/Schubert, S. 12; Gottschalk, S. 2 f.; Makower, S. 4, 6.

1231 Petersen/Kleinfeller, Einl. IX; Hellmann, Lehrbuch, S. 110.

1232 Abgedruckt in RGBl 1898, S. 230 ff.; Neufassung der Konkursordnung ist abgedruckt in RGBl 1898, S. 612 ff.

schwerpunktmäßig im materiellen Recht auf, doch wurde auch das Konkursverfahren beeinflußt[1233]. Beispielsweise blieben infolge der zivilrechtlichen Pfändungsbeschränkungen solche Gegenstände außerhalb der Konkursmasse, die nicht gepfändet werden sollten (§ 1 IV KO n. F.)[1234]. Bei einem Konkursverfahren über das Vermögen eines Ehegatten mußten die zivilrechtlichen Vorschriften über die Gütergemeinschaft berücksichtigt werden (§ 2 KO n. F.), und nach § 3 II KO n. F. konnten Unterhaltsansprüche nach dem BGB nur begrenzt im Konkursverfahren geltend gemacht werden. Die Konkursordnung ging auf die Veräußerungsverbote des BGB ebenso ein (§ 13 KO n. F.), wie auf dessen Pfandrechte (§ 49 Nr. 2 KO n. F.) und die Vor- und Nacherbfolge (§ 128 KO n. F.). Die zivilrechtlichen Verjährungsvorschriften galten für die Ausübung des Anfechtungsrechts nach § 41 KO n. F., und die Vorschriften über die Eintragung des allgemeinen Veräußerungsverbots in das Grundbuch wurden präzisiert (§§ 113 ff. KO n. F.). Außerdem überarbeitete der Gesetzgeber die veraltete Ausdrucksweise. Er änderte die §§ 74 und 81 KO a. F., wonach der Verwalter und der Gläubigerausschuß bei ihrer Tätigkeit „die Sorge eines ordentlichen Hausvaters" anwenden mußten. Nach der Neufassung waren sie „für die Erfüllung der ihnen obliegenden Pflichten allen Beteiligten verantwortlich" (§§ 82, 89 KO n. F.).

Zu den Anpassungen an das BGB kamen wenige inhaltliche Änderungen hinzu. Die wichtigste war die Einfügung umfangreicher Vorschriften über den Nachlaßkonkurs in den §§ 214 ff. KO n. F.[1235]. Nach § 107 KO n. F. wies das Gericht den Eröffnungsantrag mangels Masse nicht länger ab, wenn Geld zur Deckung der Massekosten vorgeschossen wurde. Die Vorschriften über den Zwangsvergleich unterlagen verschiedenen Änderungen, die darauf zielten, den Vergleichsabschluß zu erschweren. Die zur Annahme des Vergleichs erforderliche Mehrheit berechnete sich ohne den Anteil, den der Ehegatte des Schuldners stellte (§ 183 KO n. F.). Gemäß § 187 KO n. F. verwarf das Gericht den Vergleich, wenn der Schuldner durch unredliches Verhalten die Gläubigerforderungen nicht zu mindestens 20% erfüllte. Schließlich ergänzte der Gesetzgeber die Strafvorschrift über den einfachen Bankrott um eine neue Fallgruppe (§ 240 I Nr. 2 KO n. F.). Den Reichstagsabgeordneten um Rintelen gelang mit dieser Novelle, einige ihrer Änderungsvorschläge durchzusetzen. In weiten Teilen blieb die neue Konkursordnung aber hinter ihren Forderungen zurück. Tiefergehende Änderungen blieben vermutlich aus zeitlichen Gründen unberücksichtigt[1236]. Das Änderungsgesetz ergänzte die Ermächtigung an den Reichskanzler, die Konkursordnung mit einer

---

[1233] Kleinfeller, DJZ 1896, S. 474 (478).
[1234] Kleinfeller, DJZ 1896, S. 474 (475).
[1235] Gottwald (Gottwald), § 1 Rn. 9; Jakobs/Schubert, S. 12; Kleinfeller, DJZ 1896, S. 474 (474).
[1236] Jakobs/Schubert, S. 13.

fortlaufenden Paragraphenzählung neu zu veröffentlichen[1237]. Dadurch vermied man, die vielen neu eingefügten Vorschriften mit kleinen Buchstaben kennzeichnen zu müssen, was in bezug auf den Nachlaßkonkurs zu einer Zählung bis zum Buchstaben *m* geführt hätte. Nach Art. I des Einführungsgesetzes zur Novelle[1238] trat die geänderte Konkursordnung gleichzeitig mit dem BGB am 1. Januar 1900 in Kraft.

2. Konkursrecht im 20. Jahrhundert

In den folgenden Jahren beeinflußten herausragende wirtschaftliche Ereignisse die Entwicklung des Konkursrechts mehrfach. Infolge des Ersten Weltkriegs führte der Gesetzgeber 1914 als Notmaßnahme eine Geschäftsaufsicht zur Abwendung des Konkursverfahrens ein, wenn der Konkursgrund eine Folge des Krieges war[1239]. Daraus entwickelte sich kontinuierlich ein gerichtliches Verfahren zur Abwendung des Konkurses, das letztlich in die Vergleichsordnung von 1927 und ihre Neufassung im Jahr 1935 mündete. Die Vergleichsordnung basierte auf den Vorschriften zum konkursrechtlichen Zwangsvergleich und sollte insbesondere in Krisenzeiten sanierungsfähige Schuldner und Unternehmen vor einer Liquidation bewahren[1240]. Die Reichskonkursordnung besaß kein konkursabwendendes Vergleichsverfahren, während der Entwurf einer Deutschen Gemeinschuldordnung noch ein separates Buch darüber vorgesehen hatte. Das Streichen dieser Vorschriften aus dem Entwurf galt als eine der wenigen, grundsätzlichen Fehlentscheidungen bei der Entstehung der Reichskonkursordnung[1241].

Als Reaktion auf die Inflation in den zwanziger Jahren erließ der Gesetzgeber 1924 eine Verordnung über die Goldmarkrechnung im Konkurse. Danach behielten Konkursforderungen während des Verfahrens den stabilen Goldmarkwert, den sie zur Verfahrenseröffnung besaßen[1242]. Zuvor waren Konkursverfahren praktisch undurchführbar geworden und deren Zahl ging stark zurück. Im Deutschen

---

1237 Hess/Weis/Wienberg (Weis), Vor § 1 Rn. 114; Kohler, Leitfaden, S. 53; Hellmann, Lehrbuch, S. 112; Petersen/Kleinfeller, Einl. X.

1238 Abgedruckt in RGBl 1898, S. 248 ff.

1239 Jaeger, Konkursordnung, Einl. I Rn. 5; Gottwald (Gottwald), § 1 Rn. 18; Baur/Stürner, § 3 Rn. 3.24; Wimmer (Schmerbach), Vor §§ 1 ff. Rn. 3; Jaeger, Lehrbuch Konkursrecht, S. 16.

1240 Wimmer (Schmerbach), Vor §§ 1 ff. Rn. 3; Hess/Weis/Wienberg (Weis), Vor § 1 Rn. 134; Jaeger, Konkursordnung, Einl. I Rn. 8.

1241 Gottwald (Gottwald), § 1 Rn. 16; Baur/Stürner, § 3 Rn. 3.22; Kilger/Schmidt, Konkursordnung, S. 1.

1242 Jaeger, Lehrbuch Konkursrecht, S. 16; Jaeger, Konkursordnung, Einl. I Rn. 6; Stein, S. 415.

Reich gab es 1923 nur 270 Konkursverfahren, während 1913 die Zahl ca. 10.000 betrug[1243].

Nach dem Zweiten Weltkrieg gab es in der Bundesrepublik verschiedene systematische und sozialpolitische Änderungen an der Konkursordnung[1244]. Die Strafvorschriften der Konkursordnung wurden durch das erste Gesetz zur Bekämpfung der Wirtschaftskriminalität vom 29. Juli 1976[1245] in das StGB überführt. Infolgedessen hob der Gesetzgeber das dritte Buch der Konkursordnung auf. Gleichzeitig wurde für Personengesellschaften mit beschränkter Haftung der Konkursgrund der Überschuldung eingeführt. Die Vertretungsberechtigten dieser Gesellschaften waren fortan verpflichtet, rechtzeitig einen Konkursantrag zu stellen[1246].

Vornehmlich sozialpolitische Gründe führten ab den siebziger Jahren zu einigen wesentlichen Änderungen der Konkursordnung. Die traditionell verankerte Privilegierung von rückständigen Lohnforderungen wurde weiter ausgebaut. Das Gesetz über Konkursausfallgeld vom 17. Juli 1974[1247] führte ein Lohn- und Gehaltssubstitut ein, das die Bundesanstalt für Arbeit den Arbeitnehmern bei masselosen Konkursen für drei Monate zahlt[1248]. Mit dem Gesetz zur Verbesserung der betrieblichen Altersversorgung vom 19. Dezember 1974[1249] richtete der Gesetzgeber eine Garantie für die betriebliche Altersversorgung ein. Ein Pensionssicherungsverein der Wirtschaft begrenzte das Insolvenzrisiko der Arbeitnehmer[1250]. Das Gesetz über den Sozialplan im Konkurs- und Vergleichsverfahren vom 20. Februar 1985[1251] versuchte wirtschaftliche Nachteile für die Arbeitnehmer durch den Konkurs auszugleichen und regelte die Sozialansprüche während des Konkurses nach Rang und Umfang[1252].

Auf dem Staatsgebiet der DDR galten bis 1975 die Konkursordnung von 1877 und die Vergleichsordnung aus dem Jahr 1935. Nachdem sie mehrfach durch Rechtsverordnungen an die politischen Verhältnisse angepaßt worden waren, wurde diese schließlich durch die Gesamtvollstreckungsordnung ersetzt. Das neue Gesetz hatte nur einen begrenzten Wirkungskreis, da es sich wegen der staatlichen Wirtschaftslenkung ausschließlich an eine kleine Zahl von Hand-

---

[1243] Jaeger, Lehrbuch Konkursrecht, S. 16.
[1244] Eine Übersicht sämtlicher Gesetze, die die Konkursordnung änderten, einschließlich ihrer Fundstellen im BGBl I findet sich unter anderem bei Hess/Weis/Wienberg (Weis), Vor § 1 Rn. 112.
[1245] Abgedruckt in BGBl I 1976, S. 2034 ff.
[1246] Gottwald (Gottwald), § 1 Rn. 25.
[1247] Abgedruckt in BGBl I 1974, S. 1481 ff.
[1248] Hess, Einl. Rn. 10; Gottwald (Gottwald), § 1 Rn. 26; Baur/Stürner, § 3 Rn. 3.25.
[1249] Abgedruckt in BGBl I 1974, S. 3610 ff.
[1250] Baur/Stürner, § 3 Rn. 3.25.
[1251] Abgedruckt in BGBl I 1985, S. 369 ff.
[1252] Gottwald (Gottwald), § 1 Rn. 26; Baur/Stürner, § 3 Rn. 3.25.

werksbetrieben, Gewerbetreibenden, Privatpersonen und Nachlässen richtete. Der Vertrag über die Schaffung einer Währungs-, Wirtschafts- und Sozialunion vom 18. Mai 1990[1253] ergänzte die Gesamtvollstreckungsordnung um Vorschriften über den Konkurs von Unternehmen[1254].

3. Insolvenzordnung

Die Insolvenzordnung vom 5. Oktober 1994[1255] beseitigte die unterschiedliche Rechtslage innerhalb Deutschlands und beendete die langjährige Diskussion über eine Reform des Konkursrechts. Diese begann in den siebziger Jahren, als die Konkurse wegen der Rezession nach der Weltölkrise 1973 deutlich zunahmen[1256]. Das vielzitierte Schlagwort von einem „Konkurs der Konkurse“[1257] beschrieb die Funktionsunfähigkeit der Konkurs- und der Vergleichsordnung[1258]. Während im Jahr 1950 die Gerichte nur 27% der Konkursanträge mangels Masse ablehnten, stieg der Anteil auf 35% im Jahr 1960 und 47% im Jahr 1970. Von 1985 an erreichte er 75%[1259]. Weitere 10 % der Verfahren stellten die Gerichte mangels Masse vorzeitig ein und die Befriedigungsquote der nicht bevorrechtigten Gläubiger betrug lediglich 5%[1260]. Demgegenüber reduzierte sich kontinuierlich der Anteil der Insolvenzen, die durch einen gerichtlichen Vergleich erledigt wurden, von 30% im Jahr 1950 auf unter 1% ab dem Jahr 1983[1261]. Die Reform trat demgemäß mit dem Ziel an, ein modernes Insolvenzrecht zu entwickeln, das angemessen auf wirtschaftliche Krisen und deren Phänomene reagierte. Die Arbeiten begannen damit, daß der Bundesminister für Justiz 1978 eine Sachverständigenkommission einsetzte und sie beauftragte, Reformvorschläge zu entwickeln[1262]. Erst nach langjährigen Vorarbeiten und wiederholten Änderungen wurde die Insolvenzordnung (InsO) 1994 verabschiedet.

[1253] Abgedruckt in BGBl I 1990, S. 554 ff.
[1254] Hess/Weis/Wienberg (Weis), Vor § 1 Rn. 139 ff.
[1255] Abgedruckt in BGBl I 1994, S. 2866 ff.
[1256] Allgemeine Begründung des Regierungsentwurfs (BT-Drucks. 12/2443 vom 15.4.1993, S. 71 ff), abgedruckt unter anderem bei Kübler/Prütting, S. 85 ff., S. 127.
[1257] Kilger, KTS 1975, S. 142 (143).
[1258] Kübler/Prütting, S. 4, 127; Kilger/Schmidt, Insolvenzgesetze, Vorbem. II 2; Gottwald (Gottwald), § 1 Rn. 29; Wimmer (Schmerbach), Vor §§ 1 ff. Rn. 5.
[1259] Begründung des Regierungsentwurfs bei Kübler/Prütting, S. 86; Breuer, S. 1; Schmidt-Räntsch, Einf. Rn. 2; Wimmer (Schmerbach), Vor §§ 1 ff. Rn. 11.
[1260] Breuer, S. 1; Wimmer (Schmerbach), Vor §§ 1 ff. Rn. 11.
[1261] Begründung des Regierungsentwurfs bei Kübler/Prütting, S. 86 f.; Breuer, S. 1; Schmidt-Räntsch, Einf. Rn. 2.
[1262] Begründung des Regierungsentwurfs bei Kübler/Prütting, S. 127; Gottwald (Gottwald), § 1 Rn. 30; Kübler/Prütting, S. 9; Wimmer (Schmerbach), Vor §§ 1 ff. Rn. 6; Breuer, S. 1.

Die Insolvenzordnung vereinheitlicht das Konkurs- und das Vergleichsverfahren zu einem einheitlichen Insolvenzverfahren, bei dem die Gläubiger zwischen der Liquidation und der Sanierung wählen können[1263]. Zentrales Element der Neuregelungen waren verschiedene Maßnahmen gegen die Massearmut, damit die Abweisung mangels Masse wieder vom Regel- zum Ausnahmefall wird[1264]. Die Verfahrenseröffnung soll früher erfolgen, so daß die drohende Zahlungsunfähigkeit als neuer Insolvenzgrund eingeführt wurde (§ 18 InsO)[1265]. Durch weitere Regelungen, wie gesellschaftsrechtliche Haftungsansprüche nach § 26 III InsO, soll ein rechtzeitiger Eröffnungsantrag erreicht werden[1266]. Im Gegensatz zu der Konkursordnung erfaßt die Insolvenzmasse nach § 35 InsO neben dem vorhandenen Vermögen den Neuerwerb während des Verfahrens[1267]. Damit kehrte das Gesetz zum Konzept der preußischen Konkursordnung von 1855 zurück. Um die Masse zu vergrößern, verschärfte der Gesetzgeber die Anfechtungsrechte, die zuvor häufig umgangen wurden[1268]. Die §§ 130 ff. InsO dehnen den Anfechtungszeitraum aus, beschränken die subjektiven Anfechtungsvoraussetzungen und gewähren Beweiserleichterungen[1269]. Außerdem beseitigte der Gesetzgeber die Vorrechte, die bei der Liquidation berücksichtigt werden mußten. Neben den Insolvenzgläubigern steht nur noch die Gruppe der Massegläubiger. Lediglich das Insolvenzgeld für die letzten drei Monate des Arbeitsverhältnisses vor der Verfahrenseröffnung wird berücksichtigt[1270]. Die Gläubigerautonomie wurde gestärkt, indem der Formalismus reduziert und beispielsweise Mitspracherechte bei der Sanierung erweitert wurden[1271]. Um die Einheit des Schuldnervermögens zu erhalten, beteiligte man die absonderungsberechtigten Gläubiger an dem Verfahren[1272]. Die Insolvenzordnung führte nach §§ 286 ff. InsO eine Restschuldbefreiung für natürliche Personen ein, so daß die Schuldner eine lebenslange Haftung mit Lohnabtretungen und -pfändungen vermeiden können[1273]. Nach einer Wohlverhaltensphase

---

[1263] Begründung des Regierungsentwurfs bei Kübler/Prütting, S. 100; Obermüller/Hess, Rn. 14; Wimmer (Schmerbach), Vor §§ 1 ff. Rn. 6; Kirchhof, S. 20.

[1264] Gottwald (Gottwald), § 1 Rn. 50; Obermüller/Hess, Rn. 14.

[1265] Begründung des Regierungsentwurfs bei Kübler/Prütting, S. 102; Schmidt-Räntsch, Einf. Rn. 28; Kirchhof, S. 27; Obermüller/Hess, Rn. 14; Hess, Einl. Rn. 93.

[1266] Obermüller/Hess, Rn. 14.

[1267] Hess, Einl. Rn. 256.

[1268] Begründung des Regierungsentwurfs bei Kübler/Prütting, S. 104; Schmidt-Räntsch, Einf. Rn. 36; Obermüller/Hess, Rn. 15; Hess, Einl. Rn. 307.

[1269] Obermüller/Hess, Rn. 15.

[1270] Obermüller/Hess, Rn. 20; Kirchhof, S. 17.

[1271] Gottwald (Gottwald), § 1 Rn. 55; Schmidt-Räntsch, Einf. Rn. 25; Breuer, S. 2; Obermüller/Hess, Rn. 17; Hess, Einl. Rn. 76.

[1272] Schmidt-Räntsch, Einf. Rn. 24; Obermüller/Hess, Rn. 21; Hess, Einl. Rn. 128.

[1273] Begründung des Regierungsentwurfs bei Kübler/Prütting, S. 123; Schmidt-Räntsch, Einf. Rn. 40; Gottwald (Gottwald), § 1 Rn. 56; Hess, Einl. Rn. 142.

erreichen sie eine endgültige Schuldbefreiung[1274]. Gemäß §§ 304 ff. InsO gibt es ein Verbraucherinsolvenzverfahren als neue, vereinfachte Maßnahme für Privatpersonen und Kleingewerbetreibende. Es zielt darauf ab, durch einen Schuldenbereinigungsplan die Auseinandersetzung einvernehmlich zu regeln[1275].

Insgesamt brachte die Insolvenzordnung viele Neuerungen. Sie setzte manche Prinzipien der Konkursordnung konsequenter um, beispielsweise die Gläubigerautonomie und die Beschränkung der Vorrechte. Sie traf aber auch einige Grundentscheidungen, die im Gegensatz zu dem bisherigen Recht stehen. Sie wich von dem Konzept ab, ein einheitliches Verfahren für alle Schuldner zu gewähren und die absonderungsberechtigten Gläubiger vollständig von dem Verfahren auszuschließen. Mit zahlreichen geänderten Vorschriften reagierte die Insolvenzordnung auf das unterschiedliche wirtschaftliche Umfeld des Gesetzes. Die Konkursordnung entstand in der Gründerzeit und bot kein ausreichendes Instrumentarium für wirtschaftliche Krisen. Doch auch mit der Insolvenzordnung ist die Entwicklung des Konkursrechts nur vorläufig beendet. Dies verdeutlichen Gesetzesänderungen, die bereits vor ihrem Inkrafttreten vorgenommen wurden, und viele Streitpunkte bei der praktischen Anwendung des neuen Rechts. Indem das Konkursrecht stets auf bereits aufgetretene Mißstände reagiert, rufen vornehmlich wirtschaftliche, gesellschaftliche und politische Weiterentwicklungen Änderungsbedarf hervor.

[1274] Gottwald (Gottwald), § 1 Rn. 56.
[1275] Schmidt-Räntsch, Einf. Rn. 45; Hess, Einl. Rn. 157 f.

VII. Zusammenfassung

Die vorliegende Darstellung der deutschen Konkursrechtsgeschichte stellt verschiedene Konkursrechtssysteme vor, die in Deutschland galten oder das deutsche Recht stark beeinflußten. Sie gewährt einen Überblick über das römische Recht, das mittelalterliche italienische Konkursverfahren, das Konkursrecht Spaniens und das moderne französische Konkursrecht. Diesen ausländischen Rechtsquellen ist gemein, daß sie zu unterschiedlichen Zeiten das deutsche Konkursrecht entscheidend prägten. Das deutsche Recht übernahm von ihnen Prinzipien und Grundideen ebenso wie Detailregelungen und einzelne Termini. Die Entwicklung des deutschen Konkursrechts begann erst im 13. Jahrhundert, als die Handelsstädte das Prioritätsprinzip aufgaben. Beeinflußt von dem italienischen Statutarrecht entstand ein frühes Konkursverfahren. Das gemeine Konkursrecht mit Einflüssen aus dem römischen Recht und vor allem aus Spanien galt in Deutschland flächendeckend seit dem 17. Jahrhundert und wurde erst allmählich durch moderne Partikulargesetze abgelöst. Insbesondere die preußische Konkursordnung von 1855 profitierte von dem französischen Recht und konzipierte ein flexibles Verfahren, das auch für die Reichskonkursordnung vorbildlich war.

Die Entwicklung veranschaulicht, daß viele Konzepte schon früh bekannt waren und kontinuierlich weiterentwickelt wurden. Beispielsweise gehen die Anfechtungsvorschriften und die Vorrechte auf das römische Recht zurück; sie wurden von allen nachfolgenden Rechtsordnungen aufgenommen und präzisiert. Andere Entwicklungszüge zeichnen sich dadurch aus, daß sie bewußt von der vorhergehenden Regelung abwichen und neue Ansätze verfolgten. Das gemeine Recht mit seinem Formalismus und der Herrschaft des Gerichts stand im Gegensatz zu dem liberalen, frühen Konkursverfahren. Nach der Schwerfälligkeit des gemeinen Rechts konnte wiederum nur ein radikaler Wandel die erforderliche Modernisierung erreichen. In den großen Umbruchsphasen konnten sich fremde Rechtsgedanken besonders leicht etablieren, weil die bestehende Orientierungslosigkeit Spielraum für neue Ansätze bot. Die Darstellung der deutschen Konkursrechtsgeschichte zeichnet die Entwicklung auf einem Rechtsgebiet nach, das stark von dem jeweiligen wirtschaftlichen Umfeld geprägt wird. In Gebieten mit einem umfangreichen Handelsverkehr entstanden schon früh angemessene konkursrechtliche Instrumentarien, während sich das Konkursrecht ohne vergleichbare Impulse weniger schnell entwickelte. Der Unterschied zwischen dem italienischen Statutarrecht und dem spanischen Recht verdeutlicht diese These ebenso wie die gegensätzliche Entwicklung des Konkursrechts von Frankreich und Deutschland. Nach wirtschaftlichen Entwicklungsschüben verstärkte sich demgemäß der Bedarf für eine Überarbeitung und Modernisierung des Konkursrechts.

Die deutsche Konkursrechtsgeschichte ist geprägt von der Reichskonkursordnung von 1877, die gemeinsam mit den anderen Reichsjustizgesetzen einen großen

Beitrag für die Rechtseinheit im Deutschen Kaiserreich leistete. Ihre Entstehungsgeschichte konnte in ihrer wichtigsten Phase bis 1875 durch die unveröffentlichten Primärquellen des preußischen Justizministeriums und des Reichskanzleramts eingehend analysiert werden. Das Aktenmaterial ermöglichte, das Zusammenwirken der verschiedenen beteiligten Institutionen zu ergründen. So konnte die These entkräftet werden, Preußen habe gezielt das Reichsgesetz zu dominieren versucht. Zudem wurden mit Hilfe der Akten die Entstehung inhaltlicher Entscheidungen nachvollzogen. Der preußische Entwurf einer Deutschen Gemeinschuldordnung entstand in sorgfältiger Arbeit und bestimmte die Leitlinien des neuen Reichsgesetzes. Nur der Sachverständigenkommission des Bundesrats gelang es, den ersten Entwurf inhaltlich in mehreren wichtigen Punkten zu ändern. Anhand der bislang unveröffentlichten Sitzungsprotokolle konnte unter Zuhilfenahme der archivierten Änderungsanträge und Notizen der Gang der inhaltlichen Entscheidungen nachgezeichnet werden. Die Reichskonkursordnung brachte trotz ihrer Anlehnung an das preußische Recht neue Entwicklungen hervor. Sie entstand als eigenständiges, liberales Gesetzeswerk, das ohne Kasuistik seine Prinzipien konsequent umsetzte. Die Reichskonkursordnung blieb 122 Jahre in Kraft. Kurz nach ihrem Erscheinen wurden einige Anpassungen an das BGB erforderlich. In den folgenden Jahren nahm der Gesetzgeber vornehmlich sozialpolitische Änderungen an der Konkursordnung vor. Die Insolvenzordnung löste 1999 mithin ein Gesetz ab, das sehr wichtig für die deutsche Rechtsentwicklung war und gleichwohl zuletzt unter einem starken Reformdruck stand. Dabei nahm die Insolvenzordnung auch Konzepte der preußischen Konkursordnung von 1855 auf, etwa die Berücksichtigung von neuerworbenem Vermögen und ein eigenes Verfahren für Privatpersonen. Das zeigt, daß sich das Konkursrecht nicht geradlinig entwickelt. Bereits verworfene Ideen können durchaus in späteren Zeiten oder unter anderen wirtschaftlichen Bedingungen ihre Renaissance erleben.

Literaturverzeichnis

Barth, Marquard Adolph Commentar zur neuen Civilprozeßordnung für das Königreich Bayern
Dritter Band
Nördlingen 1871
(zit.: Barth).

Basch, Julius Die Allgemeine Gerichtsordnung für die Preußischen Staaten
2. Auflage, Berlin 1884
(zit.: Basch).

Baumeister, Hermann Das Privatrecht der freien Hansestadt Hamburg
Band 2
Hamburg 1856
(zit.: Baumeister, Privatrecht Hamburg).

Baumeister, Hermann Blicke auf einzelne Gegenstände des hamburgischen Rechts
Hamburg 1852
(zit.: Baumeister, Blicke auf hamburgisches Recht).

Baur, Fritz/
Stürner, Rolf Zwangsvollstreckungs-, Konkurs- und Vergleichsrecht
Band II: Insolvenzrecht
12. Auflage, Heidelberg 1990
(zit.: Baur/Stürner).

Behrends, Okko Der Zwölftafelprozeß
Göttingen 1974
(zit.: Behrends).

Bornhak, Conrad Preußische Staats- und Rechtsgeschichte
Berlin 1903
(zit.: Bornhak).

Breuer, Wolfgang Das neue Insolvenzrecht
München 1998
(zit.: Breuer).

Claproth, Justus | Einleitung in sämtliche summarische Processe zum Gebrauch der practischen Vorlesungen
3. Auflage, Göttingen 1793
(zit.: Claproth).

Coing, Helmut | Die Privatrechtswissenschaft im 19. Jahrhundert in Europa
Opladen 1991
(zit.: Coing, Privatrechtswissenschaft).

Coing, Helmut (Hrsg.) | Handbuch der Quellen und Literatur der neueren Europäischen Rechtsgeschichte
Erster Band: Mittelalter (1100-1500)
München 1973

Zweiter Band: Neuere Zeit (1500-1800)
Erster Teilband
München 1977

Zweiter Band: Neuere Zeit (1500-1800)
Zweiter Teilband
München 1976

Dritter Band: Das 19. Jahrhundert
Dritter Teilband
München 1986

zitierte Bearbeiter: Christoph Bergfeld, Siegbert Lammel, Hansjörg Pohlmann, Karl Otto Scherner, Armin Wolf
(zit.: Coing (Bearbeiter), Quellen).

Conrad, Hermann | Deutsche Rechtsgeschichte
Band I: Frühzeit und Mittelalter
2. Auflage, Karlsruhe 1962

Band II: Neuzeit bis 1806
2. Auflage, Karlsruhe 1966
(zit.: Conrad).

Dabelow, Christoph Christian — Ausführliche Entwicklung der Lehre vom Concurse der Gläubiger
Halle 1801
(zit.: Dabelow).

Degenkolb, Heinrich — Beiträge zum Zivilprozeß
Leipzig 1905
(zit.: Degenkolb).

Dernburg, Heinrich — Lehrbuch des Preußischen Privatrechts
Erster Band
5. Auflage, Halle a. S. 1894

Zweiter Band
5. Auflage, Halle a. S. 1897
(zit.: Dernburg).

Eccius, Max Ernst — Der Entwurf einer deutschen Gemeinschuldordnung
Zeitschrift für die deutsche Gesetzgebung und für einheitliches deutsches Recht VIII. Band (1875), S. 22
(zit.: Eccius, Zeitschrift für deutsche Gesetzgebung VIII (1875), S. 22).

Eckhardt, Karl August (Hrsg.) — Sachsenspiegel
Hannover 1966
(zit.: Eckhardt, Sachsenspiegel).

Eichhorn, Karl Friedrich — Deutsche Staats- und Rechtsgeschichte
Dritter Theil
5. Auflage, Göttingen 1844
(zit.: Eichhorn).

Endemann, Wilhelm — Das deutsche Zivilprozeßrecht
Heidelberg 1868, Aalen 1969 (Nachdruck)
(zit.: Endemann, Zivilprozeßrecht).

Endemann, Wilhelm	Die Entwicklung des Konkursverfahrens in der gemeinrechtlichen Lehre bis zu der Deutschen Konkursordnung vom 10. Februar 1877 Zeitschrift für deutschen Civilprozess Band XII (1888), S. 24 (zit.: Endemann, ZZP XII (1888), S. 24).
Erler, Adalbert/ Kaufmann, Ekkehard (Hrsg.)	Handwörterbuch Zur Deutschen Rechtsgeschichte I. Band (A-H) Berlin 1971 II. Band (H-L) Berlin 1978 IV. Band (P-S) Berlin 1990 (zit.: Erler/Kaufmann, HRG).
Fecht, H. A.	Das Concurs-Verfahren in Württemberg Stuttgart 1860 (zit.: Fecht).
Fitting, Hermann	Das Reichs-Concursrecht und Concursverfahren Berlin, Leipzig 1881 (zit.: Fitting).
Frensdorff, Ferdinand	Dortmunder Statuten und Urtheile Halle 1882 (zit.: Frensdorff).
Fuchs, Carl	Der deutsche Concursproceß Leipzig 1877 (zit.: Fuchs, Concursproceß).
Fuchs, Carl	Das Concursverfahren Marburg 1863 (zit.: Fuchs, Concursverfahren).

Fürstenthal,
Johann August Ludwig — Die Allgemeine Gerichtsordnung für die Preußischen Staaten nach ihrer historischen und heutigen Geltung
Berlin 1857
(zit.: Fürstenthal).

Gmelin, Christian — Die Lehre vom materiellen Concurs der Gläubiger
Erlangen 1775
(zit.: Gmelin).

Goldschmidt, Levin — Handbuch des Handelsrechts
Erster Band, erste Abteilung
Erlangen 1864
(zit.: Goldschmidt).

Goltdammer, Theodor — Kommentar und vollständige Materialien zur Konkurs-Ordnung vom 8. Mai 1855
Zweite Ausgabe, Berlin 1858
(zit.: Goltdammer).

Gönner, Nikolaus
Thaddäus — Handbuch des deutschen gemeinen Prozesses
Vierter Band
Erlangen 1803
(zit.: Gönner).

Gottschalk, Max — Deutsche Reichs-Konkursordnung
Berlin 1900
(zit.: Gottschalk).

Gottwald, Peter — Insolvenzrechtshandbuch
2. Auflage, München 2001
zitierter Bearbeiter: Peter Gottwald
(zit.: Gottwald (Bearbeiter)).

Grävell,
Maximilian C.F.W. — Commentar zu den Credit-Gesetzen des Preußischen Staats
Zweiter Band
Berlin 1815
(zit.: Grävell).

Grimm, Jacob — Deutsche Rechtsalterthümer
Band II
4. Auflage, Leipzig 1899
(zit.: Grimm).

Gspan, Peter Erasmus — Abhandlung über die gesetzmäßige Befriedigung concurrierender Gläubiger
III. Band: Von der gesetzmäßigen Befriedigung concurrierender Gläubiger im Concurswege
Erste Abtheilung: Von der Vorbereitung zur Befriedigung der Gläubiger im Concurswege
Gräz 1839

Zweyte Abtheilung: Von der wirklichen Befriedigung der Gläubiger im Concurswege, und von dem Rechtsverhältnisse nach beendetem Concurse
Gräz 1840
(zit.: Gspan).

Günther, Karl Friedrich — Der Concurs der Gläubiger nach gemeinem deutschen Rechte
2. Auflage, Leipzig 1852
(zit.: Günther).

Hach, Johann Friedrich — Das alte Lübische Recht
Lübeck 1839
(zit.: Hach).

Hahn, Carl (Hrsg.) — Die gesammten Materialien zu den Reichs-Justizgesetzen
Erster Band. Materialien zu dem Gerichtsverfassungs-Gesetz
Zweite Abtheilung
Berlin 1879
Vierter Band. Materialien zur Konkursordnung
Berlin 1881
(zit.: Hahn, Materialien).

Hahn, Carl — Die preußische Konkursordnung
Breslau 1862
(zit.: Hahn, Preußische Konkursordnung).

Hausmaninger, Herbert/
Selb, Walter — Römisches Privatrecht
8. Auflage, Wien, Köln, Weimar 1997
(zit.: Hausmaninger/Selb).

Heffter,
August Wilhelm — Institutionen des römische und teutschen Civil-Processes
Bonn 1825
(zit.: Heffter).

Hellmann, Friedrich — Lehrbuch des deutschen Konkursrechts
Berlin 1907
(zit.: Hellmann, Lehrbuch).

Hellmann, Friedrich — Das Konkursrecht der Reichsstadt Augsburg
Breslau 1905
(zit.: Hellmann, Konkursrecht Augsburg).

Hellweg, August — Geschichtlicher Rückblick über die Entstehung der deutschen Civilproceß-Ordnung
Archiv für die Civilistische Praxis 61. Band 1878, S. 78
(zit.: Hellweg, AcP 61 (1878), S. 78).

Hess, Harald — Kommentar zur Konkursordnung
6. Auflage, Neuwied, Kriftel 1998
(zit.: Hess).

Hess, Harald/
Weis, Michaela/
Wienberg, Rüdiger — InsO Kommentar zur Insolvenzordnung mit EGInsO
Band 1 Insolvenzordnung
2. Auflage, Heidelberg 2001
zitierte Bearbeiterin: Michaela Weis
(zit.: Hess/Weis/Wienberg (Bearbeiterin)).

Hullmann, A. — Konkursordnung für das deutsche Reich
Nördlingen 1879
(zit.: Hullmann).

Jaeger, Ernst	Konkursordnung Erster Band 8. Auflage, Berlin 1958 (zit.: Jaeger, Konkursordnung).
Jaeger, Ernst	Lehrbuch des Deutschen Konkursrechts 8. Auflage, Berlin, Leipzig 1932 (zit.: Jaeger, Lehrbuch Konkursrecht).
Jakobs, Horst Heinrich/ Schubert/Werner (Hrsg.)	Die Beratung des Bürgerlichen Gesetzbuchs Einführungsgesetz zum Bürgerlichen Gesetzbuch und Nebengesetze, 1. Teilband Berlin, New York 1990 (zit.: Jakobs/Schubert).
Jörs, Paul/ Kunkel, Wolfgang	Römisches Privatrecht 3. Auflage, Berlin u. a. O. 1949 (zit.: Jörs/Kunkel).
Kaser, Max	Das Römische Zivilprozeßrecht 2. Auflage, München 1996 (zit.: Kaser, Römisches Zivilprozeßrecht).
Kaser, Max	Eigentum und Besitz im älteren römischen Recht Weimar 1943 (zit.: Kaser, Eigentum und Besitz).
Kaser, Max	Römisches Privatrecht 16. Auflage, München 1992 (zit.: Kaser, Römisches Privatrecht).
Kaser, Max	Römische Rechtsgeschichte 2. Auflage, Göttingen 1993 (zit.: Kaser, Römische Rechtsgeschichte).
Kilger, Joachim	Der Konkurs des Konkurses Konkurs-, Treuhand- und Schiedsgrichtswesen 1975, S. 142 (zit.: Kilger, KTS 1975, S. 142).

Kilger, Joachim/
Schmidt, Karsten — Insolvenzgesetze KO/VglO/GesO
17. Auflage, München 1997
(zit.: Kilger/Schmidt, Insolvenzgesetze).

Kilger, Joachim/
Schmidt, Karsten — Konkursordnung
16. Auflage, München 1993
(zit.: Kilger/Schmidt, Konkursordnung).

Kirchhof, Hans-Peter — Leitfaden zum Insolvenzrecht
Herne, Berlin 1999
(zit.: Kirchhof).

Kisch, Wilhelm — Grundriss des deutschen Konkursrechts
12. und 13. Auflage, Mannheim, Berlin, Leipzig 1935
(zit.: Kisch).

Kleinfeller, Georg — Das Bürgerliche Gesetzbuch und die Konkursordnung
Deutsche Juristen-Zeitung 1896, S. 474
(zit.: Kleinfeller, DJZ 1896, S. 474).

Koch,
Christian Friedrich — Der Preußische Civil-Prozeß
2. Auflage, Berlin 1855
(zit.: Koch, Preußischer Civil-Prozeß).

Koch,
Christian Friedrich — Die preußische Konkursordnung
2. Ausgabe, Berlin 1867
(zit.: Koch, Preußische Konkursordnung).

Koch,
Christian Friedrich — Lehrbuch des Preußischen gemeinen Privatrechts
I. Band
1. Auflage, Berlin 1845
(zit.: Koch, Lehrbuch, 1. Aufl.).

Koch, Christian Friedrich	Lehrbuch des Preußischen gemeinen Privatrechts I. Band 3. Auflage, Berlin 1857 II. Band 3. Auflage, Berlin 1858 (zit.: Koch, Lehrbuch).
Köbler, Gerhard	Deutsche Rechtsgeschichte 4. Auflage, München 1990 (zit.: Köbler).
König, Georg	Das Konkursverfahren nach der Reichs-Konkursordnung vom 10. Februar 1877 Hannover 1879 (zit.: König).
Kohler, Josef	Lehrbuch des Konkursrechts Stuttgart 1891 (zit.: Kohler, Lehrbuch).
Kohler, Josef	Leitfaden des Deutschen Konkursrechts 2. Auflage, Stuttgart 1903 (zit.: Kohler, Leitfaden).
Kori, August Siegmund	System des Concurs-Processes 2. Auflage, Leipzig 1828 (zit.: Kori).
Krafft, Sebastian Adam	Practische Anmerkungen über den Concurs-Prozeß Erlang 1786 (zit.: Krafft).
Kübler, Bruno/ Prütting, Hanns	Das neue Insolvenzrecht 2. Auflage, Köln 2000 (zit.: Kübler/Prütting).
Lass, Ludwig	Konkursrecht Berlin 1931 (zit.: Lass).

Laufs, Adolf	Die Begründung der Reichskompetenz für das gesamte bürgerliche Recht Juristische Schulung 1973, S. 740 (zit.: Laufs, JuS 1973, S. 740).
Lenel, Otto	Das Edictum Perpetuum 3. Auflage, Leipzig 1927 (zit.: Lenel).
Ludovici, Jacob Friedrich	Einleitung zum Concursproceß 10. Auflage, Halle 1749 (zit.: Ludovici).
Makower, Hermann	Zur Revision der deutschen Konkursordnung Berlin 1894 (zit.: Makower).
Marsson, Richard	Nachruf für Carl v. Hagens Deutsche Juristenzeitung 1924, S. 796 (zit.: Marsson, DJZ 1924, S. 796).
Martin, Christoph	Lehrbuch des teutschen gemeinen bürgerlichen Processes 12. Auflage, Heidelberg 1838 (zit.: Martin).
Meisner, Heinrich Otto	Bundesrat, Bundeskanzler und Bundeskanzleramt (1867-1871) Forschungen zur Brandenburgischen und Preußischen Geschichte 54. Band 1943, S. 342 (zit.: Meisner, FBPG 54 (1943), S. 342).
Mitteis, Heinrich/ Lieberich, Heinz	Deutsche Rechtsgeschichte 19. Auflage, München 1992 (zit.: Mitteis/Lieberich).

Mittermaier, Karl Josef Anton	Über den gegenwärtigen Zustand der Civilprozeßgesetzgebung mit Rücksicht auf die neuesten Gesetzgebungsarbeiten, insbesondere den Entwurf einer Civilprozeßordnung für Piemont und die neuesten Concursordnungen von Oesterreich und Preußen Archiv für die Civilistische Praxis 37. Band 1854, S. 270 (zit.: Mittermaier, AcP 37 (1854), S. 270).
Morsey, Rudolf	Die oberste Reichsverwaltung unter Bismarck 1867-1890 Münster 1957 (zit.: Morsey).
Obermüller, Manfred/ Hess, Harald	InsO Eine systematische Darstellung des neuen Insolvenzrechts 3. Auflage, Heidelberg 1999 (zit.: Obermüller/Hess).
Oetker, Carl Fr.	Beiträge zur Lehre vom Concurse Kassel 1847 (zit.: Oetker, Lehre vom Concurse).
Oetker, Friedrich	Konkursrechtliche Grundbegriffe Band I: Die Gläubiger Stuttgart 1891 (zit.: Oetker, Grundbegriffe).
Orthey, Heinz-Georg	Das bremische Konkursrecht (Dissertation) Düsseldorf 1962 (zit.: Orthey).
Osterloh, Robert	Die summarischen bürgerlichen Processe nach königlich sächsischem Rechte Leipzig 1845 (zit.: Osterloh).

Petersen, Julius/
Kleinfeller, Georg | Konkursordnung für das Deutsche Reich nebst den Einführungsgesetzen
4. Auflage, Lahr 1900
(zit.: Petersen/Kleinfeller).

Planck, Johann Julius Wilhelm | Das Deutsche Gerichtsverfahren im Mittelalter
Zweiter Band
Braunschweig 1879
(zit.: Planck).

Planitz, Hans | Grundlagen des deutschen Arrestprozesses
Leipzig 1992
(zit.: Planitz, Arrestprozeß).

Planitz, Hans | Studien zur Geschichte des deutschen Arrestprozesses
Zeitschrift der Savigny-Stiftung für Rechtsgeschichte
Germanistische Abteilung
34. Band (1913), S. 49
(zit.: Planitz, ZRG 34 (1913), S. 49).

Puchta, Wolfgang Heinrich | Über den Concursprozeß
1827 Erlangen
(zit.: Puchta).

Reinhardt, Carl Friedrich | Die Lehre vom Gannt und Ganntverfahren nach Römischem, nach Gemeinem, und nach Würtembergischem Recht
Stuttgart 1819
(zit.: Reinhardt).

Richter, Otto | Das Verfahren nach der Reichs-Konkursordnung vom 10. Februar 1877
Berlin 1893
(zit.: Richter).

Rintelen, Victor | Das Konkursrecht
2. Auflage, Halle 1902
(zit.: Rintelen).

Schmid,
Andreas Christian
Johannes — Handbuch des gemeinen deutschen Civilprocesses
3. Teil
Kiel 1845, Frankfurt a. M. 1970 (Nachdruck)
(zit.: Schmid).

Schmidt, Eberhard — Rechtsentwicklung in Preussen
2. Auflage, Berlin 1929
(zit.: Schmidt, Rechtsentwicklung).

Schmidt, Friedrich — Die Konkursstatistik in Deutschland seit 1914
(Dissertation)
Greifswald 1926
(zit.: Schmidt, Konkursstatistik).

Schmidt-Räntsch, Ruth — Insolvenzordnung mit Einführungsgesetz
Köln 1995
(zit.: Schmidt-Räntsch).

Schorr, Walter — Zwangsvollstreckung und Konkurs im Recht der freien Reichsstadt Nürnberg
(Dissertation)
Nürnberg 1961
(zit.: Schorr).

Schubert, Werner (Hrsg.) — Die deutsche Gerichtsverfassung (1869-1877) - Entstehung und Quellen -
Frankfurt a.M. 1981
(zit.: Schubert, Quellen Gerichtsverfassung).

Schubert, Werner (Hrsg.) — Entstehung und Quellen der Civilprozeßordnung von 1877
Erster Halbband
Frankfurt a.M. 1987
(zit.: Schubert, Quellen Civilprozeßordnung).

Schubert, Werner/
Regge, Jürgen (Hrsg.) — Entstehung und Quellen der Strafprozeßordnung von 1877
Frankfurt a.M. 1989
(zit.: Schubert/Regge, Quellen Strafprozeßordnung).

Schubert, Werner/
Regge, Jürgen (Hrsg.) Quellen zur preußischen Gesetzgebung des 19. Jahrhunderts

I. Abteilung Straf- und Strafprozeßrecht
Band 1 Strafrecht
1981 Vaduz, Liechtenstein

II. Abteilung Öffentliches Recht, zivilrecht und Zivilprozeßrecht
Band 10 Zivilprozeßrecht II und Konkursrecht
1990 Vaduz, Liechtenstein
(zit.: Schubert/Regge, Quellen zur preußischen Gesetzgebung).

Schueck,
Franz Theodor
Leipold Die Preußische Konkurs-Ordnung in ihrer neuesten Gestalt
Berlin 1847
(zit.: Schueck).

Schultze,
August Sigmund Das Deutsche Konkursrecht in seinen juristischen Grundlagen
Berlin 1880
(zit.: Schultze).

Schweppe, Albrecht Das System des Konkurses der Gläubiger nach dem gemeinen in Deutschland geltenden Rechte
3. Ausgabe, Göttingen 1829
(zit.: Schweppe).

Schwind, Fritz Römisches Recht
I. Geschichte, Rechtsgang, System des Privatrechts
Wien 1950
(zit.: Schwind).

Seuffert, Lothar Deutsches Konkursprozeßrecht
Leipzig 1899
(zit.: Seuffert, Konkursprozeßrecht).

Seuffert, Lothar — Zur Geschichte und Dogmatik des Deutschen Konkursrechts
Nördlingen 1888
(zit.: Seuffert, Konkursrecht).

Söllner, Alfred — Einführung in die römische Rechtsgeschichte
5. Auflage, München 1996
(zit.: Söllner).

Sohm, Rudolph — Institutionen, Geschichte und System des Römischen Privatrechts
16. und 17. Tausend der 17. Auflage
Berlin 1949
(zit.: Sohm).

Stein, Friedrich — Grundriß des Zivilprozeßrechts und des Konkursrechts
2. Auflage, Tübingen 1924
(zit.: Stein).

Stieglitz, Wilhelm — Die Konkursordnung für das Deutsche Reich
Tübingen 1879
(zit.: Stieglitz).

Stobbe, Otto — Zur Geschichte des älteren deutschen Konkursprozesses
Berlin 1888
(zit.: Stobbe).

Stölzel, Adolf — Fünfzehn Vorträge aus der Brandenburgisch-Preußischen Rechts- und Staatsgeschichte
Achter Vortrag: Die Zeit des dreißigjährigen Krieges
Berlin 1889
(zit.: Stölzel).

Thieme, Jürgen — Zur Entstehung der Konkursordnung
Festschrift Einhundert Jahre Konkursordnung 1877-1977, S. 35
Köln u. a. O. 1977
(zit.: Thieme, FS Konkursordnung, S. 35).

Treuherz, J.P.M. — Die Preußische Konkursordnung
Berlin 1855
(zit.: Treuherz).

Uhlenbruck, Wilhelm — Einhundert Jahre Konkursordnung
Festschrift Einhundert Jahre Konkursordnung 1877-1977, S. 3
Köln u. a. O. 1977
(zit.: Uhlenbruck, FS Konkursordnung, S. 3).

Vierhaus, Felix — Allgemeine Gerichtsordnung
Berlin, Leipzig 1883
(zit.: Vierhaus).

von Aufseß, Eckart — Konkursrecht und Konkursverfahren auf der Grundlage des vom 1. Januar 1900 ab geltenden Rechts
Leipzig 1899
(zit.: von Aufseß).

von Bayer, Hieronymus — Theorie des Concurs-Processes nach gemeinem Rechte
4. Auflage, München 1868
(zit.: von Bayer).

von Bethmann-Hollweg, Moritz August — Der Civilprozeß des gemeinen Rechts in geschichtlicher Entwicklung
Erster Band: Der römische Civilprozeß
1. Legis Actiones
Bonn 1864

Zweiter Band: Der römische Civilprozeß
2. Formulae
Bonn 1865

Dritter Band: Der römische Civilprozeß
3. Cognitiones
Bonn 1866
(zit.: von Bethmann-Hollweg).

von Decker, R. (Hrsg.) — Entwurf einer deutschen Gemeinschuldordnung
Motive zu dem Entwurf einer deutschen Gesamtschuldordnung
I. Band (§§1-72)
II. Band (§§73-264)
Berlin 1873
(zit.: von Decker, Motive GSO).

von Grolmann, Karl — Theorie des gerichtlichen Verfahrens in bürgerlichen Rechtsstreitigkeiten
4. Auflage, Giessen 1819
(zit.: von Grolmann).

von Kräwel, Rudolf — Der Entwurf einer deutschen Gemeinschuldordnung
Zeitschrift für die deutsche Gesetzgebung und für einheitliches deutsches Recht VIII. Band (1875), S. 123
(zit.: von Kräwel, Zeitschrift für deutsche Gesetzgebung VIII (1875), S. 123).

von Kräwel, Rudolf — Die wesentlichsten Aenderungen des Entwurfs der deutschen Gemeinschuldordnung (1873) durch den Entwurf der Konkursordnung für das Deutsche Reich (1875)
Archiv für die Civilistische Praxis 59. Band 1876, S. 54
(zit.: von Kräwel, AcP 59 (1876), S. 54).

von Meibom, Viktor — Das deutsche Pfandrecht
Marburg 1867
(zit.: von Meibom).

von Sarwey, Otto — Der Konkurs nach den dem Deutschen Reichstag vorgelegten Entwürfen einer Konkurs-Ordnung und eines Einführungsgesetzes
Berlin 1876
(zit.: von Sarwey, Konkurs nach den Entwürfen).

von Sarwey, Otto — Die Deutsche Konkursordnung
Zeitschrift für das Gesammte Handelsrecht 23. Band (1878), S. 371
(zit.: von Sarwey, ZHR 23 (1878), S. 371).

von Sarwey, Otto/ Boßert, Gustav — Die Konkurs-Ordnung für das Deutsche Reich
4. Auflage, Berlin 1901
(zit.: von Sarwey/Boßert).

von Vietsch, Eberhard — Die politische Bedeutung des Reichskanzleramts für den inneren Ausbau des Reiches von 1867 bis 1880 (Dissertation)
Borna-Leipzig 1936
(zit.: von Vietsch).

von Völderndorff, Otto — Die Konkursordnung für das Deutsche Reich
2. Auflage, Erlangen 1885
(zit.: von Völderndorff).

von Wilmowski, Gustav Karl Adolf — Deutsche Reichs-Konkursordnung
6. Auflage, Berlin 1906
(zit.: von Wilmowski).

Wach, Adolph — Der Arrestprocess in seiner geschichtlichen Entwicklung
Erster Theil: Der Italienische Arrestprocess
Leipzig 1868
(zit.: Wach, Arrestprocess).

Wach, Adolph — Der Manifestationseid in Italien
Zeitschrift für Rechtsgeschichte VII (1868), S. 439
(zit.: Wach, ZRG VII (1868), S. 439).

Wagner, Herbert — Konkursrecht
Stuttgart, Wiesbaden 1980
(zit.: Wagner).

Wenger, Leopold — Institutionen des römischen Zivilprozessrechts
München 1925
(zit.: Wenger).

Wengler, Friedrich Albert — Der Concurs der Gläubiger nach königlich sächsischem Rechte
Leipzig 1870
(zit.: Wengler, Concurs der Gläubiger).

Wengler, Friedrich Albert | Die Konkursordnung für das Deutsche Reich
Leipzig 1879
(zit.: Wengler, Konkursordnung).

Wentzel, August/ Klose, C. | Die Preußische Konkursordnung
Erste Abtheilung
Berlin 1855
(zit.: Wentzel/Klose).

Wesener, Gunter | Zur Entwicklung des Konkursrechtes in den altösterreichischen Ländern, vornehmlich im 16. und 17. Jahrhundert
Festschrift Hermann Baltl, S. 535
Innsbruck 1975
(zit.: Wesener, FS Baltl, S. 535).

Wieacker, Franz | Privatrechtsgeschichte der Neuzeit
2. Auflage, Göttingen 1967
(zit.: Wieacker).

Wippermann | Leonhardt, Gerhard Adolf Wilhelm L.
Allgemeine Deutsche Biographie 18. Band (1883), S. 301
(zit.: Wippermann, ADB 18 (1883), S. 301).

Wimmer, Klaus (Hrsg.) | Frankfurter Kommentar zur Insolvenzordnung
Neuwied, Kriftel 1999
zitierter Bearbeiter: Ulrich Schmerbach
(zit.: Wimmer (Bearbeiter)).

Wirminghaus, Alexander | Die Ergebnisse der Konkursstatistik
Jahrbücher für Nationalökonomie und Statistik 1891 (Dritte Folge, Zweiter Band), S. 321
(zit.: Wirminghaus, Jahrbücher für Nationalökonomie 1891, S. 321).

Wolff, Theodor | Die Konkursordnung
2. Auflage, Berlin, Leipzig 1921
(zit.: Wolff).

RECHTSHISTORISCHE REIHE

Band 1 Studien zu den germanischen Volksrechten. Gedächtnisschrift für Wilhelm Ebel. Vorträge gehalten auf dem Fest-Symposion anläßlich des 70. Geburtstages von Wilhelm Ebel am 16. Juni 1978 in Göttingen. Götz Landwehr (Hrsg.) 1982.

Band 2 Hans Poeschel: Die Statuten der Banken, Sparkassen und Kreditgenossenschaften in Hamburg und Altona von 1710 bis 1889. 1978.

Band 3 Thomas Kolbeck: Juristenschwemmen, Untersuchungen über den juristischen Arbeitsmarkt im 19. und 20. Jahrhundert. 1978.

Band 4 Norbert Hempel: Richterleitbilder in der Weimarer Republik. 1978.

Band 5 Rolf Stratmann: Die Scheinbußen im mittelalterlichen Recht. 1978.

Band 6 Martin C. Lockert: Die niedersächsischen Stadtrechte zwischen Aller und Weser. Vorkommen und Verflechtungen. Eine Bestandsaufnahme. 1979.

Band 7 Joachim Rückert/Wolfgang Friedrich: Betriebliche Arbeiterausschüsse in Deutschland, Großbritannien und Frankreich im späten 19. und frühen 20. Jahrhundert. Eine vergleichende Studie zur Entwicklung des kollektiven Arbeitsrechts. 1979.

Band 8 Peter Bender: Die Rezeption des römischen Rechts im Urteil der deutschen Rechtswissenschaft. 1979.

Band 9 Friedrich Karl Alsdorf: Untersuchungen zur Rechtsgestalt und Teilung deutscher Ganerbenburgen. 1980.

Band 10 Dietmar Willoweit/Winfried Schich (Hrsg.): Studien zur Geschichte des sächsisch-magdeburgischen Rechts in Deutschland und Polen (Sammelband). 1980.

Band 11 Brigitte Hempel: Der Entwurf einer Polizeiordnung für das Herzogtum Sachsen-Lauenburg aus dem Jahre 1591. 1980.

Band 12 Klaus-Detlev Godau-Schüttke: Rechtsverwalter des Reiches. Staatssekretär Dr. Curt Joël. 1981.

Band 13 Rainer Polley: Anton Friedrich Justus Thibaut (AD 1772-1840) in seinen Selbstzeugnissen und Briefen. Teil 1: Abhandlung. Teil 2: Briefwechsel. Teil 3: Register zum Briefwechsel. 1982.

Band 14 Michael Wettengel: Der Streit um die Vogtei Kelkheim 1275-1276. Ein kanonischer Prozeß.1981.

Band 15 Otto Wilhelm Krause: Naturrechtler des sechzehnten Jahrhunderts. Ihre Bedeutung für die Entwicklung eines natürlichen Privatrechts. 1982.

Band 16 Helga Spindler: Von der Genossenschaft zur Betriebsgemeinschaft. Kritische Darstellung der Sozialrechtslehre Otto von Gierkes. 1982.

Band 17 Holger Otte: Gustav Radbruchs Kieler Jahre 1919 - 1926. 1982.

Band 18 Rüdiger Teuner: Die fuldische Ritterschaft 1510 - 1656. 1982.

Band 19 Gerhard Dilcher/Rudolf Hoke/Gian Savino Pene Vidari/Hans Winterberg (Hrsg.): Grundrechte im 19. Jahrhundert. 1982.

Band 20 Karl-Hans Schloßstein: Die westfälischen Fabrikengerichtsdeputationen - Vorbilder, Werdegang und Scheitern. 1982.

Band 21 Birger Schulz: Der Republikanische Richterbund (1921-1933). 1982.

Band 22 Engelbert Krause: Die gegenseitigen Unterhaltsansprüche zwischen Eltern und Kindern in der deutschen Privatrechtsgeschichte. 1982.

Band 23 Meent W. Francksen: Staatsrat und Gesetzgebung im Großherzogtum Berg (1806-1813). 1982.

Band 24 Gerd von Sonnleithner: Bearbeitung des Handelsrechts durch Ignaz von Sonnleithner in seinem "Leitfaden über das österreichische Handels- und Wechselrecht". 1982.

Band 25 Rudolf Palme: Rechts-, Wirtschafts- und Sozialgeschichte der inneralpinen Salzwerke bis zu deren Monopolisierung. 1983.

Band 26 Helen Bosshard: Pestalozzis Staats- und Rechtsverständnis und seine Stellung in der Aufklärung. 1983.

Band 27 Jens Jessen: Die Selbstzeugnisse der deutschen Juristen. Erinnerungen, Tagebücher und Briefe. Eine Bibliographie. 1983.

Band 28 Günter Martin Jensen: Das Domanium Waldeck. Die rechtliche Zuordnung eines Fürstenvermögens. 1984.

Band 29 Johann Heinrich Kumpf: Petitionsrecht und öffentliche Meinung im Entstehungsprozeß der Paulskirchenverfassung 1848/49. 1983.

Band 30 Sabine Frey: Rechtsschutz der Juden gegen Ausweisungen im 16. Jahrhundert. 1983.

Band 31 Dietrich Joswig: Die germanische Grundstücksübertragung. 1984.

Band 32 Andreas Baryli: Konzessionssystem contra Gewerbefreiheit. Zur Diskussion der österreichischen Gewerberechtsreform 1835 bis 1860. 1984.

Band 33 Gerhard Oberkofler: Studien zur Geschichte der österreichischen Rechtswissenschaft. 1984.

Band 34 Rudolf Lauda: Kaufmännische Gewohnheit und Burgrecht bei Notker dem Deutschen. Zum Verhältnis von literarischer Tradition und zeitgenössischer Realität in der frühmittelalterlichen Rhetorik. 1984.

Band 35 Jens Jensen: Die Ehescheidung des Bischofs Hans von Lübeck von Prinzessin Julia Felicitas von Württemberg-Weiltingen AD 1648-1653. Ein Beitrag zum protestantischen Ehescheidungsrecht im Zeitalter des beginnenden Absolutismus. 1984.

Band 36 Horst Schröder: Friedrich Karl von Savigny. Geschichte und Rechtsdenken beim Übergang vom Feudalismus zum Kapitalismus in Deutschland. 1984.

Band 37 Andreas Hatzung: Dogmengeschichtliche Grundlagen und Entstehung des zivilrechtlichen Notstands. 1984.

Band 38 Matthias Klasen: Das Billwerder Landrecht. Landrecht und Landgericht in den Hamburger Elbmarschen. 1985.

Band 39 Rainer Jamin: Aufbau, Tätigkeit und Verfahren der Auseinandersetzungsbehörden bei der Durchführung der preußischen Agrarreformen. 1985.

Band 40 Henry Winter: Teilschuld, Gesamtschuld und unechte Gesamtschuld. Zur Konzeption der §§ 420 ff. BGB - Ein Beitrag zur Entstehungsgeschichte des BGB. 1985.

Band 41 Hermann Eichler: Verfassungsbewegung in Amerika und Europa. 1985.

Band 42 Dagmar Bandemer: Heinrich Albert Zachariae. Rechtsdenken zwischen Restauration und Reformation. 1985.

Band 43 Eva-Christine Frentz: Das Hamburgische Admiralitätsgericht (1623-1811). Prozeß und Rechtsprechung. 1985.

Band 44 Karl Lillig: Rechtsetzung im Herzogtum Pfalz-Zweibrücken während des 18. Jahrhunderts. Ein Beitrag zur Geschichte der territorialen Rechtsbildung. 1985.

Band 45 Walter Weber: Die Entwicklung der Sparkassen zu selbständigen Anstalten des öffentlichen Rechts. Ein Beitrag zur Entwicklung des Anstaltsbegriffs im 19. Jahrhundert. 1985.

Band 46 Bärbel Baum: Der Stabreim im Recht. Vorkommen und Bedeutung des Stabreims in Antike und Mittelalter. 1986.

Band 47 Hans Popp: Die nationalsozialistische Sicht einiger Institute des Zivilprozeß- und Gerichtsverfassungsrechts. 1986.

Band 48 John Karl-Heinz Montag: Die Lehrdarstellung des Handelsrechts von Georg Friedrich von Martens bis Meno Pöhls. Die Wissenschaft des Handelsrechts im ersten Drittel des 19. Jahrhunderts. 1986.

Band 49 Volker D. Anhäusser: Das internationale Obligationenrecht in der höchstrichterlichen Rechtsprechung des 19. Jahrhunderts. 1986.

Band 50 Udo Beer: Die Juden, das Recht und die Republik. Verbandswesen und Rechtsschutz 1919-1933. 1986.

Band 51 Herbert Grziwotz: Der moderne Verfassungsbegriff und die "Römische Verfassung" in der deutschen Forschung des 19. und 20. Jahrhunderts. 1986.

Band 52 Ralf Conradi: Karl Friedrich Eichhorn als Staatsrechtslehrer. Seine Göttinger Vorlesung über "Das Staatsrecht der deutschen Bundesstaaten" nach einer Kollegmitschrift aus dem Wintersemester 1821/22. 1987.

Band 53 Dieter Dannreuther: Der Zivilprozeß als Gegenstand der Rechtspolitik im Deutschen Reich 1871 - 1945. Ein Beitrag zur Geschichte des Zivilprozeßrechts in Deutschland. 1987.

Band 54 Stephan Felix Pauly: Organisation, Geschichte und Praxis der Gesetzesauslegung des (Königlich) Preußischen Oberverwaltungsgerichtes 1875 - 1933. 1987.

Band 55 Rüdiger Schulz: Die Entstehung des Seerechts des Allgemeinen Deutschen Handelsgesetzbuches unter besonderer Berücksichtigung der Bestimmungen über die Reederei, den Schiffer und die Schiffsmannschaft. 1987.

Band 56 Reinhold Reis: Deutsches Privatrecht in den Weistümern der Zenten Schriesheim und Kirchheim. 1987.

Band 57 Jürgen Christoph: Die politischen Reichsamnestien 1918 - 1933. 1987.

Band 58 Gerhard Oberkofler/Eduard Rabofsky: Hans Kelsen im Kriegseinsatz der k.u.k.-Wehrmacht. Eine kritische Würdigung seiner militärtheoretischen Angebote. 1988.

Band 59 Arne Wulff: Staatssekretär Prof. Dr. Dr. h.c. Franz Schlegelberger. 1876-1970. 1991.

Band 60 Gerhard Köbler (Hrsg.): Wege europäischer Rechtsgeschichte. Karl Kroeschell zum 60. Geburtstag. 1987.

Band 61 Rüdiger Hütte: Der Gemeinschaftsgedanke in den Erbrechtsreformen des Dritten Reichs. 1988.

Band 62 Markus Göldner: Politische Symbole der europäischen Integration. Fahne, Hymne, Hauptstadt, Paß, Briefmarke, Auszeichnungen. 1988.

Band 63 Wolfgang Kröner: Freiheitsstrafe und Strafvollzug in den Herzogtümern Schleswig, Holstein und Lauenburg von 1700 bis 1864. 1988.

Band 64 Werner Gaile: Die Norder Theelacht. 1988.

Band 65 Karl v. Kempis: Andreas Gaill (1526 - 1587). Zum Leben und Werk eines Juristen der frühen Neuzeit. 1988.

Band 66 Wolf-Rüdiger Osburg: Die Verwaltung Hamburgs in der Franzosenzeit. 1811-1814. 1988.

Band 67 Christian Schudnagies: Hans Frank. Aufstieg und Fall des NS-Juristen und Generalgouverneurs. 1988.

Band 68 Otmar Jung: Senatspräsident Freymuth. Richter, Sozialdemokrat und Pazifist in der Weimarer Republik. Eine politische Biographie. 1989.

Band 69 Joachim Lohner: Das landeshauptmannschaftliche Gericht in Oberösterreich zu Beginn der Neuzeit. Eine Darstellung des oberösterreichischen Prozeßrechts am obersten Territorialgericht des Landes anhand der oberösterreichischen Landtafel.1989.

Band 70 Bernd Klemann: Rudolf von Jhering und die Historische Rechtsschule. 1989.

Band 71 Adalbert Langer: Männer um die österreichische Zivilprozeßordnung 1895. Zusammenspiel / Soziales Ziel. 1990.

Band 72 Robert-Dieter Klee: Die Landessuperintendentur Lauenburg. Ursprung und Entwicklung sowie Ende der Sonderstellung des Kirchenkreises Herzogtum Lauenburg durch die nordelbische Kirchenvereinigung. 1989.

Band 73 Heinrich Herrmann: Die Gehöferschaften im Bezirk Trier. 1989.

Band 74 Wilhelm Brauneder, Franz Baltzarek (Hrsg.): Modell einer neuen Wirtschaftsordnung. Wirtschaftsverwaltung in Österreich 1914 - 1918. 1991.

Band 75 Thomas Dreyer: Die "Assecuranz- und Haverey-Ordnung" der Freien und Hansestadt Hamburg von 1731. 1990.

Band 76 Bernhard Sendler: Die Rechtssprache in den süddeutschen Stadtrechtsreformationen. 1990.

Band 77 Brigitte Lehmann: Ehevereinbarungen im 19. und 20. Jahrhundert. 1990.

Band 78 Michael Sunnus: Der NS-Rechtswahrerbund (1928-1945). Zur Geschichte der nationalsozialistischen Juristenorganisation. 1990.

Band 79 Stefan Schulz: Die historische Entwicklung des Rechts an Bienen. (§§ 961 - 964 BGB). 1990.

Band 80 Gerhard Lingelbach, Heiner Lück (Hrsg.): Deutsches Recht zwischen Sachsenspiegel und Aufklärung. Rolf Lieberwirth zum 70. Geburtstag dargebracht von Schülern, Freunden und Kollegen, herausgegeben von Gerhard Lingelbach und Heiner Lück. 1991.

Band 81 Manfred Krohn: Die deutsche Justiz im Urteil der Nationalsozialisten 1920 - 1933. 1991.

Band 82 Angelika Kühn: Privilegierung nationaler Minderheiten im Wahlrecht der Bundesrepublik Deutschland und Schleswig-Holsteins. 1991.

Band 83 Georg Brun: Leben und Werk des Rechtshistorikers Heinrich Mitteis unter besonderer Berücksichtigung seines Verhältnisses zum Nationalsozialismus. 1991.

Band 84 Wolfgang Simon: Claudius Freiherr von Schwerin. Rechtshistoriker während dreier Epochen deutscher Geschichte. 1991.

Band 85 Friedrich-Carl Wachs: Das Verordnungswerk des Reichsdemobilmachungsamtes. Stabilisierender Faktor zu Beginn der Weimarer Republik. 1991.

Band 86 Jens-Uwe Petersen: Die Vorgeschichte und die Entstehung des Mieterschutzgesetzes von 1923 nebst der Anordnung für das Verfahren vor dem Mieteinigungsamt und der Beschwerdestelle. 1991.

Band 87 Ulrike Haibach: Familienrecht in der Rechtssprache. Die historische Entwicklung zentraler Ausdrücke des geltenden Familienrechts. 1991.

Band 88 Joern Christian Nissen: Die Beratungen des Seeversicherungsausschusses der Akademie für Deutsches Recht zu einem neuen Seeversicherungsgesetz (1934-1939). Ein Beitrag zur Entwicklung der allgemeinen Lehren des Seeversicherungsrechts unter besonderer Berücksichtigung des Handelsgesetzbuchs und der Allgemeinen Deutschen Seeversicherungs-Bedingungen 1919. 1991.

Band 89 Diethard Bühler: Die Entstehung der allgemeinen Vertragsschluß-Vorschriften im Allgemeinen Deutschen Handelsgesetzbuch (ADHGB) von 1861. Ein Beitrag zur Kodifikationsgeschichte des Privatrechts im 19. Jahrhundert. 1991.

Band 90 Gerhard Oberkofler: Die Vertreter des Römischen Rechts mit deutscher Unterrichtssprache an der Karls-Universität in Prag. Vom Vormärz bis 1945. 1991.

Band 91 Ulrich Andermann: Ritterliche Gewalt und bürgerliche Selbstbehauptung. Untersuchungen zur Kriminalisierung und Bekämpfung des spätmittelalterlichen Raubrittertums am Beispiel norddeutscher Hansestädte. 1991.

Band 92 Heinz Marcus Hanke: Luftkrieg und Zivilbevölkerung. Der kriegsvölkerrechtliche Schutz der Zivilbevölkerung gegen Luftbombardements von den Anfängen bis zum Ausbruch des Zweiten Weltkrieges. 1991.

Band 93 Kirsten Kraglund: Familien- und Erbrecht. Materielles Recht und Methoden der Rechtsanwendung in der Rechtsprechung des Oberappellationsgerichts der vier Freien Städte Deutschlands zu Lübeck. 1991.

Band 94 Reinhard Lorenz: Die politische und rechtliche Stellung des Proletariats in Preußen in der Zeit zwischen den Reformen und der Revolution 1848/49. 1991.

Band 95 Eric Hilgendorf: Die Entwicklungsgeschichte der parlamentarischen Redefreiheit in Deutschland. 1991.

Band 96 Hans J. Reiter: Die Handelsgesellschaft Villeroy & Boch von der Gründung 1836 bis zum Jahr 1878. 1992.

Band 97 Martin Johannes Heller: Reform der deutschen Rechtssprache im 18. Jahrhundert. 1992.

Band 98 Michael Kotulla: Die Tragweite der Grundrechte der revidierten preußischen Verfassung vom 31.01.1850. 1992.

Band 99 Michael Siefener: Hexerei im Spiegel der Rechtstheorie. Das crimen magiae in der Literatur von 1574 bis 1608. 1992.

Band 100 Andreas Ebert-Weidenfeller: Hamburgisches Kaufmannsrecht im 17. und 18. Jahrhundert. Die Rechtsprechung des Rates und des Reichskammergerichtes. 1992.

Band 101 Enno Bommel: Die Entstehung der Verwirkungslehre in der Krise des Positivismus. 1992.

Band 102 Ralph Steppacher: Die Berücksichtigung der bäuerlichen Postulate bei der Entstehung des ZGB und der Revision des OR. Ein Beitrag zur schweizerischen Kodifikationsgeschichte (1893 - 1912). 1992.

Band 103 Martin Fleckenstein: Die Todesstrafe im Werk Carl Joseph Anton Mittermaiers (1787 - 1867). Zur Entwicklungsgeschichte eines Werkbereichs und seiner Bedeutung für Theorie- und Methodenbildung. 1992.

Band 104 Jörn Eckert: Der Kampf um die Familienfideikommisse in Deutschland. Studien zum Absterben eines Rechtsinstitutes. 1992.

Band 105 Jörg Grotkopp: Beamtentum und Staatsformwechsel. Die Auswirkungen der Staatsformwechsel von 1918, 1933 und 1945 auf das Beamtenrecht und die personelle Zusammensetzung der deutschen Beamtenschaft. 1992.

Band 106 Andreas Rohde: Die Garantiehaftung des Vermieters und ihr Verhältnis zum Unmöglichkeitsrecht in dogmengeschichtlicher und modernrechtlicher Sicht. 1992.

Band 107 Tjark Siefke Kunstreich: Gesamtvertretung. Eine historisch-systematische Darstellung. 1992.

Band 108 Jürgen Krüger: Blindheit und Königtum. Die Blindheit des Königs Georg V. von Hannover als verfassungsrechtliches Problem. 1992.

Band 109 Wolfgang Putschek: Ständische Verfassung und autoritäre Verfassungspraxis in Österreich 1933-1938 mit Dokumentenanhang. Verfassung und Verfassungswirklichkeit. Mit einem Anhang: Denkschriften von Rechtsanwalt Dr. Erich Führer 1936/37. 1993.

Band 110 Klaus Hofmann: Die Verdrängung der Juden aus öffentlichem Dienst und selbständigen Berufen in Regensburg 1933-1939. 1993.

Band 111 Franz Kilger: Die Entwicklung des Telegraphenrechts im 19. Jahrhundert mit besonderer Berücksichtigung der technischen Entwicklung. Telegraphenrecht im 19. Jahrhundert. 1993.

Band 112 Wilhelm Brauneder (Hrsg.): Heiliges Römisches Reich und moderne Staatlichkeit. 1993.

Band 113 Thomas Heinrich: Das preußische Nichtehelichenrecht: Von der Aufklärung zur Reaktion. 1993.

Band 114 Gerald Kohl: Jagd und Revolution. Das Jagdrecht in den Jahren 1848 und 1849. 1993.

Band 115 Christian Schudnagies: Der Kriegs- oder Belagerungszustand im Deutschen Reich während des Ersten Weltkrieges. Eine Studie zur Entwicklung und Handhabung des deutschen Ausnahmezustandsrechts bis 1918. 1994.

Band 116 Elisabeth Bellmann: Die Internationale Kriminalistische Vereinigung (1889-1933). 1994.

Band 117 Julia Pfannkuch: Volksrichterausbildung in Sachsen 1945-1950. 1993.

Band 118 Jörg Offen: Von der Verwaltungsgemeinschaft des BGB von 1896 zur Zugewinngemeinschaft des Gleichberechtigungsgesetzes von 1957. 1994.

Band 119 Dorothee Kohlhas-Müller: Untersuchungen zur Rechtsstellung Theoderichs des Großen. 1995.

Band 120 Monika Rose: Das Gerichtswesen des Herzogtums Pfalz-Zweibrücken im 18. Jahrhundert. Ein Beitrag zur territorialen Gerichtsbarkeit im Alten Reich. 1994.

Band 121 Jörn Eckert / Hans Hattenhauer (Hrsg.): Bibel und Recht. Rechtshistorisches Kolloquium 9. - 13. Juni 1992 an der Christian-Albrechts-Universität zu Kiel. 1994.

Band 122 Robert Martin Mizia: Der Rechtsbegriff der Autonomie und die Begründung des Privatfürstenrechts in der deutschen Rechtswissenschaft des 19. Jahrhunderts. 1995.

Band 123 Walther Graf von Plettenberg: Das Fortleben des Liber Iudiciorum in Asturien/León (8. - 13. Jh.). 1994.

Band 124 Wolfgang Schulz: Das deutsche Börsengesetz. Die Entstehungsgeschichte und wirtschaftlichen Auswirkungen des Börsengesetzes von 1896. 1994.

Band 125 Frank Hagemann: Der Untersuchungsausschuß Freiheitlicher Juristen. 1949 – 1969. 1994.

Band 126 Andreas Rethmeier: "Nürnberger Rassegesetze" und Entrechtung der Juden im Zivilrecht. 1995.

Band 127 Edith Grether: Die Poesie der Throne. Die Juristen in der Fruchtbringenden Gesellschaft. 1995.

Band 128 Anna Bartels-Ishikawa: Der Lippische Thronfolgestreit. Eine Studie zu verfassungsrechtlichen Problemen des Deutschen Kaiserreiches im Spiegel der zeitgenössischen Staats. 1995.

Band 129 Jörg Schmidt: Otto Koellreutter 1883-1972. Sein Leben, sein Werk, seine Zeit. 1995.

Band 130 Christian Hattenhauer: Wahl und Krönung Franz II. AD 1792. Das Heilige Reich krönt seinen letzten Kaiser - Das Tagebuch des Reichsquartiermeisters Hieronymus Gottfried von Müller und Anlagen. 1995.

Band 131 Jutta v. der Decken: Das Seearbeitsrecht im Hamburger Stadtrecht von 1301 bis 1603. 1995.

Band 132 Detlev Schmidt: Die Reform des Rechts der Handelsvertreter von 1953. 1995.

Band 133 Gabi Roßdeutscher: Privatautonomie im Scheidungsrecht. Scheidungsbezogene Vereinbarungen in den letzten 200 Jahren. 1995.

Band 134 Harald Kahlenberg: Leben und Werk des Rechtshistorikers Walther Merk. Ein Beispiel für das Verhältnis von Rechtsgeschichte und Nationalsozialismus. 1995.

Band 135 Michael Steitz: Adelbert Düringer am Reichsgericht (1902-1915). Seine aktienrechtlichen Entscheidungen und sein Einfluß auf das Aktienrecht in Deutschland. 1995.

Band 136 Christian Becker: Beata Justorum Translatio. Juristen in schleswig-holsteinischen Leichenpredigten. 1996.

Band 137 Christoph Seiler: Vom Allgemeinen Landrecht zum Bürgerlichen Gesetzbuch. Dargestellt am Beispiel der höchstrichterlichen Judikatur zum kaufrechtlichen Sachmängelgewährleistungsrecht. 1996.

Band 138 Bernd Mayer: Die Vertrauensmännerausschüsse auf den preußischen Steinkohlegruben an der Saar. Entstehung und Wirken. Eine rechtshistorische Untersuchung. 1996.

Band 139 Rochus Scholl: Juden und Judenrecht im Herzogtum Pfalz-Zweibrücken. Ein Beitrag zur Rechtsgeschichte eines deutschen Kleinstaates am Ende des alten Reiches. 1996.

Band 140 Meike Bursch: Judentaufe und frühneuzeitliches Strafrecht. Die Verfahren gegen Christian Treu aus Weener/Ostfriesland 1720-1728. 1996.

Band 141 Markus Hillenbrand: Fürstliche Eheverträge. Gottorfer Hausrecht 1544 - 1773. 1996.

Band 142 Ulf Häder: Das gemeinschaftliche Oberappellationsgericht thüringischer Staaten in Jena. Ein Beitrag zur Geschichte des Gerichtswesens im 19. Jahrhundert. 1996.

Band 143 Andreas Bauer: Das Gnadenbitten in der Strafrechtspflege des 15. und 16. Jahrhunderts. Dargestellt unter besonderer Berücksichtigung von Quellen der Vorarlberger Gerichtsbezirke Feldkirch und des Hinteren Bregenzerwaldes. 1996.

Band 144 Christian Wirth: Der Jurist Johann Andreas Georg Friedrich Rebmann zwischen Revolution und Restauration. 1996.

Band 145 Stefanie Müller: Die Rechtsprechung des Hanseatischen Oberlandesgerichts zum persönlichen Eherecht in Hamburgischen Gerichtsfällen von 1879 -1900. 1996.

Band 146 Jean-Nicolas Morisset: Der Frachtvertrag in der *Ordonnance de la marine* von 1681. 1996.

Band 147 Dirk Lentfer: Die Glogauer Landesprivilegien des Andreas Gryphius von 1653. 1996.

Band 148 Wencke Mull: Die Haftung für Einsturzschäden nach den §§ 836-838 BGB in der Rechtsprechung des Reichsgerichts. 1996.

Band 149 Renate Zelger: Teufelsverträge. Märchen, Sage, Schwank, Legende im Spiegel der Rechtsgeschichte. 1996.

Band 150 Guido Kraß: Das Arrestverfahren in Frankfurt am Main im Spätmittelalter. 1996.

Band 151 F. Benedict Heyn: Die Entwicklung des Eisenbahnfrachtrechts von den Anfängen bis zur Einführung des Allgemeinen Deutschen Handelsgesetzbuches (ADHGB). 1996.

Band 152 Thomas Lang: Die Staats- und Verfassungslehre Carl Salomo Zachariaes. 1996.

Band 153 Michael Hebeis: Karl Anton von Martini (1726-1800). Leben und Werk. 1996.

Band 154 Gerald Hubert: Die Diskussion um die rechtliche Natur der Bizone in den Jahren 1947-1949. 1996.

Band 155 Christof Horn: Die Rechtsprechung des Reichsgerichts in Ehescheidungssachen der Jahre 1900 bis 1905. 1996.

Band 156 Hermann Nehlsen / Georg Brun (Hrsg.): Münchener rechtshistorische Studien zum Nationalsozialismus. 1996.

Band 157 Jan Otto Clemens Kehrberg: Die Entwicklung des Elektrizitätsrechts in Deutschland. Der Weg zum Energiewirtschaftsgesetz von 1935. 1997.

Band 158 Johannes Tradt: Der Religionsprozeß gegen den Zopfschulzen (1791-1799). Ein Beitrag zur protestantischen Lehrpflicht und Lehrzucht in Brandenburg-Preußen gegen Ende des 18. Jahrhunderts. 1997.

Band 159 Dietmar Olsen: Das kaufrechtliche Sachmängelgewährleistungsrecht des Code civil in der Rechtsprechung deutscher Gerichte im 19. Jahrhundert. Ein Beitrag zur Ablösung der Partikularrechte durch das BGB. 1997.

Band 160 Ulrich Bernhardt: Die Deutsche Akademie für Staats- und Rechtswissenschaft „Walter Ulbricht" 1948-1971. 1997.

Band 161 Claudia Susan Hoppe: Die Bürgschaft im Rechtsleben Hamburgs von 1600 bis 1900. 1997.

Band 162 Franz-Rudolf Ecker: Die Entwicklung des Bergrechts im Saarbrücker Steinkohlenrevier bis zum Ende des 18. Jahrhunderts. Ein Vergleich mit dem älteren deutschen Bergrecht. 1997.

Band 163 Anne Katrin Rückert: Politik und Privatrecht in der „konservativen Revolution". 1997.

Band 164 Gisbert Laube: Der Reichskunstwart. Geschichte einer Kulturbehörde 1919-1933. 1997.

Band 165 Nicolas Lührig: Die Diskussion über die Reform der Juristenausbildung von 1945 bis 1995. 1997.

Band 166 Regula Gerber Jenni: Die Emanzipation der mehrjährigen Frauenzimmer. Frauen im bernischen Privatrecht des 19. Jahrhunderts. 1997.

Band 167 Mischa A. Färber: Das gemeinschaftliche Testament in der höchstrichterlichen Rechtsprechung zum Allgemeinen Preußischen Landrecht und zum BGB. Ein Beitrag zur Ablösung der Partikularrechte durch das BGB. 1997.

Band 168 Catherine Antoinette Gasser: Philipp Lotmar 1850-1922. Professor der Universität Bern. Sein Engagement für das Schweizerische Arbeitsrecht. 1997.

Band 169 Lars Immisch: Der sozialistische Richter in der DDR und seine Unabhängigkeit. Der Versuch eines Rechtsvergleiches zum Unabhängigkeitsbegriff in der bundesdeutschen Rechtsordnung. 1997.

Band 170 Jessica Jacobi: Besitzschutz vor dem Reichskammergericht. Die friedenssichernde Funktion der Besitzschutzklagen am Reichskammergericht im 16. Jahrhundert, dargestellt anhand von Kameralisten. 1998.

Band 171 Ewald Hügemann: Die Geschichte des öffentlichen und privaten Mietpreisrechts vom Ersten Weltkrieg bis zum Gesetz zur Regelung der Miethöhe von 1974. 1998.

Band 172 Lutz Rentzow: Die Entstehungs- und Wirkungsgeschichte der Vernewerten Landesordnung für das Königreich Böhmen von 1627. 1998.

Band 173 Sabine Stürmer: Mühlenrecht im Herzogtum Pfalz-Zweibrücken während des 18. Jahrhunderts. Ein Beitrag zum Wirtschaftsrecht eines deutschen Kleinstaates im Alten Reich. 1998.

Band 174 Mario Bogisch: *Nemo testis in re sua*. Das Problem der Zeugnisfähigkeit bei der Anwendung der deutschen Zivilprozeßordnung von 1877. 1998.

Band 175 Rainer Oßwald: Pactane sunt servanda? Freiwilligkeit, Zwang und Unverbindlichkeitserklärungen im islamischen Vertragsrecht malikitischer Schule. 1998.

Band 176 Bettina Kern: Der preußische BGB-Entwurf von 1842. 1998.

Band 177 Inken Fuhrmann: Die Diskussion über die Einführung der fakultativen Zivilehe in Deutschland und Österreich seit Mitte des 19. Jahrhunderts. 1998.

Band 178 Annette Rieck: Der Heilige Ivo von Hélory (1247-1303). Advocatus pauperum und Patron der Juristen. 1998.

Band 179 Frank Bottenberg: Die Hamburgische Strafprozeßordnung von 1869. 1998.

Band 180 Matthias Krauß: Das kursächsische Postrecht von seinen Anfängen bis zum Ende des Alten Reichs. 1998.

Band 181 Torsten Schmidt: Die Entmündigung von den Anfängen des BGB bis zu ihrer Ablösung durch das Institut der Betreuung. 1998.

Band 182 Christian Nunn: Rudolf Müller-Erzbach. 1874-1959. Von der realen Methode über die Interessenjurisprudenz zum kausalen Rechtsdenken (Leben und Werk). 1998.

Band 183 Christian Ortloff: Das staatskirchenrechtliche System Wilhelm Traugott Krugs. Glaubens- und Gewissensfreiheit – eine Forderung der Vernunft. 1998.

Band 184 Christian Hattenhauer: Schuldenregulierung nach dem Westfälischen Frieden. Der sog. § *de indaganda* und seine Umsetzung im Jüngsten Reichsabschied (AD 1648 und 1654). 1998.

Band 185 Werner Schubert: Preußen im Vormärz. Die Verhandlungen der Provinziallandtage von Brandenburg, Pommern, Posen, Sachsen und Schlesien sowie – im Anhang – von Ostpreußen, Westfalen und der Rheinprovinz (1841-1845). 1998.

Band 186 Silvia Schumacher: Das Rechtsverhältnis zwischen Eltern und Kindern in der Privatrechtsgeschichte. 1999.

Band 187 Kai Sommer: Die Strafbarkeit der Homosexualität von der Kaiserzeit bis zum Nationalsozialismus. Eine Analyse der Straftatbestände im Strafgesetzbuch und in den Reformentwürfen (1871-1945). 1998.

Band 188 Jan Erik Backhaus: Volksrichterkarrieren in der DDR. 1999.

Band 189 Ralf Ruhnau: Die Fürstlich Thurn und Taxissche Privatgerichtsbarkeit in Regensburg. Ein Kuriosum der deutschen Rechtsgeschichte. 1999.

Band 190 Antonio Grilli: Die französische Justizorganisation am linken Rheinufer 1797-1803. 1999.

Band 191 Stephanie Kammerloher-Lis: Die Entstehung des Gesetzes über die religiöse Kindererziehung vom 15. Juli 1921. 1999.

Band 192 Jan Telp: Ausmerzung und Verrat. Zur Diskussion um Strafzwecke und Verbrechensbegriffe im Dritten Reich. 1999.

Band 193 Kurt von Pannwitz: Die Entstehung der Allgemeinen Deutschen Wechselordnung. Ein Beitrag zur Geschichte der Vereinheitlichung des deutschen Zivilrechts im 19. Jahrhundert. 1999.

Band 194 Sylvia Busch: Die Entstehung der Allgemeinen Gerichtsordnung für die Preussischen Staaten von 1793/95. Ein Beitrag zur Geschichte der Kodifikationsbewegung und der Reform des Zivilprozesses in Preußen im 18. Jahrhundert. 1999.

Band 195 Dirk Bieresborn: Klage und Klageerwiderung im deutschen und englischen Zivilprozeß. Eine rechtshistorische und rechtsvergleichende Untersuchung unter besonderer Berücksichtigung der Beeinflussung durch das römisch-kanonische Verfahren. 1999.

Band 196 Andreas Thier / Guido Pfeifer / Philipp Grzimek (Hrsg.): Kontinuitäten und Zäsuren in der Europäischen Rechtsgeschichte. Europäisches Forum Junger Rechtshistorikerinnen und Rechtshistoriker München 22.-24. Juli 1998. 1999.

Band 197 Franz Smola: Die Fürstlich Liechtenstein'sche Kunstsammlung. Rechtsfragen zur Verbringung der Sammlung von Wien nach Vaduz in den Jahren 1944/45. 1999.

Band 198 Frank Martin Krauss: Das geteilte Eigentum im 19. und 20. Jahrhundert. Eine Untersuchung zum Fortbestand des Teilungsgedankens. 1999.

Band 199 Matthias Frey: Die spanische Aktiengesellschaft im 18. Jahrhundert und unter dem Código de Comercio von 1829. 1999.

Band 200 Alexandra Gilde: Die Stellung der Frau im Reichsstrafgesetzbuch von 1870/71 und in den Reformentwürfen bis 1919 im Urteil der bürgerlichen Frauenbewegung. Eine Analyse ausgewählter Straftatbestände. 1999.

Band 201 Malte Dießelhorst / Arne Duncker: Hans Kohlhase. Die Geschichte einer Fehde in Sachsen und Brandenburg zur Zeit der Reformation. 1999.

Band 202 Jörg Hillmann: Territorialrechtliche Auseinandersetzungen der Herzöge von Sachsen-Lauenburg vor dem Reichskammergericht im 16. Jahrhundert. 1999.

Band 203 Carsten Engler: Die Kommanditgesellschaft (KG) und die stille Gesellschaft im Allgemeinen Deutschen Handelsgesetzbuch (ADHGB) von 1861. 1999.

Band 204 Vesta Hoffmann-Steudner: Die Rechtsprechung des Reichsgerichts zu dem Scheidungsgrund des § 49 EheG (EheG 1938) in den Jahren 1938-1945. 1999.

Band 205 Michaela Thiele: Die Auflösung von Arbeitsverhältnissen aufgrund Anfechtung und außerordentlicher Kündigung nach der Rechtsprechung des Reichsarbeitsgerichts (1927-1945). 2000.

Band 206 Peter Landau / Hermann Nehlsen / Mathias Schmoeckel (Hrsg.): Karl von Amira zum Gedächtnis. 1999.

Band 207 Marcus Flinder: Die Entstehungsgeschichte des Zivilgesetzbuches der DDR. 1999.

Band 208 Boris Franz Leo Bromm: Die Entstehungsgeschichte des Berufs des Handelsvertreters. Unter besonderer Berücksichtigung der Sozialgesetzgebung in den Jahren von 1871-1933. 2000.

Band 209 Winfried C. J. Eberstein: Das Tierschutzrecht in Deutschland bis zum Erlaß des Reichs-Tierschutzgesetzes vom 24. November 1933. Unter Berücksichtigung der Entwicklung in England. 1999.

Band 210 Patrick Deller: Der „nach dem Vertrage" vorausgesetzte Gebrauch (§ 459 Absatz 1 Satz 1 BGB). Eine kaufrechtliche Untersuchung unter Berücksichtigung rechtshistorischer wie rechtsvergleichender Grundlagen. 2000.

Band 211 Eckard Freiherr von Bodenhausen: Haftung des Geschäftsherrn für Verrichtungsgehilfen im Straßen- und Schienenverkehr. Eine Analyse der Entscheidungen des Reichsgerichts zu § 831 BGB (1900-1945). 2000.

Band 212 Birte Gast: Der Allgemeine Teil und das Schuldrecht des Bürgerlichen Gesetzbuchs im Urteil von Raymond Saleilles (1855-1912). 2000.

Band 213 Hansjörg Michael Huber: Koloniale Selbstverwaltung in Deutsch-Südwestafrika. Entstehung, Kodifizierung und Umsetzung. 2000.

Band 214 Ulf Björner: Die Verfassungsgerichtsbarkeit im Norddeutschen Bund und Deutschen Reich (1867-1918). Eine rechtshistorische Untersuchung über Gerichtsbarkeit im Spannungsfeld von Politik und Recht innerhalb der von Bismarck geschaffenen deutschen Bundesstaaten. 2000.

Band 215 Mathias Freiherr von Rosenberg: Friedrich Carl von Savigny (1779-1861) im Urteil seiner Zeit. 2000.

Band 216 Reinhard Binder-Krieglstein: Österreichisches Adelsrecht 1868-1918/19. Von der Ausgestaltung des Adelsrechts der cisleithanischen Reichshälfte bis zum Adelsaufhebungsgesetz der Republik unter besonderer Berücksichtigung des adeligen Namensrechts. 2000.

Band 217 Claudia-Regine Nerius: Johannes Lehmann-Hohenberg (1851-1925). Eine Studie zur völkischen Rechts- und Justizkritik im Deutschen Kaiserreich. 2000.

Band 218 Ludger Meuten: Die Erbfolgeordnung des Sachsenspiegels und des Magdeburger Rechts. Ein Beitrag zur Geschichte des sächsisch-magdeburgischen Rechts. 2000.

Band 219 Christoph Alexander von Wilcken: Die Reformbestrebungen zum Genossenschaftsgesetz in der Frühzeit der Bundesrepublik. Die Beratungen der Sachverständigenkommission zur Überprüfung des Genossenschaftsrechts 1954 bis 1958 und der Referentenentwurf von 1962. 2000.

Band 220 Verein Junger RechtshistorikerInnen Zürich (Hrsg.): ¿Rechtsgeschichte(n)? ¿Histoire(s) du droit? ¿Storia/storie del diritto? ¿Legal Histori(es)? Europäisches Forum Junger Rechtshistorikerinnen und Rechtshistoriker Zürich 28.-30. Mai 1999. 2000.

Band 221 Hans Christian Schüler: Die Entstehungsgeschichte der Bundesnotarordnung vom 24. Februar 1961. 2000.

Band 222 Nils-Eberhard Schramm: Die Vereinigung demokratischer Juristen (1949-1999). 2000.

Band 223 Silke Anke Torp: Das Rechtsverhältnis zwischen den Eltern und ihren Kindern. Dienstleistungspflicht, Aussteuer und Ausstattung. Eine Analyse der Rechtsprechung des Reichsgerichts und des Reichsarbeitsgerichts zu den Vorschriften der §§ 1616 bis 1625 des Bürgerlichen Gesetzbuches in der Zeit von 1900 bis 1945. 2000.

Band 224 Martin Jürgen Maaß: Die Geschichte des Eigentumsvorbehalts, insbesondere im 18. und 19. Jahrhundert. 2000.

Band 225 Stefanie Langer: Rechtswissenschaftliche Itinerarien. Lebenswege namhafter europäischer Juristen vom 11. bis zum 18. Jahrhundert. 2000.

Band 226 Ulrich Schmitz: Der Unterhaltsanspruch des nichtehelichen Kindes gegen seinen Erzeuger. Die rechtsgeschichtliche und dogmatische Entwicklung im deutschen Recht. 2000.

Band 227 Sebastian Günther: Friedrich Carl von Savigny als Grundherr. 2000.

Band 228 Henning Ibs: Hermann J. Held (1890-1963). Ein Kieler Gelehrtenleben in den Fängen der Zeitläufe. 2000.

Band 229 Matthias Rücker: Wirtschaftswerbung unter dem Nationalsozialismus. Rechtliche Ausgestaltung der Werbung und Tätigkeit des Werberats der deutschen Wirtschaft. 2000.

Band 230 Hendrik Sandmann: Die Entwicklung von Begriff und Inhalt des Wirtschaftsrechts durch die Rechtswissenschaft in der Weimarer Republik. 2000.

Band 231 Sibylle Müller: Gibt es Menschenrechte bei Samuel Pufendorf? 2000.

Band 232 Karin Olechowski-Hrdlicka: Die gemeinsamen Angelegenheiten der Österreichisch-Ungarischen Monarchie. Vorgeschichte – Ausgleich 1867 – Staatsrechtliche Kontroversen. 2001.

Band 233 Johannes Mierau: Die juristischen Abschluß- und Diplomprüfungen in der SBZ/DDR. Ein Einblick in die Juristenausbildung im Sozialismus. 2001.

Band 234 Jörg Wolff (Hrsg.): Stillstand, Erneuerung und Kontinuität. Einsprüche zur Preußenforschung. 2001.

Band 235 Friedo Schröder: Die anwaltliche Tätigkeit während der nationalsozialistischen Herrschaft. Eine Analyse der anwaltlichen Argumentation in Zivilprozessen anhand der vorhandenen Prozeßakten der Landgerichte Frankenthal, Wiesbaden, Limburg und Frankfurt und der Handakten der *jüdischen Konsulenten* des OLG-Bezirks Frankfurt. 2001.

Band 236 Der Code pénal des Königreichs Westphalen von 1813 mit dem Code pénal von 1810 im Original und in deutscher Übersetzung. Herausgegeben und mit einer Einleitung versehen von Werner Schubert. 2001.

Band 237 Klaus Richter: Deutsches Kolonialrecht in Ostafrika 1885-1891. 2001.

Band 238 Kai von Lewinski: Deutschrechtliche Systembildung im 19. Jahrhundert. 2001.

Band 239 Alexander Herzog: Sittenwidrige Rechtsgeschäfte in der höchstrichterlichen Rechtsprechung aus den Jahren 1948-1965. 2001.

Band 240 Claudia Rönnau: Die Beratungen des Wasserrechtsausschusses der Akademie für Deutsches Recht zu einem Reichswassergesetz (1934-1941). Ein Beitrag zur Dogmatik der Begriffe *Gemeingebrauch* und *Sondergebrauch* in der Zeit des Nationalsozialismus. 2001.

Band 241 Momme Rohlack: Kriegsgesellschaften (1914-1918). Arten, Rechtsformen und Funktionen in der Kriegswirtschaft des Ersten Weltkrieges. 2001.

Band 242 Rolf Geyer: Der Gedanke des Verbraucherschutzes im Reichsrecht des Kaiserreichs und der Weimarer Republik (1871-1933). Eine Studie zur Geschichte des Verbraucherrechts in Deutschland. 2001.

Band 243 Felix Lorenz Benjamin Lehmann: Der Rote Adlerorden. Entstehung und rechtliche Grundlagen (1705-1918). 2002.

Band 244 Marc Ludwig: Der Pfändungsschutz für Lohneinkommen. Die Entstehungs- und Entwicklungsgeschichte der Vorschriften zum Schutz vor Lohnpfändung in Deutschland. 2001.

Band 245 Alexander Wachter: Dorfschule zwischen Pastor und Schulmeister. Zur Säkularisierung des niederhessischen Schulwesens im 19. Jahrhundert. 2001.

Band 246 Richard Scholz: Analyse der Entstehungsbedingungen der reichsgerichtlichen Aufwertungsrechtsprechung. Untersuchung unter besonderer Berücksichtigung der konservativen Geldpolitik der Reichsbank und der Inflationspolitik der Reichsregierung. 2001.

Band 247 Judith Laeverenz: Märchen und Recht. Eine Darstellung verschiedener Ansätze zur Erfassung des rechtlichen Gehalts der Märchen. 2001.

Band 248 Christina Schenk: Bestrebungen zur einheitlichen Regelung des Strafvollzugs in Deutschland von 1870 bis 1923. 2001.

Band 249 Nils Werner: Die Prozesse gegen die Landvolkbewegung in Schleswig-Holstein 1929/32. Ein Beitrag zur Justizkritik in der späten Weimarer Republik. 2001.

Band 250 Wolfgang Walter: Das Duell in Bayern. Ein Beitrag zur bayerischen Strafrechtsgeschichte. 2002.

Band 251 Jörn Eckert / Kjell Å. Modéer (Hrsg.): Geschichte und Perspektiven des Rechts im Ostseeraum. Erster Rechtshistorikertag im Ostseeraum 8.–12. März 2000. 2001.

Band 252 Jan Könighaus: Die Inauguration der Christian-Albrechts-Universität zu Kiel 1665. Symbolgehalt und rechtliche Bedeutung des Universitätszeremoniells. 2002.

Band 253 Andreas Görgen: Rechtssprache in der Frühen Neuzeit. Eine vergleichende Untersuchung der Fremdwortverwendung in Gesetzen des 16. und 17. Jahrhunderts. 2002.

Band 254 Ralf Schäfer: Die Rechtsstellung der Haigerlocher Juden im Fürstentum Hohenzollern-Sigmaringen von 1634-1850. Eine rechtsgeschichtliche Untersuchung. 2002.

Band 255 Regine Schmalhorst: Die Tierhalterhaftung im BGB von 1896. Die Entstehung und Änderung des § 833 BGB sowie eine Analyse der Rechtsprechung des Reichsgerichts bis 1908. 2002.

Band 256 Thomas Hense: Konrad Beyerle. Sein Wirken für Wissenschaft und Politik in Kaiserreich und Weimarer Republik. 2002.

Band 257 Christian Mahlmann: Die Strafrechtswissenschaft der DDR. Klassenkampftheorie und Verbrechenslehre. 2002.

Band 258 Henning Kahmann: Die Bankiers von Jacquier & Securius 1933–1945. Eine rechtshistorische Fallstudie zur "Arisierung" eines Berliner Bankhauses. Mit einem Geleitwort von John Kornblum. 2002.

Band 259 Volker Friedrich Drecktrah: Die Gerichtsbarkeit in den Herzogtümern Bremen und Verden und in der preußischen Landdrostei Stade von 1715 bis 1879. 2002.

Band 260 Andreas Klass: Standes- oder Leistungselite? Eine Untersuchung der Karrieren der Wetzlarer Anwälte des Reichskammergerichts (1693-1806). 2002.

Band 261 Wolfgang Eder: Das italienische Tribunale Speciale per la Difesa dello Stato und der deutsche Volksgerichtshof. Ein Vergleich zwischen zwei politischen Gerichtshöfen. 2002.

Band 262 Albrecht Cordes / Bernd Kannowski (Hrsg.): Rechtsbegriffe im Mittelalter. 2002.

Band 263 Thomas Hildebrandt: Die Brandenburgischen Provinziallandtage von 1841, 1843, und 1845 anhand ausgewählter Verhandlungsgegenstände. 2002.

Band 264 Jan Finzel: Georg Adam Struve (1619–1692) als Zivilrechtler. 2003.

Band 265 Björn Carsten Frenzel: Das Selbstverständis der Justiz nach 1945. Analyse der Rolle der Justiz unter Berücksichtigung der Reden zur *Wiedereröffnung* der Bundes- und Oberlandesgerichte. 2003.

Band 266 Nils Reichhelm: Die marxistisch-leninistische Staats- und Rechtstheorie Karl Polaks. 2003.

Band 267 Raik Schneider: Altrechtliche Personenzusammenschlüsse. Ihre Entwicklung unter besonderer Berücksichtigung des Rechts des Großherzogtums Sachsen-Weimar-Eisenach sowie der Herzogtümer Sachsen-Meiningen und Sachsen-Gotha. 2003.

Band 268 Anke Meier: Die Geschichte des deutschen Konkursrechts, insbesondere die Entstehung der Reichskonkursordnung von 1877. 2003.

www.ingramcontent.com/pod-product-compliance
Ingram Content Group UK Ltd.
Pitfield, Milton Keynes, MK11 3LW, UK
UKHW021909290926
8980IPUK00015B/1157

9 783631 505069